RITA PETER

Menschen mit Profil

RITA PETER

Menschen mit Profil

Die 100 großen Vorbilder der Menschheit

PATTLOCH

Vorwort

„Sie war die junge Frau aus dem Widerstand ..., eine Legende, ein Vorbild, eine jener Gestalten, die es einem jungen Menschen damals leichter machten, in den dunklen Jahren nach dem Krieg als Deutscher weiterzuleben, eine eindrucksvolle Frau – eine der Großen." Diese Worte des Journalisten Theo Sommer galten Marion Gräfin von Dönhoff, Publizistin und jahrzehntelang Galionsfigur des deutschen Journalismus. Ihre Haltung, ihr Wirken für Gerechtigkeit, Versöhnung, für Humanität und ethische Werte ließen sie zur moralischen Instanz werden, nicht nur in der Bundesrepublik. Sie war eine Frau mit Profil und gilt vielen als Vorbild.

Ebenso wie die 99 anderen Menschen, die in diesem Buch porträtiert sind, weil sie sich engagierten, etwas bewirkten, Außergewöhnliches leisteten – weil sie versuchten, diese Welt ein bisschen besser zu machen.

Was aber ist gut für die Welt? Wer ist vorbildhaft für die Menschen? Und wer vor allem sollte in die Galerie dieser 100 Vorbilder eingereiht werden? Keine der Fragen ist leicht zu beantworten und gerade die Auswahl der zu porträtierenden Personen bereitete – naturgemäß – sehr große Schwierigkeiten. Denn ob wir einen Menschen als Vorbild betrachten, hängt ab von unserer politischen, konfessionellen, ideologischen oder sonstigen Überzeugung, von unserem Geschmack und unserer subjektiven Einschätzung.

Einige Kriterien halfen schließlich, eine Auswahl zu treffen. Der Kanon der zu besprechenden Persönlichkeiten sollte einerseits die großen Namen aus Gesellschaft, Politik, Wissenschaft, Kultur und Philosophie umfassen, gleichzeitig aber auch Menschen porträtieren, die durch ihre Ideen und ihr Engagement bedeutende Impulse gegeben und die Welt geprägt haben und zum Teil noch prägen, die aber oft im Schatten des allgemeinen Bewusstseins stehen – ein umfassender Anspruch, der natürlich nur exemplarisch eingelöst werden kann. So finden sich in diesem Buch neben den bekannten Großen wie Mahatma Gandhi, Albert Schweitzer oder Leonardo da Vinci auch weniger berühmte Namen wie der der emanzipierten Nonne Sor Juana Inés de la Cruz oder der der italienischen Journalistin Franca Magnani. Außerdem habe ich bei der Auswahl der Menschen mit Profil darauf geachtet, dass mehr Frauen vertreten sind, als dies normalerweise in vergleichbaren Werken der Fall ist. Auf diese Weise erhielten die Tänzerin und Choreographin Pina Bausch und die Politikerin Petra Kelly einen Platz im Kreis der Porträtierten: einer vielfältigen Mischung, die hoffentlich den Reiz des Buches ausmacht.

Weitere Auswahlkriterien waren – freilich unter dem Vorzeichen meiner europäischen, westlichen Sichtweise – das der Internationalität und der Vielseitigkeit, so dass Menschen verschiedener Kontinente und Sparten vertreten sind. Zeitlich liegt der Schwerpunkt der dargestellten Persönlichkeiten in der jüngsten Vergangenheit und Gegenwart – sie sind uns in ihrer

Lebensweise am nächsten: Gerade die Zeitgenossinnen und -genossen führen uns vor Augen, dass Engagement hier und jetzt möglich ist und gelebt wird. Leuchtende Beispiele dafür sind der Schauspieler und Entwicklungshelfer Karlheinz Böhm ebenso wie die indische Schriftstellerin und Politaktivistin Arundhati Roy oder die Schweizer Ärztin und Gründerin einer Frauenhilfsorganisation Monika Hauser. Warum fehlen Religionsstifter in diesem Buch, werden sich manche fragen. Da sie oft mythologisch überformt wurden und als historische Figuren schwer fassbar sind, fiel die Entscheidung, sie hier – unter den *Menschen* mit Profil – wegzulassen.

Insgesamt ging es bei der Auswahl der Porträtierten um deren Wirken und Engagement – um ihre Leistung eben, nicht so sehr um ihren Lebenswandel und ihre Biographie, die auch bei der Darstellung nicht im Vordergrund steht. „Wir alle sind Sünder, auch ich. Aber wir können versuchen, besser zu werden." Der Satz

stammt von Yehudi Menuhin, dem großen Geiger und großen Menschen, der nicht nur durch sein musikalisches Genie faszinierte, sondern ebenso durch seine versöhnende Haltung, seine Menschlichkeit, seine Leidenschaftlichkeit.

„Ohne Begeisterung geschah nichts Großes und Gutes auf der Erde", so formulierte es der Dichter Johann Gottfried Herder. „Die man für Schwärmer hielt, haben dem menschlichen Geschlecht die nützlichsten Dienste geleistet. Trotz allen Spottes, trotz jeder Verfolgung und Verachtung drangen sie durch, und wenn sie nicht zum Ziele kamen, so kamen sie doch weiter und brachten weiter." 100 leidenschaftliche, engagierte, kreative Menschen finden sich in diesem Buch, Menschen mit Profil – und mag auch die Auswahl nicht auf ungeteilte Zustimmung treffen, so wird sie hoffentlich anregen zu Reflexion und Diskussion. Impulse, Bereicherung: Das wünsche ich der Leserin, dem Leser bei der Lektüre dieser Lebensbilder.

Bleibt mir noch, den Menschen zu danken, die meine intensive Arbeit an diesem Buch mitgetragen haben, die mitgearbeitet haben, mit ihrer Fachkompetenz und großem Engagement. Mein Dank geht an die Lektorin Dr. Petra Riedl, an die Grafikerin Daniela Meyer, an die Dokumentatorin Karin Faig, an die Bildredakteurin Dr. Monika Krisch. Ganz besonders danke ich meinem Mann, Karl-Heinz Michels, für seine praktische und mentale Unterstützung – und für seine Toleranz.

Rita Peter

Inhalt

KUNST UND KULTUR

PHILOSOPHIE UND RELIGION

Bartolomé de Las Casas

* 1484 (oder 1474) in Sevilla
† 18. (oder 31.) Juli 1566 in Madrid
spanischer Dominikaner

Bartolomé de Las Casas,
Gemälde aus dem 17. Jh.

> „Der Grund, warum die Christen eine solch unendliche Zahl von Seelen zerstört und getötet haben, war ihre Gier nach Gold und das Ziel in kürzester Zeit reich zu werden."

Literatur:
- Eggensperger, Thomas, Engel, Ulrich, Bartolomé de Las Casas, Matthias Grünewald Verlag, Mainz 1991
- Meier, Johannes, Langenhorst, Annegret (Hgg.), Bartolomé de Las Casas. Der Mann. Das Werk. Die Wirkung, Verlag Josef Knecht, Frankfurt/Main 1992
- Schneider, Reinhold, Las Casas vor Karl V. Szenen aus der Konquistadorenzeit, Fischer Taschenbuch Verlag, Frankfurt/Main 1986

ANWALT DER INDIOS

Als Eroberer kam der junge Spanier 1502 in der „Neuen Welt" auf der Insel Hispaniola an – zehn Jahre, nachdem Christoph Kolumbus sie entdeckt hatte. Bartolomé de Las Casas, Sohn eines Kaufmanns, 18 Jahre alt, hatte sich nach einem kurzen Jura- und Theologiestudium an der Universität in Salamanca anwerben lassen, um auf dem neuen Kontinent gegen die „aufständischen" Indios zu kämpfen. Viele Jahre später berichtete Las Casas über seinen kriegerischen Einsatz: „In dieser Angelegenheit war zu jener Zeit der gute Padre (Las Casas schrieb über sich in der dritten Person), genauso verblendet wie alle Laien, die er betreute, davon überzeugt, dass er in der Behandlung der Indios ihnen gegenüber immer menschlich, barmherzig und gütig war gemäß seiner mitleidenden Natur und auch gemäß seines Verständnisses des Gesetzes Gottes." Zur Belohnung für seinen Militäreinsatz erhielt der Spanier eine Encomienda zugeteilt: Ländereien inklusive eines Trupps von Indio-Arbeitskräften zur Bewirtschaftung des Bodens, eine Art Sklavenhaltersystem.

Auf einer Europareise 1506/07 wurde Las Casas in Rom zum Priester geweiht und führte – wieder zurück in Amerika – das Leben eines Grundbesitzers, der sich um die Verwaltung und Vermehrung seines Besitzes kümmerte und gleichzeitig die Aufgaben eines Geistlichen wahrnahm. Eine in der damaligen Zeit nicht untypische Kombination von Priester, Eroberer und Grundbesitzer. Er sprach mehrere Indianerdialekte und beschäftigte sich mit der Kultur der Indianer – ihr Sklavendasein aber nahm er unhinterfragt hin. Auch dann noch, als er bei der Eroberung Kubas Zeuge mehrerer Massaker der spanischen Konquistadoren (Eroberer) gegen die Inselbevölkerung gewesen und sein Besitz in der Folge um weitere Plantagen, Goldminen und Indio-Arbeiter angewachsen war. Beeinflusst durch die Dominikaner, die schon seit 1511 das Sklavenhaltersystem in Hispaniola verurteilten, setzte bei Las Casas ein Bewusstseinswandel ein. In seiner legendären Pfingstpredigt 1514 schloss er sich ihrer Kritik an und begann gegen die „ungerechte und tyrannische" Unter-

Indianer werden von spanischen Eroberern erschlagen und in eine Pfahlgrube geworfen,
Kupferstich von 1613

werfungspolitik der Spanier anzu-
treten. Er verzichtete öffentlich
auf seine Ländereien, entließ die
indianischen Zwangsarbeiter,
klagte die Kolonialisierungspraxis
der Spanier als schwerste Sünde
an und appellierte, seinem Beispiel zu folgen.

Gemeinsam mit den Domini-
kanern setzte Las Casas sich fortan
für die Menschenwürde der Indios
ein. Er reiste nach Spanien, um am
königlichen Hof eine grundlegende Änderung der spanischen
Kolonialpolitik zu erreichen.
Mit der Aufgabe des „Verteidigers
aller Indianer" betraut, wurde er
zum Vermittler zwischen spanischen Interessen und den Bedürfnissen der unterworfenen Indios.
Das war eine Provokation für alle,
die die Indios für „Sklaven von
Natur" und „Tiere" hielten. Jahre-,
jahrzehntelang bemühte er sich
um eine humanere Gesetzgebung.
Er verhandelte geschickt und stra-

tegisch am spanischen Hof,
errichtete landwirtschaftliche
Genossenschaften von Indianern
und Spaniern, leitete einen friedlichen Missionierungsversuch in
Venezuela, der jedoch scheiterte,
weil Spanier dort Sklaven gefangen nahmen und die überfallenen
Stämme sich wehrten. Und er
befürwortete die Versklavung der
widerstandsfähigeren schwarzen
Afrikaner als Ersatz für die Indios,
ohne den brutalen Handel mit
ihnen zu ahnen – ein Vorschlag,
den er später bitter bereute und
der ihm bis heute zum Vorwurf
gemacht wird. Schließlich trat er
in den Dominikanerorden ein, wo
er sich im Kloster von Santo
Domingo mehrere Jahre lang
zurückzog.
Dort begann er seine umfassenden theologischen, historischen
und juristischen Werke zu schreiben, darunter eine groß angelegte
Geschichte der Westindischen

Länder. „Nur eine Art, die
Menschen zur wahren Religion zu
führen, ist von der göttlichen
Vorsehung für die ganze Welt und
für alle Zeiten festgesetzt, nämlich
die Einsicht, die, durch Gründe
erzeugt, den Willen sanft anlockt
und mahnt. Diese Art muss allen
Menschen der Welt entsprechen,
ohne Rücksicht auf die verschiedenen Sekten, Irrtümer und
Sittenverderbnisse", heißt es in
einem seiner Plädoyers.
1542 erließ das Königreich
Spanien die „Neuen Gesetze",
durch die alle Indianer zu „freien
Untertanen" erklärt wurden und
das System der Encomienda abge-
schafft wurde. Sie blieben jedoch
praktisch wirkungslos.
Die beiden letzten Jahrzehnte seines Lebens verbrachte Las Casas
in Spanien. Höhepunkt dieser
Zeit war 1550/51 sein öffentlicher Disput mit dem Humanisten Sepúlveda, dem Vertreter der
Kolonistenpartei, der die Unter-
werfung der Indios als rechtmäßig
darzustellen versuchte. Las Casas
siegte mit seinen Argumenten, auf
die Situation der Indios aber hatte
das keinerlei Auswirkung.
Bartolomé de Las Casas gehört
zu den überragenden Gestalten
des spanischen Kolonialzeitalters
und zu den bahnbrechenden
Verteidigern der Menschenwürde.
Seine berühmteste Schrift, der
Kurzgefasste Bericht über die
Verwüstung der westindischen
Länder, ein bedrückendes und
erschreckendes Panorama über
die Gräueltaten der Spanier,
dokumentiert der Welt bis heute,
welch grausames Ereignis die
Eroberung Südamerikas war.

Wilhelm von Humboldt

* 22. Juni 1767 in Potsdam
† 8. April 1835 in Berlin-Tegel
deutscher Bildungsreformer, Politiker und Sprachforscher

Wilhelm Freiherr von Humboldt, Holzstich von 1814

Literatur

■ Berglar, Peter, Wilhelm von Humboldt, Rowohlt Taschenbuch Verlag, Reinbek 1996

■ Diwald, Hellmut (Hg.), Im Zeichen des Adlers. Porträts berühmter Preußen, Verlag Bastei Lübbe, Bergisch-Gladbach 1981

■ Kaehler, Siegfried A., Wilhelm von Humboldt und der Staat. Ein Beitrag zur Geschichte deutscher Lebensgestaltung um 1800, Verlag Vandenhoeck und Rupprecht, Göttingen 1997

DER HUMANIST

Sein Name steht für Individualität, Humanität, Allgemeinbildung. Wilhelm von Humboldt, Gelehrter, Bildungsreformer, Staatsmann und Sprachforscher, Freund Goethes und Schillers, hat wie kaum ein anderer die deutsche Schule und Universität geprägt. „Nichts auf Erden ist so wichtig als die höchste Kraft und die vielseitige Bildung der Individualität und daher ist der wahren Moral erstes Gesetz: Bilde dich selbst, und nur ihr zweites: Wirke auf andere durch das, was du bist."

Mit dieser Vorstellung, die er in seiner Kulturpolitik zu verwirklichen suchte, wurde Wilhelm von Humboldt einer der philosophischen Begründer des Neuhumanismus, der Bildungsidee, die neben der menschlichen Individualität die Ästhetik des Griechentums und die Menschlichkeit als Ideale verfolgte. Es war die Geburtsstunde des humanistischen Gymnasiums, und der liberal denkende Preuße Humboldt war ihr Schöpfer. Aufgabe des Staates war in seinem Reformkonzept lediglich, Einrichtungen zu schaffen, die dem Prozess der Menschwerdung dienten, sich

aber nicht in die Bildung einzumischen oder sie gar zu dirigieren. „Alle Schulen aber", so schrieb der Bildungsreformer, „deren sich nicht ein einzelner Stand, sondern die ganze Nation oder der Staat für diese annimmt, müssen nur allgemeine Menschenbildung bezwecken. Was das Bedürfnis des Lebens oder eines einzelnen seiner Gewerbe erheischt, muss abgesondert und nach vollendetem allgemeinen Unterricht erworben werden. Wird beides vermischt, so wird die Bildung unrein und man erhält weder vollständige Menschen noch vollständige Bürger einzelner Klassen."

Damit visierte Humboldt eine allgemeine Bildung für alle Bürger an. Sie entsprach den Bedürfnissen der Zeit. So, wie im 19. Jahrhundert die Stände allmählich verschwanden, musste den Standesschulen des Ancien Régime auch eine allgemeine Schule folgen. Selbst die Gegenstände des Unterrichts sollten einheitlich sein: „Auch Griechisch gelernt zu haben, könnte auf diese Weise dem Tischler ebenso wenig unnütz sein als Tischemachen dem Gelehrten." „Dieser gesamte Unterricht", so Humboldts

Vision, „kennt daher auch nur ein und dasselbe Fundament. Denn der gemeinste Tagelöhner und der am feinsten Ausgebildete muss in seinem Gemüt ursprünglich gleich gestimmt werden, wenn jener nicht unter der Menschenwürde roh und dieser nicht unter der Menschenkraft sentimental, chimärisch und verschroben werden soll ..." Volkskultur und aufgeklärte Gelehrsamkeit zusammenführen, für alle – das also wollte Wilhelm von Humboldt. Innerhalb weniger Monate wurde 1809 die Reform des preußischen Bildungswesens in Gang gesetzt. Doch ist das 19. Jahrhundert Humboldt nicht in allen Punkten gefolgt. Etliche Standes- und Spezialschulen blieben, eine „Schule für alle" – die heutige Grundschule – entstand erst nach 1919.

Die Hochschulen profitierten von Humboldts Reform sehr: Autonomie und Forschungsorientiertheit begünstigten im 19. Jahrhundert, dem Jahrhundert des Bürgertums und der Naturwissenschaften, den Aufstieg der deutschen Universitäten zu Weltrang. Das Gymnasium aber, ganz auf humanistische Bildung – Griechisch, Latein und Mathematik – gegründet, wurde städtisch, bürgerlich, elitär, so dass schon Nietzsche 50 Jahre nach der Reform zu den scharfen Kritikern der antiquarisch gewordenen neuhumanistischen Bildungsidee gehörte. Wilhelm von Humboldts Wirkung und Ruf als Bildungsreformer sind umso erstaunlicher, als er nur 16 Monate lang die Sektion für Kultus und Unterricht im preußischen Innenministerium leitete. Er, der zuvor, in den Jahren von 1801 bis 1809, preußischer Gesandter beim Heiligen Stuhl in Rom war, ist eher zufällig und zunächst widerstrebend in die führende bildungspolitische Position hineingewachsen. Wider Erwarten gelang es ihm, einige grundlegende Gedanken in die Tat, in das Handeln der Verwaltung, umzusetzen, ehe er 1810 als preußischer Gesandter erst nach Wien, später nach London ging und schließlich wegen seiner Oppositionshaltung gegen die restaurative preußische Politik 1819 aus dem Staatsdienst entlassen wurde. Wilhelm von Humboldt, der Gelehrte und Weltbürger, widmete sich von da an bis zu seinem Tod am 8. April 1835 seinen Studien der vergleichenden Sprachwissenschaft in der Ruhe des Familienbesitzes in Tegel.

„Seiner Herkunft nach war er ein Preuße wie aus dem Bilderbuch: Als Sohn eines Gutsbesitzers, Offiziers und Kammerherrn und einer vermögenden Mutter aus hugenottischem Stamm war Wilhelm von Humboldt in die Preußen tragende und prägende Adelsschicht hineingeboren worden und von der Mutter folgerichtig auch ... zum Staatsdienst bestimmt. Doch wie seinen zwei Jahre jüngeren Bruder Alexander enthob auch ihn der Reichtum der Mutter von jedem wirtschaftlichen Zwang zum Dienen. Diese Perspektive vor Augen und von einem starken intellektuellen Selbstwertgefühl getragen, betrieb er schon das Universitätsstudium, das ganze zwei Semester dauerte, mit großer Lässigkeit, und erst nach Genuss intensiven Reisens, vieler anregender Bekanntschaften und nach seiner Verlobung mit Karoline von Dacheröden bequemte er sich, den Staatsdienst aufzusuchen."
Werner Knopp, Feuilletonist

Denkmal des Freiherrn vor der Humboldt-Universität in Berlin-Mitte

Florence Nightingale

* 12. Mai 1820 in Florenz
† 13. August 1910 in London
englische Krankenpflegerin und Reformerin

Florence Nightingale, um 1857

Literatur:

- Genschorek, Wolfgang, Schwester Florence Nightingale. Triumph der Menschlichkeit, Hirzel Verlag, Leipzig 1990
- Orvieto, Laura, Florence Nightingale, Oprecht Verlag, Zürich, New York 1943
- Woodham-Smith, Cecil, Florence Nightingale, aus dem Englischen von Irmgard Wild, Kösel Verlag, München 1952

DIE LADY MIT DER LAMPE

„Warum zeigen die Frauen Leidenschaft, Verstand, moralische Tüchtigkeit und warum haben sie einen Platz in der Gesellschaft, wo weder das eine noch das andere zum Tragen kommen kann?" Florence Nightingale, höhere Tochter wohlhabender englischer Eltern, war nicht gewillt, sich der Weiblichkeitsnorm ihrer Schicht zu ergeben. Standesgemäß heiraten, repräsentieren und ansonsten auf Untätigkeit reduziert sein – das war für sie keine Perspektive. „Ich muss ein besseres Leben für die Frauen anstreben." Sie tat es als Reformerin der Krankenpflege: Mit organisatorisch genialem Geschick, beherztem Einsatz und überzeugenden Führungsqualitäten gelang es ihr, das Sanitätswesen im Krimkrieg (1853–1856) effektiv zu gestalten und die Sterblichkeitsrate der Soldaten in den Lazaretten drastisch zu senken. Als sie 36-jährig nach London zurückkehrte, wurde sie nicht nur als Nationalheldin gefeiert, ihre Kompetenz und fachliche Autorität in der Krankenpflege waren nunmehr unumstritten. Den Weg dahin musste sich Florence Nightingale erkämpfen.

Sie kam 1820 in Florenz zur Welt, verbrachte aber ihre Kindheit und Jugend in England und auf ausgedehnten Reisen. Das Leben, so räsonierte sie später, „plätscherte angenehm dahin", was der Heranwachsenden zunehmend Unbehagen bereitete. Als 17-Jährige schlug sie einen Heiratsantrag aus, sah aber noch keine Alternative für sich. Nach Jahren der Ratlosigkeit, nach Depressionen und inneren Konflikten setzte sie schließlich gegen den Widerstand ihrer Eltern durch, in der Krankenpflege zu arbeiten. Damit realisierte sie Forderungen ihrer Abhandlung *Cassandra*, einer leidenschaftlichen Protestschrift gegen die erstickende Frauenrolle ihrer Klasse: Sie verließ die für sie vorgesehenen Bahnen und wandte sich dem sozialen Bereich zu, einem Gebiet immerhin, das für Frauen akzeptabel war.

Im England der damaligen Zeit gab es den Beruf der Krankenschwester noch nicht, das Krankenhauspersonal war unqualifiziert, Krankenpflege, wie wir sie heute kennen, existierte nicht. Florence Nightingale las viel über Sanitätswesen und Krankenpflege,

arbeitete in englischen Hospitä-
lern und machte eine Ausbildung
in der Diakonissenanstalt in
Kaiserswerth am Rhein. Dieses
1836 gegründete Krankenhaus
war damals Vorbild für humanitäre Krankenpflege-Einrichtungen
in Deutschland und im Ausland.
In einem Praktikum bei den
Barmherzigen Schwestern in Paris
holte sich die Engländerin weitere
Anregungen.
Zurück in London gründete und
leitete sie 1853 ein Frauenspital.
Ihr Plan, eine Pflegerinnen-Schule
aufzubauen, stieß auf heftige
Widerstände der britischen Ärzteschaft und wurde schließlich
durch den Ausbruch des Krim-
kriegs auf Eis gelegt. Nach Berichten der *Londoner Times* starben
auf der Krim weit mehr britische
Soldaten an Krankheiten und
mangelnder Krankenpflege als im
Kampf. Alarmiert durch diese ka-
tastrophalen Zustände schickte der
britische Kriegsminister Florence
Nightingale in das Kriegsgebiet,
um dem Desaster in den Lazaretten entgegenzuwirken. Mit nur
38 Krankenpflegerinnen kämpfte
sie im Hauptlazarett in Skutari
am Bosporus erfolgreich gegen
den Mangel an Lebensmitteln, an
Hygiene und an Medikamenten,
gegen die ablehnende Haltung der
Heeresverwaltung, gegen Cholera
und andere Seuchen, an denen
das britische Militär zugrunde
ging. Pausenlos im Einsatz sorgte
sie auch nachts für die Kranken
und ging durch die Reihen der
Verwundeten, die Soldaten nannten sie „die Dame mit der
Lampe". Schon nach kurzer Zeit
organisierte die resolute Verwal-

Nach der Schlacht an der Alma im Krimkrieg (1853–1856): Florence Nightingale versorgt Verwundete, zeitgenössischer Stahlstich von Robert Neal Hind

tungschefin die gesamte Versor-
gung der Lazarette mit über
10 000 Menschen und setzte in
der Krankenpflege des Militärs
neue Maßstäbe.
An Cholera erkrankt, kehrte sie
nach England zurück, wo sie ihre
Reformarbeit fortsetzte. Dank
ihrer Erfahrungen auf der Krim
war sie nun anerkannte Beraterin
des Kriegsministers. Sie professio-
nalisierte das Krankenwesen in
Spitälern, entwarf Reformkon-
zepte für die Armee, verfasste
zahlreiche Schriften und Bücher
über soziale Probleme, äußerte
sich zur Erziehung, zum Welt-
hunger, zur Armut. 1860 eröffnete sie am St. Thomas Hospital in
London die „Nightingale Training
School for Nurses" – die erste
Schwesternschule in England, die
nach modernen wissenschaft-

lichen Maßstäben ausbildete und
zum Vorbild für die Kranken-
pflege-Ausbildung wurde. Damit
schuf Florence Nightingale den
Beruf der fachlich und ethisch
qualifizierten Krankenschwester.
Als erste Frau erhielt sie 1907 den
Orden für hohe Verdienste um
das Britische Reich; ein Jahr später wurde sie Ehrenbürgerin
Londons. Ein Staatsbegräbnis und
die Beisetzung in der West-
minster-Abtei hatte sie sich testa-
mentarisch verboten. Auf dem
Grabstein in der Familiengruft
stehen nur zwei Zeilen: „F. N.
Geboren 1820. Gestorben 1910".

*„Ich hätte für mein Leben gern eine
richtige, vernünftige Arbeit gehabt,
statt die Zeit zu vertändeln."*
Florence Nightingale über ihre
Jugendzeit

Jean Henri Dunant

* 8. Mai 1828 in Genf
† 30. Oktober 1910 in Heiden, Kanton Appenzell
schweizer Philanthrop und Pazifist

DER GRÜNDER DES ROTEN KREUZES

Der junge Henri Dunant, um 1865

Literatur:
- Heudtlass, Willy, J. Henry Dunant. Gründer des Roten Kreuzes – Urheber der Genfer Konvention. Eine Biographie in Dokumenten und Bildern, W. Kohlhammer Verlag, Stuttgart 1962
- Legere, Werner, Der Ruf von Castiglione, Evangelische Verlagsanstalt, Berlin 1960
- Simson, Gerhard, Fünf Kämpfer für Gerechtigkeit. Christian Thomasius – George Picquart – Cesare Lombroso – Henri Dunant – Fridtjof Nansen, C.H. Beck'sche Verlagsbuchhandlung, München 1951

Oberitalien im Juni 1859. Der Genfer Patriziersohn und Bankkaufmann Henri Dunant war in die Lombardei gereist, um vom französischen Kaiser Napoleon III. Geschäftsempfehlungen für ein schweizerisch-französisch-afrikanisches Unternehmen in Algerien einzuholen. Zu einem Treffen mit dem Kaiser – der war mit seinem Heer den Italienern zu Hilfe gekommen, um Österreich aus Oberitalien zu verdrängen – kam es nicht. Stattdessen wurde der Schweizer Geschäftsreisende Zeuge eines Gemetzels, das als „Schlacht von Solferino" in die Geschichte eingegangen ist und dessen Opfer an Zahl alles bis dahin Gewesene überstiegen. Nachdem 300 000 Soldaten mit Kanonen, Bajonetten und Gewehrkolben aufeinander losgegangen waren und sich 15 Stunden lang niedergemetzelt hatten, blieben 40 000 Tote und schwer Verwundete auf dem Schlachtfeld liegen. Dunant versuchte zusammen mit dem Ortsgeistlichen und einigen Helfern, erste Hilfe zu leisten, mühte sich tagelang, um schließlich festzustellen, wie aussichtslos sein Einsatz war.

Nach diesem Erlebnis war für den Genfer Bürger nichts mehr wie zuvor. Unter dem Druck des Traumas schrieb er sich die grauenvollen Eindrücke von der Seele. 1862 erschien im Selbstverlag sein Buch *Un Souvenir de Solferino (Eine Erinnerung an Solferino)*, dessen eindringliche Schilderungen in der Vorstellung mündeten, einen Hilfsdienst auf die Beine zu stellen: „Gibt es während einer Zeit der Ruhe und des Friedens kein Mittel, um Hilfsorganisationen zu gründen, deren Ziel es sein müsste, die Verwundeten in Kriegszeiten durch begeisterte, sich aufopfernde Freiwillige pflegen zu lassen?"

Dunants Idee, die Menschlichkeit zu organisieren, fand Anklang. Zunächst bei der Gemeinnützigen Gesellschaft in Genf, die sich hinter seine Forderungen stellte und 1863 eine internationale Konferenz einberief. Bald auch bei den Herrscherhöfen Europas, die Dunant bereiste und die er für seinen Plan – einen internationalen, militärisch neutralen Sanitätsdienst – gewann. 1864 unterzeichneten die Vertreter von zunächst 16 Staaten die erste Genfer Konvention „zur Verbesserung des Loses der verwundeten

Dunant während seiner Zeit in einem Schweizer Sanatorium, 1900

„Warum sammeln sich nicht alle, aus allen Nationen, aus allen Sprachgebieten zu einem heiligen Kreuzzug der Menschlichkeit, um den Völkern zu zeigen, in welchen Abgrund von Unglück sie sich blind stürzen, indem sie bis zur Unmöglichkeit den Militarismus fördern, der wie eine steigende Meeresflut ganz Europa über-schwemmt?"

Soldaten der Armeen im Felde" und beschlossen damit die Neutralisierung der Feldärzte, ihres Hilfspersonals, der Lazarette sowie die Gründung von Hilfsvereinen. Als Schutzzeichen wählten sie das rote Kreuz auf weißem Grund, die umgekehrten Farben der Schweizer Nationalflagge. (Nichtchristliche Staaten, die sich in späteren Konventionen anschlossen, übernahmen entsprechende Symbole: die islamischen Länder den roten Halbmond, Iran den roten Löwen, Japan die rote Sonne.)

Das in Solferino geborene Anliegen Henri Dunants hatte seine völkerrechtliche Verbindlichkeit erhalten, Genf war Sitz des Internationalen Komitees vom Roten Kreuz geworden. Auf der Strecke blieb dabei der Urheber der Idee selbst: Ausgelaugt durch den pausenlosen Einsatz für seine Gründung scheiterte er als Geschäftsmann. 1867 wurde er wegen betrügerischen Konkurses verurteilt, mit einer Schuldenlast von einer Million Franken war er in seiner Heimat gesellschaftlich erledigt. Totgeschwiegen von seinen eigenen Organisationen – er hatte neben dem Roten Kreuz andere wohltätige Gesellschaften gegründet, darunter den Almosenverein, den Christlichen Verein junger Männer (CVJM), das Grüne Kreuz, eine Anlaufstelle für geschlagene Frauen –, irrte er hungernd durch Paris, geriet 1871 zwischen die Fronten der Pariser Kommune, lebte in England, mehrere Jahre in Stuttgart, wurde wegen Landstreicherei drei Monate eingesperrt und war immer auf der Flucht vor seinen Genfer Widersachern, unter anderem Gustave Mounier, dem späteren Präsidenten des Internationalen Roten Kreuzes. „Ich habe zu denen gehört, die ihre Kleider mit Tinte aufschwärzen und ihrem Hemdkragen mit Kreide nachhelfen, die einen abgetragenen, schäbigen, zu weit gewordenen Hut mit Papier ausfüttern und deren Schuhe das Wasser durchlassen", erinnerte sich Dunant später an diese Zeit.

In der Zwischenzeit wuchs die Organisation des Roten Kreuzes, ohne dass vom Gründer die Rede war. Nach 20-jähriger Odyssee fand Dunant dank der finanziellen Unterstützung von Verwandten in einem Sanatorium im appenzellischen Heiden einen Zufluchtsort. Dort wurde er, schon tot geglaubt, 1895 von einem Journalisten aufgespürt und später rehabilitiert: 1901 erhielt Henri Dunant zusammen mit dem französischen Pazifisten Frédéric Passy den ersten Friedensnobelpreis.

Ein Leben mit Höhen und tiefen Abgründen, das der Schweizer nur aushielt, weil er sich unermüdlich und hektisch für Verwundete, Kriegsgefangene, bald auch für Frieden und Völkerverständigung einsetzte. Seiner Furcht vor einer düsteren Zukunft, seinen Schreckensvisionen setzte er humanitäre Ideale entgegen. Er propagierte eine „Internationale Erklärung der Menschenrechte", eine internationale Schiedsstelle für nationale Zwiste, schlug die Gründung einer Bibliothek der Weltliteratur vor – als Beitrag zum Weltfrieden, um „alle Völker über das geistige Schaffen der anderen" zu unterrichten – und nahm damit Ideen voraus, die erst Jahrzehnte später diskutiert und umgesetzt wurden.

Hedwig Dohm

* 20. September 1831 in Berlin
† 1. oder 4. Juni 1919
deutsche Schriftstellerin und Frauenrechtlerin

Hedwig Dohm in jungen Jahren,
Foto undatiert

Literatur

■ Brandt, Heike, Die Menschenrechte haben kein Geschlecht. Die Lebensgeschichte der Hedwig Dohm, Beltz Verlag, Weinheim/Basel 1993

■ Meißner, Julia, Mehr Stolz, Ihr Frauen! Hedwig Dohm. Eine Biographie, Schwann Verlag, Düsseldorf 1987

■ Rahm, Berta (Hg.), Hedwig Dohm. Erinnerungen und weitere Schriften von und über Hedwig Dohm, Ala Verlag, Zürich 1980

DIE RADIKALE VORDENKERIN

„Glaube nicht, es muss so sein, weil es so ist und immer so war. Unmöglichkeiten sind Ausflüchte steriler Gehirne. Schaffe Möglichkeiten!" Als Hedwig Dohm diesen Appell formulierte, war sie bereits 80 Jahre, eine alte Frau, doch kämpferisch wie ehedem. Jahrzehntelang hatte die Berliner Schriftstellerin die Emanzipation der Frauen gefordert, hatte für Bildung, Ausbildung, private und staatspolitische Rechte der Frauen gekämpft. Weniger in den Organisationen der Frauenbewegung als in ihrem Metier: schreibend, mit spitzer Feder, analytisch, meisterhaft polemisch und respektlos gegenüber Autoritäten. „Solange es heißt: Der Mann will und die Frau soll, leben wir nicht in einem Rechts-, sondern in einem Gewaltstaat", kritisierte sie. Denn „Menschenrechte haben kein Geschlecht".

Marie Adelaide Hedwig Schlesinger kam aus einer Berliner Fabrikantenfamilie und wuchs mit 17 Geschwistern auf. Die höhere Tochter musste mit 15 Jahren die Schule verlassen, um sich auf ihr Leben als Hausfrau und Mutter vorzubereiten und auf einen Mann zu warten. Sie litt unter der gesellschaftlichen Begrenzung, die Frauen nur ein Minimum an Bildung zugestand. Auch der Besuch eines Lehrerinnenseminars – eine wenig anspruchsvolle, für bürgerliche Verhältnisse noch akzeptable Frauenbildung – stellte sie intellektuell keineswegs zufrieden. 1853 heiratete die Fabrikantentochter Ernst Dohm, den Schriftsteller und Chefredakteur der satirischen Wochenzeitung *Kladderadatsch*, und brachte innerhalb weniger Jahre fünf Kinder zur Welt. Neben Haushalt und Kindererziehung führte sie ein Haus, das zum Treffpunkt der Berliner Literaten- und Künstlerkreise wurde. In den 1860er Jahren begann Hedwig Dohm zu schreiben: eine spanische Literaturgeschichte, Schöngeistiges – Romane, Theaterstücke, Novellen – und feministische Streitschriften, in denen sie die Unterdrückungsmechanismen und Vorurteile gegenüber Frauen ironisch, witzig und geistreich entlarvte.

1872 erschien ihr erstes Pamphlet *Was die Pastoren von den Frauen denken*, in dem sie sich mit brillantem Scharfsinn und zielsiche-

„Weil die Frauen Kinder gebären, darum sollen sie keine politischen Rechte haben. Ich behaupte: weil die Männer keine Kinder gebären, darum sollen sie keine politischen Rechte haben, und ich finde die eine Behauptung mindestens ebenso tiefsinnig wie die andere."

Demonstration für das Frauenwahlrecht im Mai 1912

rem Spott die „Dogmen" der Theologieprofessoren im Hinblick auf die untergeordnete Rolle der Frauen vorknöpfte. In *Der Jesuitismus im Hausstande. Ein Beitrag zur Frauenfrage*, das sie ein Jahr später publizierte, beschäftigte sie sich mit den „schmählichen Lügen" der Männer und mit den „guten Hausfrauen", die durch ihre Anpassung die Frauenemanzipation verhinderten. Und sie forderte erstmals die Beteiligung der Frauen an der Gesetzgebung: „Wer macht die Gesetze? – Die Männer. Auch die Gesetze, die das Verhältnis der Mutter zu ihrem Kinde regeln? – Auch die ... Dieselben Männer, die da vorgeben, den einzigen und erhabenen Beruf der Frau in ihrer Mutterschaft zu finden, erteilen in den Gesetzen, die sie machen, der Frau als Mutter ein Misstrauensvotum sondergleichen und sonder Beispiel. – Verdorrt ihnen nicht die Zunge ob so schmählicher Lüge! ... Für mich liegt der Anfang allen wahrhaften Fortschritts auf dem Gebiet der Frauenfrage im Stimmrecht der Frauen."

In der Schrift *Die wissenschaftliche Emanzipation der Frau* (1874) räsonierte Hedwig Dohm über die gesellschaftlichen Ursachen des Ausschlusses der Frauen aus Bildung und Wissen-

schaft und über ihre Auswirkungen. Sie forderte Einheitsschulen, Koedukation, die Zulassung der Frauen zum Studium, vor allem zum Medizinstudium, und führte die Theorien über die Minderwertigkeit der Frau, die den „physiologischen Schwachsinn des Weibes" mit dem Gewicht der Hirnmasse zu belegen versuchten, ad absurdum. Die Kritik an den wissenschaftlichen Unterdrückungstheorien vertiefte sie später in ihrer angriffslustigen Schrift *Die Antifeministen* (1892), in der sie mit allen „Kategorien" von Frauenfeinden, den „Altgläubigen, Herrenrechtlern, praktischen Egoisten oder Rittern der mater dolorosa" aufräumte. „Erwachet, Deutschlands Frauen, wenn ihr ein Herz habt, zu fühlen die Leiden Eurer Mitschwestern, und Tränen, sie zu beweinen, mögt Ihr selbst auch im Schoß des Glückes ruhen. Erwachet, wenn Ihr Grimm genug habt, Eure Erniedrigung zu fühlen, und Verstand genug, um die Quellen

Eures Elends zu erkennen. Fordert das Stimmrecht, denn nur über das Stimmrecht geht der Weg zur Selbständigkeit und Ebenbürtigkeit, zur Freiheit und zum Glück der Frau." So schrieb sie in *Der Frauen Natur und Recht* (1876), einem leidenschaftlichen Plädoyer für die private und politische Gleichberechtigung der Frau.

Aktiv bis ins hohe Alter – mit über 80 Jahren setzte sie sich noch aktiv gegen Krieg und Militarismus ein – starb Hedwig Dohm 1919, ein halbes Jahr, nachdem in Deutschland die Frauen das Stimmrecht erlangt hatten.

„Es ist den Frauen unaufhörlich eingeschärft worden: für Euch denken die Männer, – dass sie schließlich aufgehört haben, zu denken. Lange Reihen von Frauengenerationen sind unter dem Drucke der Verachtung ihrer Intelligenz aufgewachsen und natürlich haben sie manches getan, um diese Verachtung zu rechtfertigen."

Bertha von Suttner

* 9. Juni 1843 in Prag
† 21. Juni 1914 in Wien
österreichische Pazifistin und Schriftstellerin

Porträt von 1886

Literatur

■ Hamann, Brigitte, Bertha von Suttner. Ein Leben für den Frieden, Piper Verlag, München 1986

■ Steffahn, Harald, Bertha von Suttner, Rowohlt Taschenbuch Verlag, Reinbek 1998

■ Suttner, Bertha von, Die Waffen nieder! Eine Lebensgeschichte, hg. und mit einem Vorwort von Sigrid und Helmut Bock, Verlag der Nation, Berlin 1990

VISIONÄRIN DES FRIEDENS

„Als sie das erste Mal dieses Wort ‚Die Waffen nieder!' in die Welt schrie, liefen ihr die Leute zu und horchten auf. Aber als sie immer wieder nur dasselbe sagte: ‚Die Waffen nieder! Die Waffen nieder!', begann sich die Neugier zu langweilen ... Einige begannen sich zu ärgern, sie dachten: Was es wohl Not tue, mitten im Frieden immer nach Frieden zu rufen. Sie galt ja unserer scheinklugen Welt als Gespensterseherin und die öffentliche Meinung drückte sie allmählich in den Winkel hin ... knapp neben dem Narrentum. Sie aber ließ nicht ab; immer wiederholte sie den Ruf, als wollte sie ihn einhämmern in den Kopf der Menschheit. Allmählich war sie etwas ganz Lächerliches geworden, die Friedens-Bertha der Witzblätter." Mit diesen Worten erinnerte der Schriftsteller Stefan Zweig 1917 an Bertha von Suttner. Da war sie bereits drei Jahre tot und die Welt brannte im Krieg, den die Pazifistin geahnt und mit unermüdlichem schriftstellerischen und rednerischen Einsatz zu verhindern versucht hatte.

Sie erblickte 1843 als Bertha Gräfin von Kinsky in Prag das Licht der Welt. Die Aristokratentochter wuchs in der kultivierten Behäbigkeit ihrer Schicht in Südmähren und Wien auf und wurde im Sinne des Mädchenideals der vornehmen k.u.k. Gesellschaft erzogen. „Politik interessierte mich nicht im Mindesten, Tagesblätter las ich nicht", schrieb sie rückblickend über ihre jungen Jahre. „Ich kann es heute nicht begreifen, dass ich so stumpfsinnig sein konnte."

Mit 30 Jahren noch unverheiratet trat die verarmte Gräfin Kinsky im Hause der Familie von Suttner eine Gouvernantenstelle an, verliebte sich in den sieben Jahre jüngeren Sohn Arthur Gundaccar, wurde entlassen und ging als Privatsekretärin zu Alfred Nobel nach Paris. Ihr Aufenthalt bei dem schwedischen Chemiker, der durch seine Dynamiterfindung zum Millionär geworden war, dauerte nur eine Woche, doch es war der Beginn für ihre lebenslange Freundschaft mit Nobel. Bertha von Kinsky kehrte zurück nach Wien, heiratete im Juni 1876 heimlich Arthur von Suttner und zog mit ihm in den Kaukasus, wo das Paar neun lange Jahre vom kärglichen Erlös der Schrift-

Bertha von Suttner um 1912

stellerei, von publizistischer Arbeit für österreichische Zeitungen und Hauslehrertätigkeit lebte. Ihre damalige Gesinnung war, „dass Kriege Dinge sind, die sich ebenso notwendig und regelmäßig und außer aller menschlichen Einflusssphäre abspielen wie Vorgänge im Erdinnern und am Firmament; man hat sich also darüber nicht zu ereifern". Doch mit Ausbruch des russisch-türkischen Krieges 1877 begann sie, sich mit der Frage von Krieg und Frieden zu beschäftigen und brachte ihre Reflexionen in gesellschaftskritischen Artikeln und in ihrem ersten Roman *Inventarium der Seele* (1883) zum Ausdruck. 1885 kehrte das Paar nach Österreich zurück, wo Bertha von Suttner besorgt den Militarismus und Antisemitismus beobachtete und sich mehr und mehr mit der Friedensbewegung auseinander setzte. 1889 veröffentlichte sie ihren Antikriegsroman *Die Waffen nieder!*, in dem sie die

Gräuel der Schlachtfelder und den kriegerischen Irrsinn beschrieb. Die brutale Aufrichtigkeit des Buches mit seiner erschütternden Darstellung einzelner Schicksale hatte eine aufwühlende Wirkung auf die Leserschaft. Mit diesem Roman, der als Auslöser der modernen Friedensbewegung gilt, wurde Bertha von Suttner berühmt und zu einer Leitfigur des Pazifismus.
In den folgenden 25 Jahren setzte sie sich unermüdlich für den Frieden ein. In Europa und den USA wurde sie zu Vorträgen, Kongressen und Konferenzen eingeladen; sie gründete Friedensvereine und organisierte Friedensappelle, gab unter dem Titel *Die Waffen nieder!* eine Monatszeitschrift heraus, schrieb und veröffentlichte hastig Romane mit pazifistischer und sozialkritischer Grundhaltung (darunter *Ein schlechter Mensch*, 1885, *Das Maschinenzeitalter*, 1890, *Hanna*, 1894, *Marthas Kinder*, 1903, *Der Menschheit Hochgedanken*, 1911) und engagierte sich nach Kräften, um zu internationaler Solidarität aufzurufen und Feindbilder abzubauen. Es war keine Kleinigkeit, in der Habsburger Monarchie mit ihrer expansionistischen Balkanpolitik für den Frieden zu kämpfen. Dennoch versuchte sie, Politiker und Diplomaten für ihre Ziele zu gewinnen. Das verlangte Mut – zu einer Zeit, in der Frauen keinerlei politische Rechte hatten, noch nicht einmal das Recht, einer politischen Gruppierung anzugehören. Sie sympathisierte mit der Frauenbewegung und

„In einer Gesellschaft, in der das Vorrecht des Stärkeren so radikal ausgerottet wäre, dass in derselben die Gleichstellung der Frau erreicht worden wäre, würde überhaupt nicht mehr Krieg geführt."

wurde verspottet als „Megäre des Friedens", als „hysterischer Blaustrumpf". Man kritisierte ihre Tätigkeit als „unweiblich". Dennoch wurde ihr Roman *Die Waffen nieder!* in zwölf Sprachen übersetzt. Alfred Nobel, der ihre Aktivitäten finanziell unterstützte, stiftete auf ihre Anregungen hin den Friedensnobelpreis, und Bertha von Suttner war die erste Frau, der dieser Preis 1905 verliehen wurde.
Von ihrer Friedensmission bis an ihr Lebensende erfüllt, starb die Pazifistin im Juni 1914. „Die Waffen nieder, sagt es allen!", soll die Sterbende in ihren letzten Stunden gerufen haben. Den Ausbruch des Ersten Weltkriegs wenige Wochen später musste sie nicht mehr erleben.

Titelseite des Antikriegsromans von Bertha von Suttner

Mohandas Karamchand Gandhi

* 2. Oktober 1869 in Porbandar
† 30. Januar 1948 in Neu-Delhi
indischer Freiheitskämpfer

Mahatma Gandhi im August 1942

„Gewaltlosigkeit heißt bewusstes Leiden. Es heißt nicht ergebene Unterwürfigkeit gegenüber dem Willen des Übeltäters, sondern es bedeutet, die ganze Seele gegen den Willen des Tyrannen zu setzen."

Literatur

- Gandhi, Mahatma, Freiheit ohne Gewalt, eingeleitet, übersetzt und hg. von Klaus Klostermeier, Verlag Jakob Hegner, Köln 1968
- Rau, Heimo, Gandhi, Rowohlt Taschenbuch Verlag, Reinbek 1970
- Sheean, Vincent, Mahatma Gandhi oder Der Weg zum Frieden, aus dem Amerikanischen von Edmund Th. Kauer, Zsolnay Verlag, Wien 1950

DER FRIEDLICHE REVOLUTIONÄR

Wie kein anderer prägte Mohandas Karamchand Gandhi die Geschichte Indiens. Vom Dichter Rabindranath Tagore mit dem Ehrentitel „Mahatma" (Große Seele) geadelt, war der kleine, fast unscheinbare Rechtsanwalt aus der Kaste der Kaufleute Inspirator und treibende Kraft einer Massenbewegung, die mit der gewaltlosen Methode des zivilen Ungehorsams das mächtige britische Empire – die Kolonialverwaltung Indiens – in die Knie zwang.

Eine seiner beeindruckendsten und wirkungsvollsten Kampagnen war der große „Marsch zum Meer", mit dem Gandhi gegen die britische Salzsteuer protestierte: Die Gesetze der britischen Kolonialmacht verboten den Indern, das in den Tropen lebensnotwenige Salz selbst zu gewinnen, und machten sie so vom britischen Wirtschaftsmonopol abhängig. Gleichzeitig erhoben die Engländer eine Salzsteuer, die einen indischen Arbeiter drei Tagesverdienste kostete. „Ich will das britische Volk durch Gewaltlosigkeit bekehren und es so zur Erkenntnis des Unrechts führen, das man Indien zugefügt hat." Mit diesem Ziel brach Gandhi, begleitet von 78 Männern und Frauen, am 12. März 1930 in Ahmedabad auf, um an die 380 Kilometer entfernte Küste am Arabischen Meer zu wandern. 24 Tage lang dauerte der „Salzmarsch", der mit Spannung von der Weltöffentlichkeit verfolgt wurde. „Ich wünsche mir die Sympathie der Welt in dieser Schlacht des Rechts gegen die Macht", schrieb Gandhi einem amerikanischen Reporter auf einen Zettel. Am Zielort – der Pilgerzug war mittlerweile auf 6000 Menschen angeschwollen – hob Gandhi am Meer eine kleine Menge Salz auf: die symbolische Aufforderung, Salz in eigener Regie und kostenlos zu gewinnen und das Salzmonopol der britischen Regierung zu boykottieren. Tausende von Indern folgten Gandhis Appell, sammelten und siedeten ihr Salz und wurden Opfer der wütenden Reaktion der Kolonialverwaltung: Misshandlungen, Verhaftungen, Totschläge – die Angegriffenen schlugen nicht zurück. England verlor das Gesicht in dieser von der Weltpresse dokumentierten Kampagne und war ins Mark getroffen. Denn mit dem „Salzmarsch" hatte Gandhi bewiesen, dass sein Prinzip der Gewaltlosigkeit erfolgreich war: Die Kolonialverwaltung räumte schließlich

Mohandas Karamchand Gandhi als junger Anwalt in Johannesburg, 1894

Der friedliche Revolutionär beim Verlassen des Regierungsgebäudes in Neu-Delhi

den Küstenbewohnern das Recht ein, ihr eigenes Salz zu produzieren. Gewaltlosigkeit und ziviler Ungehorsam, so erkannte der Mahatma, barg auch die Möglichkeit, sein größtes Ziel, die Unabhängigkeit Indiens, zu verwirklichen. „Gewaltlosigkeit ist die größte Kraft, die der Menschheit zur Verfügung steht", schrieb Gandhi einmal. Die Engländer wussten um diese Kraft und verhafteten den Freiheitskämpfer – zum wiederholten Male: Fast sechs Jahre verbrachte Mahatma Gandhi im Laufe seines Lebens in Gefängnissen, Strafen, die er gelassen und heiter hinnahm. „Der Körper ist zwar eingeengt, aber die Seele ist frei und man hat eine Menge Zeit zum Beten."

Das Schlüsselerlebnis für seine Philosophie des zivilen Ungehor-

sams und gewaltlosen Widerstands datierte Gandhi selbst auf einen Tag im Mai 1893 in Südafrika, wo er als junger Anwalt arbeitete. Auf einer Bahnfahrt wurde er erstmals mit demütigenden Rassendiskriminierungen konfrontiert. Er gehörte der zweithöchsten indischen Kaste an, hatte als privilegierter Inder in London Jura studiert und sah sich selbst als Briten. Doch trotz seiner Erster-Klasse-Fahrkarte und seines britischen Passes wurde er von einem weißen Mitreisenden aus dem Zug geworfen. „Das war die schöpferischste Erfahrung meines Lebens", sagte Gandhi später. Fortan setzte er sich für die Rechte der eingewanderten Inder in Südafrika ein, entwickelte dort sein neues, ungewohntes Prinzip des gewaltfreien Widerstands und organisierte gezielte, wirksame Aktio-

nen, um die Lage seiner Landsleute zu verbessern. Bei seinen Kampagnen kam es ihm auf Gewaltfreiheit an, nicht weil er den Gegner ausschalten, sondern weil er ihn von der Wahrheit überzeugen wollte: der Wahrheit, dass Gewaltlosigkeit – und das war für ihn Liebe – der einzige Weg ist, die tödliche Kettenreaktion von Hass und wieder Hass, von Gewalt und Gegengewalt zu durchbrechen; dass der Feind zum Freund gewonnen werden soll und am Ende statt eines kurzlebigen Sieges und der Demütigung des Gegners der ehrenvolle Kompromiss als Basis für ein neues Miteinander steht. Zu seinen „Experimenten mit der Wahrheit" gehörte für Gandhi auch die ständige Suche nach der rechten Lebensform. Und so kam es, dass er in der letzten Phase seines 21-

Gandhi in England, wo er im Herbst 1931 als einziger Vertreter des indischen National-Kongresses an der zweiten Round-Table-Konferenz teilnahm

„Ich bin der Ansicht, dass ein Leben der völligen Enthaltsamkeit in Gedanken, Wort und Tat notwendig ist, um geistige Vervollkommnung zu erreichen."

jährigen Südafrika-Aufenthalts seine florierende Rechtsanwaltspraxis aufgab, mit seiner Familie in eine sich selbst versorgende, soziale Gemeinschaft (Ashram) zog und hier entschied, künftig ohne Privateigentum zu leben.

1914 kehrte Gandhi nach Indien zurück und wurde hier neben Jawaharlal „Pandit" Nehru zu einer der Leitfiguren der indischen Unabhängigkeitsbewegung. Nach dem Ersten Weltkrieg rief er zum Generalstreik auf: In der landesweiten Aktion der „Non-Cooperation" (Nicht-Kooperation) boykottierten zahlreiche Inder die britischen Einrichtungen. Sie legten ihre Arbeit in öffentlichen Ämtern nieder, ignorierten das britische Gerichtswesen und nahmen ihre Kinder von den Schulen. Gandhi wusste, dass Indiens Unabhängigkeit ohne wirtschaftliche Basis nicht möglich war. Das bedeutete, das Land nicht nur aus seiner kolonialen Unterdrückung, sondern auch aus den Fesseln seiner Armut zu befreien. Die Ausbeutung durch das britische Empire hatte die indische Wirtschaft zerstört. Unter der Parole „Sei indisch – kaufe indisch" rief er zum Boykott der britischen Waren auf. „Indiens Heil besteht darin, all das aufzugeben, was es in den letzten fünfzig Jahren gelernt hat: Eisenbahn, Telegraph, Krankenhäuser, Mediziner – all das hat zu verschwinden, und die so genannten oberen Klassen müssen lernen, bewusst, religiös und überlegt das einfache Leben eines Bauern zu leben, in dem Bewusstsein, dass dies ein Leben ist, das echtes Glück schenkt." Gandhi träumte von einem Indien, das

seine Kraft aus den ländlichen Wurzeln saugen sollte – mit Pflug und Spinnrad als Symbolen –, und ging mit seinem Beispiel voran. Im weißleinenen selbst gefertigten Baumwolltuch zog er durch das Land, nahm immer das Spinnrad mit und appellierte an die Menschen, ihre westliche Kleidung abzulegen und selbst gewebtes Tuch aus selbst gesponnenem Faden zu tragen. Die Kampagne war nicht nur ein wirksames Kampfmittel gegen die Einfuhr britischer Textilien. Sie bot auch vielen Armen eine Einnahmequelle. Das Spinnrad wurde zum Wahrzeichen der Unabhängigkeit – und es schmückt bis heute die indische Flagge.

Gandhis Kampf galt aber nicht allein der Befreiung seines Volkes aus der kolonialen Unterdrückung, sondern auch dessen innerem Frieden. Hindus und Moslems waren bitter verfeindet und die Hindus dazu in zahlreiche Kasten zersplittert. Fast ein Fünftel aller Inder gehörte zu den Parias, den so genannten „Unberührbaren". Für diese Ärmsten der Armen – Gandhi nannte sie „Gotteskinder" – versuchte er, Rechte zu erkämpfen: Mit einer seiner zahlreichen Aktionen „Fasten bis zum Tod" protestierte er gegen getrennte Wahlen zwischen Hindus und Unberührbaren und brachte damit die oberen Kasten gegen sich auf. Gandhi sah sich selbst weder als Prophet noch als Guru oder Herrscher. Er war auf der Suche nach der Wahrheit, wusste, dass er sich irren konnte und gestand seine Fehler öffentlich. Seine Philosophie vom gewaltfreien Widerstand war

Die „Große Seele" mit Anhängern auf dem „Marsch zum Meer" (12. März – 6. April 1930) gegen das Salzgewinnungsmonopol der englisch-indischen Regierung

Menschen- und Kinderfreund Mahatma Gandhi im August 1944

für ihn immer auch ein Weg der spirituellen Selbstbegegnung, die er mit seiner asketischen Lebensweise fördern wollte und die tief in der hinduistischen Religion verankert war.

Mochte Winston Churchill auch über den „aufrührerischen, halb nackten Fakir" spotten – unter der Führung des friedlichen Revolutionärs, der wie kein anderer die Seele Indiens anzusprechen und zu animieren verstand, geschah das Unmögliche: Die Briten entließen das Land 1947 endlich in die Unabhängigkeit. Doch die Einheit Indiens war schon damals dahin, obwohl sich Gandhi der Aufteilung

des Subkontinents in die Staaten Indien und Pakistan verzweifelt entgegengestemmt hatte. Er litt unter der Vivisektion, wie er die Trennung nannte, fürchtete „Ströme von Blut" und musste erleben, wie sich Inder und Pakistani in den Grenzprovinzen bekriegten. Wieder begab er sich auf einen Fußmarsch durch zerstörte Dörfer, hungerte für den Frieden und versuchte, Hindus und Muslime an einen Verhandlungstisch zu zwingen. Am 30. Januar 1948 erschoss ihn ein fanatischer Gegner seines Friedenswerks, als er auf dem Weg zum Abendgebet mit vielen Menschen war. Seine letzten Worte waren „He-ram" – Gott.

Gandhi setzte ganz auf die Initiative des Individuums, das er nicht in ein Netz von Sachzwängen verstrickt sah, sondern dem er die Freiheit zuschrieb, in eigener Verantwortung zu handeln, und das damit auch die Chance erhält, andere Menschen zu überzeugen und zu gemeinsamem Handeln zu motivieren." So beurteilte der Südasienexperte Dietmar Rothermund das Wirken des indischen Führers. „Er blieb bis zu seinem Lebensende seiner Überzeugung treu, dass Menschen die Wahrheit finden können, wenn man sie ihnen vor Augen führt und sich gewaltfrei für sie einsetzt."

Elsa Brändström

* 26. März 1888 in St. Petersburg
† 4. März 1948 in Boston
schwedische Philanthropin

DER ENGEL VON SIBIRIEN

Elsa Brändström als Delegierte des schwedischen Roten Kreuzes in Russland

Literatur:
- Brändström, Elsa, Unter Kriegs-gefangenen in Russland und Sibirien 1914–1920, aus dem Schwedischen von Margarete Klante, Koehler & Amelang Verlag, Leipzig 1927
- Juhl, Eduard, Klante Margarete, Epstein, Herta, Elsa Brändström. Weg und Werk einer großen Frau in Schweden, Sibirien, Deutschland, Amerika, Quell Verlag, Stuttgart 1962
- Padberg, Magdalena, Das Leben der Elsa Brändström. Ein Hilfswerk in drei Erdteilen, Herder Taschenbuch Verlag, Freiburg im Breisgau 1989

„Huldigungen und Schwärmereien ließ sie sich mit Nachsicht gefallen, aber sie schätzte das alles nicht. Für sie galt der freie Mensch, der sie nicht verehren, sondern gemeinsam mit ihr die Aufgabe der Stunde anfassen sollte." So schildert ein Zeitgenosse Elsa Brändström, die als „Engel der Kriegsgefangenen" oder „Engel von Sibirien" in die Geschichte einging. Die Aufgabe der Stunde war für die Schwedin zeitlebens zu helfen: praktisch, energisch und scheinbar unermüdlich.

Was die Gesandtentochter im Ersten Weltkrieg dazu bewog, die Behaglichkeit eines gutbürgerlichen Frauenlebens zu verlassen, sich über mehrere Jahre dem Massenelend in russischen Kriegsgefangenenlagern auszusetzen, später Kriegsopfern und schließlich Verfolgten des Hitler-Regimes zu helfen, lässt sich nur indirekt ausmachen. Denn über sich selbst und ihre Arbeit sprach Elsa Brändström so gut wie nie. In einer Rede mit dem Titel „Liebestätigkeit als völkerversöhnende Macht", die sie 1925 auf der „Weltkirchenkonferenz für praktisches Christentum" in Stockholm hielt, wurde ihre Motivation deut-

lich. Sie sprach darin von Menschen, die Gutes taten, weil sie „Mut und Kraft hatten, ihrer Inspiration zu folgen, und hemmungslos ihr Bestes gaben, nicht getrieben von langen Überlegungen der Pflicht und des Gewissens, sondern weil sie nicht anders konnten". Ihre Auffassung war: „An die Menschheit glauben und sich für sie begeistern können sind die Pfeiler, auf denen die Liebesarbeit ruhen muss, wenn sie der Völkerversöhnung dienen soll." Elsa Brändström, ältestes, in St. Petersburg geborenes Kind des schwedischen Militärattachés Edvard Brändström und seiner Frau Anna, wuchs in Russland und Schweden auf und kehrte nach St. Petersburg zurück, nachdem ihr Vater dort zum Schwedischen Gesandten ernannt worden war. Sie blieb auch nach dem Tod ihrer Mutter im Jahre 1913 in der Stadt an der Newa und erlebte hier den Beginn des Ersten Weltkriegs. Elsa Brändström ließ sich zur Krankenpflegerin ausbilden und kümmerte sich in einem Petersburger Hospital um russische Verwundete. In diesem Krankenhaus traf sie auch auf Kriegsgefangene, die ihrer Verbannung nach Sibirien entgegenharrten. Schockiert von deren Elend, wurde sie für das Schwedische Rote Kreuz tätig – sie musste helfen. Als Erstes mobilisierte sie eine Spendenaktion und reiste mit ihrer Mitarbeiterin und Freundin Ethel von Heidenstam im Oktober 1915 nach Sibirien, um dort in den Gefangenenlagern medizinische Hilfe zu leisten. Die Zustände waren katastrophal: In den Lagern begegneten die Schwestern einem Massenelend. Die Gefangenen lebten unter unmöglichen Bedingungen, vegetierten zusammengepfercht in unzumutbaren Behausungen. Tausende waren krank, verwundet, starben; ein medizinischer Hilfsdienst musste überhaupt erst einmal organisiert werden. Elsa Brändström beteiligte sich am Aufbau einer Hilfsorganisation: Entlang der Transsibirischen Bahnstrecke wurden Stützpunkte eingerichtet, die mit ausgebildeten Helfern besetzt wurden, und es wurden Lazarette errichtet. Weitere Sibirienreisen folgten, die Gefangenen schöpften Hoffnung allein schon durch Elsa Brändströms Präsenz und nannten sie liebevoll „Engel von Sibirien". Nach Kriegsende wirkte die Schwedin maßgeblich an den Heimführungsaktionen mit, die sich infolge der Revolutionswirren in Russland verzögerten. 1920 kehrte sie schließlich nach Schweden zurück, kümmerte sich um ihren kranken Vater und schrieb ihr Buch *Unter Kriegsgefangenen in Russland und Sibirien 1914–1920*. Anfang der 20er Jahre reiste sie nach Deutschland, wo eine Übersetzung vorbe-

Aus Sibirien heimkehrende deutsche Kriegsgefangene in Berlin, um 1919

reitet wurde, und fand hier eine neue Aufgabe. Sie gründete zwei Heime: ein Sanatorium im sächsischen Marienborn-Schmeckwitz für die Kriegsheimkehrer und ein Heim für die Kinder verstorbener Kriegsgefangener und für Kinder, die nicht in ihrer Familie bleiben konnten. Um Geld für ihre Projekte aufzutreiben, unternahm sie 1923 eine Vortragsreise in die USA.

1929 heiratete Elsa Brändström den Pädagogikprofessor Robert Ulich und zog mit ihm nach Dresden, 1932 wurde Tochter Brita geboren. Ein Jahr später legte der sozialistische Robert Ulich seine Ämter nieder und trat eine Gastprofessur in Harvard an: Die Familie emigrierte in die USA und half dort ankommenden Flüchtlingen aus Deutschland und Österreich, besorgte Bürgschaften, Wohnungen und Jobs. Als sich das Ende des Krieges abzeichnete, leitete Elsa Brändström eine Hilfsaktion für Not leidende Kinder in Deutschland und wurde so zur

eigentlichen Initiatorin der CARE-Pakete-Aktion (Coopeative for American Relief in Europe). Eine Reise nach Deutschland war geplant, doch dazu sollte es nicht mehr kommen: Kurz vor ihrem 60. Geburtstag starb Elsa Brändström an Krebs.

„Ich kenne gut Elsa Brändströms Zeit als ‚Engel von Sibirien', weil ich lange Korrespondent in Deutschland war. Ich weiß, dass sie das Leben von mehr als 100 000 Menschen gerettet hat. Aber ich wage zu behaupten: Ihr Triumph ist die Arbeit für Flüchtlinge gewesen. Sie hatte nichts vom Glanz des Abenteuerlichen. Sie war grau und schwer, manchmal sogar nicht einmal erwünscht. Und doch hat diese Frau alles auf sich genommen mit der glaubenssicheren Tapferkeit eines Soldaten der Heilsarmee und mit der siegesgewohnten Gewissheit einer Dame der Gesellschaft, ohne Übermut, ganz schlicht, ganz selbstverständlich."
Amerikanischer Journalist über Elsa Brändström

Dietrich Bonhoeffer

* 4. Februar 1906 in Breslau
† 9. April 1945 im Konzentrationslager Flossenbürg
deutscher Theologe und Widerstandskämpfer

Bonhoeffer im Gefängnis Berlin-Tegel

Literatur:
- Bethge, Eberhard, Dietrich Bonhoeffer, Rowohlt Taschenbuch Verlag, Reinbek 1985
- Wind, Renate, Dem Rad in die Speichen fallen. Die Lebensgeschichte des Dietrich Bonhoeffer, Beltz Verlag, Weinheim, Basel 1994
- Zimmermann, Wolf-Dieter, Bruder Bonhoeffer. Einblicke in ein hoffnungsvolles Leben, Wichern Verlag, Berlin 1995

CHRIST UND ZEITGENOSSE

Von Anfang an war Dietrich Bonhoeffer ein entschiedener Gegner der Nazis. Als einer der ersten christlichen Theologen setzte er sich bereits 1933 für die jüdischen Mitbürger ein. Die Kirche musste sich nach seiner Überzeugung an die Seite der Verfolgten stellen. „Nur wer für die Juden schreit, darf auch gregorianisch singen", sagte er einmal bei seinen Predigerseminaren der oppositionellen protestantischen „Bekennenden Kirche". Obwohl er mehrere Male die Möglichkeit hatte, Deutschland zu verlassen, blieb er im Land, um für seine Überzeugungen zu kämpfen und gegen das NS-Regime Widerstand zu leisten. „Tatenloses Abwarten und stumpfes Zuschauen sind keine christlichen Haltungen." Noch kurz vor Kriegsende, 1945, musste er sterben, weil Adolf Hitler in einer gezielten Racheaktion die Durchführung des Todesurteils gegen ihn befahl. Dietrich Bonhoeffer, 1906 als sechstes von acht Kindern in Breslau geboren, wuchs im liberalen Klima eines Professorenhauses im Berliner Grunewald-Viertel auf. Sein Vater, der Psychiater und Neurologe Karl Bonhoeffer, war

Professor an der Berliner Universität und der Charité. Dietrich Bonhoeffer studierte Theologie, legte mit 21 Jahren seine Doktorprüfung ab und habilitierte sich drei Jahre später. Auslandsaufenthalte – in Rom, Barcelona und New York – weiteten seinen Blick; und als er Anfang der 30er Jahre als junger Privatdozent in Berlin lehrte, geriet er in Konflikt mit den braunen Machthabern. Als Pfarrer der deutschen Gemeinde in London (1933–1935) berichtete er kritisch über das NS-Regime und die Zustände in Deutschland, leitete nach seiner Rückkehr in sein Land das Predigerseminar der „Bekennenden Kirche" in Finkenwalde bei Stettin und trat zunehmend vehementer mit seiner pazifistischen und antinazistischen Haltung hervor. „Die Stunde eilt – die Welt starrt in Waffen und furchtbar schaut das Misstrauen aus allen Augen, die Kriegsfanfare kann morgen geblasen werden – worauf warten wir noch?", appellierte Bonhoeffer in einer „Friedenspredigt" an die Christen und forderte – Jahre vor Kriegsbeginn – die Kirche auf, den Krieg zu ächten. Längst in die Schusslinie der

Nazis geraten, wurde Bonhoeffer die Lehrbefugnis entzogen, das Predigerseminar geschlossen und der Theologe selbst aus Berlin ausgewiesen. Von diesem Zeitpunkt an entschied sich Bonhoeffer für den aktiven Widerstand. Über seinen Schwager Hans von Dohnanyi, der Sonderführer im Oberkommando der Wehrmacht war, nahm er Verbindungen zu den Widerstandskämpfern um Admiral Wilhelm Canaris auf. 1939 reiste er auf Einladung US-amerikanischer Universitäten in die Vereinigten Staaten. Das Angebot, dort zu bleiben, lehnte er jedoch ab: „Ich muss in dieser schwierigen Zeit unserer nationalen Geschichte mit den Christen in Deutschland sein", schrieb er an seinen amerikanischen Mentor Reinhold Niebuhr. „Die Christen in Deutschland werden vor die schreckliche Alternative gestellt werden, entweder die Niederlage ihrer Nation bewusst zu wollen, damit die christliche Zivilisation überleben kann, oder den Sieg ihrer Nation zu wollen und damit unsere Zivilisation zu zerstören. Ich weiß, welche Alternative ich zu wählen habe."

Zurück in Deutschland, wurde Bonhoeffer „Verbindungsmann" der Abwehr, eine Position, die ihn vom Wehrdienst freistellte, und er warb bei ökumenisch getarnten Auslandsreisen um Unterstützung für die Widerstandskämpfer gegen die NS-Herrschaft. So traf er sich unter anderem 1942 in Schweden mit dem befreundeten anglikanischen Bischof Bell von Chicester und bat ihn, mit der britischen

Bonhoeffer mit italienischen Gefangenen im Wehrmachtsgefängnis Berlin-Tegel

Regierung Kontakt aufzunehmen, um die Friedensbedingungen nach einem Sturz Hitlers auszuhandeln.

1943 wurde Bonhoeffer in Berlin wegen „Wehrkraftzersetzung" von der Gestapo verhaftet und in das Gefängnis von Berlin-Tegel gebracht. Hier schrieb er Briefe, Berichte, Gedichte, Entwürfe, die später von seinem Freund Eberhard Bethge in dem Band *Widerstand und Ergebung* gesammelt und herausgegeben wurden – Dokumente, in denen Bonhoeffers innere Stärke ebenso wie seine Einsamkeit, Sehnsucht und Melancholie zum Ausdruck kommen und in denen sein theologisches Verständnis deutlich wird: Glaube und christliches Leben fanden für ihn ausnahmslos in der Welt statt. Erst in der vollen Diesseitigkeit des Lebens „wirft man sich Gott ganz in die Arme, nimmt man das Leiden Gottes in der Welt ernst" und leidet Gottes Leiden mit. Seine Folgerung lautete deshalb: „Die Kirche ist nur Kirche, wenn sie für andere da ist." Das bedeutete für ihn, dass

sie an den „weltlichen Aufgaben des menschlichen Gemeinschaftslebens teilnehmen" müsse, „nicht herrschend, sondern helfend und dienend."

Im Herbst 1944 wurde Bonhoeffer nach einem gescheiterten Fluchtversuch und nach dem fehlgeschlagenen Attentat auf Hitler vom 20. Juli 1944 in den Gestapo-Bunker Berlin verlegt – bei den Ermittlungen fielen der Gestapo belastende Hinweise in die Hände.

Anschließend wurde er in den Konzentrationslagern Buchenwaldund Flossenbürg interniert. Während das „Tausendjährige Reich" im Chaos versank, arbeitete der Terrorapparat der SS noch reibungslos. Am Morgen des 9. April 1945 wurde Bonhoeffer im KZ Flossenbürg zusammen mit fünf anderen Häftlingen hingerichtet.

„Ich habe in meiner fast 50-jährigen ärztlichen Tätigkeit kaum je einen Mann so gottergeben sterben sehen."
Lagerarzt

Mutter Teresa

* 27. August 1910 in Skopje
† 5. September 1997 in Kalkutta
albanisch-indische Nonne und Wohltäterin

Mutter Teresa, 1993

„Ich bin nur ein Bleistift in der Hand Gottes. Gott entscheidet. Er bestimmt die Stunde und er bestimmt, was zu tun ist."

Literatur

- Chawla, Navin, Mutter Teresa. Autorisierte Biographie, aus dem Englischen Katrin Stier, Goldmann Verlag, München 1993
- Eltz-Hoffmann, Lieselotte, Was zählt, ist, dass wir lieben. Von Mutter Teresa und anderen Frauen, die Sozialgeschichte machten, Quell Verlag Stuttgart 1996
- Feldmann, Christian, Mutter Teresa. Die Heilige von Kalkutta, Herder Verlag, Freiburg 2000

MISSIONARIN DER NÄCHSTENLIEBE

„Was wir tun, ist wie ein Tropfen im Ozean, aber ohne diesen Tropfen wäre der Ozean leerer." So umschrieb Mutter Teresa einmal ihre Mission, den Ärmsten der Armen beizustehen. Sie wusste, dass sie mit ihrem Pflegedienst das Problem der Armut nicht lösen konnte. Doch wirtschaftlicher, politischer oder wissenschaftlicher Fortschritt konnten das in ihren Augen ebenso wenig. Warum sonst lasse die moderne Welt zu, dass Menschen auf der Straße sterben? „In New York, überall brauchen wir Armenküchen, um Hungrige zu speisen", sagte sie. „Wir geben den Menschen Essen und Kleider, vor allem aber geben wir ihnen Liebe. Schlimmer, als hungrig und krank zu sein, ist es, niemanden zu haben. Das ist eine der größten Nöte der heutigen Welt." Diese Not zu lindern, sah sie als ihre Aufgabe. Und so arbeitete sie in selbstloser Hingabe mit fast übermenschlichen Kräften in den Slums von Kalkutta, in Leprastationen und Heimen für Tuberkulose- und Aidskranke, für verlassene Kinder und Sterbende, um die sich niemand kümmerte. „Lass nie zu, dass du jemandem begegnest, der nicht nach der Begegnung mit dir glücklicher ist", war ihre Devise, denn der Mensch sei geschaffen, „um zu lieben und geliebt zu werden." Als Agnes Bojaxhiu wurde sie 1910 in Skopje geboren, das damals noch zum Osmanischen Reich gehörte und jetzt Hauptstadt Mazedoniens ist. Das Mädchen, in der Familie „Gonxha", Knospe, genannt, äußerte schon früh den Wunsch, Missionarin zu werden. Mit 17 verließ sie das Elternhaus und schloss sich dem irischen Loreto-Orden an, der in Indien missionierte. Ein Jahr später wurde sie nach Kalkutta geschickt; dort legte sie ihr Gelübde ab und nahm den Namen Teresa an – nach der französischen Heiligen Thérèse von Lisieux. Sie wurde der Loreto-Schule in Kalkutta zugewiesen, einem vornehmen Mädchenpensionat im kolonialen Stil, wo die Töchter der englischsprachigen indischen Oberschicht erzogen wurden. Jahrelang arbeitete sie dort als Lehrerin für Geographie, Geschichte und Religion, später als Schulleiterin. Im Laufe der Zeit wurde ihr immer deutlicher, dass das nicht ihre eigentliche

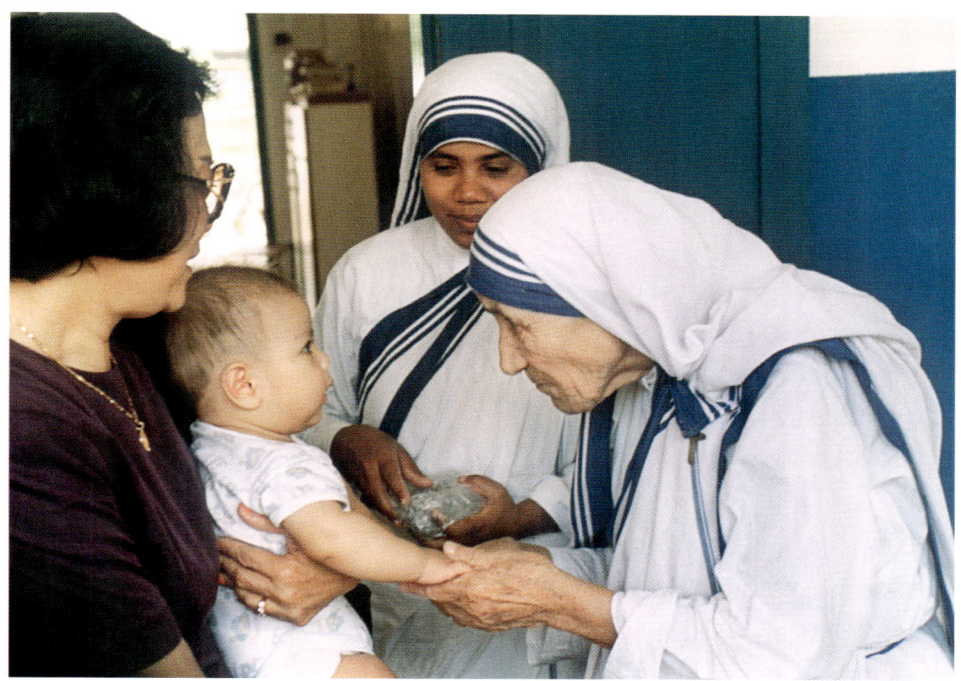

Mutter Teresa beim Besuch in einem Kinderheim in Singapur

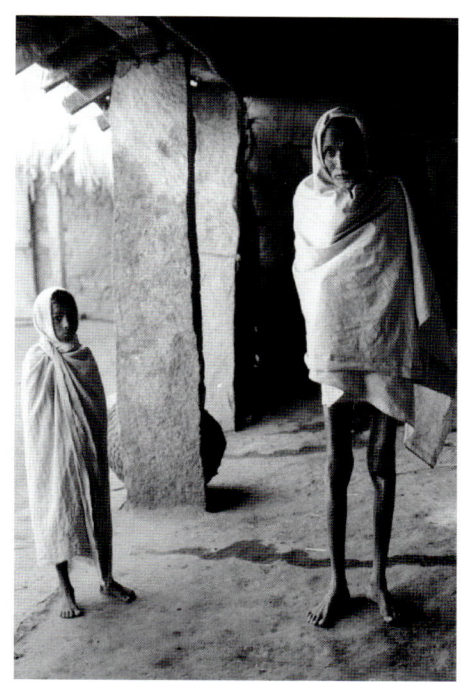

Ein tuberkulosekranker Inder, 1970

Bestimmung war. Sie war nach Kalkutta, eine der ärmsten Städte der Welt, gekommen, um zu helfen, und hatte das Gefühl, sie „verrate Gott" mit dem, was sie tat bzw. nicht tat. 1946, bei einer Fahrt zu Einkehrtagen nach Darjeeling, hatte sie ein dramatisches Erlebnis, das sie später als „Gottes Ruf innerhalb der Berufung" umschrieb: Mit einem Mal wurde ihr klar, dass ihr Auftrag war, den „Ärmsten der Armen zu dienen". Sie beschloss, den behüteten Kreis des Konvents zu verlassen. Nach einem langwierigen Verfahren erhielt sie – durch die ihr eigene Zähigkeit – 1948 von Papst Pius XII. die Erlaubnis, außerhalb der Klostermauern zu leben und in den Slums zu arbeiten. Sie legte die Tracht der Loreto-Schwestern ab und kleidete sich in einen weißen Sari mit blauer Borte – das traditionelle Gewand der niedrigsten Kaste in Bengalen. Im Süden von Kalkutta, nahe dem berühmten Tempel der Göttin Kali, richtete sie das erste „Heim für Sterbende" ein – anfangs gegen den Widerstand der Hindu-Bevölkerung, die hinter dem Projekt christliche Missionierung vermutete. Doch nachdem die seltsame Nonne einen todkranken Hindu-Priester aufgenommen und dabei die Glaubens- und Sterberituale seiner Religion respektiert hatte, war das Eis gebrochen. Das „Heim für Sterbende" wurde zum Symbol von Mutter Teresas Arbeit, der tätigen Nächstenliebe und des Mitgefühls. Über dem Eingang des Hauses ließ sie ein Schild anbringen, auf dem steht: „Der höchste Zweck des menschlichen Lebens besteht darin, in Frieden mit Gott zu sterben." Über 25 000 Menschen konnten hier bis zu Mutter Teresas Tod 1997 ihre letzten Tage verbringen. Nach der Eröffnung ihres Sterbehauses meldeten sich immer mehr Frauen bei Mutter Teresa, die mithelfen wollten. Aus diesem Kreis entstand 1950 der Orden der „Missionarinnen der Nächstenliebe". Das Credo der jungen Kongregation: „In jedem Armen ist der hungrige, nackte Christus zu erkennen. Darum tu etwas!" Unter der straffen Regie der Gründerin baute der schnell wachsende Orden Schulen, Ambulanzen, Häuser für verlassene Kinder, für Leprakranke, Drogensüchtige und Aidsinfizierte und half dort, wo Hilfe nötig war: Unbedingte Nächstenliebe gegenüber allen Menschen, ungeachtet ihrer Religion oder Herkunft – das war und blieb das grundlegende Element der „Missionarin der Nächstenliebe". Im März 1997, als die bereits schwer kranke und geschwächte Mutter Teresa den Ordensvorsitz abgab, bestand ihre Kongregation aus über 3600 Schwestern, die in 122 Ländern der Erde fast 600 Heime betrieben, in Kalkutta ebenso wie in der New Yorker Bronx, in Russland wie in Vene-

Krank, aber aktiv: Mutter Teresa als 86-Jährige

„Die Zukunft liegt nicht in meinen Händen. Gott wird entscheiden. Er hat mich ausgewählt, er wird einen anderen auswählen, um die Arbeit fortzuführen – seine Arbeit."
Mutter Teresa auf die Frage, wie die Zukunft ihres Ordens ohne sie aussehen wird

zuela. 1963 war auch ein Männerorden dazugekommen, der Ende der 90er Jahre 400 Mitglieder zählte. Unterstützt wurden die „Missionarinnen der Nächstenliebe" bei ihrer Arbeit in den Armenquartieren von mehreren 10 000 ehrenamtlichen Helfern – Menschen, die sich von der charismatischen Nonne angezogen fühlten, etwas Sinnvolles machen wollten, sich nach Menschlichkeit sehnten. Sie ließen sich nicht von stinkenden Wunden und schrecklichen Verkrüppelungen abschrecken, wuschen und fütterten die Kranken und standen Sterbenden bei. Viele von diesen Helfern kamen immer wieder, für Tage, Wochen oder Jahre. In einer Zeit, in der Egoismus, Konsum und Geld oberste Maximen sind, wirkten Mutter Teresas Einrichtungen wie Orte einer anderen Welt: bescheiden, sozial, moralisch gut. Dass ihr 1979 der Friedensnobelpreis verliehen wurde, fand weltweit große Zustimmung. Sie trete für die Unverletzlichkeit der menschlichen Würde ein und fördere so den Frieden auf die fundamentalste Art und Weise, hieß es in der Begründung des Nobelkomitees. Obwohl sie nie für Geld oder weltlichen Lohn arbeitete, nahm sie den hoch dotierten Preis ohne Zögern entgegen. „Gott sei gedankt. Das hilft den Armen", kommentierte sie die Entscheidung der Jury. Vom Preisgeld ließ sie Obdachlosenheime in Indien bauen.
Zur Verleihung in Oslo war Mutter Teresa in ihrem weißen Sari und einem alten, löchrigen Pullover erschienen. Sie lehnte die

Teilnahme am feierlichen Bankett ab und bat darum, das Essen in bar ausbezahlt zu bekommen. Das Geld wollte sie für eine Armenspeisung in Indien verwenden. Diese Geste brachte ihr viel Sympathie ein und spontan erhielt sie gleich noch mal 50 000 Dollar an Spenden.
Realistisch und pragmatisch nutzte Mutter Teresa die weltliche Anteilnahme für ihre Arbeit. Von wem sie Geld erhielt, interessierte sie im Grunde nicht. Mochten Politiker und Prominente damit ihr Gewissen beruhigen, mochte es gar von Diktatoren sein – für sie zählte nur, wie sie damit Not lindern konnte. „Ich gebe den Menschen die Chance, ihre Liebe zu Gott zu zeigen. Wenn sie mir helfen, helfen sie den Armen. Aber ich nehme kein Geld, an das Bedingungen geknüpft sind."
Kritikern, die ihr vorhielten, nur auf die Symptome sozialer Not zu reagieren, aber nichts gegen deren Ursachen zu tun, entgegnete sie: „Ich bin keine Politikerin, ich habe auch keine Zeit, über große Programme nachzudenken."
Wie Mahatma Gandhi glaubte sie, dass nur geistige Umkehr die Menschheit auf den Weg zu Frieden und Gerechtigkeit bringen würde – konkret im Gebet und einer unablässigen Beziehung zu Gott. „Gott hat uns geschaffen und wir haben die Armut geschaffen. Das Problem wird verschwinden, sobald wir unsere Habgier aufgeben."
Ihre Stärke war die liebende Hilfe für die Armen. „Mutter Teresa dient der Gesellschaft und sie tut es besser als wir", sagte einmal der

Wasserversorgung in Kalkutta – an einem Hydranten

Mutter Teresa im Gespräch mit dem damaligen Bundesarbeitsminister Blüm und dessen Frau

Generalsekretär einer großen humanitären Organisation in Indien.

Des Öfteren wurde der medizinische Standard in ihren Häusern beanstandet. Es sei unverantwortlich, dass in den primitiven Unterkünften Menschen mit ansteckenden Krankheiten nicht isoliert werden könnten, dass Heiminsassen weder medizinisch untersucht würden noch Schmerzmittel bekämen. „Wir sind keine Krankenschwestern, wir sind keine Sozialarbeiter, wir sind Nonnen", antwortete die Ordensfrau auf solche Anwürfe. Sie verstand es eben nicht als ihre Aufgabe, moderne Krankenhäuser mit entsprechend hohem medizinischen Standard zu betreiben, die kämen nämlich wieder nur den Reichen zugute. Ihr lag an der Seele der Menschen und daran, dass ihre Häuser Zufluchtsorte für

Erdenbürger waren, die niemand haben wollte. „Wir geben den Verlassenen das Gefühl, zu einer Gemeinschaft zu gehören." Beharrlich hielt Mutter Teresa an den offiziellen Vorschriften der Kirche fest; das brachte ihr besonders in den Fragen von Abtreibung und Empfängnisverhütung Unverständnis ein – als Bewohnerin eines Landes, das an den Problemen seiner Überbevölkerung litt, wurde sie mit ihrer Haltung als starre Traditionalistin gesehen. Doch Leben war für sie etwas Heiliges, das gerettet werden musste. Und so hat Mutter Teresa versucht, jedes ungewollte Kind aufzunehmen und Adoptiveltern zu finden: Über 4000 Verlassene fanden durch ihre Vermittlung ein Zuhause. „Für mich ist das Land das ärmste, das ungeborene Kinder töten muss", äußerte sie sich einmal zum The-

ma Abtreibung. „Die Menschen schrecken davor zurück, ein Kind mehr ernähren zu müssen, nur damit sie es selbst ein wenig besser haben."

Auf die Frage, woher sie die Kraft für ihre Arbeit – und ihre Zuversicht – inmitten all des Elends nähme, hatte sie stets die Antwort: „Nicht ich, Gott tut alles." Heiligsein war für sie „nicht der Luxus einiger Auserwählter, sondern eine einfache Aufgabe für uns alle". Gott wolle, dass „alle ein heiliges Leben leben. Dazu sind wir berufen".

„Heute Abend gibt es auf der Welt weniger Liebe, weniger Mitgefühl, weniger Licht."
Jacques Chirac am Todestag Mutter Teresas

Nelson Mandela

* 18. Juli 1918 in Mvezo, Provinz Transkei, Südafrika
südafrikanischer Freiheitskämpfer und Politiker

Nelson Mandela, Südafrikas Präsident, 1996

„Lasst gestern gestern sein. Lasst uns die Wunden der Vergangenheit heilen."

Literatur:

- Mandela, Nelson, Der lange Weg zur Freiheit. Autobiographie, aus dem Amerikanischen von Günter Panske, S. Fischer Verlag, Frankfurt/Main 1994
- Meredith, Martin, Nelson Mandela. Ein Leben für Frieden und Freiheit, aus dem Englischen von Michaela Messner, Lichtenberg Verlag, München 1998
- Sampson, Anthony, Nelson Mandela. Die Biographie, aus dem Englischen von Irmela Arnsperger und Boike Rehbein, Deutsche Verlags-Anstalt, Stuttgart 1999

DER KOPF DER GUTEN HOFFNUNG

Sein Vater gab ihm den Namen Rolihlahla, das bedeutet sinngemäß „der Unruhestifter". Den englischen Vornamen Nelson erhielt Mandela am ersten Schultag von seiner Lehrerin, einer Weißen, die sich den afrikanischen Namen nicht merken konnte. „Ich glaube nicht, dass Namen etwas Schicksalhaftes haben oder dass mein Vater irgendwie ahnte, was für eine Zukunft mich erwartete", schrieb Mandela in seiner Autobiographie. Und doch wurde sein Name programmatisch „für die vielen Stürme, die ich sowohl verursacht als auch überstanden habe".

Rolihlahla war Sohn einer Häuptlingsfamilie des Xhosa-Stammes und der Erste im Clan, der lesen und schreiben lernte. Ein folgenreicher Schritt, der den intelligenten und wissbegierigen Häuptlingsspross auf die höhere Schule und zum Jurastudium an die Universität in Fort Hare führte. Dort erlebte er schlimme Verletzungen seiner Menschenwürde: Er wurde aus der Trambahn gejagt, Kommilitonen setzten sich an einen weiter entfernten Tisch. Der „Unruhestifter" in ihm regte sich. Für seine Entwicklung zum Freiheits-

kämpfer, so erinnerte sich Mandela, gab es „keine Erleuchtung, keine einzigartige Offenbarung, keinen Augenblick der Wahrheit; es war eine ständige Anhäufung von tausend verschiedenen Dingen, tausend Kränkungen, tausend unerinnerten Momenten, die Wut in mir erzeugten, rebellische Haltung, das Verlangen, das System zu bekämpfen, das mein Volk einkerkerte". Mandela tat sich mit anderen Unruhestiftern zusammen. Der lange Weg in die Freiheit begann.

1944 wurde er Mitglied im „Afrikanischen Nationalkongress" (ANC), einer Bewegung, die für die Versöhnung der Rassen, eine gewaltfreie Emanzipation der Schwarzen mit dem Ziel demokratischer Wahlen für alle – auch Farbige – eintrat. Bald schon war ihm die Ausrichtung des ANC zu gemäßigt; er gründete mit Walter Sisulu und Oliver Tambo die dazugehörige Jugendliga, reformierte so den ANC und wurde einer seiner führenden Männer. Streiks, Aktionen des gewaltfreien Widerstands wurden organisiert, an denen Hunderttausende teilnahmen. Doch im Laufe der Jahre kamen Mandela und seine Mit-

Strahlend und siegessicher begrüßt Mandela Anhänger des ANC

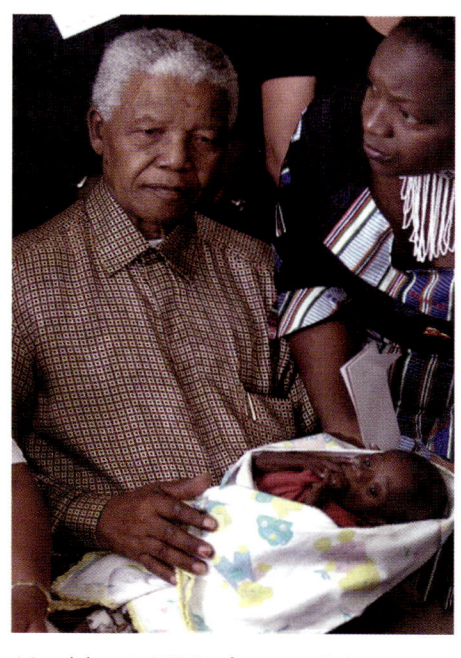

Mandela mit AIDS-infiziertem Baby, 2001

streiter zu der Überzeugung, dass die Politik der Gewaltlosigkeit den Schwarzen in Südafrika nichts einbrachte als eine zunehmend repressive Gesetzgebung, dass „Feuer nur mit Feuer" bekämpft werden könne.

1961 wurde der ANC verboten. Daraufhin gründete die Führungsspitze um Mandela die Guerillaorganisation „Umkhonto we Sizwe", „Speer der Nation", mit der strikten Order, Anschläge gegen Sachen durchzuführen, nicht gegen Menschen. 1964 wurden Mandela und sechs weitere Mitglieder der Untergrundarmee wegen „Konspiration gegen den Staat" zu lebenslanger Haft verurteilt.

27 Jahre lang verbrachte der schwarze Freiheitskämpfer im Zuchthaus, die meiste Zeit davon auf der Gefängnisinsel Robben Island, dem Alcatraz am Kap der Guten Hoffnung. Mandela wurde zum Mythos des schwarzen Südafrikas und der internationale Druck auf eine Freilassung des

prominenten Gefangenen wuchs. Als ihm der südafrikanische Staatspräsident Pieter Willem Botha 1985 die Freilassung bei öffentlicher Gewaltentsagung anbot, lehnte Mandela ab und forderte im Gegenzug die Legalisierung des ANC und die Abschaffung der Apartheid.

Erst eine neue Regierung unter Frederik de Klerk beendete die unbedingte weiße Hegemonie: Im Februar 1990 wurde Nelson Mandela entlassen und triumphal von seinen Landsleuten gefeiert. De Klerk leitete die Legalisierung des ANC und anderer bis dahin verbotener politischer Organisationen ein. Nach der Freilassung weiterer prominenter ANC-Veteranen, unter ihnen Walter Sisulu, war eine Basis für den Dialog mit der schwarzen Opposition geschaffen. Eine Verfassungsreform führte 1994 zu den ersten freien und gleichen Wahlen, aus denen der ANC als großer Wahlsieger und Nelson Mandela als Staatspräsident hervorgingen.

Ein Jahr zuvor, 1993, war er zusammen mit de Klerk mit dem Friedensnobelpreis ausgezeichnet worden. „Südafrika war ein Symbol der Rassenunterdrückung", begründete das Nobelkomitee seine Entscheidung. „Mandelas und de Klerks konstruktive Friedens- und Versöhnungspolitik weist ähnlich tief verwurzelten Konflikten in anderen Teilen der Welt den Weg zu einer friedlichen Lösung."

Dass die Rassentrennung in Südafrika ohne Blutvergießen beendet und der Friedensprozess trotz tief sitzender Wunden nach jahrzehntelanger Unterdrückung und Gewalt erfolgreich eingeleitet wurde, ist vor allem Nelson Mandelas Verdienst. Er reichte seinen Gegnern die Hand: „Nach so langen Jahren im Gefängnis wollte ich wirklich frei sein", sagte er kurz nach Übernahme der Präsidentschaft. „Deshalb habe ich es nicht zugelassen, dass der Hass mein Denken bestimmt. Nur ein Mensch ohne Hass ist frei."

Karlheinz Böhm

* 16. März 1928 in Darmstadt
deutsch-österreichischer Schauspieler, Entwicklungshelfer

Karlheinz Böhm, 1996

Literatur

- Böhm, Karlheinz, Mein Weg. Erinnerungen, Scherz Verlag, Bern, München, Wien 1991
- Strieder, Swantje, Strauss, Jürgen, Karlheinz Böhm. Was Menschen für Menschen geschaffen haben, Hugendubel Verlag, München 2001
- Wolter, Frauke, Karlheinz Böhm. Wie ein Star zum Helfer wurde, Herder Verlag, Freiburg 1997

EIN MANN FÜR AFRIKA

„Ich wette, dass nicht einmal jeder Dritte der 18 Millionen Zuschauer dieser Sendung eine Mark gibt, um hungernden Menschen in der Sahelzone zu helfen!" Mit dieser Provokation in der Fernsehshow „Wetten, dass ...?" am 16. Mai 1981 fing für den österreichischen Schauspieler Karlheinz Böhm – bekannt als *Sissi*-Kaiser der 50er Jahre – ein anderes Leben an. Sollte er die Wette verlieren, versprach er, „unter Auslassung aller Hilfsorganisationen selbst nach Afrika zu fahren". Spontan spendeten die Zuschauer 1,7 Millionen Mark. Böhm gewann also seine Wette – und reiste dennoch nach Afrika. Im Oktober 1981, fast ein halbes Jahr nach seinem Auftritt in „Wetten, dass ...?" und zwei Wochen, bevor er die gemeinnützige Stiftung „Menschen für Menschen" gründete, besuchte der 53-Jährige zum ersten Mal Äthiopien, laut Weltbank eines der ärmsten Länder der Welt. Im Gepäck den Millionenspendenbetrag, den das Fernsehpublikum ihm anvertraut hatte, kam er in der Hauptstadt Addis Abeba an und versuchte dort Regierungsstellen zu interessieren und die

fremde Bürokratie zu durchschauen. Unter Vermittlung einer äthiopischen staatlichen Hilfsorganisation flog er in den Osten des Landes, in die Halbwüste Ogaden, wo er Flüchtlingslager zu sehen bekam: Menschen, die vor dem Krieg zwischen Äthiopien und Somalia geflohen waren, lebten hier in provisorischen Behausungen und wurden durch UN-Lebensmittelrationen vor dem Verhungern bewahrt.
Mit zehn Familien aus einem der Flüchtlingslager – Nomaden aus dem Stamm der Oromos – und zwei Fachleuten aus Deutschland begann Karlheinz Böhm Anfang des Jahres 1982, im fruchtbaren Erer-Tal am Rande der Halbwüste Ogaden sein erstes Projekt aufzubauen. Innerhalb weniger Jahre entstanden dort mehrere Dörfer mit Wasserstellen, Schulen, Krankenstationen. Das Land, eine 1000-Hektar-Farm, die die äthiopische Hilfsorganisation dem Wohltäter aus Europa in Alleinverantwortung überlassen hatte, wurde zu einer grünen Oase mit ertragreichen Gemüse- und Getreidefeldern, mit Rinder- und Hühnerställen – ein florierender landwirtschaftlicher Betrieb,

ermöglicht durch die von Böhm gesammelten Spenden.

Heute, mehr als 20 Jahre nach ihrer Gründung, betreibt die Hilfsorganisation „Menschen für Menschen" in fünf Regionen Äthiopiens zahlreiche unterschiedliche Projekte: Brunnen, Baumschulen, Bäckereien, Schmieden, Töpfereien, Krankenstationen und Kliniken gehören ebenso dazu wie Schulzentren, Kinder- und Jugendeinrichtungen, Ausbildungsstätten für Landwirte und handwerkliche Berufe. Auch Straßen und Brücken werden gebaut, um während der Regenzeit den Zugang zu den Märkten zu sichern. Nach Information der Stiftung sind insgesamt 620 Mitarbeiter für rund 1,7 Millionen Menschen im Einsatz, dazu kommen mehrere hundert ehrenamtliche Helfer. Nur knapp sieben Prozent der Spendengelder wendet „Menschen für Menschen" für Verwaltungskosten auf; ein unabhängiges Spendensiegel bürgt für die Seriosität der Organisation. Der eigentliche Bürge und das Zugpferd seiner Stiftung aber ist Karlheinz Böhm selbst: Seit seinem Spendenappell in „Wetten, dass ...?" sammelte er für die Äthiopienhilfe über 180 Millionen Euro. „Wie vielen Menschen wurde seither durch diesen einen Satz das Leben gerettet!", würdigte ein Journalist einmal den Einsatz des Schauspielers. „Äthiopien ... wäre ohne Böhm noch unbekannter, das Sterben dort noch gleichgültiger."

Durch seine überzeugenden Auftritte rührt Karlheinz Böhm beständig an das unterschwellig

Karlheinz Böhm mit Kindern aus dem Dorf Abdi im Erer-Tal in Äthiopien

schlechte Gewissen des europäischen Wohlstandsbürgers, wirbt unermüdlich für seine Projekte und tut Gutes: den Armen und Hungernden in Äthiopien – und sich selbst. Mit seiner „Sozialarbeit", wie er sagt, hat er eine neue Aufgabe gefunden, seine Aufgabe, die ihm sinnvoll erscheint, die ihn erfüllt und glücklich macht. „Ich habe das Gefühl, hier im Erer-Tal in Äthiopien meine Wurzeln gefunden zu haben", bekannte er einmal. Warum? „Es sind die Menschen, die Kinder – die innige Verbundenheit. Das, wonach ich mich mein Leben lang gesehnt und was ich nirgendwo hatte. Hier habe ich es endlich gefunden, ein Zuhause." So spricht der Sohn des weltberühmten Dirigenten Karl Böhm, der früh in ein Internat abgeschoben wurde. Mindestens die Hälfte des Jahres lebt Böhm heute in Äthiopien, die übrige Zeit verbringt er in Europa: auf Promotionreisen für sein Hilfswerk.

„Ich verneige mich vor diesem Menschenfreund, der mit der schönsten Wette in der Geschichte von ‚Wetten dass...?' uns alle wieder an Wunder glauben lässt."
Frank Elstner

Pathos um seine Person und Stilisierungen sind Karlheinz Böhm unangenehm. Er sieht sich auch nicht als Aussteiger, der 1981 mit allem gebrochen habe: „Ich habe eben 53 Jahre gebraucht, um zu wissen, wie ich mich umzusetzen habe." Nach wie vor, sagt er, „bin ich Schauspieler und werde es bleiben bis zu meinem Lebensende". Schauspieler also, dessen Aufgabe es früher war, Menschen zu erreichen und zu bewegen, und der jetzt im Grunde nichts anderes tut.

Als Kaiser Franz Joseph wurde er an der Seite von Romy Schneider in den *Sissi*-Filmen der 50er Jahre zum Kinostar. In dieser Rolle liebte ihn das Publikum – und auch heute noch erfreuen sich die *Sissi*-Filme, sogar in Asien, großer

Karlheinz Böhm als Sissi-Kaiser neben
Romy Schneider

*„Im Erer-Tal wurde mir sehr deutlich
vor Augen geführt, was der Wille und
Wagemut eines Einzelnen vermag und
zu welch vorzeigbaren Ergebnissen
Karlheinz Böhms Engagement führte."*
Roman Herzog

Beliebtheit. Bald aber begann er unter dem Image dieses Erfolgs zu leiden, weil er nur noch Kaiser, Könige und Offiziere spielen sollte. „Ich habe immer gedacht, ich will doch nicht nur diesen Schmalzkäse." Aus dieser süßen, miefigen Welt – für ihn Inbegriff der Stimmung im Wirtschaftswunderland – entfernte er sich 1960, als er in Michael Powells *Peeping Tom* (*Augen der Angst*) einen zwanghaften Frauenmörder verkörperte. Mit dieser Rolle verscherzte er sich die Sympathie des Publikums: So gewalttätig und pervers wollte ihn niemand sehen. Heute gilt der Psychothriller als Kultfilm. Für Karlheinz Böhm bedeutete die massive Ablehnung des Films damals jedoch das Ende seiner Kinokarriere, 14 Jahre lang wurde ihm keine Rolle angeboten. Er spielte Theater, führte Regie, bis ihn Rainer Werner Fassbinder Mitte der 70er Jahre zum Film zurückholte.

Die Studentendemonstrationen von 1968 wurden für Böhm zum Auslöser, sich kritisch mit der Gesellschaft auseinander zu setzen. „Ich habe mich gefragt, warum geht eine junge Generation, reicher Leute Kinder auf die Straße? Mir wurde klar, dass eine moralische Aufarbeitung der Nazi-Verbrechen nicht stattgefunden hatte." In Fassbinders politischen und sozialkritischen Filmen *Faustrecht der Freiheit, Mutter Küsters Fahrt ins Glück* und *Katzelmacher* stellte er sich den Fragen der Zeit (Kommunistenhetze, Ausländerintegration), wie überhaupt seine Begegnung mit dem Filmemacher entscheidenden

Einfluss auf seine politische Bewusstwerdung und Meinungsbildung hatte. „Jeder Mensch muss sich in jeder Sekunde seines Lebens zu allem bekennen, was er getan hat – mit der notwendigen Selbstkritik", hatte der Regisseur einmal zu ihm gesagt. Und wer so lebe, könne sich immer weiterentwickeln.

„Fassbinder schreit seine Verzweiflung über die Welt lauthals heraus. Ich pflege meine Kritik in leise Resignation zu kleiden", sagte Böhm noch 1975. Wenige Jahre später war bei ihm von Resignation keine Spur mehr: „Eines Tages habe ich mir gesagt, es nützt nichts, einfach nur verbal gegen Ungerechtigkeiten und die Folgen des Kolonialismus zu protestieren, ich muss dagegen etwas machen."

1981, nicht zufällig im Todesjahr seiner Eltern, die kurz hintereinander starben, begann er, seine Kritik in soziales Engagement und Handeln umzusetzen. „Wut ist das Hauptmotiv für meine Arbeit", sagt er. „Wut über die ungerechte und menschenverachtende Diskrepanz zwischen Arm und Reich." Und bis heute benennt der über 70-Jährige, was er sieht und weiß. Deutschland wie überhaupt die Industrieländer klagt er als Waffenhersteller und Mitverantwortliche für Krieg und Zerstörung an: „Waffenhandel", betont er wiederholt, „ist für mich das größte Verbrechen auf dem Planeten."

Zu Beginn seines Einsatzes in Äthiopien versuchte Karlheinz Böhm, mit großzügigen Hilfen die Not zu lindern. Im Laufe der

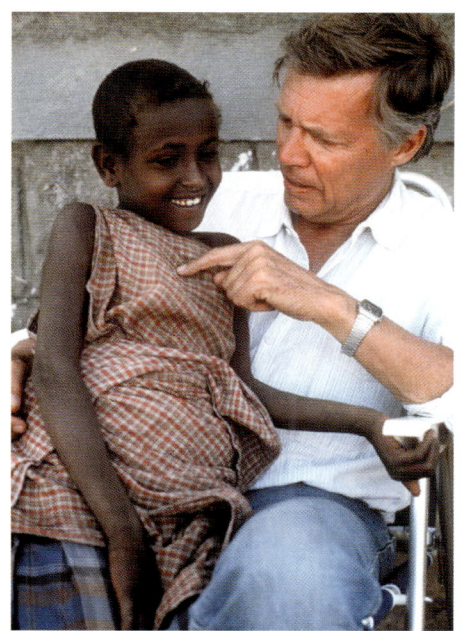

Karlheinz Böhm und ein Mädchen aus dem
äthiopischen Dorf Abdi, 1985

Karlheinz Böhm und seine Lebensgefährtin Eva Hess 1985 bei einem Treffen mit Mutter Teresa
in einem Tochterhaus ihres Ordens in Addis Abeba

Jahre lernte er mehr über die Ursachen des Elends, lernte, die Bedürfnisse der Menschen zu begreifen und mit ihnen zusammen aus ihrer eigenen Initiative heraus Projekte zu entwickeln. Heute stellt er Wissen zur Verfügung und das Werkzeug, es umzusetzen. Die Bauern pflanzen Bäume, um die Bodenerosion zu verhindern. Sie bauen Bewässerungsanlagen, gewinnen verkarstetes Land wieder zurück, lernen ökologisch sinnvoll zu wirtschaften. Und so wurde aus den kahlen Hängen am Erer-Tal ein grünes Paradies. Dass die Projekte meist lange brauchen, bis sie sich selbst tragen, musste auch Karlheinz Böhm lernen. „Es dauert eben oft ein bis zwei Generationen, ehe man sich zurückziehen kann. Wir müssen alle lernen, noch mehr Geduld zu haben."

Auch dass die Menschen in Äthiopien wie überhaupt in den armen Ländern im Grunde keine Möglichkeit mehr auf eigenständige

Entwicklung haben, dass sie sich nicht von den reichen Ländern abkoppeln und autark wirtschaften können, musste Böhm erkennen. „Die Zeiten sind vorbei. Die Welt ist zu klein geworden. Wir können die Technik von den Menschen hier nicht mehr fernhalten. Sie wissen, dass es sie gibt und wollen sie haben."

In ihrer konsequenten Zielsetzung der Hilfe zur Selbsthilfe, ihrer Verschränkung von technischer, wirtschaftlicher und praktischer Unterstützung bei gleichzeitiger Respektierung kultureller Identität gilt die Arbeit von „Menschen für Menschen" als Musterorganisation für ähnliche Hilfswerke.

Der Weg dorthin war für Karlheinz Böhm jedoch keineswegs frei von Hindernissen. Er wurde in seiner Arbeit behindert, diffamiert, verlor Mitarbeiter durch Landminen und Anschläge und dachte schon ans Aufgeben. Die politischen Verhältnisse zwangen

ihn, Äthiopien zu verlassen, aber er kam wieder zurück in das Land, in dem er sein Zuhause gefunden hat. „Ich habe in den letzten 20 Jahren viel gelernt", resümierte er als 73-Jähriger. „Natürlich will ich mein Leben, das ich davor geführt habe, nicht ausklammern. Aber ich sehe vieles sehr, sehr kritisch. Ich versuche, heute so zu leben, dass ich eines Tages mit der Hoffnung einschlafen kann, irgendetwas Positives zu hinterlassen."

„Mein zweimaliger Besuch bei ,Menschen für Menschen' in Äthiopien hat gezeigt, dass ein Einzelner viel verändern kann. Mit einer Professionalität und voll Verständnis für eine andere Kultur, trägt ,Menschen für Menschen' zum Überleben bei. Die Hilfe zur Selbsthilfe ist beeindruckend, berührend und verdient großen Respekt."
Friedrich Urban, Intendant des ORF-Landesstudios Salzburg

Martin Luther King

* 15. Januar 1929 in Atlanta
† 4. April 1968 in Memphis
amerikanischer Bürgerrechtler

VERFECHTER DER GEWALTLOSIGKEIT

Martin Luther King, 1967

Literatur:
■ Bahr, Hans-Eckehard, Seht, da kommt der Träumer. Unterwegs mit Martin Luther King, Kreuz Verlag, Stuttgart 1990
■ Presler, Gerd, Martin Luther King, Rowohlt Taschenbuch Verlag, Reinbek 1984
■ Scott King, Coretta, Mein Leben mit Martin Luther King, aus dem Amerikanischen von Christa Wegen, Deutsche Verlags-Anstalt, Stuttgart 1970

„Es kommt ein Zeitpunkt, an dem man genug hat. Wir sind hier versammelt, um denen, die uns so lange misshandelten, zu sagen, dass wir genug haben – genug davon, ausgegrenzt und gedemütigt zu werden, genug davon, herumgestoßen und brutal unterdrückt zu werden. Wir haben keine andere Möglichkeit, wir müssen protestieren. Viele Jahre haben wir eine unglaubliche Geduld gezeigt. Manchmal haben wir unseren weißen Brüdern den Eindruck vermittelt, es sei uns recht, wie wir behandelt werden. Aber heute haben wir uns hier versammelt, um von jeder Art von Geduld frei zu werden, die uns mit weniger als Freiheit und Gerechtigkeit zufrieden sein lässt." Mit diesen Worten rief der 26-jährige Prediger Dr. Martin Luther King auf einer Massenveranstaltung am 5. Dezember 1955 in der Holt Street Baptist Church in Montgomery, Alabama, zum zivilen Ungehorsam auf. Fünf Tage zuvor war Rosa Parks, eine schwarze Näherin, verhaftet worden, weil sie sich geweigert hatte, ihren Busplatz einem Weißen zu überlassen. „Die Welt stand auf, als Rosa Parks sitzen blieb", lautete später der Text eines viel gesungenen Liedes: Die Anklage gegen die Hilfsnäherin, das in den Südstaaten geltende Rassentrennungsgesetz verletzt zu haben, gab der schwarzen Bevölkerung in Montgomery das Signal für einen Boykott der städtischen Verkehrsmittel. Die Aktion dauerte ein ganzes Jahr und war dank eines bundesstaatlichen Eingriffs erfolgreich: Der Oberste Bundesgerichtshof in Washington zwang den Stadtrat von Montgomery, die Rassentrennung in den Bussen abzuschaffen.

Geleitet und geprägt wurde der Busboykott durch den jungen Baptistenführer King, einen promovierten Theologen, der unerschütterlich am Grundsatz der Gewaltlosigkeit im Sinne seines Vorbildes Mahatma Gandhi festhielt. „Wir werden uns leiten lassen von den höchsten Grundsätzen von Recht und Ordnung", beschwor King seine Mitstreiter. „Trotz der Misshandlungen, denen wir ausgesetzt sind, dürfen wir nicht bitter werden und müssen aufhören, unsere weißen Brüder zu hassen." Christliche Feindesliebe sei die einzig akzeptierte Waffe des schwarzen Widerstands. Über Nacht war

Martin Luther King und Willi Brandt, damals regierender Bürgermeister von Berlin, 1964

King, Enkel eines Sklaven und Sohn eines Baptistenpfarrers, zum charismatischen Repräsentanten der schwarzen Bürgerrechtsbewegung geworden, die mit ihren gewaltfreien Aktionen gut durchdachte verfassungsrechtliche Attacken auf das System der Rassentrennung ausübte und der Weltöffentlichkeit die Rassendiskriminierung in den Vereinigten Staaten vor Augen führte.

In Amerikas Süden geschah, was niemand für möglich gehalten hatte: Schwarze, seit jeher erniedrigt, gingen auf die Straße, zogen vorbei an Polizisten mit Schlagstöcken und forderten ihre Rechte. King, den sein Vater aus Bewunderung für den deutschen Reformator „Martin Luther" King genannt hatte, marschierte stets an vorderster Front, um den

Terror abzufangen. Viele Male wurde er verhaftet, verurteilt und saß im Gefängnis. Und immer wieder musste er, von Steinen und Faustschlägen verletzt, auf Unfallstationen verarztet werden. Trotz wiederholter Anschläge auf ihn, seine Frau und seine vier Kinder blieb er seiner Devise und jener der von ihm präsidierten „Southern Christian Leadership Conference" (SCLC: Bewegung für den gewaltlosen Widerstand gegen Diskriminierung und Rassenhetze) treu. Als ihm eine Frau beim Büchersignieren einen Brieföffner zwischen die Rippen stieß, drängte ihn die Polizei zur Strafanzeige. Doch King winkte nur ab: „Die Frau braucht einen Therapeuten, keinen Richter." Der gewaltlose Widerstand sei keine Methode für Feiglinge,

schrieb King einmal, und es handle sich dabei keineswegs um passiven Widerstand: „Der Anhänger des gewaltlosen Widerstands ist nur insofern passiv, als er seinen Gegner nicht physisch angreift; sein Geist und seine Gefühle aber sind immer aktiv. Sie versuchen ständig, den Gegner zu überzeugen, dass er im Unrecht ist." Gewaltlosigkeit – betonte King – bedeute, nicht auf einen Sieg über jemanden aus zu sein, sondern auf den Sieg für die gerechte Sache.

Bis Mitte der 60er Jahre war die Stimmung in der schwarzen Bürgerrechtsbewegung unter der Ägide ihres visionären Führers siegesbewusst, fast heiter. Das Zusammenspiel von gewaltfreien Einzelaktionen und bundesstaatlicher Unterstützung brachte Erfolge. „Trotz aller Schwierigkeiten und Enttäuschungen, die wir derzeit erleben, habe ich einen Traum. Es ist ein Traum, der tief verwurzelt ist im amerikanischen Traum ... Ich habe einen Traum, dass eines Tages die Söhne früherer Sklaven mit den Söhnen früherer Sklavenhalter in den roten Bergen von Georgia am Tisch der Brüderlichkeit zusammensitzen ... Ich habe einen Traum, dass eines Tages meine vier Kinder in einer Nation leben werden, in der sie nicht nach ihrer Hautfarbe, sondern nach ihrem Charakter beurteilt werden." Vor einer Viertelmillion Demonstranten in Washington hielt Martin Luther King am 28. August 1963 seine berühmt gewordene Rede, die den Höhepunkt der amerikanischen

„Ich weiß aus eigener Erfahrung, dass ich in Montgomery ängstlicher war, als ich ein Gewehr im Haus hatte. Als ich zu der Ansicht kam, als Vertreter von Gewaltlosigkeit könne ich kein Gewehr besitzen, musste ich mich direkt mit dem Problem des Todes auseinander setzen und ich tat es. Von jenem Zeitpunkt an hatte ich kein Gewehr mehr nötig; und ich hatte auch keine Angst mehr."

Martin Luther King bei einer Rede, 1966

Bürgerrechtsbewegung markierte: Keine Unruhen und Ausschreitungen belasteten die Demonstration, Hoffnung und Begeisterung lagen in der Luft und ließen den Tag zur Legende werden. Die von Präsident John F. Kennedy vorgelegte Bürgerrechtsreform wurde 1964 durch den amerikanischen Senat verabschiedet und hob jede Rassentrennung auf – für King ein „Meilenstein auf dem Weg zur Gerechtigkeit". Im selben Jahr wurde der Baptistenprediger mit dem Friedensnobelpreis ausgezeichnet.

Doch als mit der Forderung nach sozialen Verbesserungen für die schwarze Bevölkerung die zweite Phase – der schwerste Teil – des Kampfes einsetzte, zeigte sich, dass der Stern der gemäßigten Elemente schon am Sinken war. Die radikale Black-Power-Bewegung hatte an Einfluss gewonnen und sich eine breite Machtbasis geschaffen, um „sie (die Weißen) auf die Knie zwingen zu können, wenn immer sie sich mit uns einlassen". In der von der gemäßigten Bürgerrechtsbewegung angestrebten und von vielen liberalen Weißen unterstützten „Integration" der Schwarzen sahen die radikalen jungen Schwarzenführer eine Verfälschung. Sie verhöhnten Männer wie King – in Anlehnung an Harriet Beecher-Stoves Romanfigur – als „Onkel Tom" und lehnten sie als Kollaborateure ab. Unbeirrbar erklärte Martin Luther King, dass der gewaltlose Widerstand noch immer die schlagkräftigste Waffe sei. Rassenunruhen schadeten niemand mehr als den

Schwarzen selbst, doch die Radikalisierung war nicht mehr aufzuhalten. Ab Mitte der 60er Jahre kam es in zahlreichen Städten zu blutigen Ausschreitungen. King erkannte, dass die steigenden Rüstungsausgaben in den USA auf Kosten der angekündigten großen Sozialreform gehen würden; für das Schicksal der 23 Millionen arbeitslosen Amerikaner sah er kaum eine Besserung. Vom Frühjahr 1967 an wurde er deshalb zum schärfsten Kritiker der Vietnampolitik seines Landes. Offen rief er zur Wehrdienstverweigerung und zum zivilen Ungehorsam gegen Bundesgesetze auf. Martin Luther King, die Galionsfigur im Kampf gegen die Rassendiskriminierung, wurde zur Leitfigur der neuen Friedensbewegung: „Es kann eine Zeit kommen, in der Schweigen Verrat bedeutet", beschwor er am 4. April 1967 in der New Yorker Riverside Church eine dicht gedrängte Menschenmenge. „Diese Zeit ist für uns mit der Vietnam-Frage gekommen. Immer wieder wurden wir mit der grausamen Ironie konfrontiert, Schwarze und Weiße beobachten zu müssen, wie sie gemeinsam töten und sterben für eine Nation, die es nicht fertig gebracht hat, sie in den gleichen Schulen nebeneinander sitzen zu lassen. Wir sehen, wie sie miteinander in brutaler Solidarität die Hütten eines armen Dorfes niederbrennen, aber es ist uns klar, dass sie niemals in dem gleichen Häuserblock in Detroit wohnen können. Angesichts solcher grausamer Ausnutzung der

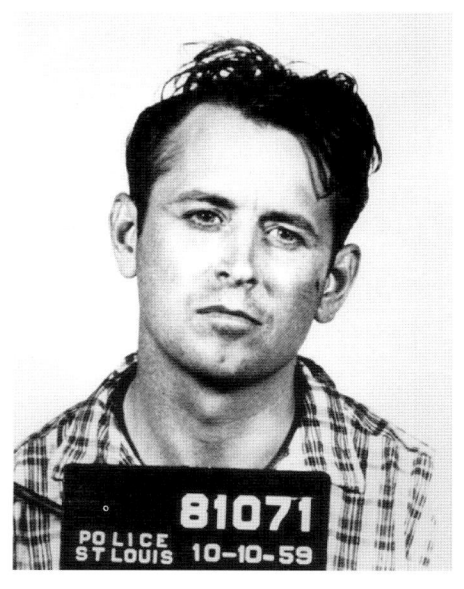

James Earl Ray, der mutmaßliche Mörder Martin Luther Kings

Beisetzung des ermordeten Martin Luther King am 9. April 1968 in Atlanta: Im Trauerzug v.l. Tochter Yolanda, Reverend A.D. King, Töchterchen Bernice, Witwe Coretta King und Ralph Abernathy, Kings engster Kampfgefährte

Armen konnte ich nicht länger schweigen ... Und ich wusste, dass ich niemals wieder meine Stimme gegen Gewalttaten der Unterdrückten in den schwarzen Ghettos erheben könnte, bevor ich nicht eindeutig den größten Gewalttäter in der heutigen Welt benannt habe – meine eigene Regierung." King war zum Sprachrohr der wachsenden Antikriegsbewegung in den USA geworden. Biographen des Bürgerrechtlers dokumentieren, dass das offizielle Amerika mit Repressalien reagierte – das FBI behandelte King als Sicherheitsrisiko: Washingtons Verfassungsschutz installierte 16 geheime Abhöranlagen in Büro und Privaträumen des schwarzen Führers.

Am 3. April 1968 reiste King nach Memphis, Tennessee, um streikende schwarze Müllarbeiter zu unterstützen. Anderthalb Stunden lang redete er in der Church of God in Christ – es war seine damalige Standardansprache, ergänzt durch lokale und aktuelle Gesichtspunkte – und schloss mit Worten, die seine Todesahnungen zum Ausdruck brachten. „Ich weiß nicht, was jetzt geschehen wird. Aber in meinem Fall spielt das keine Rolle mehr, denn ich bin auf der Bergeshöhe gewesen. Natürlich würde ich gerne ein langes Leben haben – aber das kümmert mich nun nicht mehr ... Ich habe das Gelobte Land erblickt – auch wenn ich es nicht mehr mit euch zusammen erreichen mag. Ich bin

glücklich heute Nacht. Nichts macht mir Sorge und ich fürchte niemanden."

24 Stunden später wurde er auf dem Balkon seines Hotelzimmers von einem weißen Mordschützen erschossen. In einem raschen summarischen Prozess wurde der Täter im Juli 1968 zu 99 Jahren Zuchthaus verurteilt. Erst 30 Jahre später kam es zu einem von Kings Familie angestrengten Zivilgerichtsverfahren. Dabei kamen die Geschworenen zu dem Urteil, dass der Bürgerrechtler Martin Luther King 1968 nicht dem Anschlag eines Einzeltäters zum Opfer gefallen war. Das Gericht fand klare Beweise für eine Verschwörung von Mitgliedern der Mafia und der US-Regierung.

Nawal el Saadawi

* (Tag unbekannt) 1931 im Dorf Kafir Tahla im Nildelta, Ägypten
ägyptische Ärztin, Feministin und Schriftstellerin

Nawal el Saadawi, 2001

Literatur

- Großbongardt, Annette, Leben ist Widerstand. Nawal el Saadawi, in: Jahrhundertfrauen. Ikonen – Idole – Mythen, hg. von Cathrin Kahlweit, C.H. Beck Verlag, München 1999
- Saadawi, Nawal el, Der Sturz des Imam, aus dem Englischen von Edgar Peinelt, CON Literatur Verlag, Bremen 1991
- Saadawi, Nawal el, Firdaus – eine Frau am Punkt Null, aus dem Englischen von Anna Kamp, dtv, München 1993

DIE WIDERSTÄNDIGE

„Ich bin 71 Jahre alt und habe meine Furcht verloren", sagte Nawal el Saadawi im Sommer 2001, nachdem sie mal wieder öffentlich in Ungnade gefallen war und vor Gericht stand. Ein islamistischer Anwalt hatte gegen die prominente ägyptische Intellektuelle wegen „Abfalls vom Glauben" geklagt und die Zwangsscheidung von ihrem Mann, dem 78-jährigen Arzt und Schriftsteller Sherif Hetata, gefordert. Der Grund: Sie habe in einem Interview die traditionelle muslimische Pilgerfahrt Hadsch (eine der fünf Säulen des Islam) als „heidnisch" bezeichnet und damit islamische Gesetze verletzt. In Wirklichkeit, so die Angeklagte, habe sie in dem Interview eine Änderung der islamischen Erbgesetze gefordert, nach denen Frauen nur die Hälfte des männlichen Erbteils zusteht. Und sie habe über die Geschichte des Islam gesprochen und kritisiert, dass die Armen ihren Kindern kein Essen kauften, dafür aber ein Ticket nach Mekka. Denn auch nach den Prinzipien des Islam sei es wichtiger, für Familie und Kinder zu sorgen, als Tag und Nacht zu beten. „Ich bin eine muslimische Schriftstellerin und keine Apostatin (Glaubensabtrünnige)", verteidigte sich el Saadawi vor dem Gerichtshof, „und nach fünfzig Jahren sozialen und literarischen Engagements habe ich einen sicheren Platz in den Herzen all jener muslimischen Frauen, die nach mehr Freiheit verlangen. Das gibt mir gegenüber derartigen Anwürfen genügend Halt." Dass die Klage des fundamentalistischen Anwalts schließlich abgewiesen wurde, wertete el Saadawi „als einen Sieg für die Meinungsfreiheit". Natürlich war es auch ein Sieg für sie, die Ärztin, Schriftstellerin und bekannteste Feministin Ägyptens, die sich nie hat kleinkriegen lassen: weder 1972, als Präsident Anwar el Sadat sie von ihrem Posten als Direktorin der ägyptischen Gesundheitsbehörde entließ, noch 1981, als sie im Zuge einer Verhaftungswelle von Oppositionellen drei Monate lang im Gefängnis saß, und auch nicht 1992, als ihr Name auf den Todeslisten der islamischen Extremisten stand und sie für mehrere Jahre ins Exil in die USA und nach Europa gehen musste. Nawal el Saadawi, die Vorkämpferin der arabischen Frauenbewegung, hatte das Glück, in die gesellschaftliche Oberschicht hineingeboren zu werden. Wie ihre Schwestern erhielt sie eine erstklassige Schulbildung. Sie studierte nach dem Abitur Medizin und arbeitete als Ärztin in Kairo und auf dem Land. 1969 – da war sie bereits Leiterin der staatlichen Behörde für Gesundheitswesen – erregte sie Aufsehen, als sie ihr Sachbuch *Frauen und Sexualität* veröffentlichte. Darin schrieb die Medizinerin über Inzest und staatlich zugelassene Polygamie des Mannes, über Prostitution und sexuelle Ausbeutung in der arabischen Welt, über Geschlechtskrankheiten, Klitorisbeschneidung und Frauenelend – kaum ein Tabu, das el Saadawi nicht behandelte. Die provokante Publikation kam auf den Index der verbotenen Bücher und kostete die aufrührerische Ärztin ihre Stelle als Gesundheitsdirektorin. Von da an engagierte sie sich als Schriftstellerin und Frauenrechtlerin. Wie die meisten Ägypterinnen (laut einer UNO-Studie aus den 90er Jahren 97 Prozent) ist auch Nawal el Saadawi genitalverstümmelt. In einem ihrer bekanntesten Bücher *Tschador-Frauen im Islam* beschrieb sie eindringlich, wie sie als 6-jähriges Mädchen nachts aus dem Bett gezerrt wurde und das grausame Ritual der Beschneidung über sich ergehen lassen musste. Die Gewalttat geschah in Gegenwart ihrer eigenen Mutter – „der schlimmste Schock" für das Mädchen. Das Trauma der Klitorisverstümmelung hinterließ eine „Wunde, die nie verheilte". Als Ärztin behan-

Die italienische EU-Abgeordnete Emma Bonino bekundet Nawal el Saadawi und ihrem Mann vor der Gerichtsverhandlung ihre Unterstützung

delte sie später Hunderte von Mädchen und Frauen, die an den gesundheitlichen und psychischen Folgen der Beschneidung litten. Die Konfrontation mit diesem Elend und die eigene traumatische Erfahrung wurden zum Motor ihres mutigen Kampfes für die Emanzipation der Frauen. 1982 gründete sie zusammen mit der marokkanischen Schriftstellerin Fatima Mernissi die „Vereinigung für die Solidarität der arabischen Frauen" (Arab Women Solidarity Association, AWSA), die sich für verbesserte soziale und wirtschaftliche Lebensbedingungen von Frauen einsetzte. 1991 wurde die AWSA vom ägyptischen Sozialministerium aufgelöst mit der Begründung, sie verbreite eine gegen den Islam gerichtete Ideologie. Gleichzeitig konfiszierte die Regierung das Vermögen der Organisation und überwies es stattdessen an

eine islamistische Frauengruppe. In ihrer literarischen Arbeit setzte die selbstbewusste Aktivistin ihren Kampf fort: gegen den wieder erstarkenden Fundamentalismus der religiösen und rechten Eiferer und die damit einhergehende Unterdrückung der Frau. „Ich habe einfach immer Hoffnung", sagte sie einmal auf die Frage, woher sie die Kraft für ihren unentwegten Kampf nehme. Tatsächlich hat sich die Lage für die Frauen in ihrem Land verbessert. Der Prozentsatz an ausgebildeten, berufstätigen Ägypterinnen ist höher, die Beschneidung ist gesetzlich verboten. „Die Regierung ist flexibler geworden im Umgang mit uns Frauen", beobachtete Nawal el Saadawi. Und sie selber kann in ihrer Heimat wieder ohne Todesfurcht leben. Aber sie weiß auch, dass nichts im Leben sicher ist. „Du kannst jede Minute alles verlieren."

Lech Wałęsa

* 29. September 1943 in Popowo, Polen
polnischer Gewerkschaftspolitiker, Staatspräsident

Lech Wałęsa im Juni 1997 in München

Literatur

- Korupski, Jan Stanislaw, ... um die Polen zu verstehen. Die längste Ballade der Welt. Meine Gespräche mit Andrzej Szczypiorski, Andrzej Wajda, Izabella Cywinska, Lech Walesa u. a., aus dem Polnischen von Ingrid Buhl, Joanna Diduszko, Sigrid Moser u.a., Aufbau Taschenbuch Verlag, Berlin 1991
- Rullmann Hans Peter, Lech Walesa. Der sanfte Revolutionär, Goldmann Taschenbuch Verlag, München 1982
- Walesa, Lech, Ein Weg der Hoffnung. Autobiographie, aus dem Polnischen von Friedrich Griese und Olaf Kühl, Paul Zsolnay Verlag, Wien, Hamburg 1987

SYMBOLFIGUR DER SOLIDARNOŚĆ

Gebannt und erwartungsvoll blickte die Welt im Sommer 1980 auf Polen: auf die gewaltige Streikbewegung und deren zentrale Figur, Lech Wałęsa. Mit Preiserhöhungen hatten die kommunistischen Machthaber die wirtschaftliche Krise und die angespannte Versorgungslage im Land kompensieren wollen und damit eine Protestwelle von ungeahntem Ausmaß ausgelöst. Nach ersten vereinzelten Streiks auf lokaler Ebene und groß angelegten Warnstreiks legten im August die 17 000 Beschäftigten der Danziger Leninwerft ihre Arbeit nieder und stellten von Anfang an neben wirtschaftlichen auch politische Forderungen. Eine davon war die Wiedereinstellung von Mitarbeitern, die aus politischen Gründen entlassen worden waren, allen voran die ihres Kollegen Lech Wałęsa, dem 1976 als Betriebsrat nach einem Streik fristlos gekündigt worden war – die Forderung wurde erfüllt.

Dann, am 14. August 1980, der legendäre „Sprung über den Zaun": Der Werftelektriker Wałęsa schwang sich buchstäblich über die Umzäunung der Danziger Leninwerft, um seinen streikenden Kollegen zu Hilfe zu kommen. Wie in Trance, so erinnerte er sich später, habe er gehandelt. „Ich glaubte hundertprozentig an den Sieg. Ich wusste nur nicht, wann und wie." Diese Entschlossenheit und Zuversicht riss die Menschen mit. Der Arbeiter Wałęsa gab den entscheidenden Anstoß, sein Einsatz war das Signal zum großen Aufbruch in Polen.

Unter dem Druck der Protestwelle kam es am 24. August zu gravierenden Umbesetzungen in der Regierung; eine Woche später drängte das überbetriebliche vereinigte Streikkomitee unter Lech Wałęsas Leitung den stellvertretenden polnischen Ministerpräsidenten Mieczyslaw Jagielski im so genannten „Danziger Abkommen" zu sensationellen Zugeständnissen: Unabhängige Gewerkschaften wurden zugelassen, das Streikrecht garantiert, das Recht auf Meinungsfreiheit ausgeweitet sowie arbeiterfreundliche Regelungen bezüglich Lohnerhöhungen, Preiskontrolle und soziale Verbesserungen getroffen.

In unzähligen staatlichen Betrieben zwischen Ostsee und Karpaten bildeten sich Streikkomitees, organisierten sich die Menschen aller Berufsgruppen unter der

„Nach dem Sieg rollt man die Fahnen ein. Dann geht es wieder an die Arbeit... Wir haben die Haltestelle Freiheit erreicht."

Losung „Solidarność", Solidarität, einer Losung, die dann zum Namen der neuen demokratischen Millionenbewegung mit Walęsa an der Spitze wurde. Bilder in den Medien zeigten den Arbeiterführer auf Sportplätzen, vor Betriebstoren, in Kirchen vor Tausenden von Zuhörern. Polen war im Aufbruch – Hoffnung, Zuversicht und Euphorie prägten die Stimmung.

Dieser ersten Phase der bislang unbekannten Freiheit setzte General Jaruzelski am 13. Dezember 1981 mit der Verhängung des „Kriegsrechts" ein vorläufiges, gewaltsames Ende. Lech Walęsa und Tausende von Mitstreitern wurden verhaftet, die Gewerkschaft Solidarność, die zu diesem Zeitpunkt rund zehn Millionen Mitglieder zählte, wurde zerschlagen, arbeitete jedoch im Untergrund weiter. Der „legale Staatsstreich" der kommunistischen Generäle Polens war gründlich vorbereitet worden. Später gab es eindeutige Hinweise, dass die Sowjets schon früher hatten losschlagen wollen, aber Polens Führung konnte Moskau hinhalten. Lech Walęsa, der dank seiner internationalen Popularität glimpflich davonkam, wurde fast ein Jahr lang unter Hausarrest gestellt. Der „große Elektriker", wie Polens letzter Parteichef Rakowski Walęsa nannte, bekannte sich weiterhin zu seinem Ziel, freie Gewerkschaften zu gründen.

Als „Exponent der aktiven Sehnsucht nach Frieden und Freiheit" wurde er 1983 mit dem Friedensnobelpreis ausgezeichnet. Da der Gewerkschaftsführer fürchtete, an der Rückkehr nach Polen gehindert zu werden, fuhr seine Frau Danuta nach Oslo, um den Friedensnobelpreis entgegenzunehmen.

Jahre zäher Grabenkämpfe aus dem Untergrund mit Polens kommunistischen Geheimdiensten folgten, in denen Walęsa stets vor Gewaltanwendung warnte und für den „nationalen Dialog" mit der Staatsmacht warb – entgegen der Überzeugung vieler Gewerkschaftler, die auf aggressivere Aktionen drängten. Nach drastischen Preiserhöhungen 1987 eröffnete eine nächste große Streikwelle die Chance zum Umbruch. Lech Walęsa wurde von der Führungsriege der immer noch verbotenen Solidarność beauftragt, mit der Regierung zu verhandeln. Nach langem Tauziehen unterzeichnete er im April 1989 mit der Polnischen Regierung einen „Neuen Gesellschaftsvertrag" zur Öffnung und Demokratisierung Polens, der auch die Gewerkschaft wieder zuließ. Aus den Parlamentswahlen vom Juni 1989, bei denen erstmals Oppositionsparteien zugelassen waren, ging die Solidarność unter Walęsa als Sieger hervor und übernahm anschließend die Führung in einer Koalitionsregierung unter Tadeusz Mazowiecki. Im Dezember 1990 wurde Walęsa im zweiten Wahlgang mit deutlicher Mehrheit zum Staatspräsidenten gewählt. Er leitete umfangreiche Reformen in allen

Der polnische Ministerpräsident Mazowiecki und Lech Walęsa auf einer Kundgebung in Danzig, 1989

Bereichen des öffentlichen Lebens ein, schickte die russischen Soldaten nach Hause und brachte Polen auf Nato-Kurs. Aber auch zahlreiche innenpolitische Konflikte gehen auf sein Konto. Mit seinem populistischen Kurs geriet er zunehmend in Gegensatz zur Solidarność. Der Sieg der Kommunisten bei den Parlamentswahlen von 1993 bedeutete eine weitere Schwächung seiner Position. Bei den Präsidentschaftswahlen vom Dezember 1995 unterlag er in der Stichwahl knapp seinem Herausforderer, dem Exkommunisten Alexander Kwasniewski. Und als er bei der Präsidentenwahl 2000 erneut antrat, erhielt er nur noch ein Prozent der Stimmen. Der mutige Streikführer, Freiheitskämpfer und Volksheld der Polen hatte seine Dienste getan. Als Politiker war er für seine Landsleute nicht überzeugend: Er musste abtreten.

Aung San Suu Kyi

* 19. Juni 1945 in Rangun (heute Yangon), Burma
burmesische Politikerin, Menschenrechtlerin

Suu Kyi, aus dem Arrest entlassen

Literatur
- Aris, Michael (Hg.), Aung San Suu Kyi. Trägerin des Friedensnobelpreises 1991, Heyne Taschenbuch Verlag, München 1991
- Kerner, Charlotte (Hg.), Madame Curie und ihre Schwestern. Frauen, die den Nobelpreis bekamen, Verlag Beltz & Gelberg, Weinheim, Basel 1997
- Schwepcke, Barbara, Aung San Suu Kyi. Heldin von Burma, Herder Verlag, Freiburg 1999

BURMAS GROSSE HOFFNUNG

26. August 1988 in der burmesischen Hauptstadt Rangun. Nach der seit Wochen dauernden Volkserhebung gegen die Militärdiktatur, nach Straßenschlachten und Kämpfen zwischen Polizei, Armee und Zivilisten hatten sich mehrere Hunderttausend Menschen vor der Shwedagon-Pagode, dem Nationalheiligtum Burmas, versammelt. Sie waren gekommen, um einer bis dahin fast unbekannten, doch kraft ihrer Herkunft Vertrauen erweckenden Rednerin zuzuhören: Aung San Suu Kyi, Tochter von General Aung San, eines linksnationalen Freiheitskämpfers, der nach dem Zweiten Weltkrieg gegen die britische Kolonialmacht für Burmas Unabhängigkeit gekämpft hatte. 1947 fiel er einem Attentat zum Opfer und wird seitdem als Nationalheld verehrt. „All dem, was gegenwärtig geschieht, kann ich als Tochter meines Vaters nicht mit Gleichgültigkeit begegnen. Die gegenwärtige nationale Krise lässt sich als der zweite Kampf für die Unabhängigkeit bezeichnen", sagte Suu Kyi bei ihrem ersten öffentlichen Auftritt und rief die jubelnde Menge zum entschlossenen, aber gewaltlosen Widerstand gegen das Militärregime auf. Von Stund an war sie Identifikationsfigur der Opposition und Hoffnungsträgerin für ihre geknechteten Landsleute.

Im asiatischen Burma, das Ende der 80er Jahre von den Machthabern des Landes in „Union von Myanmar" umbenannt wurde, hatte sich nach fast 26 Jahren Militärdiktatur und wirtschaftlichem Niedergang eine Volksbewegung formiert, die einen halbwegs annehmbaren Lebensstandard, Demokratie und Menschenrechte forderte. Ungewollt war Suu Kyi in die Demokratiebewegung hineingeraten: Sie hatte ein Vierteljahrhundert im Ausland gelebt und war im Frühjahr 1988 aus England in ihre Heimat gereist, um ihre schwer kranke Mutter zu pflegen. Wenig später gingen in Rangun die ersten Demonstranten auf die Straße. Als deren Kundgebungen von der Armee blutig niedergeschlagen wurden, erhoben sich die Massen und forderten das Ende der Militärdiktatur unter General Ne Win. Ne Win, ehemals Kampfgenosse von Suu Kyis Vater, hatte 1962 die demokratisch gewählte Regierung gestürzt und dem Land seinen „Burmesischen Weg zum Sozialismus" aufgezwungen, der das Land in den wirtschaftlichen Ruin trieb. Das „goldene Burma" – einst reichstes Land und „Reiskorb" Südostasiens – zählt heute zu den ärmsten Gegenden der Welt. Den Niedergang ihres Landes hatte Suu Kyi von auswärts mit Besorgnis verfolgt, sich aber an die ihr auferlegte politische Abstinenz gehalten. Dann, im Sommer 1988, fand sie sich plötzlich im Mittelpunkt der Demokratiebewegung, stellte sich an deren Spitze und proklamierte, dem Beispiel Mahatma Gandhis und Martin Luther Kings folgend, Gewaltfreiheit und zivilen Ungehorsam. Innerhalb weniger Monate gelang es ihr, aus der unstrukturierten Volksbewegung und der gespaltenen Opposition die Nationale Liga für Demokratie (NLD) zu bilden. Weil ihr der Zugang zu den Medien verwehrt war, reiste Aung San Suu Kyi als NLD-Generalsekretärin durch Burma und forderte überall vor begeisterten Zuhörern den Rücktritt der Militärregierung. Während viele ihrer Kampfgefährten verhaftet wurden, konnte sie durch ihr furchtloses Auftreten und ihre Popularität ihre Mission fortsetzen. Als nervöse Militärs einmal ihre Gewehre auf sie anlegten, ging sie ruhig auf diese zu. Diese Courage machte sie vollends zur Volksheldin.

Als „destruktives Element" wurde sie 1989 schließlich unter Hausarrest gestellt und isoliert. Unter dem Druck der Opposition und der westlichen Industrienationen, die sämtliche Entwicklungshilfe

Aung San Suu Kyi 1996 bei der Eröffnung eines Treffens der NLD in Rangun

einstellten, sah sich die Militärjunta gezwungen, 1990 Wahlen abzuhalten – mit 82 Prozent der Parlamentssitze ging die NLD unter Suu Kyi als großer Wahlsieger hervor. Die Militärs annullierten das Ergebnis, inhaftierten und folterten Tausende und zerschlugen die Liga.

Als Aung San Suu Kyi für ihre „herausragende Zivilcourage" und ihren „gewaltlosen Kampf gegen Unterdrückung" 1991 mit dem Friedensnobelpreis ausgezeichnet wurde, stand sie noch immer unter Arrest. 1995 wurde er aufgehoben, doch war der Radius ihres Gefängnisses nur etwas größer geworden. Die Militärs untersagten ihr, Rangun zu verlassen und politisch wieder aktiv zu werden.

Unnachgiebig beharrte die Dissidentin auf der Anerkennung der Wahl von 1990 und durchbrach immer wieder die ihr auferlegten Beschränkungen, bis die Generäle sie schließlich wieder in ihrem Haus einsperren ließen und sogar

die Telefonleitungen abschnitten. Ihrem britischen Ehemann verwehrten sie die Einreiseerlaubnis, als er todkrank seine Frau besuchen wollte, um von ihr Abschied zu nehmen. Das Angebot der Behörden, nach Großbritannien zu reisen, lehnte Suu Kyi ab. Sie wusste, dass man ihr die Rückkehr nach Burma verweigern würde und ihr Kampf für die Demokratie damit zu Ende wäre.

Nach zwölf Jahren Hausarrest mit kurzen Unterbrechungen wurde die burmesische Oppositionsführerin im Frühjahr 2002 freigelassen – ohne Beschränkungen, unter vollständiger Freiheit, sogar der Freiheit zur politischen Betätigung. Die Generäle kapitulierten vor dieser zierlichen Frau, vor der Kraft ihrer Furchtlosigkeit, die den Herrschenden die Macht über sie genommen und sie noch in der Isolation mächtig gemacht hatte. Ungebrochen machte Suu Kyi sich ans Werk: „Die Dinge werden sich ändern, weil es die Menschen wollen." Davon ist sie überzeugt.

Monika Hauser

* 24. Mai 1959 in Thal, Schweiz
italienische Ärztin

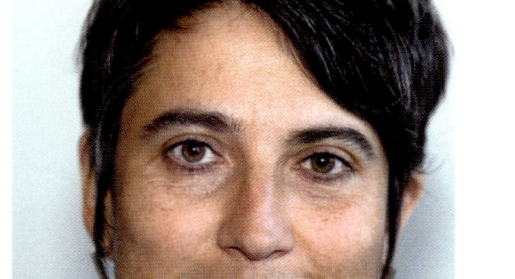

Monika Hauser, Frau des Jahres 2001

Literatur

- Böttinger, Bettina, Als Frau erst recht. Zwölf Porträts u. a. über Monika Hauser, Econ Verlag, München, Düsseldorf 1997
- Fischer, Erica, Am Anfang war die Wut. Monika Hauser und Medica mondiale. Ein Frauenprojekt im Krieg, Verlag Kiepenheuer & Witsch, Köln 1997
- Hauser, Monika, Warum wir tun, was wir tun. Rede auf dem 8. Deutschen Fundraising-Kongress, Leipzig, 6. April 2001

DIE FRAU, DIE IN DEN KRIEG ZOG

„Ich wollte etwas tun und dann habe ich es eben getan." Mit diesen Worten charakterisiert Monika Hauser ihr Engagement für Frauen in Kriegs- und Krisengebieten. 1993, mitten im Krieg im ehemaligen Jugoslawien, gründete die Gynäkologin in der zentralbosnischen Stadt Zenica ein Therapiezentrum für kriegstraumatisierte Frauen und Mädchen. Getrieben von einer zornig-zupackenden Energie gelang es ihr, die Behörden vor Ort von ihrer Idee zu überzeugen und einheimische Fachfrauen unterschiedlicher ethnischer Gruppen als Ärztinnen, Köchinnen, Psychologinnen, Krankenschwestern zu gewinnen. Gemeinsam mit ihnen baute sie trotz Granaten und fehlender Infrastruktur „in rasantem Tempo" das Projekt „Medica Zenica" auf, wo in der Folgezeit Tausende von vergewaltigten und gefolterten Frauen und Kindern behandelt und betreut wurden: interdisziplinär und ganzheitlich. Das heißt, die Betroffenen fanden hier medizinische, psychotherapeutische, psychosoziale und einfach elementare praktische Hilfe. Dazu gehörte die Beschaffung von Lebensmitteln und eines Kohleofens ebenso wie später Ausbildungsangebote, damit die Patientinnen neben der Therapie auch Lebensperspektiven entwickeln konnten und die Möglichkeit erhielten, aus ihrem Opferstatus herauszutreten.

Geld für die erste Ausstattung erhielten die Initiatorin und ihr Team aus dem „Mona Lisa"-Hilfsfond: Als eines der ersten Medien hatte das TV-Magazin im Herbst 1992 über die Massenvergewaltigungen in Bosnien-Herzegowina berichtet und ein Spendenkonto eingerichtet. Als die Berichte über die Massenvergewaltigungen bosnischer Frauen und Mädchen die Medien füllten, die nun zunehmend das Leid der Frauen zur Schau stellten, war Monika Hauser schnell klar, dass sie handeln musste. Sie konnte die Fernsehbilder der weinenden „geschändeten" Frauen nicht länger tatenlos ertragen und wandte sich an Hilfsorganisationen, um ihre Mitarbeit in den Krisengebieten anzubieten. Nachdem sie dort mit ihren Vorstellungen auf Desinteresse gestoßen war, reiste sie nach Ex-Jugoslawien, um sich ein eigenes Bild von der Situation zu machen. Ihre Stelle als Ärztin in einem Essener Krankenhaus hatte sie vorher gekündigt. Nach Gesprächen mit muslimischen Frauen in einem Zagreber Flüchtlingslager wusste sie, was sie wollte: einen Schutzraum schaffen für weibliche Überlebende. „Ich wollte dieser sensationslüsternen Medienberichterstattung (von der viele der Frauen sich ein zweites Mal missbraucht fühlten), aber auch den untätigen Hilfsorganisationen etwas entgegensetzen." Das war die Geburtsstunde des Frauentherapiezentrums „Medica Zenica".

Nichts und niemand, so erinnerte sich die Ärztin später, hätte sie damals stoppen können, das Frauenprojekt auf die Beine zu stellen. Persönlich transportierte sie Medikamente, Laborgeräte und Lebensmittel von Deutschland nach Zentralbosnien ohne Rücksicht auf die Gefahr, in die sie sich begab. „Es gibt Momente im Leben, in denen man nicht erst fragt, sondern nur handelt. Und es war Halt gebend, dem Wahnsinn entgegenzutreten", kommentiert Monika Hauser ihren Einsatz in Zenica. „Das hört sich heute so heroisch an, aber eine Heldin bin ich nicht. Ich musste dorthin, ich hatte keine andere Wahl."

Zur Unterstützung dieses Projekts gründeten Monika Hauser und ihre Freundinnen in Köln „Medica mondiale" – eine Organisation, die sich weltweit für die Rechte und Interessen von Frauen einsetzt, die sexualisierte Kriegsgewalt überlebt haben. In den folgenden Jahren wurden auch im Kosovo und in Albanien (1999) und in Afghanistan (2002) Therapiezentren und Ambulanzen eröffnet. Die Motive für ihr Engagement sieht die Ärztin in ihrer eigenen

Geschichte. Die Tochter Südtiroler Eltern, die in die Schweiz emigriert waren, entwickelte schon als Heranwachsende ein Gespür für Tabus und interessierte sich dafür. So erfuhr sie z. B., dass ihr Großvater Anhänger des Nazi-Deutschland war; und so nahm sie auch mehr und mehr wahr, dass für die Frauen in ihrer Umgebung Gewalterfahrungen zum Alltag gehörten. Ihr wurde klar, „dass diese Gewalt auch zur Geschichte meiner Vorfahrinnen gehörte – aber dass niemand darüber sprach. So, wie auch niemand über den Krieg sprach, der doch sehr reale Folgen auf meine Eltern als Kinder hatte. Von diesen traumatischen Auswirkungen sowohl der Gewalt gegen die Frauen in meiner Familie und näheren Umgebung als auch die der Kriegsfolgen bin natürlich auch ich als Mitglied der nächsten Generation betroffen. Doch wie gesagt, sie sprachen nicht darüber, nur vereinzelt im Gespräch mit mir kam viel Erschreckendes zutage. Hier sehe ich die Wurzeln meines Engagements – dem Schweigen ein Ende zu setzen!" Für dieses Engagement erhielt Monika Hauser viele Auszeichnungen. Das Bundesverdienstkreuz, das ihr 1996 überreicht werden sollte, lehnte sie ab: aus Protest gegen die Beschlüsse der Bundesregierung, bosnische Flüchtlinge in ihr Land zwangsweise zurückzuschicken.

Triebfeder für ihre Aktivitäten, betont die resolute Ärztin immer wieder, sei ihre Wut. „Wut über Ignoranz und Gleichgültigkeit dem Schicksal der Frauen gegen-

Monika Hauser vor einer „rollenden Klinik"

über." Ihre Erfahrung lehrte sie, dass Frauen nichts geschenkt wird, dass sie kämpfen müssen. Entsprechend konsequent und klar ist ihre politische Haltung. So fordert sie mit ihrer Organisation seit langem die Anerkennung sexueller Folter und Gewalt als Asylgrund für Frauen in Deutschland. Ihre Verantwortung sieht sie darin, „einerseits die Symptome traumatisierter Frauen zu lindern und ihnen zu helfen, eine neue Perspektive zu finden, und andererseits Anwältin für die Frauen zu sein, was bedeutet, immer wieder die Menschenrechtsverletzungen an den Frauen zu benennen und öffentlich zu machen. Damit die Unterstützung für die Überlebenden nicht nur von kurzer Caritas ist, sondern mit Perspektive, neuer Lebenskraft und Würde verbunden ist. Auch für meine eigene Würde!"

„Ich habe mir freiwillig ausgesucht, in den Krieg zu gehen und dort gegen meine Ohnmachtsgefühle und für andere etwas zu machen."

Arundhati Roy

* 24. November 1960 (oder 1961) in einem Dorf in Kerala, Südindien
indische Schriftstellerin, Architektin, politische Aktivistin

Die indische Schriftstellerin Arundhati Roy, 1998

Literatur
- Roy, Arundhati, Der Gott der kleinen Dinge, aus dem Englischen von Annette Grube, Karl Blessing Verlag, München 1997
- Roy, Arundhati, Das Ende der Illusion. Politische Einmischungen, aus dem Englischen von Wolfram Ströle, Karl Blessing Verlag, München 1999
- Roy, Arundhati, Die Politik der Macht, aus dem Englischen von Helmut Dierlamm u.a., Bertelsmann Taschenbuch Verlag, München 2002

DIE INDISCHE JEANNE D'ARC

Einen internationalen Namen machte sich Arundhati Roy mit ihrem Debütroman *Der Gott der kleinen Dinge*, einer autobiographisch durchwirkten Geschichte, die in der südindischen Heimat der Autorin spielt. Der Roman erzählt von einer verbotenen Liebe, vom Tod und vom indischen Kastensystem. Ein Buch, das Vorurteile, Ungerechtigkeiten, den Geschlechterkampf beleuchtet und Arundhati Roy einen Prozess wegen Untergrabung der Moral einbrachte: Der Roman, konkret das letzte Kapitel, sei sittenwidrig, weil es die Liebe einer christlichen Industriellentochter zu einem Unberührbaren beschreibe. Innerhalb weniger Tage war die Erstauflage des Buches in Indien vergriffen. *Der Gott der kleinen Dinge*, in den Folgemonaten in 30 Sprachen übersetzt, wurde zum Weltbestseller, seine Verfasserin zur literarischen Sensation des Jahres 1997: Eine „neue klare Stimme", noch dazu eine junge Frau aus dem tiefsten Süden des indischen Subkontinents, priesen die Kritiker und verglichen sie mit Salman Rushdie, William Faulkner, García Márquez. Sie attestierten Roys

genial konstruierter Familiensaga eine originelle Sprache, ausgereifte Poesie und analytischen Scharfsinn; das Buch vermittle Einsichten in das unerbittliche indische Kastenwesen und die festgeschriebenen Geschlechterrollen, in die korrupte Machtbesessenheit der Politiker und in den Ausverkauf der Traditionen. Als krönende Auszeichnung für ihren Erstlingsroman erhielt Arundhati Roy im Herbst 1997 den renommierten Booker-Preis.

Für die Tochter aus gutem Hause, die Architektur studiert, als Schauspielerin, Drehbuchautorin und Verkäuferin gearbeitet hatte, bedeutete ihr fulminantes Schriftstellerinnen-Debüt jedoch nicht, sich auf den Bahamas niederzulassen oder ihren nächsten Roman zu schreiben, wie sie sich gegenüber einer indischen Zeitung einmal äußerte. „Vielleicht schreibe ich nie wieder ein Buch. Schon für dieses habe ich alles gegeben." Berühmtheit, so ihre Überzeugung, bringe eine gewisse soziale Verpflichtung mit sich. Und so begann Arundhati Roy, ihr Prestige in politischen Fragen einzusetzen. Wortgewaltig schrieb sie gegen die indischen Atombombenversuche vom Mai 1998 in der Wüste Thar an, was sie bei vielen ihrer Landsleute unbeliebt machte. Ebenso heftig attackierte sie, nachdem sie sich mit dem Für und Wider großer Dammprojekte in Indien auseinander gesetzt hatte, den Bau des umstrittenen Narmada-Staudamms im indischen Bundesstaat Gujarat. Nach umfangreicher Recherche über Indiens gigantische Wasserkraftvorhaben war sie zu einem vernichtenden Urteil gekommen: Obwohl nach der Unabhängigkeit des Subkontinents mehrere hundert Staudämme gebaut wurden, gibt es mehr Dürren und überschwemmte Gebiete als zuvor, leben noch immer 250 Millionen Menschen ohne sauberes Trinkwasser, haben 86 Prozent der Bevölkerung keinen Strom, 600 Millionen keinen Zugang zu sanitären Einrichtungen. Der Staat, so Roy, habe nicht eines der überdimensionalen Wasserkraftobjekte auf seine versprochene Rentabilität hin überprüft. Stattdessen nehme die indische Politik beim Staudammbau die Entwurzelung und Verelendung von Millionen von Menschen in Kauf. „Große Dämme sind für die Entwicklung einer Nation wie Atombomben für das Militärarsenal" – teuer und sinnlos, urteilte Arundhati Roy einmal in der ihr eigenen polemischen Art.

Der Einsatz dieser Frau ist ungewöhnlich: Sie, eine Eliteangehörige, kämpft für Gerechtigkeit, für die Rechte der Benachteiligten, und repräsentiert so eine zornige, große Opposition. Die Folge ist, dass ihre Gegner aus Politik und

Wirtschaft immer wieder versuchen, die streitbare zierliche Polit-Aktivistin mit Prozessen zum Schweigen zu bringen.

Jüngstes Aufsehen erregte die indische Jeanne d'Arc, als sie den Terroranschlag des 11. September 2001 kommentierte und damit weltweit Anstoß erregte. Ihre Behauptung, der Terroristenführer Osama Bin Laden sei der „dunkle Doppelgänger" des US-Präsidenten George W. Bush und die Politik der USA trage eine Mitverantwortung für die Terrorattacken, war ein Affront, erhielt aber auch Zustimmung. Wenige Wochen später wertete die unerschrockene indische Schriftstellerin den amerikanischen Bombenkrieg gegen das Taliban-Regime im afghanischen Kabul als „nur einen weiteren terroristischen Akt", beklagte den Tod vieler unschuldiger afghanischer Menschen und warnte vor der Gewaltspirale. „Für jeden Terroristen sterben Hunderte unschuldiger Zivilisten. Und an deren Stelle treten ein paar künftige Terroristen. Wie soll das enden? Dies soll nicht heißen, dass die Terroristen, die am 11. September das Entsetzliche getan haben, nicht verfolgt und zur Rechenschaft gezogen werden sollten. Das müssen sie. Ist aber ein Krieg der beste Weg, um sie aufzuspüren? Wird man die Nadel finden, wenn man den Heuhaufen niederbrennt? Oder wird es den Zorn schüren und die Welt zur wahren Hölle für uns alle machen?" Nicht nur mit ihrem Roman *Der Gott der kleinen Dinge*, auch mit ihren politischen

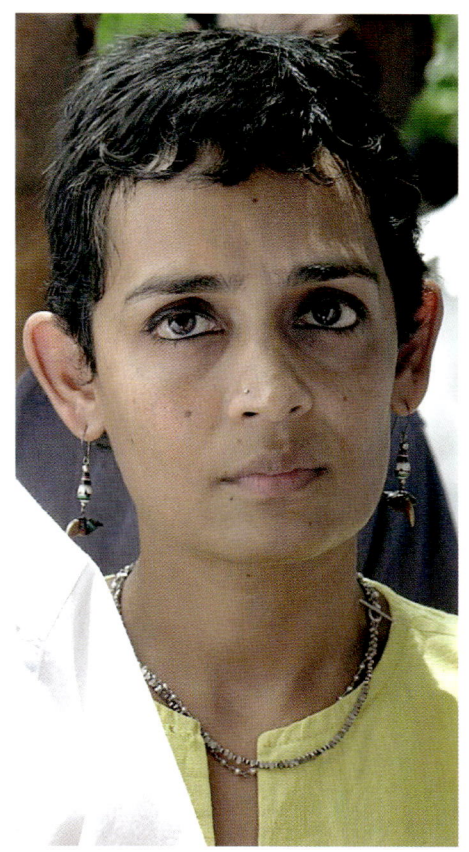

Arundhati Roy im Sommer 2001 vor einer Gerichtsverhandlung in Neu-Delhi

Pamphleten vermag die Inderin Arundhati Roy zu bewegen. Mit ihren messerscharfen, zornigen Schriften wird auch in Zukunft zu rechnen sein.

„Natürlich, Indien war lange Zeit Kolonie: Wir müssen einfach akzeptieren, dass wir ein Produkt unserer Geschichte sind. Zur Zeit leben wir in einem sehr schwierigen Status. Indien ist zum einen immer noch dabei, die Einflüsse des Kolonialismus abzustreifen. Zum anderen heißen wir den multinationalen Kolonialismus – den der globalisierten Großunternehmen – herzlich willkommen. Ich bin nicht glücklich, wenn ich sehe, was dadurch in Indien passiert: Die Reichen werden immer reicher, die Armen werden ärmer. Und die Umwelt wird rücksichtslos zerstört."

Perikles

* um 495 v. Chr. in Athen
† 429 v. Chr. in Athen
griechischer Staatsmann

Perikles, römische Marmorkopie nach einem Original des Kresilas, um 440 v. Chr.

Literatur

- Bourbon-Busset, Jaques, Perikles. Der Olympier, aus dem Französischen von Cajetan Freund, Scheffler Verlag, Frankfurt/Main 1962
- Kagan, Donald, Perikles. Die Geburt der Demokratie, Verlag Klett-Cotta, Stuttgart 1992
- Will, Wolfgang, Perikles, Rowohlt Taschenbuch Verlag, Reinbek 1995

BAUHERR DER ATTISCHEN DEMOKRATIE

Mit dem Namen des griechischen Staatsmannes Perikles verbindet sich die Vorstellung vom „Perikleischen Zeitalter" als der ökonomischen, politischen und kulturellen Glanzzeit des griechischen, insbesondere athenischen Lebens. Unter seiner politischen Führung erlebte die Stadt ein halbes Jahrhundert der Blüte – die Pentekontaëtie, jene 50 großen Jahre vor dem Peloponnesischen Krieg (431–404 v. Chr.). Perikles gilt als der Repräsentant der Demokratie Athens, auch wenn er faktisch lange Zeit die Macht in seinen Händen hielt. Das klassische Athen wird als sein Werk gesehen. Er war Politiker, Mäzen, Bauherr. Er ließ die durch die Perser zerstörten Tempel auf der Akropolis in prachtvollem Stil wieder errichten und unter seiner Ägide entstanden der Hafen Piräus und die „Langen Mauern". Er beschäftigte Handwerker, Architekten und Bildhauer, förderte Künstler und Gelehrte, wie den Tragiker Sophokles, den Historiker Herodot, den Bildhauer Phidias. Seine zweite Frau Aspasia – die Verbindung war rechtlich ein Konkubinat – war eine außerordentlich geistvolle Persönlichkeit und eine für diese Zeit und die griechische Gesellschaft ungewöhnlich emanzipierte Frau.

Als Perikles um 463 v. Chr. die politische Bühne betrat, war Athen längst auf dem Weg zur Demokratie, auch die entscheidenden Verfassungsprinzipien waren im Grunde schon ausgearbeitet, doch erst in der Zeit seines Wirkens wurden sie umgesetzt. Aus einer Politikerfamilie stammend und selbst aristokratischer Herkunft, kämpfte Perikles an der Seite der Demokraten gegen den Einfluss der konservativen Grundbesitzer. Zusammen mit seinem Parteifreund Ephialtes leitete er Reformmaßnahmen ein: Er entzog dem Areopag, der Hochburg der Aristokraten, das Aufsichtsrecht über Verwaltung und Beamte und übertrug es weitgehend dem Rat der Fünfhundert, der Bürgervertretung. Ein weiterer entscheidender Schritt zur Sicherung der Demokratie war die Einführung der Beamtenbesoldung: Richter und Geschworene erhielten nun Tagegelder; auch Soldaten des Landheeres und der Flotte bezogen einen festen Dienstsold. Und schließlich bekamen Bürger Theatergeld, damit sie an den

Kulturaufführungen teilhaben konnten. Das alles ermöglichte auch Bürgern der unteren Einkommensklassen aktiv am Staatsleben und an der Staatsverwaltung teilzunehmen, während zuvor die Beamten aus den reichen Schichten stammten und dem Staat unentgeltlich dienten. Die perikleische Demokratie war eine Volksherrschaft, die auf dem Grundsatz der Gleichheit und Freiheit aller Bürger ohne Rücksicht auf den Besitzstand basierte; Frauen, Fremde und Sklaven galten jedoch nicht als Bürger und waren ohne politische Rechte. Der Mord an Ephialtes im Jahr 461 konnte die Demokraten nicht aufhalten und verschaffte Perikles noch größere Einflussmöglichkeiten, obwohl er damals nicht der führende Staatsmann war. Erst ab 450 v. Chr. war Athen, wie der Historiker Thukydides schreibt, „dem Namen nach eine Demokratie, in Wirklichkeit aber die Herrschaft des ersten Mannes" – des Perikles.

Er besaß hohe Autorität und genoss großes Vertrauen: Seit 443 v. Chr. wurde er alljährlich zum Strategen gewählt und besetzte damit kontinuierlich das wichtigste Amt, das zur Grundlage seiner dominierenden politischen Macht wurde. Auch seine Reformen, die zum Fürsorge- und Wohlfahrtsstaat tendierten, waren nicht Selbstzweck, sondern förderten den Ausbau von Macht und Einfluss. „Jetzt aber nahm Perikles Athen samt allem, was zum Staat der Athener gehörte, in seine Hände: die Einkünfte, das Heer und die Flotte, die Inseln und das

Das Zeitalter des Perikles. Gemälde von 1852

Meer, das Reich, welches Griechen wie Barbaren weithin umfasste, und die durch Untertanenvölker, befreundete Könige und verbündete Fürsten wohlgesicherte Herrschaft." So charakterisierte Plutarch, der Biograph des Perikles, das Regiment des Staatsmannes ein halbes Jahrtausend später. „Und da er in seiner Politik mit unbeugsamer Festigkeit dem Wohl des Staates diente, vermochte er das Volk zumeist ohne Widerstand durch die überzeugende und belehrende Kraft seines Wortes zu lenken."

Außenpolitisch betrieb Perikles gegen Sparta samt seinen Verbündeten und Persien einen expansiven Kurs und schließlich gelang es ihm, einen Ruhepunkt in den Feindseligkeiten durch die Abgrenzung von Interessensphären zu erreichen: mit den Persern durch den so genannten „Kalliasfrieden" von 448 v. Chr., mit den Spartanern durch einen 446/45 v. Chr. auf 30 Jahre geschlossenen Frieden. Dabei musste Athen zwar auf seine Einflussnahme in Zent-

ralgriechenland verzichten, erreichte aber die Anerkennung der Vorherrschaft seiner Seemacht. In dieser außenpolitisch erfolgreichen Phase begann Perikles in Athen mit dem Geld der Bundesgenossen des attischen Seebundes den prächtigen Ausbau der Akropolis. Wissenschaftler und Künstler sammelten sich in Athen, die Stadt wurde kulturell das Zentrum Griechenlands. Die Machtkonzentration in Athen und auf der Gegenseite, in Sparta, führte zu einem Antagonismus, der schließlich im Peloponnesischen Krieg mündete. Die Strategie, die Perikles dabei verfolgte, hätte theoretisch den Sieg bringen müssen, führte seine Stadt jedoch in eine große und verlustreiche Auseinandersetzung. Perikles hatte das Volk nicht mehr auf seiner Seite. Er wurde 430 v. Chr. seines Postens enthoben, 429 zwar rehabilitiert und nochmals zum Strategen gewählt, erkrankte dann aber selbst an der Pest, die Athen damals heimsuchte, und starb noch im selben Jahr.

Karl der Große

* 2. April 742 oder 747
† 28. Januar 814 in Aachen
Frankenkönig und römischer Kaiser

Büstenreliquiar Karls des Großen

Literatur

- Epperlein, Siegfried, Karl der Große. Eine Biographie, Deutscher Verlag der Wissenschaften, Berlin 1980
- Hägermann, Dieter, Karl der Große. Herrscher des Abendlandes, Propyläen Verlag, Berlin 2000
- Herm, Gerhard, Karl der Große, Econ Verlag, Düsseldorf 1987

DER ERSTE EUROPÄER

„Der universalste und schöpferischste Geist des Mittelalters, in dem alle Strömungen der Zeit zusammenflossen" – so findet man den Karolinger Karl den Großen in der Geschichtsschreibung dargestellt. Als König der Franken brachte er das Frankenreich zur größten Ausdehnung und Blüte; unter seiner Regentschaft wurde es zu einem Vielvölkerstaat und zur zweiten Großmacht neben dem Byzantinischen Reich. Karl der Große förderte Bildung und Kultur, ließ die Schrift reformieren und setzte sich für die Verbreitung der lateinischen Sprache ein. Mit einer Reihe von Gesetzen regelte er das öffentliche Leben und veranlasste, dass die bis dahin nur mündlich überlieferten Stammesrechte aufgezeichnet wurden. Durch den Aufbau einer Reichskultur und einer Reichsverwaltung gelang es ihm, die verschiedenen Stämme zu integrieren, so dass sich das Frankenreich während seiner Regierungszeit von Spanien bis Dänemark und vom Atlantik bis nach Ungarn erstreckte. „Vater Europas", „Gründer des christlichen Abendlands", „erster Europäer" wird er deshalb genannt.

Machtbewusstsein, Durchsetzungskraft, Weitsicht, gleichzeitig aber tiefe Frömmigkeit und visionärer Geist werden ihm nachgesagt. Ganz sicher war er eine überragende, gewaltige Persönlichkeit. Schon seine äußere Erscheinung muss beeindruckend gewesen sein: fast zwei Meter groß – nach den Beschreibungen seines Vertrauten und Hofbiographen Einhard –, ein derb und wuchtig wirkender Mann, der vor Vitalität strotzte und bereits zu Lebzeiten den Beinamen Magnus, der Große, trug. Als er 768 zusammen mit seinem Bruder Karlmann die fränkische Thronfolge antrat, schien der Bruderzwist vorprogrammiert; durch Karlmanns plötzlichen Tod 771 jedoch erübrigte sich die Auseinandersetzung. Karl wurde Alleinherrscher und begann kontinuierlich das Frankenreich zu erweitern: erst Richtung Süden, nach Italien und Spanien; dann – erfüllt von christlichem Missionierungsdrang – gen Osten gegen die Sachsen und gen Südosten, wo er im Reich der Awaren (Ungarn) die Ostmark errichten ließ.

Das Jahr 800 stellt den Höhepunkt der Macht Karls des Großen dar: Nachdem der Karolinger Papst Leo III. mehrfach zu Hilfe gekommen war, krönte dieser ihn an Weihnachten zum Kaiser, „unter dem Zuruf des ganzen römischen Volkes", wie es bei Einhard heißt. Karl, der seine Legitimation allein von seinem fränkischen Königtum ableitete, nannte sich „Kaiser, Lenker des römischen Reiches und durch Gottes Gnade König der Franken und Langobarden".

Um seine Machtbasis im Reich gegenüber dem mächtigen lokalen Adel zu sichern, errichtete Karl eine effektive königstreue Verwaltung, die Karolingische Reichsverwaltung. Dazu gehörte das System der Königsboten, geistlicher und weltlicher Sonderbeauftragter, die Beamte und Geistlichkeit überprüften. Ein weiteres Kontrollinstrument waren die Hoftage, zu denen der Frankenherrscher die geistlichen und weltlichen Großen seines Reiches einberief.

Zudem baute er das Lehnswesen aus – die Vergabe von Land gegen die Verpflichtung zum Kriegsdienst und die Auflage, den Kaiser mit seinem Gefolge zu beherbergen, wenn er auf dem Hof der Belehnten Quartier hielt. Mittelalterliche Herrscher waren Regenten auf Wanderschaft, auch Karl der Große. Der Kaiser repräsentierte das Reich; wo er war, war das Reich. Eine transpersonale Herrschaftsauffassung gab es zur Zeit Karls nicht. So reiste er ständig durch sein Reichsgebiet und machte Station in den so genannten Pfalzen, um dort Hof zu halten, Recht zu sprechen und Gesandte zu empfangen.

Aachen war eine der wichtigsten

Die Kaiserkrönung im Jahre 800 beim Weihnachtsgottesdienst in Rom

Residenzen Karls des Großen – die Thermalquellen scheinen für den rheumakranken Herrscher dabei eine wichtige Rolle gespielt zu haben. Der Karolinger ließ hier die Pfalzkapelle, das berühmte Oktogon („Achteck"), errichten, das später zum Dom ausgebaut wurde.

Da ihm Kultur und Bildung ein großes Anliegen waren, gründete er gleich nach Regierungsantritt in der Kaiserpfalz Aachen die Hofschule, mit deren Leitung er den gelehrten Angelsachsen Alkuin aus York betraute. Unter dessen Federführung entstanden wundervolle Prachthandschriften wie das im Jahre 810 geschaffene kostbare Evangeliar von Lorsch. Auch andere bedeutende Gelehrte der Zeit wie der langobardische Historiker Paulus Diakonus, Karls Biograph Einhard, der Ire Dungal und der Theologe Paulinus von Aquileja wirkten an der Aachener Hofschule. Unter Rückgriff auf die Antike ließ Karl die klassi-

schen Werke in den Bildungskanon aufnehmen und hielt sich auch in der Architektur an die Vorbilder des Altertums. Obwohl er selbst weder lesen noch schreiben konnte, sprach er nach Worten Einhards fließend Latein und etwas Griechisch. „Wenn viele wären wie Karl selbst, entstünde im Frankenreich ein neues Athen", schrieb Alkuin. Das war sicherlich eine Loyalitätsbekundung des kaisertreuen Gelehrten, zeigt aber, welche Wertschätzung die Antike im karolingischen Reich genoss. So spricht man heute auch von der „Karolingischen Renaissance".

Am 28. Januar 814 starb der mächtigste Mann der damaligen „westlichen Welt" im hohen Alter von 72 Jahren. Mag er auch wegen seiner expansiven Politik heute nicht unumstritten sein, so waren seine Leistungen in Politik, Recht und Kultur doch wegweisend für das abendländische Mittelalter und darüber hinaus.

Heinrich I.

* um 876
† 2. Juni 936 in Memleben
deutscher König

Heinrich I., ganzfiguriges Porträt
von Johann Baptist Zwecker,
um 1840

Literatur

- Diwald, Hellmut, Geschichte der Deutschen, Ullstein Verlag, Frankfurt/Main 1987
- Plassmann, J.O., König Heinrich der Vogler. Nach den Quellen erzählt, Diederichs Verlag, Jena 1928
- Pleticha, Heinrich (Hg.), Deutsche Geschichte. Vom Frankenreich zum Deutschen Reich 500–1024, Prisma Verlag, Gütersloh 1983

DER STÄDTEGRÜNDER

„Mit großer Klugheit und Weisheit verband sich bei König Heinrich eine herrliche Gestalt, eine wahrhaft königliche Erscheinung. Bei den Kampfspielen war er allen so überlegen, dass ihn jeder fürchtete …, mochte er bei Gelagen noch so fröhlich sein, nie vergab er seiner königlichen Würde das Geringste." Diese Zeilen aus der Feder des königsnahen, sächsischen Chronisten Widukind von Corvey sind natürlich idealisiert. Doch ein Blick auf die Regentschaft Heinrichs I. zeigt, dass der Sachsenkönig ein kluger Politiker mit taktischem Gespür war, ein Herrscher mit Visionen, der gleichzeitig die Realitäten im Blick hatte. Bei der Frage, ab wann man den Beginn des eigentlich Deutschen – nicht mehr Fränkischen – Reiches ansetzen kann, sprechen viele Gründe für seine Herrschaftszeit. Nicht zuletzt taucht nun erstmals die Bezeichnung „regnum Teutonicorum", „Reich der Deutschen", auf. Als er die Nachricht von seiner Ernennung erfuhr, soll er sich der Legende nach mit seiner Liebhaberei, dem Vogelstellen, beschäftigt haben. So ging er als „Heinrich der Vogler" in die Geschichte

ein, besungen in der Ballade *Herr Heinrich sitzt am Vogelherd.* Heinrich I. war der erste König aus dem Stamm der Sachsen. Von dem Karolinger Konrad I. zu seinem Nachfolger bestimmt und im Mai 919 in Fritzlar zum König ausgerufen, zeigte der Sachse schon bei seinen ersten Amtshandlungen, dass er die in dieser Zeit besonders kritische Frage der Zentralherrschaft anders anging als sein Vorgänger. Er lehnte die bis dahin übliche erzbischöfliche Salbung und Krönung ab und demonstrierte damit nicht nur seine Unabhängigkeit gegenüber der hohen Geistlichkeit, sondern verzichtete vor allem auf eine zu deutliche Machtdokumentation gegenüber den Herzögen, die in den Zeiten der schwachen letzten Karolingerherrscher ihre Macht hatten ausbauen können.
Der Traditionsbruch Heinrichs war spektakulär und eine diplomatische Meisterleistung. Er schuf ihm die Voraussetzung, die Stammesherzöge nicht von vornherein gegen sich einzunehmen, sondern ihre Akzeptanz zu gewinnen und sie allmählich an sich zu binden. Gewisse Widerstände konnte er dennoch erst allmählich überwin-

den. So musste sich der Sachsenkönig gegen den als Gegenkönig aufgestellten Bayernherzog Arnulf behaupten, mit dem er 921 einen Freundschaftsbund schloss. Ebenfalls durch einen Freundschaftsvertrag erhandelte er sich auch die Anerkennung des Ostfrankenreichs, also seines eigenen Reichs, durch den König des Westfrankenreichs. 925 annektierte er Lothringen. Nachdem Herzog Burkhard von Schwaben in Italien umgekommen war, gelang es ihm, durch geschickte Personenpolitik auch Schwaben ganz an sich und das Reich zu binden. Schließlich erweiterte er die Grenzen des „regnum Teutonicorum" nach Osten hin. Gerade heidnische Stämme im Osten setzten dem Reich immer wieder zu. Dabei wurde die christliche Missionierung ein wichtiges Mittel, die unruhigen Stämme mit der Reichsbevölkerung zu verschränken und die dauerhafte Eingliederung ins Reich zu fördern. Heinrichs bedeutendste außenpolitische Leistung war seine aktive Politik gegenüber den Ungarn. Ihm gelang es, einen neunjährigen Waffenstillstand von den gefürchteten Ungarn zu erkaufen, die mit ihren Raub- und Beutezügen die Bevölkerung regelmäßig in Angst und Schrecken versetzten und dabei ganze Klöster und Siedlungen ausrotteten. Auf dem Reichstag zu Worms (926) hatte er den Beschluss durchgesetzt, im ganzen Reich ein Netz von ummauerten Orten und Burgen anzulegen. Diese „Burgenordnung" war revolutionär: Sie erneuerte den altgermani-

schen Wehrgedanken. Die Festungen waren keine Herrenburgen, sondern dienten dem Schutz der Bevölkerung. Weil sich am Fuß mancher dieser Befestigungen später Kaufmannssiedlungen bildeten, aus denen sich Städte entwickelten, nannte Widukind von Corvey Heinrich den „Städtegründer". Ursprünglich ein Notprogramm, wurde das Konzept des Sachsenkönigs zum Grundmuster für die Stadtgründungen im Deutschen Reich. Die zweite wichtige Maßnahme während des Waffenstillstands war neben dem Burgenbau der Aufbau eines gepanzerten Reiterheers. Als Heinrich schließlich den Waffenstillstand aufkündigte, war das Ostfrankenreich gut gewappnet. Mit Hilfe seiner taktischen Reiterei gelang Heinrich 933 ein Sieg bei Riade in Thüringen, der nur durch den spektakulären Erfolg seines Sohnes Otto I. 955 auf dem Lechfeld noch in den Schatten gestellt wurde. Heinrichs Sieg markiert jedenfalls den Beginn einer neuen Ungarnpolitik, die dem Reich ein kulturelles Wiederaufblühen ermöglichte. Anerkannt und respektiert stand Heinrich I. als siegreicher König und „pater patriae" am Höhepunkt seines Ruhms. Zu einem Zug nach Rom, den er nach Widukind von Corveys Bericht geplant haben soll, kam es allerdings nicht mehr. Nach einem Schlaganfall starb Heinrich I. im Juli 936, nachdem er zuvor auf einem Hoftag in Erfurt noch seine Nachfolge geregelt und seinen ältesten Sohn Otto eingesetzt hatte. Er wurde „unter Jammer

„Heinrich der Städtebauer", von Widukind von Corvey so genannt, weil der Sachsenkönig Burgen errichten ließ, die sich zu Städten entwickelten

und den Tränen vieler Völker" in Quedlinburg bestattet, wie der Chronist schrieb.
In der kurzen Zeit seiner Herrschaft gelang es Heinrich I., mit Geschick und großer Durchsetzungskraft das Reich im Inneren zu einen, die Zentralgewalt zu stärken und die Grenzen zu sichern. Statt auf Kampf und Konflikt setzte er auf Bündnisse, Kompromisse und Konsens. Er etablierte ein Herrschaftssystem, das allen politischen Kräften die Möglichkeit aktiver Mitgestaltung gab und dem Staat auf diese Weise große Stabilität verlieh. Damit steht am Beginn des deutschen Reiches ein exzeptioneller und in seiner Zeit völlig ungewöhnlicher Staatsmann.

Abraham Lincoln

* 12. Februar 1809 in Nolin Creek, Kentucky
† 15. April 1865 in Washington
amerikanischer Präsident

Abraham Lincoln, um 1963

„Gott hat die einfachen Menschen offenbar geliebt, denn er hat so viele von ihnen gemacht."

Literatur:
- Haller, Adolf, Der Sklavenbefreier. Das abenteuerliche Leben Abraham Lincolns, Verlag Sauerländer, Aarau 1964
- Richter, Werner, Abraham Lincoln – Mensch und Staatsmann, Bruckmann Verlag, München 1979
- Sandburg, Carl, Abraham Lincoln. Das Leben eines Unsterblichen, aus dem Amerikanischen von Anton Stuzka, Paul Zsolnay Verlag, Hamburg, Wien 1958

DER SKLAVENBEFREIER

Er war der Held des amerikanischen Bürgerkriegs, Leitfigur der Bürgerrechte und einer der bedeutendsten Präsidenten der Vereinigten Staaten von Amerika: Abraham Lincoln, der Mann, der in Amerikas höchstem Amt die Sezessionisten in den Südstaaten besiegte, die Sklaven befreite und die Einheit der Nation bewahrte. Dass er vom armen, ungebildeten Landarbeitersohn aus Kentucky zum 16. Präsidenten im Weißen Haus aufstieg, eben den amerikanischen Traum verkörperte, machte ihn vollends zum Mythos. Dieses Glanzbild beruht auf der beeindruckenden Lebensleistung Abraham Lincolns. Seinem Ehrgeiz, seiner Zielstrebigkeit und seinem taktischen Geschick hatte er es zuzuschreiben, dass er von unten nach ganz oben kam. Ehe er zum Staatsmann wurde, verdingte er sich wie sein Vater als Landarbeiter, später als Ladenbesitzer, Postmeister, Landvermesser – „ein allein lebender, mittelloser Mann ohne Erziehung und ohne Freunde, der für 10 Dollar monatlich auf einem Floß arbeitet", so beschrieb er sich selber in dieser Zeit. Er war politisch aktiv, fiel schon früh als brillanter Redner auf und musste sich, nachdem er in das Repräsentantenhaus von Illinois gewählt worden war, erst einmal Geld leihen, um sich einen ordentlichen Anzug kaufen zu können. Als Autodidakt studierte er neben seinem Broterwerb Jura und arbeitete sich nach seiner Zulassung zu einem geachteten und viel beschäftigten Anwalt in einem kleinen Ort im Bundesstaat Illinois hoch. Ein beachtlicher Aufstieg. Dazwischen erlitt er immer wieder depressive Schübe, Rastlosigkeit, politische Niederlagen. Seine Ausstrahlung, seine moralische Überzeugungskraft, seine politische Cleverness und die Stimmung im Land brachten Abraham Lincoln schließlich in das Präsidentenamt. Die Vereinigten Staaten von Amerika waren zu dieser Zeit von einer Spaltung bedroht: Die feudalen Südstaaten, die von Plantagen und Sklavenausbeutung lebten, wollten sich vom Norden trennen. Der Norden hingegen wollte die Einheit der Nation erhalten; Lincoln wurde als Nordstaatler gegen den Süden im November 1860 zum Präsidenten gewählt. Als wenige Monate später die

Abraham Lincoln wurde durch seine Politik und seine Deklaration zur Abschaffung der Sklaverei 1862 zum großen Befreier der Sklaven

Während einer Vorstellung im Ford's Theatre in Washington erschoss der fanatische Südstaatler John Wilkes Booth Präsident Lincoln

Südstaaten ihre Unabhängigkeit erklärten, griffen die Nordstaaten (Konföderierten) militärisch ein – es war der Beginn des amerikanischen Bürgerkriegs, der von 1861 bis 1865 dauerte und über eine halbe Million Menschenleben forderte. „Ich bin fast bereit, zu sagen, dass Gott diesen Wettstreit will und will, dass er noch nicht enden soll", schrieb Lincoln im Sommer 1862 verzweifelt über den Krieg, in dessen erster Phase der Norden schwere Niederlagen einstecken musste.

Keine andere Streitfrage seiner Amtszeit stellte Lincolns politisches Geschick so auf die Probe wie die Stellung der Sklaven. Er, der persönlich die Sklaverei ablehnte und später zum großen Befreier wurde, hatte wohl zu Beginn seiner Administration eine Abschaffung der Sklavenhaltung nicht im Sinn gehabt. Erst unter dem Druck radikaler Mitglieder seines Kabinetts wurde er zum Verfechter der Sklavenbefreiung. Und als die Nordstaaten militärische Erfolge im Bürgerkrieg

erzielten, veröffentlichte er 1862 die Deklaration zur Abschaffung der Sklaverei.

Im November 1863, anlässlich der Einweihung eines Gräberfelds in Gettysburg, wo wenige Monate zuvor die größte und blutigste Schlacht des amerikanischen Bürgerkriegs die Wende der Kämpfe zugunsten der Nordstaaten eingeläutet hatte, hielt Präsident Lincoln die wahrscheinlich berühmteste Rede in der Geschichte der Vereinigten Staaten. Darin bekräftigte er die Grundsätze seiner Politik: eine „Regierung des Volkes durch das Volk für das Volk". Er forderte: „dass diese Nation mit Gottes Hilfe von neuem die Freiheit aus sich hervorbringt und diejenige Staatsform, in der das Volk allein durch das Volk zum Besten des Volkes herrscht, nicht von der Erde verschwindet."

Noch bis April 1865 dauerten die Kämpfe, dann kapitulierten die Südstaaten. Lincoln betonte, dass er „keine Verfolgung, keine Blutarbeit" dulden würde. „Niemand soll von mir erwarten, dass ich

Anteil nehme am Hängen und Töten dieser Männer, auch nicht der Schlimmsten ... Wir müssen mit allen Vorwürfen ein Ende machen, wenn wir wieder zusammenarbeiten und Union werden wollen. Einige unserer guten Freunde haben einen etwas zu starken Wunsch, die Herren zu spielen, den Südlichen zu diktieren ... Ich stehe nicht auf Seiten solcher Gefühle." Er sollte nicht mehr lange Zeit haben, diese Haltung zu vertreten: Am 14. April 1865, wenige Tage nach der Kapitulation, wurde er im Theater von einem fanatischen Südstaatler erschossen. Er war der erste Präsident der Vereinigten Staaten, der einem Attentat zum Opfer fiel. Lincolns Ermordung förderte die Legende, nach der er rasch zur Verkörperung aller politischen Tugenden des amerikanischen Volkes wurde.

„Ich habe die Erfahrung gemacht, dass Leute ohne Laster auch sehr wenige Tugenden haben."

Rosa Luxemburg

* 5. März 1870 (oder 1871) in Zamość, Polen
† 15. Januar 1919 in Berlin
polnisch-russische Revolutionärin

Rosa Luxemburg, 1905

Literatur:
- Ettinger, Elzbieta, Rosa Luxemburg. Ein Leben, aus dem Englischen von Barbara Bortfeldt, Dietz Verlag, Bonn 1990
- Nettl, Peter, Rosa Luxemburg, Verlag Kiepenheuer & Witsch, Köln 1967
- Quack, Sibylle, Geistig frei und niemandes Knecht. Paul Levi – Rosa Luxemburg. Politische Arbeit und persönliche Beziehung, Verlag Kiepenheuer & Witsch, Köln 1983

ADLER DER REVOLUTION

Rosa Luxemburg war eine scharfsinnige Theoretikerin, brillante Journalistin und leidenschaftliche Revolutionärin – geistreich, gebildet, temperamentvoll. Als streitbare Sozialistin im wilhelminischen Deutschland machte sie in der Arbeiterbewegung Karriere und spielte schon als 30-Jährige in der deutschen SPD eine herausragende Rolle. Das war umso erstaunlicher, als sie gewissermaßen mehrfach gehandikapt war: als Jüdin in Zeiten zunehmender Pogrome, als Polin, also als Angehörige eines Landes, das damals geteilt war und unter Fremdherrschaft stand, als Frau zu einer Zeit, in der Frauen noch kein Wahlrecht besaßen; obendrein hinkte sie, weil das eine Bein nach einem frühen Hüftleiden kürzer geblieben war als das andere. Doch „das kleine gebrechliche Energiebündel", wie ihre Freundin Clara Zetkin sie beschrieb, muss wohl von Kindheit an mit Diskriminierungen offensiv umgegangen sein. Schon als Schülerin verschlang sie „unterirdische Literatur", später ging sie als sozialistische Wortführerin keiner Auseinandersetzung aus dem Weg: „Bei Arbeit und Kampf

wuchsen ihr Flügel." (Clara Zetkin).

Rozalia Luksenburg aus der russisch verwalteten Kleinstadt Zamość wurde als jüngstes von fünf Kindern geboren und siedelte kurz darauf mit der Familie nach Warschau über. Sie wuchs in bescheidenem Wohlstand auf und engagierte sich schon mit 15 Jahren in der polnischen Arbeiterbewegung. Nach glänzend bestandenem Abitur musste sie, von der Verhaftung bedroht, ihr Land verlassen und ging in die Schweiz, dem klassischen Exilland osteuropäischer Emigranten, vor allem Polen und Russen. In Zürich studierte sie Nationalökonomie und Staatswissenschaften, gründete mit ihrem Freund, dem Litauer Leo Jogiches, die „Sozialdemokratie des Königreiches Polen und Litauen", wurde Herausgeberin der Parteizeitung und galt unter den Emigranten schon bald als brillante Theoretikerin. Die kleine, charismatische Frau mit dem großen Kopf wusste die Menschen zu mobilisieren. Über den ersten Auftritt der damals 22 Jahre alten Luxemburg auf einem internationalen Sozialistenkon-

Werbeplakat für das Zentralorgan des Spartakusbundes

gress 1893 schrieb Karl Kautsky, der Cheftheoretiker der SPD, dass die junge Studentin „begeisterte Zustimmung, ja schwärmerische Bewunderung derjenigen gewann, deren Sache sie vertrat". Er beobachtete aber auch „bittersten Hass derjenigen, gegen die sie den Kampf aufnahm". Zeit ihres Lebens löste sie diese heftigen Emotionen aus.

1898, ein Jahr nach ihrer Promotion, ging Rosa Luxemburg nach Berlin – obwohl sie die Stadt nicht mochte, sie „kalt, geschmacklos, massiv" fand, eine „richtige Kaserne; und die lieben Preußen mit ihrer Arroganz, als hätte jeder von ihnen den Stock verschluckt, mit dem man ihn einst geprügelt". Doch sie wollte revolutionär in die Geschichte eingreifen und konnte das am ehesten von Deutschland aus. Berlin war damals eines der wichtigsten Zentren der Arbeiterbewegung, und die SPD die größte, bestorganisierte Partei. Um einen deutschen Pass zu bekom-

men, ging sie eine Scheinehe ein, reiste in die preußische Metropole und schaltete sich schon bald in den so genannten Revisionismus-Streit ein: die theoretische Debatte innerhalb der SPD, ob der gesellschaftliche Fortschritt in Deutschland besser mit einer Reform oder einer Revolution herbeizuführen sei. Mit ihrer berühmten Schrift *Sozialreform oder Revolution* attackierte sie die Revisionisten und Reformer und propagierte ihre Position: die Revolution der Arbeiter, die allein sozialistische Ideen durchsetzen könne. Durch die Revisionismusdebatte wurde Rosa Luxemburg berühmt und zu einer Wortführerin der Parteilinken. Für Lenin war sie der „Adler der Revolution", man nannte sie „die Göttliche" und machte sie zur Chefredakteurin der *Sächsischen Arbeiterzeitung.* Die russische Revolution 1905/06 erlebte sie bei einer ihrer Reisen in den Auswirkungen auf Polen mit. Sie beteiligte sich 1906 an einem Arbeiteraufstand in Warschau, wurde verhaftet und kam erst durch eine Kaution wieder frei. Nach den Erfahrungen in Polen war sie von der „schöpferischen Kraft der Massen" überzeugt: Die Begeisterung und spontane Handlungsfähigkeit der unterdrückten Arbeiterschaft könne im Massenstreik die Revolution hervorrufen, in Russland wie in Deutschland.

Ihr Plädoyer für individuelle Freiheitsrechte – „ohne allgemeine Wahlen, ungehemmte Presse- und Versammlungsfreiheit, freien Meinungskampf erstirbt das Leben" – machte sie zu einer

glaubwürdigen Verfechterin eines demokratischen Sozialismus. Deutlich wurde diese Haltung in ihrer Kritik an Lenin und den starr diktatorischen Methoden der Bolschewiken: „Lenin vergreift sich völlig im Mittel ... Gerade die Schreckensherrschaft demoralisiert", schrieb sie und prophezeite der Sowjetunion hellsichtig „eine Cliquenwirtschaft – eine Diktatur allerdings, aber nicht die Diktatur des Proletariats, sondern die Diktatur einer Hand voll Politiker."

Als die Reichstagsfraktion der SPD am 4. August 1914 der Kriegskrediteforderung des Kaisers zustimmte, blieb Rosa

Rosa Luxemburg auf einem Foto von 1914

„Wohl liebte sie es, nach außen hin stolz und streng zu scheinen, und wenn sie in der Öffentlichkeit ... auftrat, einen Panzer von Wissenschaftlichkeit und theoretischer Unnahbarkeit anzulegen ... Aber unter dem Panzer, mit dem sie sich für den ‚Beruf‘ gürtete, schlug ein sehr weiches Herz, das nicht nur groß und edel, sondern auch mütterlich zu fühlen vermochte ... Ihre von der Natur so stiefmütterlich bedachte Gestalt hat sie zeitlebens als eine unverdiente Kränkung empfunden. Und wenn sie auch zu stolz und zu verschlossen war, darüber zu klagen, so entrang sich ihr doch hie und da eine bittere Äußerung, in der sie sich selbst verspottete.“

Luise Kautsky

Die Frau an der Parteifront: Rosa Luxemburg und Karl Liebknecht (Mitte) auf dem Weg zum SPD-Parteitag in Leipzig vom 12.–18. September 1909

Luxemburg bei ihrem bedingungslosen Nein zu den Krediten und zum Krieg. Mit dieser Haltung provozierte sie beim Kriegsausbruch zusammen mit Karl Liebknecht, Franz Mehring, Clara Zetkin und anderen parteiinternen Kriegsgegnern die Spaltung der SPD; als Folge daraus wurde 1917 die „Unabhängige SPD“ (USPD) gegründet, der sich Rosa Luxemburg mit dem „Spartakusbund“ zunächst anschloss.

Zwischen 1914 und 1918 erlebte die Sozialistin eine Odyssee durch deutsche und polnische Gefängnisse. „Der anderthalbmonatige Aufenthalt dort (Berlin) hat auf meinem Kopf graue Haare und in meinen Nerven Risse zurückgelassen, die nie mehr verschwinden werden.“ Doch sie verlor den Mut nicht und hielt durch. In einem der Gefängnishöfe pflanzte sie sogar einen Fliederstrauch. „Mir ist der Friede und der einfache Wunsch jedes anderen Menschen ein Heiligtum, vor dem ich lieber zusammenbreche, als es roh anzutasten.“ So schrieb sie in einem ihrer poetischen Briefe aus dem Gefängnis, die zu den Kostbarkeiten der romantischen Briefliteratur aus dem Geist des Sozialismus zählen und die das literarische Talent der Verfasserin dokumentieren. Während dieser Zeit erarbeitete sie auch die theoretische Definition des Spartakusbundes.

Legendär wurde Rosa Luxemburgs erhebender Satz, den sie im Sommer 1918 im Gefängnis schrieb und der deutlich macht, wie sehr ihr Revolutionsbegriff von Menschlichkeit und Moral durchdrungen war: „Freiheit ist immer nur Freiheit des Andersdenkenden."

Am 9. November 1918 wurde sie aus dem Breslauer Gefängnis entlassen, fuhr ins revolutionär bewegte Berlin, übernahm die *Rote Fahne*, das Parteiorgan des Spartakusbundes, und war Silvester 1918 beim Gründungsparteitag der KPD dabei. Obwohl sie einen Sozialismus mit menschlichem Antlitz anstrebte, rief sie in ihren Manifesten für den Spartakusbund zum „Bürgerkrieg" und zur Errichtung einer Diktatur des Proletariats auf. Vermutlich hoffte sie, dass es in Deutschland nicht zu blutigen Unruhen kommen würde, denn als Anfang Januar ihre Genossen zum Putsch riefen, war sie hin- und hergerissen, schloss sich den Putschisten aber schließlich widerstrebend an.

In ihrem letzten Aufsatz schrieb sie am 14. Januar 1919 über die Revolution: „Ich war, ich bin, ich werde sein ... Die Massen sind bereit, jede revolutionäre Aktion zu unterstützen, für die Sache des Sozialismus durch Feuer und Wasser zu gehen." Ein Irrtum, wie sich zeigen sollte, denn die Arbeiterschaft im wilhelminischen Deutschland wollte keine Revolution.

Einen Tag später wurde die

Nach ihrer brutalen Ermordung wurde Rosa Luxemburg, die Symbolfigur der deutschen Linken, am 13. Juni 1919 in Berlin beigesetzt

„Meisterin des Wortes und der Feder" (Kautsky) von der „Wilmersdorfer Bürgerwehr" ins Berliner Hotel Eden geschleppt, von den anwesenden Offizieren schikaniert und von Freikorps-Soldaten schwer misshandelt. Beim Abtransport schlug man sie mit einem Gewehrkolben bewusstlos und schoss ihr eine Kugel in den Kopf. Die Leiche warfen die Mörder in den Landwehrkanal. Sie wurde nach über vier Monaten an einer Berliner Schleuse angeschwemmt. Durch den grausigen Mord wurde Luxemburg zur Märtyrerin und Symbolfigur der deutschen Linken jenseits der SPD. Höchstwahrscheinlich hatte die geistreiche und scharfzüngige „Ausländerin" nicht nur den Hass der marodierenden Freikorps auf sich gezogen, sondern auch des Bürgertums und der patriarchalischen Traditions-SPD, für die die emanzipierte jüdische Sozialistin

eine ungeheure Provokation gewesen sein muss. „An ihr hat der Sozialismus eine hoch begabte Mitstreiterin verloren, die der Republik unschätzbare Dienste hätte leisten können, wenn nicht falsche Einschätzung der Möglichkeiten sie ins Lager der Illusionisten der Gewaltpolitik geführt hätte", schrieb Eduard Bernstein, Rosa Luxemburgs Gegenspieler aus der Revisionismus-Debatte, in einem Nachruf. Ihre Ideen jedenfalls wirken bis in unsere Gegenwart. Nicht zuletzt berief sich 1988 die Protestbewegung der DDR auf ihren bewegenden Satz über die Freiheit des Andersdenkenden.

> *„Eine große, humane, nach menschlicher Wärme suchende Frau analysierte eine Gesellschaft, die Kälte und Verlassenheit bot. Rosa Luxemburgs Glücksbedürfnis war für sie ein Menschenbedürfnis."*
> Fritz J. Raddatz

Dag Hammarskjöld

* 29. Juli 1905 in Jönköping, Südschweden
† 17. September 1961 im Kongo
schwedischer Politiker, UNO-Generalsekretär

Dag Hammarskjöld, 1953

„Trotz aller Geschicklichkeit und allem Konventionalismus erschien er mir als ein Mensch von seltener Reinheit. Er erschien mir so frei vom Simplen und Niedrigen, wie man es nur werden kann; das Leben hatte ihn nicht beschmutzt, er war frisch, keusch in des Wortes psychischer und physischer Bedeutung."
Schwedischer Publizist

Literatur

- Hammarskjöld, Dag, Zeichen am Weg. Das spirituelle Tagebuch des UN-Generalsekretärs, Pattloch 2001
- Lash, Joseph, Dag Hammarskjöld. Ein Leben für den Frieden, aus dem Amerikanischen von I. Marten, Scherz Verlag, Bern, Stuttgart, Wien 1962
- Mögle-Stadel, Stephan, Dag Hammarskjöld. Vision einer Menschheitsethik, Verlag Urachhaus, Stuttgart 2000

FEUERWEHRMANN DER VÖLKER

Einen Namen machte sich der Schwede Dag Hammarskjöld als kühler, geschickter Politiker in seiner Funktion als UNO-Generalsekretär, der – scheinbar unbeeindruckt von Drohgebärden und Säbelrasseln der Mächte, mit denen er verhandelte – immer wieder souverän den Frieden stiftenden Auftrag der Völkergemeinschaft durchsetzte. Auf tragische Weise berühmt aber wurde Hammarskjöld durch seinen gewaltsamen Tod: Bei einem mysteriösen Flugzeugabsturz im Kongo kam er am 17. September 1961 ums Leben.

Kurz bevor der schwedische Staatsmann die Reise nach Afrika antrat, soll er noch ein ahnungsvolles Gedicht geschrieben haben, das mit der Zeile endet: „... geh ich hinaus, um den Tod zu treffen." Wenige Tage später stürzte Hammarskjölds Maschine kurz vor dem Landeanflug auf die Stadt Ndola im heutigen Sambia ab. Dort wollte der UNO-Generalsekretär den kongolesischen Rebellenführer Moise Tshombé treffen, um einen Waffenstillstand auszuhandeln. Tshombé hatte einseitig die Unabhängigkeit der rohstoffrei-

chen Südprovinz Katanga erklärt. Die Umstände der Katastrophe, bei der 16 Menschen starben, sind bis heute ungeklärt. War es tatsächlich nur ein Flugzeugunglück oder wurde Hammarskjöld „ausgeschaltet", weil seine Absichten und Einflüsse einer der Krieg führenden Parteien oder deren Hintermännern nicht ins Konzept passten?

Dag Hammarskjöld stammte aus einer Familie namhafter schwedischer Staatsbeamter. Sein Vater, Hjalmar Hammarskjöld, war während des Ersten Weltkriegs schwedischer Ministerpräsident gewesen. Der Sohn trat früh in die Fußstapfen seiner Vorfahren: Staatssekretär im Finanzministerium, Präsident des schwedischen Reichsbankdirektoriums, Staatssekretär im Außenministerium und schließlich stellvertretender Außenminister – das waren die Stationen seiner Karriere, ehe er 1953 zum Generalsekretär der Vereinten Nationen berufen wurde.

Zu dieser Zeit war das Gründungsziel der UNO, eine Völkergemeinschaft zu bilden, in der Kriege verhindert und ein völlig neues Miteinander der Staaten möglich werden sollte, schon in der Wirklichkeit des Kalten Krieges untergegangen. Stattdessen waren die Vereinten Nationen zu einem Forum der Auseinandersetzungen zwischen den Großmächten geworden: Die Berliner Blockade, der Koreakrieg, der Bürgerkrieg in Griechenland waren nur einige der Konflikte und Kriege, die die hoffnungsvollen Absichten der Völkergemeinschaft längst zunichte gemacht hatten.

Geleitet von einem hohen politischen Ethos, bemühte sich Hammarskjöld dennoch, an den verschiedenen Krisenpunkten der Welt zu schlichten, zu vermitteln und Frieden zu stiften. „Nur der verdient Macht, der sie täglich rechtfertigt", war eine seiner Leitlinien. Politik hatte demnach im Rahmen des Rechts den Menschen zu dienen und sie nicht umgekehrt für politische Zwecke zu benutzen oder gar zu unterdrücken. Und so verstand der Beamte Hammarskjöld sich nicht als Vertreter von Gruppenegoismus oder Parteiinteresse, sondern als öffentlicher Treuhänder, der immer wieder erfolgreich seine Friedensmission als UN-Generalsekretär ausführte. So etwa 1955, als er in Peking erreichte, dass elf amerikanische Gefangene freigelassen wurden oder im Frühjahr 1956, als er im Nahen Osten eine Besänftigung des Hauptkrisengebiets Ägypten – Israel erreichte. Während der Suezkrise im Herbst desselben Jahres wandte er sich scharf gegen das britische und französische Ultimatum an Ägypten.

Hammarskjöld verstand es, seinem weitgehend machtlosen Amt als Generalsekretär ein moralisches Gewicht zu geben. Ohne Einfluss aber war er beim Aufstand in der DDR am 17. Juni 1953, beim Einmarsch der sowjetischen Truppen in Ungarn 1956 oder beim Berliner Mauerbau 1961.

Vor eine kaum zu lösende Problematik stellte ihn der im Sommer 1960 ausgebrochene Bürgerkrieg im Kongo. Der Schwede schuf einen Präzedenzfall, als er einigen der 20 000 UN-Soldaten bei einer Friedensmission erstmals auch den Einsatz von Waffen gestattete. Je länger der Konflikt anhielt, desto mehr geriet Hammarskjöld unter Beschuss, vor allem von sowjetischer Seite. Die Westmächte und die Mehrheit der Vereinten Nationen stellten sich jedoch hinter ihn und seine Politik. Eine von Chruschtschow geforderte Umorganisation der UN lehnten sie ab.

Im Juli 1961 hatte Dag Hammarskjöld eigene Pläne zur Reorganisation des UN-Sekretariats formuliert, die den bündnisfreien Nationen mehr Einfluss in der Weltorganisation einräumen sollten.

Kurz darauf trat er seine Reise in den Kongo an, von der er nicht mehr zurückkehren sollte. Das gefährliche Unternehmen sah der UN-Sekretär, der postum mit dem Friedensnobelpreis geehrt wurde, als Teil seines Jobs: „Ich fühle mich wie ein Feuerwehrmann, der Waldbrände löschen muss, ehe sie ausbrechen."

Immer wieder geriet er in Konflikte, die das Verhältnis von Macht und Recht herausforderten: Dag Hammarskjöld in einer Aufnahme von 1953

„Die Erklärung, wie ein Mensch ein Leben aktiven gesellschaftlichen Dienens in vollkommener Übereinstimmung mit sich selbst als Mitglied der Gemeinschaft des Geistes leben soll, habe ich in den Schriften der großen mittelalterlichen Mystiker gefunden. Für sie war ,Selbsthingabe' der Weg zur Selbstverwirklichung. Sie fanden in der ,Einsamkeit des Geistes' und in der ,Innerlichkeit' die Kraft, ja zu sagen, wo immer sie sich den Forderungen ihrer bedürftigen Mitmenschen gegenübergestellt sahen. Liebe – dieses oft missbrauchte und falsch verstandene Wort – bedeutete für sie nichts als das Überfließen der Kraft, von der sie sich erfüllt fühlten, wenn sie in wahrhaftem Selbstvergessen lebten. Und diese Liebe fand ihren natürlichen Ausdruck in einer bedenkenlosen Erfüllung ihrer Pflicht und in einer uneingeschränkten Hinnahme alles dessen, was das Leben ihnen persönlich an Mühen, Leiden – oder an Beglückung – brachte."

Willy Brandt

* 18. Dezember 1913 in Lübeck
† 8. Oktober 1992 in Unkel
deutscher Politiker

Willy Brandt, 1983

„Er war ein Freund des leise differenzierten Tons, der in einer lärmenden Zeit gehört wurde."
Egon Bahr

Literatur

- Brandt, Ruth, Freundesland, Hoffmann und Campe Verlag, Hamburg 1992
- Koch, Peter, Willy Brandt, Ullstein Verlag, Berlin 1988
- Stern, Carola, Willy Brandt, Rowohlt Taschenbuch Verlag, Reinbek 1988

POLITIKER DER KLEINEN SCHRITTE

„Als ich Anfang Dezember (1970) in Warschau stand, lag auf mir die Last der jüngsten deutschen Geschichte, die Last einer verbrecherischen Rassenpolitik. Ich habe dann getan, was Menschen tun, wenn die Worte versagen, und ich habe so – für meine Landsleute mit – der Millionen Ermordeter gedacht." Mit diesen Worten kommentierte Bundeskanzler Willy Brandt seinen Kniefall vor dem Mahnmal im Warschauer Ghetto. Diese tatsächliche und symbolische Geste wurde zu Recht als Markstein in der deutschen Nachkriegsgeschichte verstanden. Sie sei, so schrieb die Pariser Wochenzeitung *L'Express*, die einzige Darstellung menschlicher und moralischer Souveränität eines Staatsmannes, die man sich vorstellen könne. Und Bundespräsident Richard von Weizsäcker würdigte Brandts Kniefall 22 Jahre später mit den Worten: „Ein tiefes Menschengefühl wurde zum Ausdruck eines Regierenden. Niemand hatte es erwartet. Keiner hat es vergessen. Es hat die Dinge verändert. Es hat den Völkern einen neuen Weg geöffnet."
Der neue Weg war Willy Brandts

Bekenntnis zur Verantwortung für die deutsche Vergangenheit, verbunden mit einer politischen Vision der Bundesrepublik: eines „anderen" Deutschlands, das durch eine Politik der Entspannung und Versöhnung zur Überwindung des gefährlichen Ost-West-Konflikts beitragen und auf Frieden und Freiheit in Europa und der Welt hinwirken würde. Brandt war nicht nur der erste sozialdemokratische Bundeskanzler der Bundesrepublik Deutschland nach dem Zweiten Weltkrieg, sein Name ist auch untrennbar mit der Ostpolitik verbunden. Als politische Ziele verkündete 1969 der frisch gewählte Kanzler „enge Zusammenarbeit mit den westlichen Verbündeten, Förderung der westeuropäischen Integration und Verständigung mit dem Osten". Seine Politik der Aussöhnung ging dann Schlag auf Schlag: 1970 Vertrag mit Moskau; im Dezember Vertrag mit Warschau und zwei Jahre später der Grundlagenvertrag mit der DDR, der den Gewaltverzicht Deutschlands festschrieb und damit die Anerkennung der Unverletzlichkeit der Grenzen. Gleichwohl formulierte

Brandt, dass die DDR für ihn „kein Ausland" sei. Sein Ziel war der Frieden in Europa, in dem er eine Vereinigung der Deutschen – in dieser oder jener Form – nicht für ausgeschlossen hielt.

Willy Brandt hieß ursprünglich Herbert Frahm und stammte aus kleinen Verhältnissen. Er war „ein norddeutscher Arbeiterjunge, der in die sozialistische Bewegung hineingeboren wurde", musste 1933 nach der Machtübernahme der NSDAP nach Norwegen fliehen und nahm den Decknamen Willy Brandt an. Von dort aus und aus dem Berliner Untergrund bekämpfte er Hitler, organisierte Widerstand gegen Franco im Spanischen Bürgerkrieg – und wurde später dafür in Deutschland Kommunist geschimpft. Nach dem Krieg kehrte er in die zerstörte Heimat zurück, nahm Kontakt zur SPD auf und beantragte 1948 unter seinem Pseudonym die deutsche Staatsbürgerschaft, die ihm zehn Jahre zuvor entzogen worden war. Er wurde Mitglied des Bundestags und des

Mehr, als er noch zu erleben gehofft hatte: Brandt wirbt für die SPD in Leipzig

Berliner Abgeordnetenhauses und schließlich, 1957–1966, in den schwierigsten Jahren der Stadt, Regierender Bürgermeister von Berlin. Vom Mauerbau 1961 schockiert ersuchte Brandt die Alliierten, politische Initiative zu ergreifen, und entwarf – nachdem die Siegermächte nichts unternahmen – zusammen mit Egon Bahr die „Politik der kleinen Schritte" und den „Wandel durch Annäherung". Diese neue Außenpolitik führte er als Vizekanzler und Außenminister in der großen Koalition unter Kurt Georg Kiesinger von 1966–1969 fort. Nach den Bundestagswahlen 1969 wurde Brandt Kanzler der sozialliberalen Koalition. Nun habe Hitler den Krieg endgültig verloren, er werde sich als Kanzler nicht des besiegten, sondern eines befreiten Deutschlands betrachten, sagte er damals und propagierte mit seinem Leitmotiv „mehr Demokratie wagen" seine demokratischen und sozialen Reformen. Die große Ehrung für seine „Politik der kleinen Schritte" – der Friedensnobelpreis 1971 – wurde in Deutschland wenig gewürdigt. Hier galt er in breiten

Kreisen als Verzichtler, der den Ausverkauf Deutschlands betrieb. Nach der Spionage-Affäre um den DDR-Agenten Günther Guillaume, der Vertrauter des Kanzlers war, trat Brandt zurück, setzte sich aber weiterhin als Vorsitzender der „Sozialistischen Internationale" und der Nord-Süd-Kommission für Frieden, Demokratie und soziale Gerechtigkeit ein. Mit dem Fall der Mauer 1989 erfüllte sich für Willy Brandt ein Traum. „Jetzt wächst zusammen, was zusammengehört", bilanzierte er, unsagbar befreit, auf einer Veranstaltung im November 1989 am Brandenburger Tor. Als er drei Jahre später starb, ging ein Mann, der einst für Deutschland gebürgt hatte: mit seinem glaubwürdigen Lebenslauf, seiner Menschlichkeit, seiner Weitsicht.

Kniefall vor dem Denkmal in Warschau

„Wenn in der Bilanz meiner politischen Wirksamkeit stehen würde, ich hätte einem neuen Realitätssinn in Deutschland den Weg öffnen helfen, dann hätte sich eine große Hoffnung meines Lebens erfüllt."
Willy Brandt bei der Verleihung des Friedensnobelpreises

Gamal Abd el Nasser

* 15. Januar 1918 in Beni Mor, Südägypten
† 28. September 1970 in Kairo
ägyptischer Staatsmann

Präsident Nasser, 1964

Literatur

- Abdel-Malek, Anouar, Das Armeeregime, die Linke und der soziale Wandel unter Nasser, aus dem Französischen von R. Kruse, Suhrkamp Taschenbuch Verlag, Frankfurt/Main 1971
- Frank, Gerd, Allahs große Söhne. Staatengründer und Reformer. Hassan II., Ibn Saud, Gamal Abdel Nasser, Kemal Atatürk, Hussein II., Societäts-Verlag, Frankfurt/Main 1990
- Meyer-Ranke, Peter, Der rote Pharao. Ägypten und die arabische Wirklichkeit, Christian Wegener Verlag, Hamburg 1964

DER HOFFNUNGSTRÄGER VOM NIL

Gamal Abd el Nasser war großer Hoffnungsträger und Galionsfigur der gesamten arabischen Welt. Unter seiner Regierung fühlte sich Ägypten nicht länger nur als Beutestück der Weltmächte, sondern begann wieder eine nationale Würde zu gewinnen. Mit seinem Namen verbinden sich dramatische Ereignisse in der Geschichte des Nahen Ostens – bedeutende Siege, Erfolge und Fortschritte, aber auch Rückschläge und schwere Niederlagen. Seine Politik zielte auf die wirtschaftliche und soziale Entwicklung des Landes: Der Lebensstandard der Menschen verbesserte sich und Nasser wurde zum Anwalt des einfachen Volkes. Gleichzeitig war er eine charismatische Führerpersönlichkeit und regierte mit autoritären, rigorosen Mitteln, um seine Macht zu stabilisieren. Der Sohn eines Postangestellten wuchs in einem Ägypten auf, das – von einem machtlosen König regiert – faktisch unter britischer Herrschaft stand. Schon früh schloss sich Gamal Abd el Nasser einer patriotischen Organisation an, die sich für einen starken, unabhängigen ägyptischen Staat einsetzte. Trotz seiner „umstürzlerischen Tätigkeit" fand er Aufnahme in der Militärakademie. Dort gründete er mit Gleichgesinnten das „Komitee der freien Offiziere", das die Beseitigung des Königs vorbereitete. Am 23. Juli 1952 errichteten die freien Offiziere nach einem unblutigen Putsch eine eigene Regierung mit General Mohammed Nagib an der Spitze. Nasser wurde Innenminister, galt aber als eigentlicher Machthaber und wurde 1954, nach Nagibs Sturz, tatsächlich Ministerpräsident. Er stärkte seine Machtposition, indem er die politischen Parteien ausschalten und die Presse verstaatlichen ließ. Parallel dazu trieb er die Landreform voran: Großgrundbesitzer wurden enteignet, das Land an die Besitzlosen verteilt, Industrieansiedlungen wurden verstaatlicht, der Unterricht war fortan kostenlos, ein Sozialversicherungssystem wurde errichtet. Diese neue Ordnung, die Nasser als „arabischen Sozialismus" bezeichnete, zielte auf größere soziale Gerechtigkeit und wirtschaftliches Wachstum ab. Das gewaltigste Unternehmen in diesen Jahren war der Bau des Assuan-Staudamms, der den Wasserhaushalt

Premierminister Nasser zusammen mit Staatspräsident Nagib nach Erlass des Agrarreformgesetzes 1954

Fidel Castro und Nasser im Jahre 1960

im Niltal reguliert; dadurch konnten große Gebiete für die Landwirtschaft gewonnen und die Stromversorgung Ägyptens ausgebaut werden. Die ökologischen Folgen waren damals noch nicht absehbar.

Außenpolitisch vertrat Nasser eine blockfreie Politik: das Prinzip der „positiven Neutralität", der Zusammenarbeit mit Ost und West. Zu seinen großen Erfolgen gehört der Abschluss der Suezverhandlungen. Der ägyptische Ministerpräsident erklärte den Suezkanal, diese bedeutende, von Frankreich und Großbritannien gebaute und kontrollierte Seehandelsstraße, am 26. Juli 1956 zum staatlichen Besitz seines Landes. Er wollte den Altlasten aus der Zeit des Imperialismus ein Ende bereiten. Als Reaktion darauf besetzten israelische Truppen die gesamte Halbinsel Sinai, französische und englische Truppen landeten im Suezkanal. Nasser verstand es, die USA und die UdSSR im UNO-Sicherheitsrat für Ägyptens Position zu gewin-

nen; die Besatzer mussten ihre Truppen wieder abziehen, der Kanal blieb in der Hand Ägyptens. Aus der Suezkrise, die die Welt an die Schwelle eines neuen Krieges gebracht hatte, ging Gamal Abd el Nasser als politischer Triumphator hervor.

Eine verheerende Niederlage war für den ägyptischen Staatspräsidenten und sein Land jedoch der Sechstagekrieg im Juni 1967. Nasser ließ den Golf von Akaba für israelische Schiffe blockieren – eine heftige Brüskierung, auf die Israel mit einem vernichtenden Blitzkrieg reagierte. In nur sechs Tagen zerstörte die israelische Luftwaffe fast die gesamten arabischen Luftstreitkräfte und eroberte die syrischen Golanhöhen, den Gazastreifen, die Sinai-Halbinsel und das Westjordanland einschließlich der Altstadt von Jerusalem. Nasser erwog ernsthaft, zurückzutreten, wurde aber vom Volk unterstützt, im Amt zu bleiben. Auch wenn sein Charisma als großarabischer Führer trotz der schweren und demütigenden

Niederlage kaum Schaden davontrug, so erholte sich Nasser von diesem Schlag nicht wirklich. Als er drei Jahre später an einem Herzanfall starb, reagierte die Weltöffentlichkeit bestürzt über den frühen Tod des erst 52-Jährigen und war besorgt um die weitere Entwicklung im Nahen Osten. Die Beisetzung Nassers zeigte, wie sehr das Staatsoberhaupt verehrt wurde. Millionen Ägypter waren nach Kairo geströmt, um ihm die letzte Ehre zu geben, und folgten weinend und klagend seinem Sarg. Gamal Abd el Nasser, der ein integrer, unbestechlicher und bescheidener Mensch war, wird in Ägypten bis heute als großes Vorbild verehrt.

„Sollen sie mich doch einen Diktator nennen oder was immer sie wollen, ich kümmere mich nicht darum. Ich ziehe es vor, meinem Volk gegenüber ehrlich zu sein, statt mich hinter Unehrlichkeit zu verstecken, die in einigen Teilen der Welt als ‚Demokratie' propagiert wird."

Alexander Dubcek

* 27. November 1921 in Uhrovec (Slowakei)
7. November 1992 in Prag
tschechoslowakischer Politiker

Alexander Dubcek, 1968

Literatur:
- Pachmann, Ludek, Was in Prag wirklich geschah. Illusionen und Tatsachen aus der Ära Dubcek, Herder Verlag, Freiburg 1978
- Schmidt-Häuer, Christian, Müller, Adolf, Viva Dubcek. Reform und Okkupation in der CSSR. Mit einem einführenden Bericht von Heinrich Böll, Kiepenheuer & Witsch, Köln, Berlin 1968
- Shawcross, William, Dubcek. Der Mann, der die Freiheit wollte, aus dem Englischen von Karl-Otto von Czernicki, Verlag Droemer Knaur, München, Zürich 1970

DER HELD DES PRAGER FRÜHLINGS

Mit seinem Namen verbindet die Weltöffentlichkeit die große Hoffnung der Tschechoslowaken auf eine Reform des Kommunismus: Alexander Dubcek, die Symbolfigur des Prager Frühlings, träumte von einem „Sozialismus mit menschlichem Antlitz", einer Demokratisierung und Liberalisierung des real existierenden Sozialismus. Seit Januar 1968 an der Spitze der tschechischen und slowakischen Reformkommunisten, wagte er als Erster Sekretär des Zentralkomitees der KPC (Kommunistische Partei der Tschechoslowakei) einen eigenständigen, gesellschaftspolitischen Reformkurs. Dieses Experiment gefährdete aber das Herrschaftsgefüge Moskaus im Osten Europas: Am 21. August 1968 rollten Panzer des Warschauer Pakts durch Prag und zerstörten die Idee von einem humaneren Sozialismus.

Alexander Dubcek sah das damals als „die größte Tragödie meines Lebens". Der Sohn leidenschaftlich überzeugter Kommunisten, die in einem kleinen Dorf in der Westslowakei lebten, hatte seine Kindheit zu einem großen Teil in Kasachstan verbracht. Seine Eltern waren mit einer Arbeiterbrigade zum Aufbau des Sowjetsystems ausgewandert und kamen erst Ende der 30er Jahre wieder in die Tschechoslowakei zurück. Der junge Dubcek lernte Schlosser, trat der Kommunistischen Partei der Slowakei bei und machte nach dem Krieg eine klassische Parteikarriere. Ein Fernstudium der Rechtswissenschaft und der Besuch der Parteihochschule des sowjetischen Zentralkomitees in Moskau förderten seinen Aufstieg im Parteiapparat. 1963 war er Präsidiumsmitglied des Zentralkomitees der KPC in Prag, 1968 gewann er den Machtkampf zwischen orthodoxen Kommunisten und Reformern und wurde erster Mann in der Partei.

Die Reformkommunisten unter Dubcek setzten ein Aktionsprogramm durch, das eine weitgehende Liberalisierung des Landes vorsah und ein tolerantes, freies Klima schuf. Im Gegensatz zu anderen Ländern des Ostblocks gab es in der Tschechoslowakei damals keine Kontrolle oder Zensur der Presse. Politisch Inhaftierte wurden amnestiert. Die Menschen, aufgewühlt und inspiriert durch die neue Freiheit, diskutierten in Rundfunk- und Fernsehsendungen alternative

August 1968: Sowjetische Panzer beenden gewaltsam den Prager Frühling

Alexander Dubcek mit Anhängern in Prag, 1968

politische und ökonomische Modelle. Gastprofessoren aus dem Westen hielten Vorlesungen an der Prager Universität, die Tschechoslowaken hatten freie Reisemöglichkeiten – es war eine Aufbruchstimmung, die in der westlichen Welt mit Bewunderung verfolgt wurde. „Nie werde ich die Feier zum 1. Mai 1968 in Prag vergessen", erinnerte sich Alexander Dubcek später. „Statt einer Menschenherde, die in Kolonnen marschierte und von der Zentrale ausgedachte Parolen skandierte, kamen die Menschen diesmal aus eigener Initiative. Sie trugen eigene Transparente mit fröhlichen, kritischen oder aber auch witzigen Parolen. Die Stimmung war entspannt und fröhlich."

Die „sozialistischen Bruderländer", allen voran Breschnew, der 1964 die Macht in der Sowjetunion übernommen hatte, waren mit der Entwicklung in der Tschechoslowakei keineswegs einverstanden. Doch trotz ihrer deutlichen Warnungen hielten die tschechoslowakischen Genossen an ihrem Reformkurs fest. Noch

Anfang August 1968 versicherte Dubcek in einer Rundfunkansprache, dass die Souveränität der Tschechoslowakei nicht bedroht sei. Dabei hatten die Warschauer-Pakt-Staaten in einem Gipfeltreffen Prag gerade unverzüglich zur Umkehr gedrängt. Wenig später, am 21. August 1968, fand der Prager Frühling mit dem Einmarsch der Truppen ein gewaltsames Ende. Realitätsferne und Handlungsschwäche wurden Dubcek später vorgeworfen, weil er die Warnungen des „Großen Bruders" nicht ernst genommen und entsprechend reagiert habe.

Die Sowjets verschleppten den fassungslosen Reformer zusammen mit anderen Parteimitgliedern nach Moskau und zwangen die Prager Führungsriege zur Unterzeichnung des „Moskauer Protokolls", das den Einmarsch als „Bruderhilfe" deklarierte – das kam einer Kapitulation gleich. Dubcek war hinterher ein gebrochener Mann. Er wurde schrittweise entmachtet, aus der Partei ausgeschlossen und als Angestellter der Pressburger Forstverwal-

tung politisch völlig kaltgestellt. Jahrelang lebte er in der Verbannung, gedemütigt, bespitzelt und verfolgt.

Mit dem Machtwechsel im Moskauer Kreml und den beginnenden Reformen unter Michail Gorbatschow tauchte auch Dubcek wieder auf und begrüßte die sowjetische Perestroika.

1989 konnte er sein politisches Comeback feiern: Eine Woche nach Beginn der Sanften Revolution kehrte er nach Prag zurück und wurde begeistert empfangen. Bewegt stand er am 26. November vor den Tausenden von jubelnden Menschen auf dem Wenzelsplatz in Prag, dort, wo vor 20 Jahren sowjetische Panzer seinen Traum vom menschlichen Sozialismus niedergewalzt hatten. Den Sieg des demokratischen Umsturzes 1989 empfand er als endgültige Rechtfertigung seiner Vision von 1968.

Er wurde rehabilitiert und im gleichen Jahr zum Parlamentspräsidenten gewählt. Aber nur drei Jahre später starb er an den Folgen eines schweren Verkehrsunfalls.

Michail Gorbatschow

* 2. März 1931 in Priwolnoje im Nordkaukasus, UdSSR
sowjetischer Politiker, Generalsekretär der KPdSU, Staatspräsident

*Michail Gorbatschow nach seiner Wahl
zum Präsidenten*

Literatur:

■ Brown, Archie, Der Gorbatschow-Faktor
– Wandel einer Weltmacht, aus dem
Englischen von Raphael Utz, Insel
Verlag, Frankfurt/Main, Leipzig 2000

■ Gorbatschow, Michail, Erinnerungen,
aus dem Russischen von Igor
Petrowitsch Gordodetzki, Siedler Verlag,
Berlin 1995

■ Ruge, Gerd, Michail Gorbatschow.
Biographie, S. Fischer Verlag,
Frankfurt/Main 1990

DER BAUMEISTER EUROPAS

Michail Gorbatschow, so schrieb die renommierte russische Schriftstellerin Olga Tschaikowskaja einmal, ist „der große russische Reformer", denn er übernahm „ein moribundes, sklavisches Land und machte es lebendig und frei". Dass er „uns von der Angst befreite – der Angst vor dem Denken und Sprechen" und den Menschen der Sowjetunion zum ersten Mal seit 70 Jahren die Möglichkeit gab, ihre Überzeugungen und Meinungen laut zum Ausdruck zu bringen, das ist nach Ansicht des politischen Kommentators Alexander Tsipko die wohl größte Leistung des ehemaligen sowjetischen Staatsoberhauptes. Und der hochrangige Parteifunktionär Nikolai Ryschkow schließlich bemerkte scharfsichtig: „Gorbatschow war – lange bevor unsere eigenen parlamentarischen Spielchen begannen – ein Führer parlamentarischen Zuschnitts. Weiß Gott, wie es zu dieser Prägung in einem parteibürokratischen Staat kommen konnte. Aber so war er, obwohl er seit seiner nachstudentischen Jugend die Karriereleitern des Komsomol und der Partei emporkletterte." Die Welt horchte auf, als Michail Gorbatschow, ein aus dem Nordkaukasus stammender Bauernsohn, 1985 als frisch ernannter Generalsekretär des Zentralkomitees der KPdSU ans Werk ging und den ungeheuren Satz sprach, sein Land brauche die Demokratie „so notwendig wie die Luft zum Atmen". Dass er sich als einziger Führer der sowjetischen kommunistischen Partei während seiner Amtszeit von den Hauptmerkmalen des Kommunismus abwenden sollte, wurde schon bald sichtbar und von der Partei in den folgenden Jahren auch bestätigt: 1989 wurde Gorbatschow zum Vorsitzenden des Obersten Sowjets (vergleichbar mit der Funktion eines Staatschefs) und 1990, nach Einführung des Präsidialsystems, zum ersten sowjetischen Präsidenten gewählt. Unter den Schlagworten Perestroika (Umbau) und Glasnost (Offenheit) leitete er eine radikale politische Wende in der damaligen Sowjetunion ein, die auf Öffnung, Selbstverantwortung, menschliche Aktivität und Freiheit zielte. Er wusste, dass die Sowjetunion einen Modernisierungsschub brauchte, um an der Schwelle zur Globalisierung

Gorbatschow und PLO-Chef Jassir Arafat, 1989

Bundeskanzler Helmut Kohl begrüßt Gorbatschow bei dessen Staatsbesuch in der Bundesrepublik

nicht auf einen bedeutungslosen Status abzurutschen, und ahnte, dass dafür neue Menschen gebraucht würden: Menschen mit Initiative, Entscheidungsspielräumen, Mut zu Risiko und Verantwortung. Daher versuchte er, den bürokratischen Apparat auszudünnen, um so den Bürgern mehr Eigenverantwortung zu ermöglichen. Den Fabrikleitern räumte er größere Macht und Entscheidungsbefugnis ein, so dass sie nach jeweiligem Bedarf handeln konnten und nicht den von Moskau aufoktroyierten Anordnungen folgen mussten. In Kampagnen rückte er der Korruption und dem Alkoholismus zu Leibe. Die von ihm eingeleiteten Maßnahmen und gewährten Freiheiten, so bestätigte es Gorbatschow immer wieder, sollten zur Triebkraft werden für eine Kettenreaktion eigendynamischer, unaufhaltsamer Veränderungen. Natürlich hätte er nur wenig zuwege bringen können, wenn nicht die Zeit dafür reif gewesen wäre, wenn es innerhalb des sowjetischen Systems nicht ausreichend Vertreter gegeben hätte, die zutiefst unzufrieden waren mit

der Vetternwirtschaft und Korruptheit dieses Systems, die besorgt waren über den maroden wirtschaftlichen und gesellschaftspolitischen Zustand ihres Landes. In den Fabriken, Kolchosen, Ämtern und Kontoren spürten die Menschen, wie sehr sich das sowjetische Regime erschöpft hatte. Waffenstarrend hatte es seine kritischen Geister mundtot gemacht oder ausgebürgert, seine jungen Soldaten im schrecklichen Afghanistan-Krieg verheizt; Getreide musste importiert werden – eine krisengeschüttelte Wirtschaft in einer stagnierenden Sowjetunion. Nichts war übrig von der sozialistischen Aufbruchstimmung der frühen Jahre. Bereits 1979, so schilderte Gorbatschow einmal, war er sich in einem Gespräch mit dem damaligen georgischen Gebietsparteichef Eduard Schewardnadse einig, dass sie das Land retten müssten, „weil alles verfault" sei. Damals sei die Perestroika geboren worden. Gorbatschow glaubte zunächst noch fest an die Reformfähigkeit des sozialistischen Staates, er wollte die Sowjetunion zugleich bewahren und erneuern. Beseelt

von Reformwillen und Entschlossenheit sprach er davon, „dass unsere sowjetische Heimat noch reicher und mächtiger wird", und „in das neue Jahrtausend als eine große und gedeihende Macht eintritt". Irritiert, staunend und zunehmend begeistert wurde dieser neue ZK-Chef wahrgenommen, der innerhalb der Partei und in der Gesellschaft zu Debatten und „Meinungspluralismus" ermunterte. Vor allem von der Ausstrahlung des neuen Bewegers, von der Art, wie er sprach, wie er Dinge beim Namen nannte und zugleich Verständnis und Realitätsnähe ausdrückte, waren viele fasziniert. Dieser Mann meinte es ernst, er wirkte authentisch und hob sich vom bislang gewohnten Funktionärstyp wohltuend ab. Zusammen mit seinem engsten Vertrauten Alexander Jakowlew, dem ideologischen Kopf und Wegbereiter der Perestroika, setzte er Denkverbote außer Kraft: Jahrelang verbotene Bücher und Filme wurden freigegeben, ins Ausland verbannte Dissidenten durften zurückkehren. Revolutionär wirkte vor allem die

73

„Gorbatschow konnte frei sprechen und auf Menschen zugehen, manchmal sogar auf eine Menge zumarschieren. Er verkörperte einen neuen Anfang und einen neuen Stil, er war offener und menschlicher als seine Vorgänger. Er zeigte, dass er keine Angst vor dem Volk hatte, sondern sich mit ihm direkt unterhalten wollte. Seine Popularität wuchs, besonders unter den Intellektuellen: eine wirkliche Popularität, nicht durch aufdringliche Propaganda von oben gepflanzt. Es war eine unvergessliche Zeit. Wir alle lernten, frei zu atmen. Die Angst, mit der jeder von uns seit seiner Kindheit lebte, verflüchtigte sich. Zum ersten Mal konnten viele von uns frei sprechen und auf ihr Land stolz sein; zum ersten Mal hatten sie Vertrauen in die Führung und wurden sich ihrer Verantwortung bewusst. Gorbatschow hat Großes geleistet, er ist einer der bedeutendsten Politiker des ausgehenden 20. Jahrhunderts geworden."

Georgij Arbatow, russischer Intellektueller

Gorbatschow und Boris Jelzin im russischen Parlament nach dem missglückten Putsch im August 1991

Entscheidung, individuelle Wirtschaftstätigkeit wieder zu erlauben: In Handel, Handwerk und Dienstleistung bildeten sich kleine nichtstaatliche Betriebe, die bis dahin illegale Schattenwirtschaft wagte sich ans Tageslicht. Kaum eine andere Neuerung während der Ära Gorbatschow war von vergleichbarer Sprengkraft wie die Öffnung der Wirtschaft. Sie zielte darauf ab, dass Produkt- und Preisentscheidungen künftig am Markt zu treffen seien statt per Diktat zentraler Planbehörden.

Von weltbewegender Bedeutung war auch Gorbatschows Außenpolitik. Nach einer langen Phase frostiger Beziehungen zwischen den Weltmächten bemühte er sich um Entspannung und Öffnung zum Westen hin. Überzeugt von der Notwendigkeit, die Gewalt als Mittel der Politik einzudämmen, schloss er Abrüstungsvereinbarungen mit den Vereinigten Staaten. Er begann mit der Abrüstung, setzte damit den Westen unter Zugzwang und tat mehr als

jeder andere, den Kalten Krieg zwischen Ost und West zu beenden. Er ließ die sowjetischen Truppen aus Afghanistan abziehen und kooperierte während des Golfkriegs mit den Westmächten. Durch seine Zustimmung zum „Zwei-plus-Vier-Vertrag" – dem Abkommen zwischen den Außenministern der UdSSR, der USA, Großbritanniens, Frankreichs, der Bundesrepublik Deutschland und der DDR – ermöglichte er Deutschlands Wiedervereinigung. Auf den später folgenden Vorwurf in seinem Land, er habe Deutschland die Wiedervereinigung geschenkt, entgegnete er, er habe sich in der deutschen Frage nicht „übervorteilen lassen", und bekannte sich stattdessen zum Handeln „im Sinne der zwingenden Logik der Geschichte". Gorbatschow kündigte die so genannte Breschnew-Doktrin auf, die den sozialistischen Staaten nur beschränkte Souveränität und der Sowjetunion ein allgemeines Interventionsrecht zuerkannt hatte, und setzte den

Putschversuch, 1991

Truppenabzug aus den Warschauer-Pakt-Staaten durch. Dadurch machte er mit dem Selbstbestimmungsrecht der Menschen und Völker Ernst. Der Westen war begeistert von diesem sowjetischen Staatsmann, der durch „Offenheit, Ehrlichkeit und Mut" einen Erdrutsch in den internationalen Beziehungen auslöste. Als Anerkennung für seine Politik wurde der „Baumeister Europas" (Genscher über Gorbatschow) 1990 mit dem Friedensnobelpreis ausgezeichnet.

Doch je mehr sein Renommee im Westen wuchs, desto größer wurde der Widerstand gegen den Neuerer im Inneren des sowjetischen Riesenreichs. Die wirtschaftlichen Umwälzungen hatten eine Teuerung und Verelendung zur Folge: Die Perestroika zerschlug die bis dahin recht und schlecht funktionierende Sowjetwirtschaft, ohne der Bevölkerung im freien Fall ihres Lebensstandards wirkliche Alternative zu bieten. Die Freigabe der Meinungsfreiheit verursachte den Autoritätsverfall der Partei.

Gorbatschow hatte wohl dem System des eigenen Landes eine Reformfähigkeit zugetraut, die sich schließlich als Überforderung erwies. Hinzu kamen die Interessenkämpfe: Die Reformer kritisierten den zähen Strukturwandel, die Verfechter einer echten Demokratie warfen Gorbatschow vor, er halte mit allen Mitteln an der Sowjetunion fest. Und im August 1991 putschten reaktionäre kommunistische Gruppen gegen den Staatschef, der jedoch nach wenigen Tagen in sein Amt zurückkehren konnte.

Schon vor diesen Kämpfen in Moskau waren politisch-ethnische Konflikte aufgeflammt: Durch die ganze Sowjetunion zog sich eine Welle des Aufbegehrens. Nachdem die drei baltischen Staaten Lettland, Litauen und Estland aus der Union ausgetreten waren, verlangten auch andere Republiken ihre politische Souveränität und Ende 1991 kam es schließlich zur Auflösung der UdSSR. Wenig später trat Michail Gorbatschow enttäuscht von seinem Amt als Staatspräsident

zurück und fiel in seiner russischen Heimat in die politische Bedeutungslosigkeit, ja, seine Landsleute machten ihn für den Zerfall des sowjetischen Imperiums verantwortlich und warfen ihm vor, Moskau verraten und an den Westen verkauft zu haben. Dass seine historische Leistung, das starre sowjetkommunistische System aufgelöst zu haben, in seinem Land kaum gewürdigt wurde, war für Gorbatschow besonders schmerzhaft. In Russland verhasst, reiste der Politiker in den 90er Jahren als gefragter Vortragsreisender um den Globus und gründete eine Stiftung zur Erforschung globaler sozialer und politischer Probleme. Durch den tragischen Tod seiner Frau Raissa 1999, die auf dem internationalen Parkett an der Seite des Ex-Staatschefs eine maßgebliche Rolle als kluge und elegante First Lady gespielt und viel zum Glanz Gorbatschows beigetragen hatte, erinnerten sich die Russen wieder wohlwollend ihres großen Reformers. Als Raissa Gorbatschowa unter großer Anteilnahme in Moskau beigesetzt wurde, gingen die Bilder des trauernden Politikers um die Welt und weckten noch einmal die Sympathie, die ihm zehn Jahre zuvor bekundet worden war.

> *„Ich halte Gorbatschow für den größten Reformer des Jahrhunderts, und dies umso mehr, als er versuchte, in Russland zu wirken, wo das Schicksal von Reformern seit jeher kein beneidenswertes ist."*
> Alexander Jakowlew, Vertrauter Gorbatschows

Václav Havel

* 5. Oktober 1936 in Prag
tschechischer Schriftsteller, Politiker und Staatspräsident

DER DICHTERPRÄSIDENT

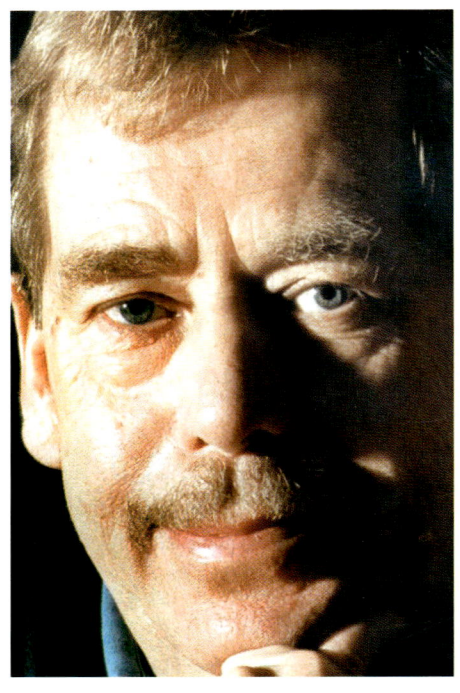

Präsident Havel, 1997

Literatur:
- Keane, John, Václav Havel. Biographie eines tragischen Helden, aus dem Englischen von Thomas Bertram und Susanne Kuhlmann-Krieg, Verlag Droemer Knaur, München 2000
- Kriseova, Eda, Václav Havel. Dichter und Präsident, aus dem Tschechischen von Eckhard Thiele, Gudrun Heißig und Marianne Pasetti, Rowohlt Verlag, Berlin 1991
- Simmons, Michael, Václav Havel. Staatsmann mit Idealen, aus dem Englischen von Verena Koch und Hans Bangerter, Benziger Verlag, Zürich 1992

„Havel na hrad!", rief die jubelnde Menschenmenge an jenem kalten Novembertag 1989 zu Václav Havel hoch, der auf dem Balkon am Prager Wenzelsplatz stand. „Havel auf die Burg!" Tagelang demonstrierten Tausende von Menschen, forderten den Rücktritt von Präsident Húsak und die Nominierung des Dichters und Dissidenten für das Amt des Staatsoberhaupts. Am 29. Dezember 1989 war es so weit: Václav Havel, Symbolfigur des gewaltlosen Widerstands in der Tschechoslowakei, wurde der erste demokratisch gewählte Staatspräsident der CSSR und bezog seinen Amtssitz, die Prager Burg. Sogar die Kommunisten hatten für ihn gestimmt. Es war ein Volksfest. Der Gewählte war ein ganz anderes Staatsoberhaupt, als man es bisher kannte: ein Dichterpräsident, in aller Welt für seine Standfestigkeit unter der kommunistischen Gewaltherrschaft bewundert. *Der Versuch, in der Wahrheit zu leben* – Havels Leitmotiv und Titel seines brillanten Essays aus dem Jahre 1979 – hatte ihn gestärkt, gegen das totalitäre Regime der Tschechoslowakei zu kämpfen, jahrelang, die Zeiten

der Beschattung, Verfolgung und Inhaftierung durchzustehen. Und dieser Lebensgrundsatz führte ihn Anfang 1989 aus dem Gefängnis geradewegs in die Führerrolle der Samtenen Revolution und schließlich in das Präsidentenamt.
Dramatisch das alles – wie Havels Biographie insgesamt. Der Millionärssohn – seine Eltern waren 1948 enteignet worden – wurde wegen „bourgeoiser Herkunft" unter dem kommunistischen Regime lange am Studium gehindert. Er manövrierte sich durch den Militärdienst und arbeitete sich seit 1960 vom Kulissenschieber und Beleuchter im Theater zum Dramaturgen hoch. Havel heiratete die Platzanweiserin und Mitkämpferin Olga Splíchalová, schrieb sich mit seinen Theaterstücken, Persiflagen auf die kommunistische Bürokratie und die Stagnation des gesellschaftlichen Lebens, auf die Prager und die internationalen Bühnen, verfasste eindringliche Essays über das Wesen totalitärer Herrschaft und die *Macht der Ohnmächtigen* (1978).
In den 60er Jahren kämpfte Václav Havel gegen die staatliche

Zensur, unterstützte während des Prager Frühlings als einer der konsequentesten Wortführer der Intellektuellen den von Alexander Dubček eingeleiteten Reformprozess und wurde nach dessen gewaltsamer Beendigung durch Truppen des Warschauer Paktes mit einem Publikationsverbot sanktioniert. Als Gehilfe in einer Brauerei abgestellt, schrieb der Regimekritiker dennoch weiter. Er protestierte und agitierte gegen die Zwangsherrschaft und war 1977 Mitbegründer der Menschen- und Bürgerrechtsbewegung „Charta 77". In seiner Heimat geächtet und ignoriert, wurde der Schriftsteller im Ausland mit Preisen ausgezeichnet, die er jedoch nicht entgegennehmen durfte. Wegen „subversiver", „staatsfeindlicher" Aktivitäten und „Aufruhr" wurde Havel inhaftiert. Insgesamt 50 Monate lang saß der Bürgerrechtler im Gefängnis; aus der Haft in einer feuchten Zelle schrieb er seine bewegenden *Briefe an Olga*. Auf internationalen Druck hin wurde der Schwerkranke vorzeitig aus dem Gefängnis entlassen, kurz darauf aber gleich wieder eingekerkert – unter verschärften Bedingungen. Weltweite Proteste erzwangen abermals seine Freilassung. Eine Odyssee zwischen Kampf, Krise und Krankheit, die schließlich in der Samtenen Revolution ein wunderbares Ende fand.

In den ersten Amtsjahren als Staatspräsident überstrahlte Václav Havel mit seinem Glanz die ganze Nation. Er war der Stolz der jungen Republik, ihr Überva-

ter und eindrucksvoller, leuchtender Repräsentant, der auch als Mann an der Macht seinen Leitmotiven, Wahrheit und Moral, treu blieb. Er hielt eine kluge, umjubelte Rede vor dem Europaparlament, entschuldigte sich öffentlich für die Vertreibung von drei Millionen Deutschen nach dem Krieg, formulierte seine Sorge um den Zustand der Weltgesellschaft, erinnerte an die Krise des Planeten, den Verlust „unserer transzendentalen Wurzeln" und appellierte an den moralischen Imperativ der Politiker, die langfristigen Interessen ihres Landes, Europas und der Menschheit vor die eigenen kurzfristigen Interessen zu stellen.

Doch im Laufe der Jahre sank Havels Stern. Es gelang ihm nicht, als „ehrlicher Makler" die Föderation der Tschechen und Slowaken zusammenzuhalten: Die Tschechoslowakei teilte sich in zwei Staaten, Havel wurde Präsident Tschechiens. Inzwischen machten viele den Mahner für den traurigen Zustand der tschechischen Wirtschaft verantwortlich: für die Rezession, die steigenden Arbeitslosenzahlen und die zu hohe Inflation; überhaupt schienen viele Tschechen von Havels Moralpredigten inzwischen gelangweilt zu sein.

Als er nach dem Tod seiner viel geliebten und bewunderten ersten Frau Olga die Schauspielerin Dagmar Veskrnová heiratete, verlor er in seinem Land noch mehr an Popularität. „Sie haben mich zum Mythos gemacht", sagte er einmal. „Und Mythen zerstört man gern." Er wertete das auch

als Zeichen für die Stabilisierung und Normalisierung der jungen Demokratie: „Wir verfügen heute in Tschechien über alle Institutionen, die eine Demokratie ausmachen, Redefreiheit, Privatbesitz, Reisemöglichkeiten. Wir haben viel erreicht – andererseits zeigt sich, dass alles hunderttausendmal komplizierter ist, als es uns in den fröhlichen Tagen erschien."

Václav Havel mit seiner zweiten Ehefrau, der Schauspielerin Dagmar Veskrnová

„Er ist derjenige, der das Wunder vollbracht hat, er ist derjenige, der die Diktatur niederriss und Freiheit brachte. Dennoch verblasst jenes Charisma unter den Verhältnissen demokratischer Prozeduren. Es folgt kein Wunder mehr, und der betreffende Führer verwandelt sich zu einem normalen Menschen mit menschlichen Schwächen."
Adam Michnik, polnischer Verleger

Kofi Annan

* 8. April 1938 in Kumasi, Ghana
ghanaischer Politiker, UNO-Generalsekretär

Segen für die UNO, Kofi Annan

Literatur:
- Annan, Kofi, Brücken in die Zukunft. Ein Manifest für den Dialog der Kulturen, S. Fischer Taschenbuch Verlag, Frankfurt/Main 2001
- Annan, Kofi, in: Munzinger-Archiv/ Internationales Biographisches Archiv, Freiburg 2001
- Klusak, Sebastian, Sanftmütiger Sieger. Uno-Generalsekretär Kofi Annan, in: Frankfurter Allgemeine Zeitung vom 13. September 1997

SANFTMÜTIGER SIEGER

„Die Welt gibt viele Milliarden aus, um sich auf den Krieg vorzubereiten", sagte Kofi Annan kurz nach seiner Wahl zum UNO-Generalsekretär bei seinem Antrittsbesuch in Washington Anfang 1997. „Sollten wir da nicht mindestens ein oder zwei Milliarden zur Vorbereitung des Friedens aufwenden?" Mit diesem Vergleich verwies er nicht nur auf die begrenzten Möglichkeiten der Vereinten Nationen als friedensstiftende und friedenssichernde Organisation. Es war auch eine treffsichere Anspielung auf den Betrag – nämlich 1,3 Milliarden Dollar –, den die Vereinigten Staaten den UN schuldeten. Gleichzeitig zeigte Kofi Annan, dass er sich, obwohl er „Amerikas Darling" war und diesem Umstand weitgehend seine Wahl verdankte, von den USA nicht vereinnahmen ließ. Mit dieser Haltung hob er sich von Anfang an von den meisten seiner Amtsvorgänger ab, die nicht die Stärke aufbrachten, die Interessen der UNO gegen die fünf ständigen Mitglieder des Weltsicherheitsrats (USA, Russland, China, Frankreich, Großbritannien) durchzusetzen. Sie hielten sich bei umstrittenen außenpolitischen

Schritten Amerikas lieber diplomatisch bedeckt, als den Koloss USA und mit etwa 30 Prozent (nominell) größten UN-Beitragszahler vor den Kopf zu stoßen. Kriegsverhüter, Friedensstifter, Glücksfall – ein gutes Jahr war der charismatische Afrikaner im Amt, als er bereits weltweite Anerkennung und Sympathie erntete. Anfang 1998 war es dem Mann aus Ghana gelungen, gegen den Willen der Vereinigten Staaten mit Iraks Diktator Saddam Hussein zu verhandeln und ihn zum Einlenken zu bewegen. Auch wenn es nicht lange dauerte, bis dieser Friede unter den Luftangriffen der USA und Großbritanniens auf Bagdad zerstob – weder wollte Saddam sein Waffenlager aufgeben noch Clinton sein Feindbild –, so stärkte Annans Mission doch seine Position und demonstrierte die Vermittlungsmöglichkeiten der UN, wenn, ja wenn die beiden Seiten diesen Frieden denn tatsächlich gewollt hätten.
Was Kofi Annans Intervention vor allem zeigte: Trotz der faktischen Machtlosigkeit des UNO-Chefs war er in der Lage, souverän zu verhandeln. Diese Fähigkeit, bei begrenztem Einfluss mit morali-

scher Autorität und sanfter Argumentationskunst zu agieren, ist die besondere Qualität Annans. Diese ihm eigene Würde ist es, die ihn auch bei Misserfolgen vor Demütigungen schützt. Davon profitiert zunehmend auch die Organisation, die er leitet. „Des anderen ‚Gesicht' ist wichtiger als dein eigenes", notierte Dag Hammarskjöld einmal, ein anderer UN-Generalsekretär, der Größe besaß. Auch Kofi Annan hält sich an diese altchinesische Weisheit. So ist er, wie es aus seinen Beraterkreisen heißt, sensibel dafür, „was es für sein Gegenüber bedeutet, sich erniedrigt oder seines Stolzes beraubt zu fühlen – darüber ziehen manche Menschen in den Krieg". Diese Sensibilität, die Politikern oft fehlt, versetzt ihn in die Lage, Tyrannen wie Saddam, Kriegsverbrechern wie Karadzic und Milosevic und anderen Kriegern wie dem talibanischen „Außenminister" von Afghanistan Wakid Ahmad Muttawakil unbefangen gegenüberzutreten und Respekt zu zollen. Eine Haltung, die Kritiker ihm als blinden Idealismus ankreiden, Befürworter aber als besonnene Klugheit und effektive Konfliktprävention werten.

Für sein Amt an der Spitze der Weltorganisation hat Kofi Annan weit mehr Insidererfahrung mitgebracht als seine sechs Vorgänger. Als der Sohn eines Häuptlings des Fante-Stammes aus Ghana am 1. Januar 1997 seinen Chefposten zum ersten Mal übernahm, hatte er bereits mehr als drei Jahrzehnte im Apparat der UNO hinter sich. Wie kollegial und verbindlich sein

Kofi Annan und der Chef der afghanischen Übergangsregierung, Hamid Karsai, im Januar 2002 in Kabul

Führungsstil ist, zeigte sich schon wenige Tage nach seinem Amtsantritt. War sein Vorgänger Boutros-Ghali oft wochenlang selbst für engste Mitarbeiter nicht zu sprechen gewesen, bat Annan sogleich das gesamte Personal in die Räume der Vollversammlung und warb um Unterstützung für seine Reformpläne – u. a. die Streichung von tausend Stellen, die Zusammenlegung von drei UN-Hauptabteilungen und die Senkung der Verwaltungskosten von 38 auf 25 Prozent des Budgets. Und: Erstmals seit Gründung der UNO steht das Büro des Chefs den Botschaftern aller Mitgliedsstaaten offen.
Konflikte bekämpfen, bevor sie entstehen, ist die Leitlinie des ghanaischen Aristokraten.
Während seiner Amtszeit wandel-

te sich das Selbstverständnis der Blauhelme, die bis dahin passive Beobachter zwischen den Fronten gewesen waren, zur aktiven Schutztruppe, die Entspannungspläne entwirft, Friedensgespräche organisiert und die Einhaltung ihrer Ergebnisse überwacht. Dass der Spitzendiplomat mit der sanften Stimme als Segen für die Vereinten Nationen angesehen wird, wurde 2001 mit der Wahl für eine zweite Amtszeit bestätigt; im selben Jahr wurde Annan auch mit dem Friedensnobelpreis ausgezeichnet, der zur Hälfte an ihn, zum anderen Teil an die UNO ging. Denn: „Niemand", so Gunnar Berge, der Chef des Nobelkomitees, bei der Vergabe des Preises, „hat mehr für die Wiederbelebung der UN geleistet als Kofi Annan."

Regine Hildebrandt

* 26. April 1941 in Berlin
† 26. November 2001 in Woltersdorf bei Berlin
deutsche Politikerin und Biologin

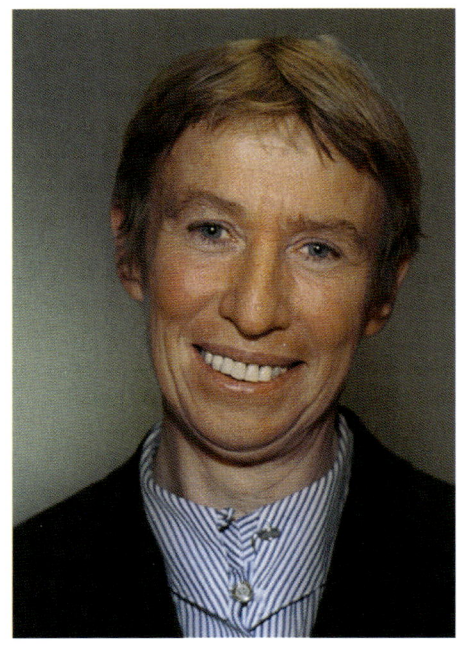

*Regine Hildebrandt, Mutmacherin
der Ostdeutschen, 1999*

Literatur:
- Grass, Günter, Hildebrandt, Regine, Schaden begrenzen oder auf die Füße treten. Ein Gespräch. Mit Repliken von Fritz Ullrich Fack und Max Thomas Mehr, Verlag Volk und Welt, Berlin 1993.
- Hildebrandt, Regine, Wer sich nicht bewegt, hat schon verloren, Verlag J.H.W. Dietz Nachfolger, Bonn 1996
- Riecker, Ariane, Schwarz, Annett, Schneider, Dirk, Laienspieler. Sechs Politikerporträts: Peter Michael Diestel, Gregor Gysi, Regine Hildebrandt, Günther Krause, Wolfgang Thierse, Konrad Weiss, Forum Verlag, Leipzig 1992

LÖWIN AUS BRANDENBURG

In der Welt der Politik hat Regine Hildebrandt eigene Maßstäbe gesetzt. Sie sagte immer spontan und unverblümt, was sie dachte, pfiff auch mal auf Vorschriften und reiste unentwegt durch die Lande: Unterwegs als „Therapeutin der gequälten Ostseele", wie sie im Magazin *Spiegel* einmal bezeichnet wurde, suchte die Arbeits-, Sozial-, Kultur- und Frauenministerin Brandenburgs das Gespräch mit den Menschen, hörte sich ihre Sorgen und Nöte an, versuchte zu helfen, indem sie Mut machte, Projekte anleierte und Probleme löste. „Ich weiß, dass es Leute gibt, denen gesunder Menschenverstand zu simpel oder gar suspekt ist", sagte die „Stimme des Ostens" einmal. „Ich bin aber überzeugt, dass ein Politiker eine gehörige Menge davon braucht, mehr, als mancher zu haben scheint. Ich meine damit, dass er das Leben der Menschen, die ihm sein Amt anvertraut haben, nicht nur von außen kennen muss, (sondern) dass er ihre Sorgen teilen kann, schlicht: dass er Lebenserfahrung gesammelt und sie nicht wieder vergessen hat." Regine Hildebrandt, die wiederholt erklärte, sie interessiere sich nicht für Politik, „nur für Menschen und ihre Schicksale", ist „wie verunfallt" Ministerin geworden. Die Mutter dreier Kinder, studierte und promovierte Biologin, arbeitete zu DDR-Zeiten 25 Jahre lang als Naturwissenschaftlerin und war bis zur Wende nicht politisch organisiert. Erst über die Bürgerbewegung „Demokratie Jetzt" kam sie zur Politik, trat 1989 „aus Einsicht in die Notwendigkeit" in die neu gegründete Sozialdemokratische Partei ein. „Ohne jemanden zu kennen – wir waren ja alle neu – war ich auf einmal ganz vorn auf der Landesliste Berlin." Abgeordnete der Volkskammer, Ministerin für Arbeit und Soziales in der letzten DDR-Regierung unter de Maizière, Landtagsabgeordnete in Brandenburg und brandenburgische Sozialministerin in der Regierung Stolpe – das waren die Stationen der raschen, unbeabsichtigten Karriere Regine Hildebrandts. Binnen kürzester Zeit wurde sie zur populärsten ostdeutschen Politikerin. Die Medien haben sie als „Heilige Johanna der deutschen Einheit", „Mutter Teresa aus Potsdam", „soziale Galionsfigur für die Ost-

SPD", „Löwin aus Brandenburg"
etikettiert.

Neun Jahre lang war sie Ministerin für Arbeit, Soziales, Gesundheit und Frauen in Brandenburg,
eine Amtszeit, die aus manch
anderen abgestumpfte Politik-
verwalter gemacht hat. Doch
Regine Hildebrandt wirkte auch
noch im neunten Jahr wie die
enthusiastische Neueinsteigerin,
die versuchte, dem Westen zu
erklären, wie der Osten ist, und
die für die Schwachen in der
Gesellschaft kämpfte. „Das neue
System wünscht, dass leistungsfä-
hige Betriebe hier entstehen, und
leistungsfähig heißt: möglichst
keine Frauen, schon gar keine mit
Kindern und schon gar keine, die
eventuell gebärfähig sind."
Entschieden setzte sie sich für die
Finanzierung von Arbeit statt
Zahlung von Sozialhilfe ein.
Maßgeblich auf ihre Initiative hin
entstand ein Strukturhilfepro-
gramm: flächendeckende Arbeits-
fördergesellschaften entwickelten
Infrastruktur und Tourismus und
sanierten Industriebrachen. Dass
das Gleichstellungsgesetz zur
Frauenförderung in der Wirtschaft in Brandenburg als erstem
Land in der Bundesrepublik
durchgesetzt wurde, ging auf ihr
Konto. Und sie bemühte sich, die
ehemaligen DDR-Polikliniken als
so genannte Gesundheitszentren
zu erhalten. „Es geht mir um ein
lebenswertes Brandenburg",
betonte Hildebrandt immer wieder. „Die Sozialgemeinschaft ist
für mich das Wichtigste."
Trotz Ermittlungsverfahren gegen
ihr Ministerium – nicht abgerufe-
ne Fördermittel sollen in schwar-

Hildebrandt, Ministerin für Arbeit und Soziales in der Regierung de Maizière, vor der
Volkskammer, 1990

zen Kassen „zwischengeparkt"
worden sein – blieb Hildebrandts
Ruf unangetastet.
Dass sie nach ihrer Krebsoperation
1996 fast übergangslos weiter-
rackerte, hat den Mythos der
unermüdlichen Kämpferin zusätz-
lich genährt. Wenn sie zu Selbst-
hilfegruppen eingeladen wurde,
sollte sie immer erzählen, wie sie
das alles mache. „Die gucken
mich da an. Und ick sage nur:
Macht wat, macht wat aus eurem
Leben." Immer wieder wurde sie
gefragt, woher sie die Energie
nahm. „Bewältigen durch Tun",
war die Lebensdevise dieser Frau,
die für ihre Verdienste um das
Zusammenwachsen Deutschlands,
für ihren „geradlinigen Politikstil"
und ihr Engagement als „Mutmacherin der Ostdeutschen" das
große Bundesverdienstkreuz
erhielt.

Nach der Landtagswahl 1999,
bei der die SPD die absolute
Mehrheit verlor und gegen
Hildebrandts Willen mit der
CDU koalierte, schied sie aus
der Regierung aus und legte ihr
Landtagsmandat nieder, ein
großer Verlust für die märkische
SPD.
Zwei Jahre später starb Regine
Hildebrandt im Kreise ihrer
Familie an ihrem Krebsleiden.
Ihr Tod kam nicht nicht über-
raschend, aber plötzlich.

*„Der Klotz am Bein der deutschen
Wohlstandsgesellschaft sind nicht die
bedürftigen Ostdeutschen, die ihren
Brüdern und Schwestern angeblich die
Haare vom Kopf zu fressen drohen,
der Klotz am Bein sind geistige und
politische Unbeweglichkeit."*

Petra Kelly

* 29. November 1947 in Günzburg
† 1. Oktober 1992 in Bonn
deutsche Politikerin und Mitgründerin der Grünen Partei Deutschlands

Petra Kelly bei einer Pressekonferenz im Februar 1985

Literatur:
- Beckmann, Lukas, Kopelew, Lew (Hgg.), Gedenken heißt erinnern. Petra K. Kelly. Gert Bastian, Lamuv Verlag, Göttingen 1993
- Schwarzer, Alice, Eine tödliche Liebe. Petra Kelly und Gert Bastian, Kiepenheuer & Witsch Verlag, Köln 1993
- Sperr, Monika, Petra K. Kelly. Politikerin aus Betroffenheit, Rowohlt Taschenbuch Verlag, Reinbek 1982

SYMBOLFIGUR DER GRÜNEN

Sie war „die herausragende Persönlichkeit bei der Gründung der Grünen Partei in Westdeutschland" und stand nach den Worten Joschka Fischers „ganz allein als Person weltweit für die deutschen Grünen. Sie war gewiss kein bequemer Mensch, schon gar nicht leicht im Umgang und in der Zusammenarbeit, aber wer war das schon?" Petra Kelly, die weltbekannte Streiterin für Frieden und Menschenrechte, war visionär, charismatisch: eine Idealistin, die „mit dem Herzen denken" wollte. „Sie konnte aus der Hüfte eine Rede halten, die andere zu Tränen rührte", erinnert sich ihr Bundestagskollege Hubert Kleinert. Mit rigorosem Anspruch auf moralisches Handeln in der Politik trat sie nicht nur engagiert, sondern mit ihrer ganzen Existenz für ihre Ziele und Utopien ein – und erwartete das auch von anderen.

Ihre Rolle als Symbolfigur der Grünen unterstrich Petra Kelly durch unkonventionelles politisches Auftreten. Sie war clever und wusste, wie sich Politik in Aktion übersetzen ließ: mit Hearings, Meetings und Sonnenblumen auf dem T-Shirt. Statt auf stundenlange Diskussionen setzte sie auf Blockaden, trat mit Transparenten im Parlament auf, initiierte Regelverletzungen. „Nur wenn man auf die Wunde drückt oder schreit, wird sich etwas verändern", lautete ihre Devise. Mit ihren Aktionen kämpfte sie gegen Atomwaffenpläne und Kernkraftwerke und für eine andere politische Kultur. Und sie erreichte mit ihrer Ausstrahlung auch Leute, die von den Zielen grün-linker Zirkel sonst abgeschreckt wurden. Ihr rastloser Einsatz und ihre Aktionen innerhalb der Friedensbewegung, für Ökologie, Menschenrechte und Frauenemanzipation mobilisierten Massen.

1960 zog die 12-jährige Petra Karin Lehmann, die bis dahin behütet bei ihrer Großmutter in Schwaben aufgewachsen war, mit ihrer Mutter und dem Stiefvater John Kelly, einem amerikanischen Offizier, in die USA. Das begabte Mädchen akklimatisierte sich rasch, brillierte in der Schule, begeisterte sich für die Ideale der amerikanischen Demokratie – der 1968 ermordete Bürgerrechtsführer Martin Luther King war ihr Vorbild – und absolvierte von 1966 bis 1970 in Washington ein

Politikstudium. Sie arbeitete als Wahlhelferin für Robert Kennedy, war mutig, redegewandt, erhielt eine Auszeichnung nach der anderen und lehrte im Anschluss an ihren exzellenten Abschluss als Dozentin.

Als 1970 ihre Halbschwester Grace mit erst 10 Jahren an Krebs starb, brach für Petra Kelly eine Welt zusammen. Sie rettete sich in die Arbeit und gründete später die „Grace P. Kelly-Vereinigung" für eine bessere Kinderkrebsforschung. Das jahrelange Leiden der kleinen Schwester unter einer Strahlentherapie war eines der Motive für ihr umwelt- und friedenspolitisches Engagement.

Mit einem Stipendium kam Petra Kelly nach Europa, wo sie ab 1971 als Beamtin bei der Europäischen Gemeinschaft in Brüssel arbeitete. Hier entwickelte sie programmatische Ansätze für eine ökologisch-soziale Bewegung und mischte in der deutschen Politik mit, unter anderem als Mitglied der Deutschen Friedensgesellschaft und als Vorstandsmitglied im Bundesverband Bürgerinitiativen Umweltschutz. Nachdem sie 1979 mit einem offenen Brief an SPD-Bundeskanzler Helmut Schmidt aus der SPD ausgetreten war, gehörte sie 1980 zu den Gründungsmitgliedern der Grünen Partei, von der sie viel erhoffte: Global und fern von jedem Provinzialismus sollte die „Antipartei-Partei" helfen, die Erde vor dem Absturz ins Verderben zu retten. Die stark von amerikanischen Protest- und Politikformen geprägte Petra Kelly kämpfte in Demonstrationen

„Eine tödliche Liebe": die Grünen-Politikerin und ihr Lebenspartner Gert Bastian, der sie und sich selbst im Herbst 1992 erschoss

gegen Rüstung und Reaktoren und wurde zur Heldin, zum „Antlitz" der Grünen, international. Bei den Bundestagswahlen 1983 erreichten die Grünen 5,6 Prozent der Stimmen und zogen in den Bundestag ein. Das war zum großen Teil das Verdienst ihrer Symbolfigur Kelly.

Sie bewegte viel. Berüchtigt aber war das Tempo, die Getriebenheit der Politikerin. Rastlos arbeitete sie gegen das Leid der Welt an, gegen die Strahlenverseuchung, den Atomtod, gegen die Unterdrückung der Tibeter. „Sie redet wie ein Maschinengewehr, und wer mit ihr zwei Stunden lang gesprochen hat, verspürt das dringende Bedürfnis nach einer Parkbank, auf der ihn nur die Tauben angurren", sagte einmal ein Parteikollege. Und ihr Freund und Grünen-Mitgründer Lukas Beckmann meinte: „Ihre Leidenschaft hatte keinen Notausgang." In ihrem kleinen voll gestopften Büro im Abgeordnetenhaus am Rhein brannte nachts lange das Licht. Keine Mitarbeiterin, die es

länger als ein paar Monate bei ihr ausgehalten hätte. Sie verschliss ihre Leute (17 sollen es gewesen sein) in solchem Tempo, dass in regelmäßigen Abständen die Stellen neu ausgeschrieben werden mussten.

„In ihrer tiefen Überzeugung, einen Auftrag erfüllen zu müssen, zu groß für ein einziges Leben, fühlte sie sich persönlich angegriffen, wenn Grüne von ihr erwarteten, auf Sonderrechte zu verzichten", erzählte die Ex-Grüne Jutta Ditfurth über Petra Kelly. Ab 1984 begann ihr Stern innerhalb der Partei zu sinken. Ungerührt von allen Konjunkturen, von Parteiräson und Anpassungswünschen der Grünen blieb sie bei ihren Themen, konsequent und kompromisslos. Zusammen mit dem ehemaligen Bundeswehrgeneral Gert Bastian bildete sie ein eigenes politisches Team. Wie fragwürdig dieses geworden war, zeigte sich am 1. Oktober 1992: Bastian erschoss zunächst die schlafende Petra Kelly und dann sich selbst.

Johannes Gutenberg

* um 1400 in Mainz
† 3. Februar 1468 in Mainz
deutscher Kaufmann und Erfinder

Johannes Gutenberg in einem Porträt
aus dem 19. Jh.

Literatur
- Füssel, Stephan, Johannes Gutenberg, Rowohlt Taschenbuch Verlag, Reinbek 1999
- Kapr, Albert, Johannes Gutenberg. Persönlichkeit und Leistung, Urania Verlag, Leipzig, Jena, Berlin 1986
- Ruppel, Aloys, Johannes Gutenberg. Sein Leben und Werk, Mann Verlag, Berlin 1947

DER VATER DER MASSENKOMMUNIKATION

„Mehr als das Blei in den Kugeln", schrieb der Dichter Georg Christoph Lichtenberg im 18. Jahrhundert, habe „das Blei in den Setzkästen die Welt verändert". Diese Auffassung teilte auch ein amerikanisches Forscherteam, als es Johannes Gutenberg am Ende des zweiten Jahrtausends zum „man of the millenium" (Mann des Jahrtausends) kürte. Durch seine Erfindung der Buchdruckerkunst mit beweglichen Lettern habe Gutenberg zur Wissensverbreitung auf der ganzen Welt beigetragen und die Geschichte der Menschheit wesentlich beeinflusst. Sämtliche wichtigen Entwicklungen der folgenden Jahrhunderte, seien es die Entdeckungsreisen des Kolumbus, die Reformation Luthers oder die Aufklärung des 18. Jahrhunderts, wären ohne die Wirkungen der von Gutenberg entwickelten Druckerpresse nicht möglich gewesen. Der Mainzer Erfinder richtete sich mit seinen technischen Innovationen zunächst eigentlich nur an die Kirche, den Hort der Wissenschaften und Künste im Mittelalter. Doch schon bald machte sich

die Bewegung des Humanismus mit ihrem Ideal von Bildung und Aufklärung diese neue Errungenschaft zunutze und publizierte in hohen Auflagen die verschiedensten Schriften von antiker Literatur bis zu volkssprachlichen Texten. Das war der Beginn eines kulturellen Umbruchs: Mit der Druckerpresse war das Zeitalter der Kommunikation angebrochen.

Henchen Gensfleisch alias Henichen zu Gudenberg (Name einer Anhöhe in Mainz) alias Johannes Gutenberg wurde zwischen 1393 und 1404 in eine Mainzer Patrizierfamilie hineingeboren; die Wissenschaft hat sich auf das fiktive Geburtsjahr 1400 geeinigt. Auch über Gutenbergs erste Lebensjahrzehnte ist kaum etwas bekannt. Es war eine Zeit wirtschaftlicher und geistiger Öffnung und zugleich eine Zeit politischer und kirchenpolitischer Spannung. Der Kaiser verlor gegenüber Fürsten und Territorialherren an Macht. In den Städten gewannen die Zünfte der Handwerker an wirtschaftlichem und politischem Einfluss und opponierten gegen die Vorherrschaft der Patrizier.

Ansicht einer Seite aus der Gutenbergbibel, Initialen „I" und „P"

Im Zuge solcher Auseinandersetzungen musste die Familie Gutenberg offenbar Mainz verlassen. Lebensstationen von Sohn Henichen waren Mainz, eventuell die Universität Erfurt, Straßburg und Eltville.

In den 30er Jahren, also vor der Entwicklung der Druckerpresse, machte sich Johannes Gutenberg bereits als handwerklicher Meister der Schmiedekunst und als Unternehmer in Sankt Arbogast, einem Vorort von Straßburg, einen Namen: Er spezialisierte sich auf die Anfertigung von so genannten Pilgerspiegeln, kleinen Wallfahrtsandenken aus Bleilegierungen, und entwickelte innerhalb weniger Jahre ein rationales Verfahren für eine Massenproduktion dieser Devotionalien. Das damit erwirtschaftete Geld investierte er in seine nächste Geschäftsidee, das „Werk der Bücher".

Gedruckt wurde ja zu jener Zeit schon lange. Das Neue und Geniale aber war Gutenbergs Idee mit den beweglichen Lettern: Er zerlegte die Texte in ihre kleinsten Bestandteile, in die 26 Buchstaben des Alphabets. Zuvor waren jahrhundertelang Texte vervielfältigt worden, indem sie vollständig abgeschrieben oder in Holz geschnitten und dann gedruckt wurden. Mit Gutenbergs Technik mussten nur die Buchstaben des Alphabets geschnitten und gegossen werden und konnten dann für beliebige Schriften immer wieder verwendet werden. Nach Mainz zurückgekehrt, baute Johannes Gutenberg Ende der 40er Jahre eine Druckerei auf, mit der er kleinere Schriften, Kalenderblätter und Ablassbriefe herstellte. Dann, um 1450, wagte er sein technisch innovatives und kaufmännisch mutiges Projekt: Mit einem Kredit von 1600 Gulden (dafür konnte man damals in Mainz drei Bürgerhäuser kaufen), den ihm der Geschäftsmann Johannes Fust zur Verfügung stellte, begann er mit seinem Riesenunternehmen: der Produktion von 180 Bibeln. Allein die Herstellung der 290 verschiedenen Lettern dauerte mehrere Monate, für jede Seite benötigte er rund 3700 Buchstaben. Eine Bibel hatte insgesamt 1280 Seiten, das waren mehr als drei Millionen Zeichen. Für die 180 Bibeln, die Gutenberg produzierte, war seine Werkstatt etwa drei Jahre beschäftigt. So lange hatte bisher ein Schreiber gebraucht, um eine einzige Vollbibel abzuschreiben; nun konnten in derselben Zeit 180 Exemplare hergestellt werden.

49 dieser „B 42" (wegen des 42-zeiligen Satzspiegels) genannten Meisterwerke sind bis heute vollständig oder teilweise erhalten. Noch ehe die Bibeln fertig waren, verklagte der Geldgeber Fust Gutenberg wegen ausstehender Zinsen. Der Erfinder musste wegen Zahlungsunfähigkeit einen Teil der Bibelauflage an den Kläger abtreten, Fust seinerseits machte sich mit Peter Schöffer, einem Meistergesellen Gutenbergs, selbständig – Gutenbergs blühendes Unternehmen erlitt einen Einbruch. Doch tat dies der Wirkung seiner Erfindung keinen Abbruch. Seine technischen Entwicklungen, vom Guss der Einzeltypen über die Technik des Satzes, vom Einfärben bis zum Druck der Texte, ermöglichten es, Schriften in typographisch angemessener Schönheit und in hoher Auflage zu verbreiten. Gutenbergs Innovationen veränderten die Welt und blieben jahrhundertelang ohne Konkurrenz.

Rekonstruktion der ersten Buchdruckerpresse Gutenbergs

Christoph Kolumbus

* 1451 in Genua
† 20. Mai 1506 in Valladolid, Spanien
italienischer Seefahrer und Entdecker Amerikas

Christoph Kolumbus,
Entdecker Amerikas, Gemälde von 1519

Literatur

■ Beck, Rainer (Hg.), 1492. Die Welt zur Zeit des Kolumbus. Ein Lesebuch, München, C. H. Beck Verlag, 1992

■ Granzetto, Gianni, Christoph Columbus. Eine Biographie, aus dem Italienischen von Sylvia Höfer, Deutsche Verlags-Anstalt, Stuttgart 1986

■ Wiesenthal, Simon, Segel der Hoffnung. Christoph Columbus auf der Suche nach dem gelobten Land, Ullstein Verlag, Berlin, Frankfurt/Main 1991

DER ENTDECKER

„Aber der Ruhm des Columbus bestand nicht darin,
dass er angekommen, sondern darin, dass er abgefahren ist." Diese Zeilen, die der Schriftsteller Jules Verne auf Christoph Kolumbus verfasste, richten den Blick nicht, wie üblich, auf die weltbewegenden Folgen der Entdeckungsreise, sondern auf das Davor dieses großen, gewagten Unternehmens ins Ungewisse. Und sie vergegenwärtigen die visionäre Kraft und das durch nichts zu erschütternde Sendungsbewusstsein des Christoph Kolumbus, der mit unglaublicher Ausdauer und Zähigkeit an seinem Plan einer Schiffsreise nach Indien festhielt: Jahrelang – genauer gesagt 14 Jahre – versuchte der Genueser Seefahrer Interessenten und Geldgeber für seine abenteuerliche und kostspielige Expedition zu gewinnen, bis er endlich 1492 Erfolg hatte und beim spanischen Königspaar auf offene Ohren und Kassen stieß: Er konnte aufbrechen, um den westlichen Seeweg nach Indien über den Atlantischen Ozean ausfindig zu machen. Dass er dabei für die „alte Welt" einen neuen Erdteil – Amerika – entdeckte, wurde Kolumbus ebenso wie seinen Zeitgenossen nie bewusst. Sein ganzes Leben lang glaubte der Seefahrer, er habe den Westweg nach Indien gefunden und sei am Ostrand Asiens gelandet: in Zipangu (Japan), auf vorgelagerten Inseln von Cathai (China) oder andernorts auf diesem Kontinent.

Cristoforo Colombo wurde 1451 als Sohn eines Wollwebers in Genua geboren. Er erlernte den Beruf seines Vaters und wickelte den Handel mit Wolle und den Verkauf der fertigen Stoffe über den Seeweg ab. Dabei eignete er sich nicht nur seemännische Fähigkeiten an, sondern lernte auch bedeutende Handelsplätze in Europa und Afrika kennen, unter anderem Lissabon, die damals größte Seemacht der Welt, wo Kolumbus sich etwa Mitte der 70er Jahre niederließ. Hier reifte sein Plan von der westlichen Seewegerkundung nach Indien. Das Zauberwort Indien wurde assoziiert mit Gewürzen, kostbaren Stoffen, Elfenbein und Gold – mit Luxus und Reichtum eben. Doch es war mehr als das. Die Stimmung der Zeit war geprägt vom Drang nach Abenteuer, Entdeckung, Expansion. Man wusste damals schon von der Kugelgestalt der Erde, und eine Weltkarte des renommierten Kosmographen Paolo Toscanelli aus dem Jahre 1474 bestätigte Kolumbus, dass im Osten Land wäre, das nicht allzu weit entfernt sein könne. Seit 1478 bemühte sich der Genueser, den portugiesischen Hof als Geldgeber zu gewinnen für sein Unternehmen, den westlichen Seeweg nach Indien zu erkunden, und wandte sich schließlich, nach sechs Jahren vergeblicher Bemühungen, an das spanische Königspaar Isabella von Kastilien und Ferdinand von Aragon. Auch hier hatte er lange keinen Erfolg: Spanien war damals auf das Festland fixiert, auf die Zurückdrängung der Mauren im Süden des Landes. 1492 schließlich, als mit dem Fall von Granada die 750-jährige maurisch-islamische Herrschaft über die iberische Halbinsel beendet wurde, fruchtete das hartnäckige Werben des Kolumbus für seine Idee: Der spanische Hof finanzierte seine Expedition, verlieh ihm den Rang eines Admirals und sicherte ihm die Stellung eines Vizekönigs über alle von ihm entdeckten Länder zu, ebenso eine hohe Beteiligung an allen zu erwartenden Gewinnen.

Mit einer kleinen Flotte – dem Flaggschiff „Santa Maria", den beiden Begleitschiffen „Pinta" und „Niña" und einer 100-Mann-Besatzung – brach Kolumbus am 3. August 1492 vom spanischen Hafen Palos im Golf von Cadiz nach Westen auf. Nach einem vierwöchigen Zwischenaufenthalt auf den Kanarischen Inseln erreichte die Flotte am 12. Oktober die kleine Bahamas-Insel Guanahani, wo die Ankömmlinge von

Die erste Landung des Kolumbus auf der Insel Guanahani am 12. Oktober 1492

den „Indianern", wie Kolumbus sie nannte, arglos und freundlich empfangen wurden. Das erhoffte Gold aber fanden die Spanier hier nicht. Bis Mitte Januar 1493 durchkreuzten sie die karibische Inselwelt, trafen auf Kuba und Haiti, auch hier nur bedingt erfolgreich bei der Suche nach dem begehrten Metall. Mit Eingeborenen, Papageien, Gewürzproben und – nur kleinen – Goldproben traf Kolumbus im März wieder in Spanien ein – ohne die „Santa Maria", die am Weihnachtstag auf einem Riff gestrandet war und aufgegeben werden musste. Der Empfang des Entdeckers war triumphal; es war der Höhepunkt im Leben des ehrgeizigen Seefahrers, auf den der Abstieg folgte.

Kolumbus unternahm noch drei Reisen über den Atlantik, entdeckte dabei Jamaika, Puerto Rico, die Kleinen Antillen, die Insel Trinidad und die Orinoco-

Mündung, blieb aber weiterhin erfolglos auf der Suche nach Gold und anderen begehrten Kostbarkeiten. So hervorragend Kolumbus als Navigator war, so inkompetent war er als Verwalter: Ausschreitungen der spanischen Ankömmlinge gegenüber den Einheimischen wurden zum blutigen Auftakt der Zerstörung der hoch entwickelten Kulturen der Maya, Inka und Azteken. Und da der Entdecker statt der erhofften Goldsendungen Nachschub forderte, verschlechterte sich die Stimmung am spanischen Hof: Er fiel in Ungnade, wurde dann zwar wieder rehabilitiert, war aber ein gebrochener Mann.

Kurz nach seiner letzten, der vierten Reise, die ihn nach Mittelamerika geführt hatte, starb Kolumbus 1506 ruhmlos, vergessen und ohne die Erkenntnis, welche Welle der Entdeckung – und Zerstörung – er ausgelöst hatte.

Paracelsus

* 10. November 1493 (oder 1494) in Einsiedeln, Schweiz
† 24. September 1541 in Salzburg
schweizerisch-österreichischer Arzt und Philosoph

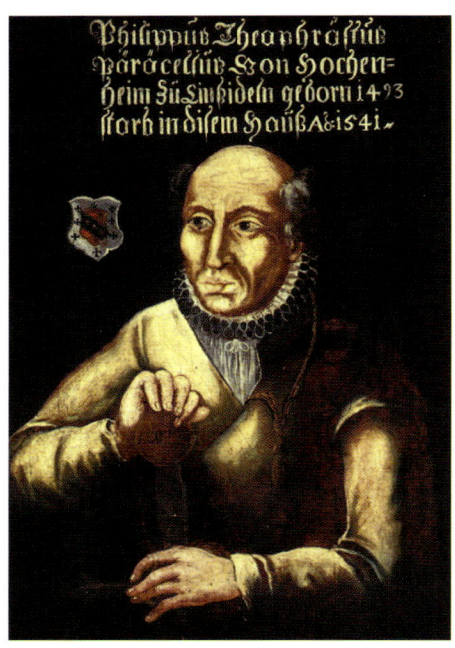

Paracelsus, Gemälde aus dem 16. Jh.

Literatur

- Geerk, Frank, Paracelsus – Arzt unserer Zeit. Leben, Werk und Wirkungsgeschichte des Theophrastus von Hohenheim, Benziger Verlag, Zürich 1992
- Jacobi, Jolande, Paracelsus – Arzt und Gottsucher an der Zeitenwende. Eine Auswahl aus seinem Werk mit einer Einführung von Gerhard Wehr, Walter Verlag, Olten 1991
- Meier, Pirmin, Paracelsus. Arzt und Prophet. Annäherungen an Theophrastus von Hohenheim, Ammann Verlag, Zürich 1993

DER GRENZGÄNGER

„Paracelsus gehört zu den wirkungsvollsten Gestalten der Medizingeschichte: als Markstein zwischen Mittelalter und Neuzeit, als Grenzgänger zwischen Magie und Wissenschaft, als Naturarzt und als Feind der gelehrigen ‚Spekulierärzte‘." So charakterisierte der Medizinhistoriker Heinz Schott den wegweisenden Mediziner, Alchemisten und Universalgelehrten aus dem 16. Jahrhundert, Theophrastus Bombastus (nach der adeligen Familie seines Vaters, der Bombaste aus Schwaben) von Hohenheim, besser bekannt unter dem Namen Paracelsus.

„Den wirklichen Arzt macht erst die Erforschung der Natur und die Erfahrung am Krankenbett." Diesem Leitmotiv seiner Lehre blieb Theophrastus von Hohenheim zeit seines Lebens treu: Er suchte eine neue Heilkunst, die nicht auf Bücher, sondern auf eigene Anschauung, auf Praxis begründet war. Mensch und Kosmos waren für ihn in einem sich ständig wandelnden Prozess miteinander verbunden, also bezog er Umwelt und Psyche in die ärztliche Diagnose mit ein. Entsprechend betrachtete Paracelsus Krankheiten nicht isoliert, er versuchte deren Ursachen, nicht nur deren Symptome zu behandeln. Gleichzeitig ging er davon aus, dass im Körper biologisch-chemische und physikalische Vorgänge stattfänden, Krankheit also durch chemische Mittel beeinflusst werden könne. Und so brach Paracelsus mit der damaligen Schulmedizin nach Hippokrates (griechischer Arzt, 4. Jahrhundert v. Chr.) und Galenus (griechisch-römischer Arzt, 2. Jahrhundert n. Chr.) und mit deren Arzneikunde, die pflanzliche Heilmittel in ihren Mittelpunkt stellte. An die Stelle der überlieferten Vier-Säfte-Lehre der Antike (Blut, Schleim, gelbe und schwarze Galle) setzte Paracelsus eine chemische Biologie und Pathologie, die in die moderne Arzneimittellehre mündete. Bei der Herstellung der Heilmittel ging es ihm darum, durch Extraktion den „Geist" eines Stoffes zu erhalten und das Unreine vom Reinen, das Grobe vom Feinen zu trennen. Nicht die Quantität, sondern die Qualität stand für ihn im Vordergrund, denn „in allen Dingen ist auch ein Gift und nichts ist ohne Gift. Allein die Dosis macht's, ob ein Gift ein Gift sei" – eine bis heute gültige Regel.

Theophrastus Bombastus von Hohenheim war Sohn eines Arztes und einer Leibeigenen des Klosters Einsiedeln. Nach dem frühen Tod seiner Frau zog der Vater mit Theophrastus nach Kärnten. Für den Sohn war das der Beginn eines rastlosen Lebens. In den Bergwerken und Blei-hütten des Inntals erwarb er sich erstes chemisches Wissen und beschloss dann als Jugendlicher, in die Fußstapfen seines Vaters zu treten. Das Studium führte ihn nach Tübingen, Heidelberg, Leipzig, Wien und Ferrara, eine berühmte Lehranstalt jener Zeit, wo er 1515 oder 1516 promovier-te. Auch in den folgenden zehn Jahren zog er durch Europa, um „nicht allein bei den Doktoren, sondern auch bei den Scherern, Badern, Wundärzten, Schwarz-künstlern, bei den Alchemisten, bei den Klöstern, den Edlen und Unedlen, den Gescheiten und Einfältigen" sein Wissen zu er-weitern. Er versuchte sich sogar in der Chirurgie, die damals als etwas Unwürdiges galt. Oft begab er sich aber auch unfreiwillig auf Wanderschaft, denn der Doktor glaubte schon früh, seinen Fach-kollegen einen Spiegel vorhalten zu müssen, in dem sie ihre In-kompetenz erkennen sollten. Dadurch machte er sich viele Feinde, auch wenn er in der Sache Recht hatte.

1525 wollte er sich schließlich in Salzburg niederlassen, musste aber erneut fliehen, weil er für aufstän-dische Bauern eingetreten war. Er

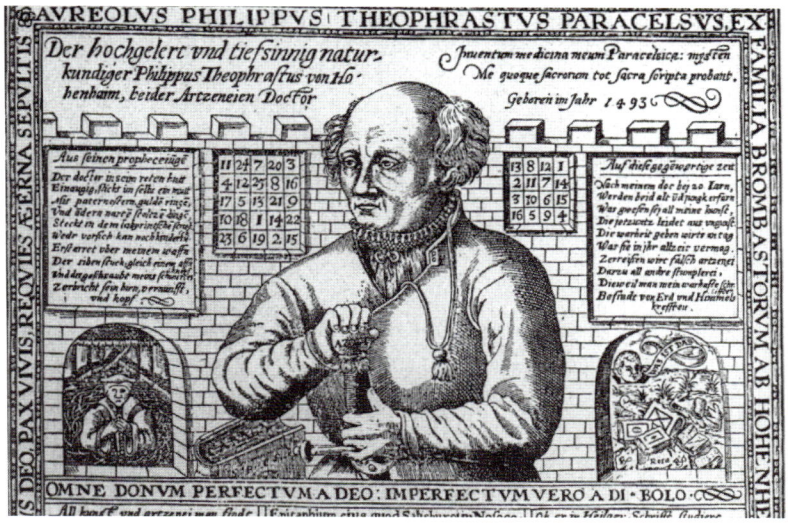

Paracelsus, Flugblatt mit Bildnis und Beischriften, Kupferstich aus dem 16. Jh.

ging nach Basel, wo er nach erfolgreicher Behandlung eines Bürgers und Freundes des Eras-mus von Rotterdam zum Stadt-arzt und Professor an die Univer-sität berufen wurde. Hier hielt er – revolutionär für diese Zeit – neben lateinischen Vorlesungen auch Unterricht in deutscher Sprache. Seine programmatischen Ansichten, gepaart mit Spott und Aufbegehren gegen die Autori-täten seiner Epoche, führten rasch zu Auseinandersetzungen mit Ärztekollegen, Apothekern und dem Rat der Stadt, so dass er Anfang 1528 Basel verlassen musste. Für Theophrastus von Hohenheim, der sich etwa seit dieser Zeit Paracelsus nannte (nach seinem Vorbild, dem römi-schen Enzyklopädisten Aulus Cornelius Celsus), folgten wie-derum Wanderjahre durch Süd-deutschland, die Schweiz und Österreich. 1540 kam er schwach und krank nach Salzburg und verstarb dort kurze Zeit später. Paracelsus hat viel geschrieben: über 200 medizinische, theologi-sche und philosophische Schrif-ten. Das Wenigste aber wurde

zu seinen Lebzeiten gedruckt. In seinem Werk setzte er sich mit Syphilis und ihrer Therapie auseinander, mit den Berufs-krankheiten der Berg- und Hüttenarbeiter, mit antisepti-schen Prinzipien in der Wund-behandlung, mit der Wirkung von Mineralien im menschlichen Körper und vielem mehr. Dabei drückt sich die Überzeugung aus, dass nur die Natur selber, die „Lebenskraft", heilen könne. Ärzte und Medikamente – für jede Krankheit eine bestimmte chemische Substanz – könnten lediglich den Heilungsprozess anstoßen. Seine Auffassung, dass praktische Erfahrung in der Medizin von höchster Bedeutung sei und dass Körper, Geist und Seele eine Einheit bildeten, machen ihn bis heute modern.

„In der Stube daheim erfährt man nichts, als was die Fantasie hergibt; die Augen aber, die in der Erfahrenheit ihre Lust haben, das sollen die Professores eines wirklichen Arztes sein."

Charles Darwin

* 12. Februar 1809 in Shrewsbury, England
† 19. April 1882 in Down, England
englischer Naturforscher und Wissenschaftler

Charles Darwin, um 1875

Literatur

- Clark, Ronald W., Charles Darwin. Biographie eines Mannes und einer Idee, aus dem Englischen von Joachim A. Frank, S. Fischer Verlag, Frankfurt/Main 1985
- Hemleben, Johannes, Charles Darwin, Rowohlt Taschenbuch Verlag, Reinbek 1979
- Stone, Irving, Der Schöpfung wunderbare Wege. Das Leben des Charles Darwin, aus dem Amerikanischen von Willy Thaler, Verlag Droemer Knaur, München, Zürich 1981

SCHÖPFER DER EVOLUTIONSTHEORIE

Charles Darwin war der Prototyp eines Wissenschaftlers, der sich allmählich zu seinem Lebensthema vorarbeitet. Als er 1831, gerade 22 Jahre alt und examinierter Theologe, das Forschungsschiff „Beagle" bestieg, um sich zu einer Reise nach Südamerika aufzumachen, ahnte er, dass er seiner Bestimmung entgegensegeln würde. Nach unbefriedigender Schulzeit und freudlos absolviertem Studium konnte er sich endlich seiner wahren Leidenschaft widmen: Er wollte die Natur beobachten, geologische Formationen, Pflanzen, Insekten, Vögel studieren, Eindrücke sammeln, schauen, nachdenken. Fünf Jahre dauerte die Reise mit der „Beagle". Sie führte die Forschergruppe unter anderem auf die Galapagos-Inseln, wo Darwin interessante Beobachtungen machte und erste Gedanken entwickelte, die sich später zu seiner „Evolutionstheorie" verdichteten. Er entdeckte auf den verschiedenen Inseln unterschiedlich ausgeprägte Arten einzelner Tiere, so etwa 13 verschiedene Arten von Finken: „Ich hätte nie geträumt, dass 50 bis 60 Meilen voneinander entfernte Inseln, die von einem Standort aus fast alle zu sehen sind, so verschiedenartige Bewohner haben könnten", schrieb der Naturwissenschaftler und folgerte daraus: „Da der Archipel von heftigen Stürmen merkwürdig frei ist, werden weder Vögel noch Insekten noch leichtere Samenkörner von einer Insel zur anderen geweht."

Zum ersten Mal fasste Darwin den Gedanken, Arten könnten sich verändern, um sich einer gewandelten Umgebung anzupassen oder um in unterschiedlichen Lebensräumen existieren zu können. Die Darwin-Finken, wie die Vögel seit der Identifikation durch den Naturwissenschaftler genannt werden, waren angepasst an die jeweiligen Gegebenheiten der Inseln – sie hatten unterschiedliche Schnabelformen. Für Darwin war offensichtlich, „dass Tatsachen wie diese … nur unter der Annahme erklärt werden konnten, dass Spezies allmählich modifiziert werden. Und der Gegenstand verfolgt mich."

Doch den neuen Erkenntnissen folgten lange Jahre des Grübelns, Zweifelns und Suchens. Wie sollten die Beobachtungen in ihrer Entstehung erklärt werden? Und wie sollten sie mit dem bis dahin gültigen Weltbild, dem biblischen Schöpfungsgedanken, in Einklang gebracht werden? Denn nach herrschender wissenschaftlicher und theologischer Lehre waren alle Lebewesen – Pflanzen, Tiere, der Mensch – unabhängig voneinander entstanden, vollendete, von Gott geschaffene Geschöpfe von Anfang an. Doch wie waren dann Schmetterlinge geschaffen worden – als Raupen oder als Falter? Und wieso waren Züchtungen bei Pflanzen und Tieren möglich? Wie konnte es sein, dass ganze Tier- und Pflanzenarten ausgestorben waren?

Charles Darwin war nicht der Erste, der sich diese Fragen stellte und zu der Auffassung kam, dass Entwicklung, Veränderung und Anpassung die Konstanten aller Lebewesen seien. Aber die bisherigen Thesen waren unschlüssig formuliert und hatten wenig Resonanz gefunden. Darwin selbst hatte die zündende Idee für seine Theorie 1838, als er einen Text des englischen Nationalökonomen Thomas Malthus las. Dieser Autor vertrat die damals berüchtigte These, nur durch Hunger, Krankheit und Krieg würde die Erde vor einer Überpopulation durch die Menschen bewahrt werden. „Blitzartig", ging es dem Naturforscher auf, „dass unter diesen Umständen bevorzugte Arten dazu neigen, sich zu erhalten, benachteiligte Arten dagegen vernichtet werden." Überleben würden die für eine bestimmte Umwelt optimal ausgestatteten Individuen einer Art. Darwin hatte die Grundgesetze

seiner Evolutionslehre gefunden. Demnach entwickelten sich alle Lebewesen aus einfachen Urformen und differenzierten sich in einem Zeitraum von Jahrmillionen immer mehr aus. Im Laufe dieser Entwicklungsgeschichte kam es zu „Mutationen", zufälligen, sprunghaften und ungerichteten Veränderungen der Erbmerkmale, wodurch neue Arten entstanden, bis hin zum Menschen, der innerhalb dieser Entwicklung nur eine Stufe – und durchaus nicht die höchste oder letzte – darstellt.

Darwin wusste um die revolutionäre Tragweite seiner Lehre. Und weil er ein bedächtiger Mann war, ging er mit seinen Erkenntnissen behutsam um. Zu einer Publikation entschloss er sich erst, als ihm ein jüngerer Naturforscher, Alfred Wallace, eine Abhandlung unterbreitete, in der er dieselbe Theorie ausgearbeitet hatte. 1859 erschien Darwins Epoche machendes Werk *Über die Entstehung der Arten*, eine auf Tatsachenbeobachtung gegründete, schlüssige Theorie zur Erklärung der Vielfalt des Lebendigen, die tiefe Empörung von kirchlicher und wissenschaftlicher Seite auslöste. Affe und Mensch mit gemeinsamen Wurzeln, die Lebewesen nicht im Schöpfungsakt entstanden, sondern durch Zufall und nach hartem Ausleseprinzip? Das war eine ungeheure Provokation.

„Ich habe so angestrengt und so gut gearbeitet, wie ich nur konnte, und kein Mensch kann mehr als dies tun", schrieb Darwin einmal über seine Arbeit. Er wollte

THE LONDON SKETCH BOOK.

PROF. DARWIN.

Darwin und der Affe. Karikatur aus dem Jahre 1874

„ein wenig zur Förderung der Naturwissenschaft beitragen. Dies habe ich nach besten Kräften getan und meine Kritiker mögen sagen, was sie wollen, diese Überzeugung können sie mir nicht zerstören."

„Wir sind hier offenbar in Raum und Zeit dem Geheimnis aller Geheimnisse etwas näher gekommen, nämlich dem Erscheinen neuer Lebewesen auf der Erde."

Ignaz Philipp Semmelweis

* 1. Juli 1818 in Buda (späterer Stadtteil von Budapest)
† 13. August 1865 in Wien
ungarischer Arzt

Ignaz Semmelweis, Radierung 1865

„Sollten Sie, ohne meine Lehre widerlegt zu haben, fortfahren, Ihre Schüler und Schülerinnen in der Lehre des epidemischen Kindbettfiebers zu erziehen, so erkläre ich Sie vor Gott und der Welt für einen Mörder."

Literatur

- Semmelweis 1818–1865, aus dem Ungarischen von Brigitte Engel, Verlag Hermann Böhlaus Nachf., Wien, Köln, Graz 1983
- Gortvay, György, Zoltán, Imre, Semmelweis. Retter der Mütter, aus dem Englischen von Harald Breyer, S. Hirzel Verlag, Leipzig 1976
- Silló-Seidl, Georg, Die Wahrheit über Semmelweis, Ariston Verlag, Genf 1978

RETTER DER MÜTTER

Ignaz Semmelweis war ein Pionier der Medizingeschichte: Als Erster erkannte der ungarische Arzt die Ursachen des Kindbettfiebers. Diese Infektionserkrankung, die mit hoher Temperatur, Unterleibsschmerzen, Schwellungen im Beckenbereich, Abszessen, Bauchhöhlenentzündung, Blutvergiftung und schließlich Herzversagen einhergeht, war im 19. Jahrhundert eine gefürchtete Epidemie und kostete zahllosen Wöchnerinnen und ihren Säuglingen das Leben. Besonders häufig war die Krankheit bei Frauen, die ihre Kinder in Krankenhäusern zur Welt brachten, und das waren damals Angehörige der unteren sozialen Schichten. Normalerweise fanden Entbindungen zu Hause statt. Nur mittellose Frauen gingen in die Geburtskliniken, wo sie kostenfrei behandelt wurden, unter der Bedingung, dass sie sich den Medizinstudenten als Demonstrationsobjekte zur Verfügung stellten. Das war auch in der „Wiener Geburtshilflichen Klinik" der Fall, der größten Klinik dieser Art in Europa, wo der junge Ignaz Semmelweis seit 1844 als „Aspirant" (Bewerber, Arzt in der zweiten Reihe) und seit 1846 als Assistenzarzt arbeitete. Der Mediziner beobachtete, dass die Häufigkeit des Kindbettfiebers in der 1. Abteilung, also seiner Station, weit höher war als in der 2. Abteilung, an der keine Ärzte, sondern nur Hebammen behandelten. Allein 1846 lag die Sterblichkeitsrate der Wöchnerinnen in seiner Abteilung bei fast 15 Prozent, in der Hebammen-Klinik waren es „nur" 2,7 Prozent. Ähnlich sah es bei den Neugeborenen aus. Herrschende Meinung in der Ärzteschaft zu dieser Zeit war, dass es sich beim Kindbettfieber um eine Art Epidemie handle, die „kosmisch-tellurisch" durch atmosphärische und Erd-Kräfte oder „miasmisch" durch irgendein Gift in der Luft ausgelöst werde. Doch für Semmelweis war diese Erklärung nicht schlüssig – dann hätte ja die benachbarte Hebammenstation ähnlich viele Todesfälle aufweisen müssen. Erst der Tod eines befreundeten Gerichtsmediziners brachte ihn auf die richtige Spur. Der Freund hatte sich beim Sezieren mit einem infizierten Messer verletzt und ähnliche Symptome wie die am Kindbettfieber erkrankten Frauen gezeigt. Semmelweis erkannte, dass die

Semmelweis, der Entdecker der Ursache des Kindbettfiebers, 1865

Ärzte und Studenten – ihn eingeschlossen – selbst es waren, die, von Autopsien kommend, mit nur flüchtig oder gar nicht gewaschenen Händen und in denselben blut- und gewebeverschmutzten Kitteln die Gebärenden mit den tödlichen, das Kindbettfieber erzeugenden „Keimen" infizierten. Die Hebammen dagegen hatten nichts mit Sektionen zu tun; auf ihrer Station gab es entsprechend weniger Infektionen.

Der junge Mediziner entdeckte als Erster die Bedeutung von Kontaktinfektion und entwickelte das rettende Mittel: akribisches Händewaschen in Chlorkalklösung und Reinigung der Instrumente und Verbandsmaterialien vor jeder Berührung der Wöchnerinnen – die noch heute unbestrittene Methode der Aseptik und der Antiseptik, der Lehre von Keimfreiheit und Keimabtötung.

Semmelweis' Desinfektionsmethode war erfolgreich: Innerhalb kürzester Zeit sank die Sterbequote in seiner Abteilung auf 2 Prozent. Gleichzeitig aber quälte sich der Arzt mit Schuldgefühlen, Mitverursacher des Massensterbens der Frauen und Säuglinge gewesen zu sein. Mit diesem Empfinden aber stand er ziemlich alleine unter der Ärzteschaft. Die Kollegen erkannten keinen Sinn in seinen Methoden, sahen den Zusammenhang nicht und zogen keine Konsequenzen. Missgunst, Machtkämpfe und Intrigen machten Semmelweis das Leben schwer. Dazu kam, dass er es versäumte, seine Befunde publik zu machen, weil er hoffte, sie würden sich von selbst verbreiten. Schließlich musste er 1850 Wien verlassen und kehrte in seine Budapester Heimat zurück, wo er seine Arbeit wieder von vorn beginnen durfte. 1861 veröffentlichte er dann endlich seine grundlegende Schrift *Die Aetiologie, der Begriff und die Prophylaxis des Kindbettfiebers.* Seinen Groll äußerte er in „offenen Briefen", in denen er Koryphäen seines Faches als Mörder bezeichnete – ein nicht eben kluger Versuch, seiner Epoche machenden Idee Anerkennung zu verschaffen.

Seine Rehabilitierung als genialer Arzt hat Semmelweis nicht mehr erlebt. In den letzten Jahren seines Lebens war er wohl in einer psychischen Krise, ob er tatsächlich geisteskrank war, wie lange angenommen, ist heute umstritten. Er starb 1865 in einem Wiener Irrenhaus, erst 47-jährig, an den Folgen einer Blutvergiftung.

Wenige Tage zuvor hatte er sich an der Hand verletzt. Die Sektion zeigte dasselbe Bild, das er so oft selbst gesehen hatte: Entzündungen, Abszesse, Eiterungen. Nach seinem Tod hat die Mikrobiologie seine Theorien bestätigt. Für die heutige Medizin gilt er als Pionier der modernen Hygiene.

> *„Gesundenbett*
> Blumen über Blumen an meinem Krankenbette,
> ja soll ich denn zu einem Blumenladen gemacht werden?
> Und was mag auch das Wörtel Krankenbett bedeuten – ich gesunde doch hier.
> Oh brächte mir einer an mein Gesundenbett also ein Büchel, das ich lesen und weglegen kann und ruhen und wiederlesen und dabei frischen Mut schöpfen."

In offenen Briefen äußerte Semmelweis seinen Zorn über die Unehrlichkeit seiner Kollegen

Louis Pasteur

* 27. Dezember 1822 in Dole im französischen Jura
† 28. September 1895 in Villeneuve l'Etang bei Paris
französischer Chemiker und Mikrobiologe

Der Chemiker und Biologe Louis Pasteur, 1890

Literatur

- Pasteur, Louis, Pasteur und die Generatio Spontanea, aus den Werken von Pasteur ausgewählt, übersetzt und eingeleitet von Josef Tomcsik, Huber Verlag, Bern, Stuttgart 1964
- Unger, Hellmuth, Louis Pasteur. Bildnis eines Genies, Hoffmann und Campe Verlag, Hamburg 1952
- Wiench, Peter (Hg.), Die großen Ärzte. Geschichte der Medizin in Lebensbildern, Kindler Verlag, München 1982

DER BEGRÜNDER DER MIKROBIOLOGIE

Er gilt als einer der Erfolgreichsten in der Geschichte der Wissenschaft. Seine Forschungen und Entdeckungen wurden für Medizin und Hygiene, für Ernährung und Landwirtschaft zu bahnbrechenden Impulsen: Der Franzose Louis Pasteur, Begründer der Mikrobiologie, Pionier der Impfung, der Hygiene und der Haltbarmachung von Lebensmitteln, repräsentiert den Sieg der Wissenschaft über Bedrohungen der Menschheit und wurde nicht nur in Frankreich zu einer Legende. Der Gerbersohn aus dem französischen Jura studierte Chemie und Physik und beschäftigte sich zunächst mit der Symmetrie der Kristalle, ehe er sich mit dem Problem der Gärung näher auseinander setzte. In der Fachwelt herrschte damals die Ansicht, in faulenden und gärenden Substanzen entstünden von selbst Kleinlebewesen. Pasteur aber ging davon aus, dass die Gärung und damit oft auch der Verderb von Wein, Bier, Alkohol, Essig und Käse – alles wichtige Produkte der auf Landwirtschaft basierenden französischen Ökonomie – auf bestimmte Mikroben zurückgeht. Um seine Theorien über die Rolle der Mikroorganismen zu beweisen, isolierte und züchtete Pasteur sie im Labor in sterilisierten Kulturflaschen. Schließlich entdeckte er, dass diese winzigen Lebewesen, die die Gärung und Fäulnis bewirken, nicht hitzebeständig sind: Durch gezieltes Erhitzen, so fand er heraus, lassen sich Gärungsprozesse stoppen, ohne dass wertvolle Inhaltsstoffe beschädigt werden oder verloren gehen. Damit hatte er das Prinzip der „Pasteurisierung", der Haltbarmachung von Nahrung, erfunden, die bis heute praktiziert wird. Die Mikroben führten Louis Pasteur zu den von ihnen verursachten Infektionskrankheiten. Er beschäftigte sich zunächst mit der Seidenindustrie Frankreichs. Massenweise fielen die Seidenraupen einer unbekannten Seuche zum Opfer. Dem Wissenschaftler gelang es, durch umfangreiche Hygienemaßnahmen diese Krankheit wirksam einzudämmen. Danach stieß Pasteur fast zwangsläufig auf das Gebiet der Ursachenforschung der Infektionskrankheiten bei Menschen und Tieren. Er untersuchte den Milzbrand bei Schafen und Rindern und fand einen Weg, den

Erreger experimentell abzuschwä-
chen und damit Versuchstiere vor
einer Infektion zu bewahren – das
war die Geburt der experimentel-
len Schutzimpfung. Diese Errungenschaft löste seit 1881 ein enor-
mes Interesse bei den Medizinern
aus.

Pasteur begann nun, sich mit
einem seltenen, aber schrecklichen
Leiden zu befassen: der Tollwut.
Obwohl er den als Ursache
vermuteten bakteriellen Erreger
unter dem Mikroskop nicht
finden konnte – das Tollwutvirus
wurde erst im 20. Jahrhundert
entdeckt –, gelang es dem Forscher, den für ihn unsichtbaren
Erreger im getrockneten Rücken-
mark von Kaninchen zu züchten
und seine Infektionsgefahr zu
schwächen. Nach verschiedenen
Versuchen an Tieren und Menschen gelang ihm 1885 mit einer
Impfung die spektakuläre Heilung
eines kleinen Bauernjungen, der
mehrfach von einem tollwütigen
Hund gebissen worden war.

Die Rettung des Jungen wurde
als Wunder gefeiert und verhalf
Louis Pasteur zu Weltruhm.
Dass Pasteur, wie im Nachhinein
herausgefunden wurde, den
Impfstoff bereits zuvor bei anderen Patienten getestet hatte,
wurde dem Forscher immer wieder angekreidet, schmälert aber
nicht die Bedeutung seiner Entdeckungen für die Menschen.
Der Kampf gegen die Infektionskrankheiten und deren ungeheure
Vielfalt zwang Pasteur, wissenschaftliche Ungereimtheiten zu
ignorieren und gesellschaftlichen
Widerständen auszuweichen: Für
den Chemiker war es schwierig,

Louis Pasteur in seinem Labor, 1885

einerseits in einem winzigen
Labor Mikroorganismen zu mani-
pulieren und gleichzeitig Über-
zeugungsarbeit bei Hygienikern,
Ärzten, Beamten, Gesundheits-
behörden, Stadtplanern und
Wasserwerken zu leisten. Sie alle
kämpften mit den Folgen bedroh-
licher Epidemien, wie Tollwut,
Cholera, Typhus. Als Ursachen
sahen selbst die fähigsten Köpfe
jener Zeit aber nicht Mikroben,
sondern vor allem Armut und
unsaubere Behausung. Abwegig,
ja unwissenschaftlich erschien
ihnen die Verbindung zwischen
einer absonderlichen Mikrobe im
Labor und der Gesundheit des
Menschen.

Um seine Gegner zu überzeugen,
versuchte Louis Pasteur parlamen-
tarische Kommissionen für seine
Sache zu gewinnen, ließ statisti-

sche Erhebungen durchführen,
veranstaltete Pressekonferenzen
und erlebte es schließlich noch,
dass sich seine Erkenntnisse international durchsetzten und die
Mikrobiologie sich als Wissenschaft etablierte. „Louis Pasteur",
schrieb der Wissenschaftler Bruno
Latour einmal, „mobilisierte die
Öffentlichkeit, genau wie heute
die Aidsforscher Robert Gallo
und Luc Montagnier. Seine
eigentliche Größe lag nicht in
der Entdeckung einzelner Erreger,
sondern darin, ihre Existenz mit
den sozialen Verhältnissen zu
verknüpfen." 1888 hatte Pasteur
unter großer öffentlicher Anteilnahme das „Pasteur-Institut" in
Paris gegründet, das heute weltweit über 20 Filialen unterhält
und mit Priorität an einem Impfstoff gegen Aids arbeitet.

Wilhelm Conrad Röntgen

* 27. März 1845 in Lennep, heute ein Stadtteil von Remscheid
† 10. Februar 1923 in München
deutsch-niederländischer Physiker

Wilhelm Conrad Röntgen, um 1900

Literatur

- Fölsing, Albrecht, Wilhelm Conrad Röntgen. Aufbruch ins Innere der Materie, Hanser Verlag, München 1995
- Glasser, Otto, Wilhelm Conrad Röntgen und die Geschichte der Röntgenstrahlen, Springer Verlag, Berlin 1995
- Leicht, Hans, Wilhelm Conrad Röntgen. Biographie, Ehrenwirth Verlag, München 1994

DER MANN MIT DEM DURCHBLICK

Am 8. November 1895 hatte Wilhelm Conrad Röntgen, Professor für Physik in Würzburg, beim Experimentieren erste Anzeichen für „eine neue Art von Strahlen" beobachtet. Nachdem er nach wochenlangen Versuchen am Neujahrstag 1896 einen zehnseitigen Artikel über seine neue Entdeckung, illustriert mit einigen sensationellen Fotos von durchstrahlten Händen und anderen „durchleuchteten" Gegenständen, an etwa 90 Physikerkollegen in ganz Europa verschickt hatte, „ging der Teufel los. Die Wiener Presse blies zuerst in die Reklametrompete", schrieb der Wissenschaftler über den weltweiten Wirbel, den seine Entdeckung binnen kürzester Zeit auslöste. Nie zuvor wurde eine wissenschaftliche Erkenntnis so schnell aufgegriffen und für verschiedenste Zwecke nutzbar gemacht. Die Bedeutung der Röntgenstrahlen für die Medizin lag auf der Hand, eröffneten sie doch die Möglichkeit, erstmals in das Innere des menschlichen Körpers zu blicken, Knochenbrüche, Fremdkörper festzustellen. Es dauerte nicht lange, dann wurden auch Organe wie Herz und Lunge (wichtig für die Diagnose von Tuberkulose) darstellbar. Die moderne Heilbehandlung ist ohne Röntgenstrahlen nicht denkbar: Aus der Röntgentechnik haben sich letztlich die weiteren bildgebenden Verfahren wie Computertomographie, Magnetresonanztomographie und Ultraschall entwickelt.

Weniger populär, aber für die Physik umso maßgebender war die wissenschaftliche Bedeutung der „neuen Strahlen": Röntgens Entdeckung war ein Meilenstein auf dem Weg in die Physik des 20. Jahrhunderts, die mit den Erkenntnissen über Radioaktivität, Atombau und der zerstörungsfreien Materialienuntersuchung eine neue Dimension erreichte. Dass die neuen Möglichkeiten gefährliche und schädigende Wirkungen haben, wurde in der anfänglichen Euphorie nicht beachtet oder sogar bewusst verschwiegen; erst allmählich nahmen Forschung und Medizin die Strahlenbelastung ernst und entwickelten genauere Messverfahren zur Bestimmung der Strahlendosis.

Wilhelm Conrad Röntgen war 50 Jahre alt, hatte viele Jahre lang

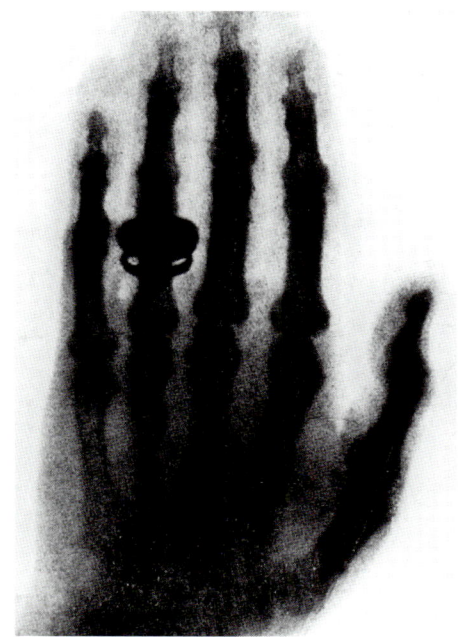

*Röntgenaufnahme einer Hand mit
zwei Ringen*

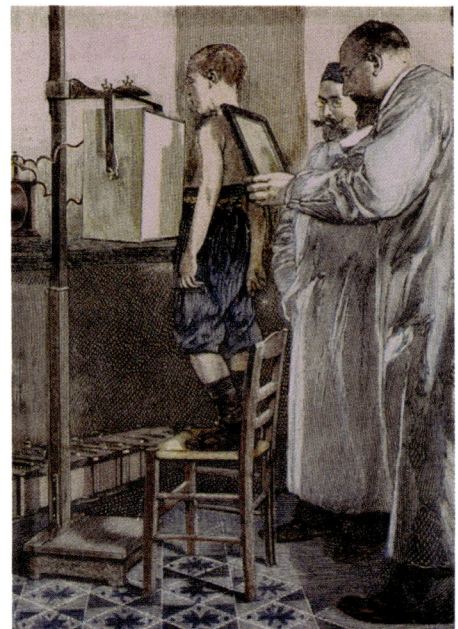

*Diagnose der Lungentuberkulose unter
Verwendung der neuen Röntgenstrahlen*

solide Forschungsarbeit geleistet, „ausgezeichnet durch große Zuverlässigkeit und Sorgfalt", wie es in einer akademischen Beurteilung heißt, aber ohne irgendwelche neuen Erkenntnisse. Wie viele seiner Kollegen in dieser Zeit hatte auch er sich mit elektrischen Entladungsvorgängen in Röhren mit verdünnten Gasen beschäftigt. Diese so genannten Gasentladungsröhren (Kathodenstrahlröhren) waren filigrane Glasröhren mit eingeschmolzenen Elektroden, in denen mit Quecksilberpumpen ein Vakuum erzeugt wurde. Bei ausreichend hoher elektrischer Spannung begann das in der Röhre verbliebene Gas in irisierenden Farben zu leuchten. An jenem 8. November 1895 arbeitete Röntgen mit eben solchen Kathodenstrahlröhren. Dabei entdeckte er, dass ein Fluoreszenzpapier bei jeder Entladung aufleuchtete, obwohl es an einer Stelle lag, wo keine Kathodenstrahlen auftreffen konnten. Licht

konnte die Fluoreszenz nicht angeregt haben, da die Röhre mit schwarzem, lichtdichtem Karton umhüllt war. Der Physiker erkannte, dass die Kathodenstrahlen beim Auftreffen auf die Glaswand des Entladungsapparats eine andere, noch unbekannte Art von Strahlen erzeugten, die er nach mathematischer Manier „X-Strahlen" nannte, so wie sie international („X-Rays") immer noch heißen. In Deutschland wurden sie zu Ehren des Entdeckers Röntgenstrahlen genannt. Röntgen untersuchte ihre Wirkung auf verschiedene Materialien: Er ließ sie durch ein Blatt, ein Buch, Metallplatten und schließlich durch seine Hand dringen und stellte fest: Je dichter das Material, desto weniger durchlässig war es für die Strahlen. Deshalb konnte er die Schatten der Knochen in seiner Hand erkennen, die eine höhere Dichte haben als Muskeln und Haut. In unzähligen Experimenten erhärte-

te der Physiker seine Erkenntnis. Mit seiner Publikation *Über eine neue Art von Strahlen* wurde Wilhelm Conrad Röntgen fast über Nacht berühmt und als Wohltäter der Menschheit gefeiert. Er wechselte 1899 an die Universität München und erhielt 1901 den ersten Nobelpreis für Physik. Ein bemerkenswerter Weg für den Tuchfabrikantensohn, der als Schüler ausgerechnet in Physik einmal die schlechteste Zensur erhalten hatte und insgesamt einen holprigen Bildungsweg gegangen war. Seine Entdeckung sah der „alte Einsiedler", wie Röntgen sich selbst bezeichnete, als Zufall an. Er lehnte es ab, seine wissenschaftliche Leistung kommerziell zu verwerten, obwohl die „Röntgenröhre" sicherlich ein einträgliches Patent geworden wäre. Die Erkenntnis der X-Strahlen war und blieb Röntgens einzige herausragende Errungenschaft, aber sie war von epochaler Bedeutung und wurde zur Initialzündung für einen tief greifenden Wandel in der Naturerkenntnis.

„Vor hundert Jahren hieß das neue Schlagwort X-Strahlen. Das war eine ganz andere Welt, für viele eine Hexerei, und doch zugleich Wirklichkeit und keineswegs nur virtuell: der für unmöglich gehaltene Blick ins Innere von Körpern fast aller Art. Der Entdecker selbst sprach bescheiden über ‚eine neue Art von Strahlen', doch schon bald wurden sie nach ihm benannt, nach Wilhelm Conrad Röntgen."
Eckart Klaus Roloff,
Wissenschaftsjournalist

Sigmund Freud

* 6. Mai 1856 in Freiberg, Mähren
† 23. September 1939 in London
österreichischer Arzt und Psychologe

Sigmund Freud, um 1921

„Der Hauptpatient, der mich beschäftigt, bin ich selbst. Die Analyse ist schwerer als irgendeine andere."

Literatur

- Gay, Peter, Freud. Eine Biographie für unsere Zeit, S. Fischer Verlag, Frankfurt/Main 1989
- Lohmann, Hans-Martin, Sigmund Freud, Rowohlt Taschenbuch Verlag Reinbek 1998
- Markus, Georg, Sigmund Freud und das Geheimnis der Seele. Die Biographie, Verlag Langen Müller, München 1989

DER SEELENFORSCHER

Verdrängung, Ambivalenz und Lustprinzip, Ödipuskomplex, Sublimierung, Penisneid, Ich, Über-Ich und Es – diese Begriffe sind fest in unserem Sprachschatz verankert, und wer sie benutzt, spricht, ob bewusst oder unbewusst, die Sprache Sigmund Freuds. Nicht nur die Begrifflichkeit, die der Wiener Hirnforscher und Neurologe entwickelte, zeigte sich als wirkungsmächtig, sondern die ganze von ihm begründete Disziplin, der sie entstammt, die Psychoanalyse. Unsere seelische Welt ist ohne Freud nicht mehr denkbar. Seine Lehren revolutionierten nicht nur die Seelen-Medizin, sie veränderten das menschliche Dasein wie kaum ein anderes Theoriegebäude. Freud und seine psychoanalytische Lehre haben auch nach 100 Jahren nichts von ihrer Bedeutung verloren. Sie sind allgegenwärtig: immer wieder kritisiert, angefochten, diskreditiert und doch von großem Einfluss. Damals wie heute.

Sigismund Schlomo Freud kam 1856 in dem mährischen Städtchen Freiberg im heutigen Tschechien zur Welt. Arbeitslosigkeit und Antisemitismus trieben die jüdische Familie wenige Jahre später nach Wien. Sohn Sigmund war ein intelligentes und frühreifes Kind, sprachbegabt, von außergewöhnlicher Merkfähigkeit – ein Klassenprimus und später an der Universität ein leidenschaftlicher und erfolgreicher Student. „Eine Art von Wissbegierde" hatte ihn, der erst Jura studieren wollte, bewegt, sich für Medizin zu entscheiden. Die Voraussetzungen waren gut: Die Wiener medizinische Schule war weltberühmt für ihren hohen Standard. Beeinflusst von dem namhaften Physiologen Ernst von Brücke wandte Sigmund Freud sich der Hirnanatomie zu; er beschäftigte sich mit Funktion und Struktur des Nervensystems, entdeckte die schmerzbetäubende Wirkung von Kokain und untersuchte, ob sich dieses Mittel zur Krankheitsbehandlung und für den Morphiumentzug einsetzen ließe. 1885 wurde er zum Dozenten für Neuropathologie ernannt. Im selben Jahr ging er zu einem Studienaufenthalt an die Salpêtrière nach Paris, das damals als die Hochburg der Neurologen galt. Er studierte bei Jean-Martin Charcot, einer Koryphäe auf dem Gebiet seelischer Erkrankungen ohne organischen Befund.

Freud an seinem Schreibtisch in London

Der Seelenforscher mit Martha und Minna Bernays im Jahre 1929

Charcots Methode, Hysterie mit Hypnose und Suggestion zu behandeln, inspirierte Freud und wies ihm die Richtung für seine grundlegenden Einsichten in die Triebstrukturen menschlichen Verhaltens.

Zurück in Wien, eröffnete er als Nervenarzt eine eigene Praxis und suchte neben und während seiner ärztlichen Tätigkeit, die Geheimnisse des seelischen Lebens zu erforschen. Er schrieb eine Abhandlung über Gehirnanatomie, untersuchte Ursachen und Symptome der Kinderlähmung und beschäftigte sich weiterhin mit der hypnotischen Suggestionstherapie. Seit Anfang der 90er Jahre spezialisierte er sich auf die Erforschung und Therapie von Neurosen. Auf der Basis der so genannten Psychokatharsis – einer Methode, mit der durch die Rückholung der Erinnerung aus dem Bereich des Unbewussten in die Sphäre des Bewusstseins seelische Krankheiten geheilt werden konnten – entwickelte er zusammen mit seinem Kollegen und Freund Josef Breuer, dem Begründer der Psychokatharsis,

seine psychoanalytische Theorie und Therapie. Berühmt geworden ist die Behandlung der Patientin Anna O.: Unter Hypnose holte sie nach und nach ein traumatisches Erlebnis in ihr Bewusstsein und wurde so von ihren „eingeklemmten Affekten" befreit – ihre Krankheitssymptome verschwanden.

Dass es neben dem „Tagbewusstsein" noch etwas anderes gibt, das im Menschen wirksam ist und in Träumen oder plötzlichen Eingebungen zum Vorschein kommt, war damals zwar allgemein akzeptiert, Freud aber entdeckte den Traum für die Wissenschaft und die Medizin. Er fing an, sich mit den Träumen seiner Patienten – meist waren es Frauen – zu befassen, sie niederzuschreiben und systematisch zu deuten. Gleichzeitig setzte er sich intensiv mit sich selbst auseinander. Er blickte in sich hinein, beobachtete seine obskuren Fantasien, seine eigenen Träume und Fehlleistungen, die er als ebenso „wirklich" wertete wie sein reales Leben, und entdeckte dabei die Dynamik des unbewussten Seelenlebens,

die Kraft, mit der diese „andere Seite" im Menschen wirkt. Dieses Experiment, diese Selbstanalyse, die Freud an sich vollzog, dokumentierte er in der Monographie *Die Traumdeutung*, seinem wichtigsten Buch: Es gilt als das Grundlagenwerk der analytischen Psychologie, eine Epoche machende Schrift, die das 20. Jahrhundert prägte und eine neue Welt der Seele, auch in ihren unbewussten Aspekten, eröffnete. Die wissenschaftlich systematische Traumdeutung, wie Freud sie in seinem Werk ausführte und in seiner Praxis anwandte, war für ihn neben der freien Assoziation des Patienten der „Königsweg" zum Unbewussten des Menschen. Der Seelenforscher war davon überzeugt, einen Beweis für die normale, frühkindliche Sexualität entdeckt zu haben, deren Unterdrückung und Fehlverarbeitung krank und neurotisch mache. Er prägte den Begriff „Ödipuskomplex", benannt nach dem Griechen Ödipus, der seinen Vater tötete und seine Mutter heiratete. Freud war der Meinung, dass jeder Mensch die

*Das berühmteste Sofa der Welt:
Freuds Analyse-Couch*

*„Die Absicht, dass der Mensch glück-
lich sei, ist im Plan der Schöpfung
nicht enthalten."*

ersten sexuellen Regungen auf den gegengeschlechtlichen Elternteil richte und den Vater beziehungsweise die Mutter als größten Rivalen empfinde. Würden solche frühkindlichen Wünsche nicht auf andere Personen übertragen, entstünden neurotische Störungen: Unerklärliche, dauerhafte Ängste, unüberwindliche Hemmungen und sogar schwere organische Erkrankungen könnten ihre Wurzeln in unbewusst gebliebenen oder gewordenen Konflikten haben. Dass Freud den Geschlechtstrieb als menschlichen Zentraltrieb identifizierte, führte zu großen Missverständnissen. „Das Leben besteht doch nicht nur aus Sexualität", lautete der häufigste Einwand gegen Freuds Lehre. Der Arzt selber wusste natürlich, welch heikles Thema er damit berührte, und sagte dazu: „Wir sprechen darum auch lieber von Psychosexualität und legen so Wert darauf, dass man den seelischen Faktor des Sexuallebens nicht übersehe und nicht unterschätze. Wir gebrauchen das Wort Sexualität in demselben umfassenden Sinne wie die deutsche Sprache das Wort Liebe." Sexualität mit all ihren Aspekten der Sinnenfreude also, mit den Konsequenzen der Maßlosigkeit, auch der Besitzergreifung des anderen, die in Zerstörung umschlagen kann; dazu gehören ebenso die Sinnlichkeit und Lust, wie bereits Kleinkinder sie erleben: zärtliche Berührungen wie lustvolle Erforschungen des eigenen Körpers. 1905 erschien Freuds zweites Meisterwerk *Drei*

Abhandlungen zur Sexualtheorie. In der bedeutenden Studie erläuterte er auch die „Perversionen" frei von moralischen Bewertungen. Er beschrieb sie als selbständig gewordene Überreste von kindlichen Lustquellen, stellte sie in den Rahmen des „normalen" Liebeslebens und ermöglichte damit eine vorurteilsfreiere, liberalere Einstellung gegenüber Sexualität.

Schritt um Schritt enthüllte Freud ein Bild vom Menschen, das in keiner Weise dem von Vernunft, Einsicht und bewusstem Willen bestimmten Bild entsprach. Er brach Tabus und erkannte sehr wohl den geistesgeschichtlichen Zusammenhang, in dem seine psychoanalytische Theorie zu sehen war.

Seit Anfang des 20. Jahrhunderts wurde die Bedeutung der Psychoanalyse immer offensichtlicher, Freud selbst ein international anerkannter Forscher. Ein Kreis von Anhängern, mit denen er seine Ideen diskutierte, scharte sich um ihn. Einige dieser Anhänger und Kollegen wie Alfred Adler und Carl Gustav Jung wandten sich später allerdings von der „reinen" Lehre Freuds ab.

In den Kriegsjahren durchdachte der Seelenarzt seine fundamentalen Theorien erneut und gab dem Gebäude der Psychoanalyse seine endgültige Form – aus seiner Sicht. In zwei Abhandlungen *Jenseits des Lustprinzips* (1920) und *Das Ich und das Es* (1923) legte er die Struktur der Seele dar. Sie besteht nach Sigmund Freud aus drei Instanzen: Das „Es" ist

Freud und Tochter Anna 1938 auf dem Bahnhof in Paris

Auf dem Weg ins Exil: Freud mit Gönnerin Marie Bonaparte und dem US-Botschafter William Bullit in Paris

der geheime, unzugängliche Bereich des Menschen, das Unbewusste, eine Mischung aus Angeborenem und Verdrängtem. Im „Es" wurzeln die Leidenschaften des Menschen; werden sie nicht gelebt, kommen sie in Träumen, Symptomen und Fehlleistungen zum Ausdruck. Das „Ich", auch teilweise unbewusst, setzt sich zusammen aus vernunftgesteuertem Handeln und aus Abwehrmechanismen, die den Menschen vor dramatischen Reizen schützen sollen. Ohne das „Ich" gibt es keine Selbstkontrolle, keine Zivilisation. Das „Über-Ich" schließlich steht für Vorbilder, traditionelle Werte und ist dem Gewissen ähnlich. Diese drei Instanzen befinden sich oft im Konflikt miteinander. Es kann sein, dass bestimmte Gedanken vom „Ich" oder „Über-Ich" daran gehindert werden, vom Unbewussten ins Bewusstsein vorzudringen, oder dass geistige Regungen aus dem Bewusstsein ins Unbewusste verdrängt werden: Das „Ich" verweigert dem „Es" die Lusterfüllung.

Vertragen sich beide, das heißt, stimmt das „Ich" dem „Es" zu, so entsteht ein glücklicher Zustand, die Befriedigung. Wird die Triebenergie (Libido) des „Es" vom „Ich" auf ein edles Ziel umgebogen, so ist das nach Freud eine Sublimierung. Die Kultur – so seine These – beruhe auf der Unterdrückung der Triebe und Aufgabe der geistigen Elite sei es, die triebhaften Impulse nicht zu befriedigen, sondern zu sublimieren, denn die Umlenkung der Triebenergie befähige zu großen Leistungen intellektueller, sozialethischer oder kultureller Art. Freuds Theorie, mag sie auch heute in ihrer ursprünglichen Form in vielem überholt sein, beeinflusste nahezu alle Humanwissenschaften. Sie förderte die weitere Entwicklung der Medizin, Psychologie, Anthropologie, Philosophie, Kunst und Literatur, so, wie auch der Mediziner selbst sich nicht allein auf Psychoanalyse beschränkte, sondern gesamtgesellschaftliche Impulse gab: Er postulierte eine freiere Sexualität und weigerte sich, Homosexuelle

als Kriminelle, Sünder oder Geisteskranke einzustufen. Nach der Machtergreifung der Nationalsozialisten wurden seine Schriften wegen „seeelenzerfasernder Überschätzung des Trieblebens" verbrannt. „Ich habe nie begriffen, warum ich mich meiner Abkunft oder, wie man zu sagen begann, Rasse schämen sollte", kommentierte Freud einmal die sich ausbreitende antisemitische Stimmung. „Meine Sprache ist deutsch. Meine Kultur, meine Bildung sind deutsch. Ich betrachtete mich geistig als Deutschen, bis ich die Zunahme des antisemitischen Vorurteils in Deutschland und Deutschösterreich bemerkte. Seit dieser Zeit ziehe ich es vor, mich einen Juden zu nennen." 1938, nach der Besetzung Wiens durch die Nazis, wanderte er zusammen mit seiner Frau und seiner Tochter Anna nach England aus. Alt und krank – der passionierte Zigarrenraucher litt seit 1923 an Rachenkrebs – lebte er noch ein Jahr in London, Hampstead, wo er im September 1939 starb.

Marie Curie

* 7. November 1867 in Warschau
† 4. Juli 1934 in Valence, Schweiz
polnisch-französische Physikerin und Chemikerin

Marie Curie, um 1900

> „Marie Curie begründete nicht nur die Radiochemie, sondern leitete die Kern- und Nuklearforschung ein. Zugleich gab sie der Technik, der Wirtschaft und der Medizin wichtige neue Impulse und setzte die Anfänge zu dem, was heute Atomzeitalter genannt wird."
> Ulla Fölsing

Literatur

- Fölsing, Ulla, Marie Curie. Wegbereiterin einer neuen Wissenschaft, Piper Verlag, München 1990
- Ksoll, Peter, Vögtle, Fritz, Marie Curie, Rowohlt Taschenbuch Verlag, Reinbek 1988
- Reid, Robert, Marie Curie. Biographie, aus dem Englischen von Henriette Beese, Eugen Diederichs Verlag, Düsseldorf 1980

DAS WISSENSCHAFTSWUNDER

Ihre erste bahnbrechende Entdeckung machte die junge Physikerin Marie Curie in einem feuchten, unbeheizten Raum auf dem Gelände einer Hochschule für Physik und Chemie in Paris. Sie stand in den Anfängen ihrer Dissertation und untersuchte das von Henri Becquerel entdeckte Phänomen der Strahlung in Salzen des Schwermetalls Uran. Dabei fand sie heraus, dass Thorium ähnliche Eigenschaften wie Uran besitzt und Strahlen aussendet. Diese Strahlung nannte sie „Radioaktivität" – eine Bezeichnung, die seitdem zum klassischen Vokabular der Physik gehört –, meldete ihre Forschungsergebnisse 1898 bei der französischen Akademie der Wissenschaften an und arbeitete weiter. Nach einiger Zeit und zahllosen Untersuchungen machte sie eine weitere Entdeckung. Sie stellte fest, dass die beiden Uranverbindungen Pechblende und Chalkolith stärkere Strahlen aussenden, als sie, gemessen am Gehalt von Uran und Thorium, eigentlich sollten. „Die Tatsache", schrieb Marie Curie, „ist sehr bemerkenswert und führt zu der Annahme, dass diese Mineralien ein Element enthalten dürften, das viel aktiver ist als Uran." Die Vermutung, ein neues chemisches Element entdeckt zu haben, trieb die Doktorandin zu leidenschaftlicher Forschungsarbeit, um „diese Hypothese so rasch wie möglich zu verifizieren". Zusammen mit ihrem Mann, dem Naturwissenschaftler Pierre Curie, der sich mittlerweile an ihren Experimenten beteiligte, gelang es der Physikerin in den folgenden Monaten, aus der Substanz Pechblende zwei neue Elemente zu isolieren. Das eine nannte Marie Curie in Erinnerung an ihre polnische Heimat „Polonium", das andere – tausendmal aktiver als Uran und daher interessanter – erhielt den Namen „Radium". Am 26. Dezember 1898 gaben die Curies zusammen mit ihren Mitarbeitern Eugène Demarcey und Gustave Bémont ihre Ergebnisse in einem Akademiebericht bekannt: „Die Radioaktivität der neuen Substanz, der wir den Namen Radium geben wollen, muss ungeheuer sein." Die ersten Auswirkungen dieser Ungeheuerlichkeit hatte das Forscherpaar schon erfahren, ohne es zu ahnen. Beide litten bereits 1898 unter

Beschwerden, die als Vorboten der Strahlenkrankheit gelten.

Für ihre gemeinsamen Leistungen „in der Erforschung von Strahlungsphänomenen" wurden Marie und Pierre Curie 1903 mit dem Nobelpreis für Physik ausgezeichnet, zusammen mit Henri Becquerel. Acht Jahre später erhielt Marie Curie ihren zweiten Nobelpreis, den für Chemie, dieses Mal ungeteilt „für die Entdeckung der Elemente Radium und Polonium, die Charakterisierung des Radiums und dessen Isolierung im metallischen Zustand und die Untersuchung über die Natur und die chemischen Verbindungen dieses Elements". Die Karriere der zweifachen Nobelpreisträgerin Marie Curie war damals einzigartig und ist es bis heute geblieben: Sie war die erste Frau, die den Nobelpreis erhielt, und ist bislang die einzige, die zweimal mit diesem begehrten Preis ausgezeichnet wurde, noch dazu in der von Männern beherrschten Domäne der Naturwissenschaften, und sie war mit 36 Jahren die jüngste Frau, die je zu diesen Ehren kam. Nach dem Unfalltod ihres Mannes – er war auf der Straße von einem Fuhrwerk überrollt worden – trat sie dessen Nachfolge als Professorin an der Pariser Sorbonne an und war auch hier Pionierin: Als erste Frau lehrte sie an der altehrwürdigen Universität.

Maria Salome Sklodowska wurde 1867 in Warschau als fünftes Kind eines Lehrerehepaares geboren. Ihre Mutter starb jung und das scheue, stille Mädchen zeichnete sich früh durch glänzende

Die Naturwissenschaftlerin in ihrem Labor, 1910

Schulleistungen aus. 1885 wurde sie Gouvernante in einer Gutsbesitzerfamilie. Mit dem Verdienst finanzierte sie das Medizinstudium ihrer Schwester Bronia und folgte ihr 1891 nach Paris, um – nun finanziert von Bronia – Naturwissenschaften zu studieren. Sie lebte karg, einsam, arbeitete diszipliniert, wurde mit Auszeichnung examiniert und änderte ihren asketischen Lebensstil auch kaum, als sie 1895 den Naturwissenschaftler Pierre Curie heiratete. Obwohl sie Mutter von zwei Töchtern wurde, von denen die eine, Irène Joliot-Curie, ebenfalls den Chemie-Nobelpreis erhielt, fand das Leben des Ehepaares im Labor statt.

Tiefster Einschnitt im Leben der Naturwissenschaftlerin war der Tod ihres Mannes nach nur 11-jähriger Ehe. Nach dem schweren Verlust fand sie Zuflucht in ihrer Arbeit und verbrachte noch mehr Zeit im Labor. Sie entdeckte eine neue Methode

der Herstellung von Radium in kleinsten Mengen und entwickelte die „Curie-Therapie", die Krebsbehandlung mit radioaktiver Strahlung. Während des Ersten Weltkriegs stellte die Forscherin einen fahrbaren Röntgendienst auf die Beine und engagierte sich nach Kriegsende für friedens- und wissenschaftspolitische Ziele. Marie Curie achtete zu wenig auf ihre Gesundheit und schützte sich nicht ausreichend vor den radioaktiven Strahlen. Sie starb 66-jährig an perniziöser Anämie, Zerstörung des Knochenmarks.

„Sie war von einer Stärke und Lauterkeit des Willens, von einer Härte gegen sich selbst, von einer Objektivität und Unbestechlichkeit des Urteils, die selten in einem Menschen vereinigt sind. Sie fühlte sich in jedem Augenblick als Dienerin der Gesellschaft und ihre tiefe Bescheidenheit ließ keine Selbstzufriedenheit aufkommen." Albert Einstein

Maria Montessori

* 31. August 1870 in Chiaravalle
† 6. Mai 1952 in Nordwijk aan Zee
italienische Ärztin und Pädagogin

Die italienische Pädagogin
Maria Montessori, um 1920

Literatur

■ Hebenstreit, Sigurd, Maria Montessori.
Eine Einführung in ihr Leben und Werk,
Herder Verlag, Freiburg i. Br. 1999

■ Heiland, Helmut, Maria Montessori,
Rowohlt Taschenbuch Verlag, Reinbek
1991

■ Kramer, Rita, Maria Montessori. Leben
und Werk einer großen Frau, aus dem
Amerikanischen von Gudrun Theusner-
Stampa, Kindler Verlag, München 1977

PÄDAGOGIN AUS LEIDENSCHAFT

„Wenn man Kindern erlaubt, sich frei zu entwickeln, wird ihre natürliche Gutheit zum Vorschein kommen." Die kleinen Persönlichkeiten – davon war die italienische Pädagogin Maria Montessori überzeugt – wollen lernen und sich die Welt erschließen. Sie müssen weder gelenkt noch geformt werden, sondern brauchen lediglich Unterstützung bei der Entfaltung ihrer eigenen Kräfte und Fähigkeiten. „Die größte Hilfe, die wir ihnen zu bieten vermögen, ist, uns ruhig in Bereitschaft zu halten und dafür zu sorgen, dass sie frei sind, sich in ihrer eigenen Weise zu entwickeln." Zu einer Zeit, als Erziehung und Schule überwiegend Züchtigung und Drill bedeuteten, war diese pädagogische Haltung revolutionär. Um die schöpferischen Kräfte im Kind zu wecken, setzte Montessori auf die Schulung der Wahrnehmungsfunktionen, auf kindgerechtes Spielmaterial, vor allem aber auf praktische Übungen des Alltags: „Tun lernt man durch Tun", pflegte sie zu sagen. Vieles, was heute selbstverständlich ist – dass Kinder lernen, indem sie Dinge in ihrem Tempo und auf ihre Art tun, dass sie sich in Kindergarten und Schule frei bewegen dürfen, dass Tische, Stühle und Hilfsmittel auf ihre Körpergröße ausgerichtet sind –, geht auf Maria Montessori zurück: „Das äußere Material muss sich den psychischen Bedürfnissen des Kindes wie eine Leiter darbieten, die ihm Stufe für Stufe bei seinem Aufstieg behilflich ist."

Die Pädagogin entwickelte „motorische", „sensorische" und „sprachliche" Lehrmaterialien, die als „Montessori-Material" berühmt geworden und bis heute im Einsatz sind: ein Alphabet aus dreidimensionalen Holzbuchstaben, mit dem die Kinder spielerisch die Formen der Buchstaben erfassen, Perlen an Stangen, mit denen sie zählen lernen, Holztäfelchen, mit deren Hilfe sie ein Gefühl für Gewichtseinheiten bekommen, Glöckchen, mit denen sie Tonleitern bilden und kleine Musikstücke gestalten, Holzwürfel, Stoffe – unterschiedlichste Materialien, mit denen Wissen spielerisch begreifbar wird. Bald machte diese Methode in vielen Ländern der Welt Schule.

Zielstrebigkeit, Willensstärke und der Mut, einen eigenen Weg zu gehen, waren Maria Montessori in die Wiege gelegt. 1870 in Chiaravalle bei Ancona geboren, war sie das einzige Kind eines höheren Beamten und einer Mutter, die zeitlebens den Ehrgeiz ihrer Tochter förderte und ihr eine hervorragende Schulbildung ermöglichte. Nachdem die Familie nach Rom umgezogen war, ging Maria auf eine technische Schule, was für Mädchen höchst ungewöhnlich war. Als 20-Jährige setzte sie sich über alle gesellschaftlichen Hindernisse hinweg und erkämpfte sich die Erlaubnis, Medizin zu studieren. Im Sommer 1896 schloss sie als erste Italienerin die medizinische Ausbildung mit dem Grad des Doktors ab.

Als Assistenzärztin an der Psychiatrischen Universitätsklinik in Rom kam sie in Kontakt mit geistig behinderten, apathischen Kindern, die auf engstem Raum und ohne Spielzeug verwahrt wurden. Schockiert von diesem Erlebnis, begann sie, sich für Pädagogik zu interessieren und eigene Ideen über Erziehungsmethoden zu entwickeln. Im Frühjahr 1900 wurde sie Direktorin eines Ausbildungsinstituts für Lehrer geistig behinderter Kinder, zu dem auch eine Modellschule gehörte. Sie begann dort mit ihren „Montessori-Materialien" zu experimentieren und erzielte spektakuläre Ergebnisse. Nach wenigen Jahren waren viele ihrer Schützlinge auf dem Wissensstand gesunder Gleichaltriger.

Trotz dieses Erfolgs verließ Montessori die Schule. Sie war schwanger. Ihren Sohn Mario,

der aus der Beziehung mit ihrem Kollegen Dr. Montesano hervorging, brachte sie heimlich zur Welt und vertraute ihn einer befreundeten Familie auf dem Land an. Warum die beiden nicht heirateten, ist nicht bekannt. Ein uneheliches Kind aber hätte im Italien um 1900 das Ende ihrer Karriere bedeutet. Die Medizinerin kehrte noch einmal an die Universität zurück und studierte in Rom Pädagogik. Sie widmete ihr Leben fortan der Erziehung fremder Kinder.

1907 übernahm sie die Leitung der „Casa dei Bambini", einer Kindertagesstätte im römischen Armenviertel San Lorenzo. Hier übertrug sie ihre Erfahrungen mit behinderten Kindern auf „normale" und erzielte wieder verblüffende Ergebnisse: Aus den verwahrlosten, oft verhaltensgestörten Streunern wurden fröhliche, wissenshungrige Kinder. Das Modell machte weltweit Schlagzeilen, ähnliche Einrichtungen wurden überall gegründet und das montessorische Erziehungssystem wurde zur internationalen Bewegung. Mit 40 Jahren war Maria Montessori auf dem Höhepunkt ihres Erfolgs und eine der berühmtesten Frauen der Welt. Ihre Schriften wurden in 20 Sprachen übersetzt. Ihren Beruf als Ärztin gab sie auf. Sie widmete sich ganz den Schulen, nahm ihren Sohn Mario zu sich und bereiste mit ihm zahlreiche Länder, um ihre Lehre zu verbreiten. Nachdem sie in Spanien, Holland und Indien gelebt und gewirkt hatte, starb sie – noch voller Pläne – 81-jährig in den Niederlanden.

Lernmethoden nach Montessori: Lesen lernen (oben); zur Schulung des Tastsinns mit verbundenen Augen Dinge anfassen (unten)

„Ich brauche den Kindern nichts beizubringen: Sie sind es, die mich belehren. Wenn man sie in eine günstige Umgebung bringt, offenbaren sie mir, solange ihre Seelen noch nicht verunstaltet worden sind, spirituelle Geheimnisse."

Roald Amundsen

* 16. Juli 1872 in Borge, damals schwedisches Hoheitsgebiet
† 22. Juni 1928 vor Spitzbergen
norwegischer Polarforscher

*Roald Amundsen bei einer
Nordpolexpedition, 1925*

Literatur

- Calic, Edouard, Roald Amundsen.
  Der letzte Wikinger, aus dem
  Französischen von Tor Halvorsen,
  Hoch Verlag, Düsseldorf 1960
- Meissner, Hans-Otto, Mein Leben für
  die weiße Wildnis. Die Expeditionen
  des Roald Amundsen, nach alten
  Dokumenten neu erzählt, Bertelsmann
  Verlag, Gütersloh 1970
- Peisson, Edouard, Roald Amundsen.
  Das seltsame Abenteuer seines Lebens,
  aus dem Französischen von Noa
  Kiepenheuer, Gustav Kiepenheuer
  Verlag, Weimar 1953

DER WIKINGER IM POLARKREIS

„So waren wir also unserer Berechnung nach jetzt am Pol", schrieb der norwegische Polarforscher Roald Amundsen am 14. Dezember 1911 in sein Tagebuch. „Liebe und Stolz leuchteten aus den fünf Augenpaaren, die die Flagge betrachteten, als sie sich bei der frischen Brise entfaltete und über dem Pol flatterte. Ich hatte bestimmt, dass das Aufpflanzen selbst – das historische Ereignis – gleichmäßig von uns allen vorgenommen werden sollte … Fünf raue, vom Frost mitgenommene Fäuste griffen nach der Stange, hoben die wehende Fahne auf und pflanzten sie auf – als die einzige und erste auf dem geographischen Südpol." Am Nachmittag des 14. Dezember 1911 hatte Amundsen mit seiner vierköpfigen Begleitmannschaft und 17 Schlittenhunden als erster Expeditionsleiter den Südpol erreicht. Im Wettlauf zur südlichen Polkappe war er damit seinem britischen Konkurrenten Robert Falcon Scott um wenige Wochen zuvorgekommen. Dieser Erfolg war für den ehrgeizigen Norweger umso bedeutender, als sein eigentlicher Traum – als Erster den Nordpol

zu erreichen – bereits geplatzt war: Der Amerikaner Robert Peary hatte am 6. April 1909 als erster Mensch seinen Fuß auf den nördlichsten Punkt der Erde gesetzt. Mit der Aussicht, nur als Zweiter das Ziel seines Lebens zu erreichen, hatte Amundsen jedes Interesse an einem Marsch zum Nordpol verloren und sich stattdessen die südliche Polkappe zum Ziel gesetzt. Und da bekannt war, dass die Engländer eine antarktische Expedition unter Scott mit dem Schiff „Terra Nova" ausgesandt hatten, um den Südpol „für das Empire zu erobern", hielt der Norweger seine Pläne streng geheim. Er wollte sein Vorhaben nicht gefährden; nicht einmal die Crew des Polarschiffes „Fram" wusste beim Auslaufen, wohin es gehen sollte. Erst als das norwegische Schiff in der Walfischbucht am Rande der Antarktis anlegte und die Besatzung ein Winterlager bezog – für den Marsch zum Südpol brauchten sie den kurzen antarktischen Sommer –, war das Ziel der Expedition klar.
Am 20. Oktober 1911, im südlichen Frühling also, begann Amundsen mit Hundeschlitten und vier Begleitern die Expedition

durch die Eiswüste ins Landes-
innere des sechsten Kontinents.
Roald Amundsen sah sich nicht
als Abenteurer: „Abenteuer ist ein
Zeichen von Inkompetenz", so
lautete eine seiner Maximen. Daher hatte der Polarforscher seine
Unternehmung gewissenhaft und
professionell vorbereitet: Er und
seine Crew kleideten sich wie die
Eskimos in Felle, sie waren gut
trainierte Skifahrer und mit den
Hunden vertraut, als sie auf-
brachen. Depots und Proviant
waren ausreichend bemessen und
Amundsen sorgte für regelmäßige
Pausen, so dass der Marsch ohne
große Schwierigkeiten verlief.
„Vor Gesundheit strotzend, jagten
Menschen und Hunde von der
Eisbarriere hinunter. Wer sie so
gesehen hätte, wäre schwerlich
darauf gekommen, dass sie gerade
eine Fahrt von 1400 Meilen
beendeten", kommentierte ein
Beobachter die Rückkehr der
erfolgreichen Entdecker ins
Basislager. Dass der Brite Robert
Scott und seine Gefährten auf
ihrem Rückweg vom Südpol im
Schneesturm umkamen, warf
allerdings einen dunklen Schatten
auf Amundsens Ruhm.
Der große norwegische Entdecker
war der Spross eines Seefahrer-
und Reederclans – handelstüchti-
ger und erfolgreicher Unternehmer.
Roald (altnordisch „der Ruhm-
volle") sollte erst entgegen der
Familientradition Arzt werden,
schwenkte aber nach abgebroche-
nem Medizinstudium doch auf
den Beruf des Seemanns um. Als
Steuermann der „Belgica" nahm
er 1897–1899 an der Südpolar-
meer-Erforschung des Belgiers

Nordpolexpedition mit dem Flugzeug 1925: Amundsen mit einem Piloten

Adrien de Gerlache teil, die zu
einem Desaster wurde. Amundsen
lernte, was alles falsch gemacht
werden kann, als das Schiff für
ein Jahr im Packeis festfror. Nach
dem mit Glück überstandenen
Unternehmen brach der Norweger 1903 mit dem umgebauten
Fischkutter „Gjöa" zu seiner
ersten eigenen Expedition auf.
Mit dreijähriger Überwinterung
bewältigte er die erste zusammen-
hängende Durchquerung der
Nordwestpassage um Kanada
herum nach Alaska. Als er zurückkehrte, war er ein Nationalheld.
Das machte ihn zwar nicht reich,
versetzte ihn aber in die Lage,
neue Pläne zu schmieden. Norwegen war in einer Phase nationalen
Überschwangs: 1905 war das
Land von Schweden unabhängig
geworden, das erste Mal seit 600
Jahren. Da kam Amundsen gerade
recht. Mit seiner erfolgreichen
Südpol-Expedition mehrte er
Norwegens Ruhm.
Immer weiter drängte es den
wagemutigen Polarforscher, un-
bekanntes Land zu betreten. Am

Ende des Ersten Weltkriegs brach
er mit dem Schiff „Maud" auf,
um die Nordostpassage um
Sibirien (1918–1920) zu erkunden. Und schließlich setzte er sich
das Ziel, den Nordpol auf dem
Luftweg zu erreichen. Nach zwei
gescheiterten Versuchen gelang
ihm in Begleitung des Piloten
Umberto Nobile und eines amerikanischen Millionärs 1926
mit dem Luftschiff „Norge"
die ersehnte Überquerung des
Nordpols. Als Nobile 1928 bei
einer weiteren Arktisexpedition
mit seinem Luftschiff havarierte,
machte sich Amundsen auf, dem
Verunglückten zu Hilfe zu kommen. Von diesem Flug kehrte er
nicht mehr zurück. Er blieb bis
heute verschollen.

> *„Ich kann nicht sagen ..., dass ich da*
> *vor dem Ziel meines Lebens stand ...*
> *Die Gegend um den Nordpol – ach*
> *ja, zum Kuckuck –, der Nordpol selbst*
> *hatte es mir von Kindesbeinen an*
> *angetan und nun befand ich mich*
> *am Südpol! Kann man sich etwas*
> *Entgegengesetzteres denken?"*

Albert Schweitzer

* 14. Januar 1875 in Kaysersberg, Oberelsass
† 4. September 1965 in Lambarene, Gabun
deutscher Tropenarzt und Kulturphilosoph

Albert Schweitzer, 1950

Literatur

- Bentley, James, Albert Schweitzer. Eine Biographie, aus dem Englischen von Gabriele Bruckhardt, Benziger Verlag 1993
- Jacobi, Claus, Fremde, Freunde, Feinde, Ullstein Verlag, Berlin 1991
- Schweitzer, Albert, Aus meinem Leben und Denken, Fischer Taschenbuch Verlag, Frankfurt/Main 1995

GENIE DER MENSCHLICHKEIT

Sein Wissen war universell, sein Wissensdurst noch größer. Ihn interessierte, was „die Welt im Innersten zusammenhält". Er war Musiker und Musikwissenschaftler, stand als Pastor auf der Kanzel und verfasste beeindruckende und umwälzende Schriften zur theologischen Forschung, baute Orgeln und Häuser, war Arzt und Philosoph. Weltbekannt wurde Albert Schweitzer als „Urwalddoktor", der 1913 in Lambarene, im damaligen Französisch-Äquatorialafrika, ein Hospital errichtete – eine „Lichtung der Nächstenliebe", wie der Autor und Biograph Claus Jacobi das Tropenkrankenhaus einmal charakterisierte. Es hielt zwar den medizinischen Entwicklungen und den Anforderungen moderner Hygiene in keiner Weise stand, doch die Kindersterblichkeit war in diesem Spital so gering wie in einem Schweizer Krankenhaus. Und wenn jemand unter der beschaulichen Primitivität litt, dann nicht die farbigen Patienten, sondern die weißen Samariter: die Ärzte, Krankenschwestern und freiwilligen Mitarbeiter. Dort, im Urwald, wurden täglich Leben gerettet, Schmerzen gelindert, es wurde geheilt und getröstet. Schweitzer herrschte in seiner Einrichtung mit raubeinig-herzlicher Autorität. „Sein Wort war in Lambarene Gesetz", schrieb Jacobi. „Er traf alle wichtigen und die meisten unwichtigen Entscheidungen." Die Richtung für seinen ungewöhnlichen, selbst gewählten Lebensweg zeigte sich bei Albert Schweitzer schon in jungen Jahren. Er kam 1875 als Pastorensohn im Oberelsass zur Welt und wuchs zweisprachig – französisch und deutsch – auf. Bereits als Schüler entwickelte er ein sehr selbständiges, kritisches Denken und für einen Jungen seines Alters nicht unbedingt alltägliche Leidenschaften: eine gehörige „Lesewut", die Begeisterung für das Orgelspiel („Musik ist bei mir eben eine Erbschaft, gegen die ich nichts ausrichten kann") und intensive Bibellektüre. Dabei beschäftigte ihn als Kind so manche Frage, die die Bibel unbeantwortet ließ, etwa die nach den Geschenken der drei Könige aus dem Morgenland: „Was haben die Eltern Jesu mit dem Gold und den Kostbarkeiten gemacht, die sie von diesen Männern bekamen?", fragte er sich und: „Wie konnten sie nachher wieder arm sein?"

Mit 18 Jahren begann Schweitzer Philosophie, Theologie und Musik zu studieren, nahm Orgelunterricht und beschäftigte sich mit Orgelbau. Als er 1900 eine Pfarrstelle in Straßburg antrat und dort auch bald die Leitung des theologischen Seminars übernahm, hatte er schon zweifache Doktorwürden erworben und habilitierte sich wenig später in Theologie. Er schrieb viel beachtete Bücher – über Johann Sebastian Bach, über die Leben-Jesu-Forschung – und folgte als 30-Jähriger dem inneren Ruf, Medizin zu studieren, „um ohne irgendein Reden wirken zu können". 1913 zog er, frisch verheiratet mit Helene Breßlau, nach Äquatorialafrika, wo „ein Arzt das Notwendigste vom Notwendigen war". Dort fing er an, sein Hospital zu bauen. Geld und Arbeitskraft reichten zunächst nur für einfache Behandlungsräume.
Erst im Laufe der Jahre erweiterte Schweitzer Lambarene zu einer Siedlung mit mehreren Hospitalgebäuden, mit Intensivstation und einem Lepra-Dorf, finanziert durch Geld von Freunden, durch Orgelkonzerte, Vortragsreisen und später Spenden aus aller Welt. Tagsüber arbeitete er als Arzt, Architekt, Maurer, Zimmermann und Dachdecker („das ist praktische Theologie"), nachts, wenn alles schlief, spielte er auf seinem tropentauglichen Orgelklavier und widmete sich dem Denken: Er las, studierte, schrieb – entweder Manuskripte oder die zahllosen Briefe an bekannt und

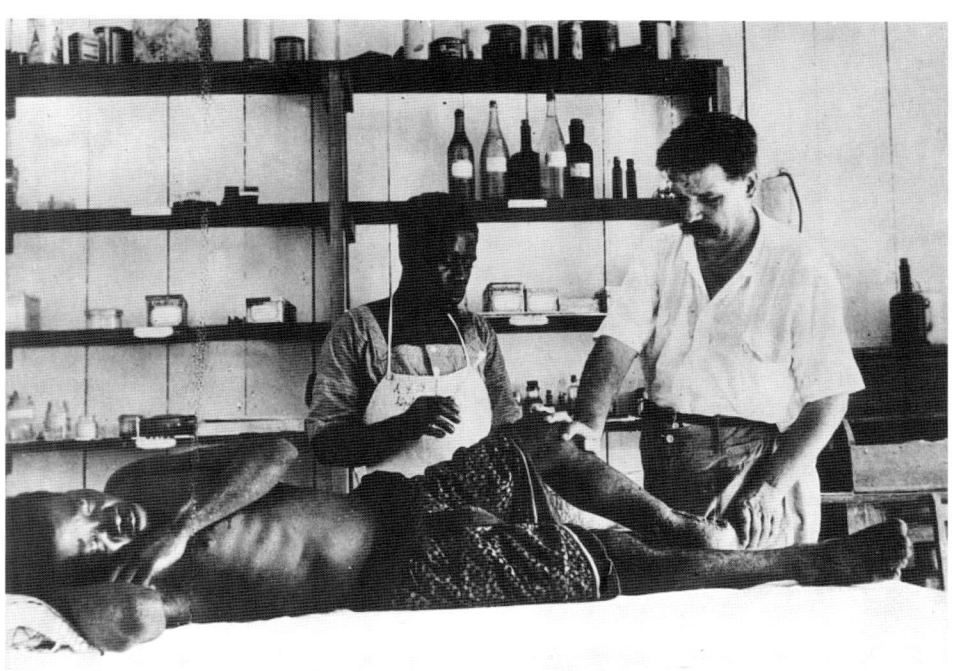

Der unermüdliche Tropenarzt:
Albert Schweitzer am Operationstisch in seiner Urwaldklinik in Lambarene

unbekannt – und ließ sich dabei gerne von seinen Zimmergenossen, einem Affen oder einer Katze, unterbrechen.
In den Tropen war es auch, wo Albert Schweitzer während der Vorarbeiten für seine zweibändige Kulturphilosophie der Frage auf den Grund ging, ob es eine gemeinsame Formel der Menschheit für das gibt, was „gut" und was „böse" ist. Bei seiner Fragestellung beleuchtete er alle Kulturen, Philosophien und Religionen der Gegenwart und der Vergangenheit: von der Bibel über den Koran bis zum Buddhismus, von Aristoteles bis Nietzsche, von der lebenszugewandten bis zur lebensverneinenden Philosophie. Er unterzog sämtliche Systeme einer ethischen Prüfung, verglich sie miteinander und extrahierte aus allen das Wesentliche: „Um den elementaren und universellen Begriff des Ethischen ringend", fand er schließlich auf einer mehr-

tägigen Kahnfahrt auf dem Ogowe-Fluss zwischen Wasser und Urwald die zentrale Formel seiner Philosophie: „Ehrfurcht vor dem Leben." Die umgreifende und integrierende Maxime, der Schweitzer sich verschrieben hatte und die für ihn universell gültig war, war alles Leben, das von Menschen, Tieren und Pflanzen: „Ich bin Leben, das leben will, inmitten von Leben, das leben will", lautet ein Schlüsselsatz Schweitzers. Anhand von Leben unterschied und entschied er Gut und Böse. Gut ist nach dieser Ethik: „Leben erhalten, Leben fördern, entwickelbares Leben auf seinen höchsten Wert bringen." Böse ist: „Leben vernichten, Leben schädigen, entwickelbares Leben niederhalten." Selbstverständlich war Schweitzer bewusst, dass Leben anderes Leben begrenzt, auf Kosten anderen Lebens existiert. Zugespitzt formuliert: Leben ist bedingt auch

Schweitzer im Alter, um 1960

durch den Tod, er ist sein Preis. Dass dieser Preis aber möglichst gering zu halten sei, ist das Ziel der „Ehrfurcht vor dem Leben". Der Mensch ist nur einer von sämtlichen Teilnehmern an allem Leben, das leben will – das war Albert Schweitzers Weltmodell, so dachte und so lebte er. Eine Spaltung zwischen Lehre und Praxis kannte er nicht, die Ehrfurcht vor dem Leben war für ihn selbstverständlich. Diese Wahrhaftigkeit und Integrität machte ihn zu einer moralischen Instanz, ja zu einer Kultfigur, was er ablehnte, wogegen er jedoch machtlos war. Er wurde Opfer seines Images: „Auch wenn ich ohne Gepäck ankomme, steht in der Zeitung, dass ich mein Köfferchen selber trage." Über 600 Bücher, Filme und Broschüren wurden über den Urwald-Doktor geschrieben. Er wurde mit dem Friedensnobelpreis ausgezeichnet, Winston Churchill nannte ihn „Genie der Menschlichkeit", für

John F. Kennedy war er „eine alles überschreitende moralische Instanz des Jahrhunderts". Schulen, Straßen und Krankenhäuser firmierten unter seinem Namen. Trotz Legendenbildung und viel Furore blieb Schweitzer ein stiller Mensch, half und heilte in der Gluthitze Äquatorialafrikas unter harten Bedingungen, täglich bis zur körperlichen Erschöpfung. Wenn er einen Pfahl in die Erde grub, rettete er zunächst sorgsam alles Getier aus dem Loch, das er gebuddelt hatte. Mit seiner Zimmermaus führte er Gespräche, und war er gut gelaunt, sang er seinen Wildschweinen Lieder vor. Jeden Besucher, egal wie weit gereist oder wie prominent, beschäftigte der Tropenarzt in Lambarene unverzüglich. Hier mussten Weiße und Schwarze oder, wie er sagte, „Farbige und Blasse" zusammen tätig werden. Seit 1929 lebte und arbeitete Schweitzer überwiegend in seinem Urwaldspital, verreiste nur selten in die weite Welt, äußerte sich wenig zur Politik des nationalsozialistischen Deutschlands, die er zutiefst verachtete, versuchte, verfolgten Juden zu helfen, ihnen Fluchtwege zu ebnen oder sie als Helfer zu gewinnen. Eine Einladung des Propagandachefs Goebbels, die „mit Deutschem Gruß" schloss, lehnte er „mit Zentralafrikanischem Gruß" ab. Ironie, Sarkasmus, bisweilen auch jähes Aufbrausen – das war auch eine Seite des elsässischen Humanisten, bei dessen postumer Würdigung Güte oft mit Gutmütigkeit verwechselt wurde. Aufsehen erregte Albert Schweitzer durch sein engagiertes Eintreten gegen das atomare Wettrüsten Ende der 50er, Anfang der 60er Jahre. Er wurde zu einem Weggenossen Albert Einsteins und übernahm schon bald dessen Rolle als eindringlicher Mahner. In einer Sprache großer Verständlichkeit klärte er die Weltöffentlichkeit auf über komplizierte, für alle Erdenbürger beunruhigende naturwissenschaftliche, ökologische, technologische, militärpolitische Sachverhalte. Er beschrieb nüchtern die Folgen der Radioaktivität, die durch die Herstellung von Atomenergie beständig zunahm, und machte aufmerksam auf die allgemeine Umweltverseuchung. Schweitzers Forderung, dass jeder Einzelne ein geschwisterliches Verhältnis zu allem Leben zu entwickeln habe, erregte Kritik aus verschiedenen politischen Lagern, weil er damit Macht, Gewalt, Waffen und Krieg zentral die Basis nahm. Er wurde zum „Kommunistenfreund" gestempelt, ließ sich aber nicht beirren, sondern versuchte weiterhin aufzurütteln: „In Gedankenlosigkeit wandeln wir dahin, wählen weiterhin die, die unser Leben aufs Spiel setzen ... Es kann doch nicht sein, dass wir uns nicht noch beizeiten aufraffen und die Einsicht, den Ernst und den Mut aufbringen, uns mit der Wirklichkeit auseinander zu setzen." Unerbittlich benannte und beklagte Schweitzer die Beeinflussbarkeit des modernen Menschen, kritisierte den Fortschritt. Gleichzeitig baute er auf Humanität. „Der gigantische Sprung zum Frieden, den die

Albert Schweitzer am Schreibtisch mit seiner Katze, 1956

Welt braucht, besteht darin, dass wir den Mut zum Hoffen aufbringen, dass in den Menschen und Völkern der Geist der Vernünftigkeit und der Menschlichkeit den Ungeist der Unvernünftigkeit und Unmenschlichkeit verdrängen könnte. Das Material, aus dem dieser Geist sich entwickeln will, tragen wir in uns selber." Es sind die Menschen, betonte Schweitzer fortwährend, die sich und die Erde bedrohen. Und es sind die Menschen, deren Obhut es überlassen ist, dass aus der bewohnten Erde eine bewohnbare Erde werde.

Die „Morgendämmerung der Hoffnung" – das Abkommen über die Einstellung der Versuchsexplosionen – durfte Albert Schweitzer noch erleben. Er starb am 4. September 1965 im biblischen Alter von 90 Jahren. Tage- und nächtelang, so heißt es, wachten seine Tiere an seinem Grab.

„Er war nicht der Heilige, den seine Jünger in ihm suchten, und nicht der Narr, zu dem seine Kritiker ihn gern gestempelt hätten. Er liebte die Schöpfung und ihre Geschöpfe. Seine selbstbewusste Demut verachtete Weinerlichkeit. Er war streng, aber hart nur gegen sich selbst. Pflichtgefühl und Disziplin dünkten ihm selbstverständliche Tugenden. Er war stark und sanftmütig, milde und dickköpfig zugleich. Er war ein weiser, wunderbarer Mann."
Claus Jacobi

Albert Einstein

* 14. März 1879 in Ulm
† 18. April 1955 in Princeton, USA
deutsch-amerikanischer Physiker

Albert Einstein, um 1935

Literatur

- Fölsing, Albrecht, Albert Einstein, Suhrkamp Verlag, Frankfurt/Main 1999
- Kahan, Gerald, Einsteins Relativitätstheorie zum leichten Verständnis für jedermann, DuMont Buchverlag, Köln 2000
- Wickert, Johannes, Albert Einstein, Rowohlt Taschenbuch Verlag, Reinbek 1981

DER SCHÖPFER DES NEUEN WELTBILDS

„Albert Einstein symbolisiert wie kein Zweiter die Naturwissenschaft des 20. Jahrhunderts, die er durch seine Relativitätstheorie, seine bahnbrechenden Beiträge zur Quantentheorie ebenso wie durch zahlreiche andere wissenschaftliche Leistungen entscheidend beeinflusst hat. In gleichem Maße wie die Naturwissenschaft selbst hat er auch das öffentliche Bild von Naturwissenschaft und Naturwissenschaftlern geprägt: Das berühmte Foto, das ihn mit herausgestreckter Zunge zeigt, steht zugleich für Weltferne, Protesthaltung und den souveränen Umgang mit Massenmedien … Nach dem spektakulären Erfolg seiner Relativitätstheorie in der Weimarer Republik wurde Einstein zur Symbolfigur des Pazifismus. In dieser Zeit liegen die Wurzeln seiner Rolle als Weltgewissen und Weltweiser, der zu allen brennenden Fragen Stellung bezog. Später, nach dem Zweiten Weltkrieg, fand diese Rolle ihre Fortsetzung in Einsteins Engagement für Rüstungskontrollen und eine Weltregierung." So beschreibt der Wissenschaftshistoriker und Einstein-Experte Jürgen Rünn den Ausnahmeforscher, der mit seinen Denkleistungen nicht nur die Wissenschaft, sondern das gesamte menschliche Weltbild nachhaltig geprägt hat.

Anzeichen für Einsteins Genialität waren wohl in seiner Kindheit und Jugend wenig sichtbar. Der Sohn einer jüdischen Unternehmerfamilie war ein mäßiger und unbequemer Schüler. Obschon begabt und fasziniert von Mathematik und Physik, fand er sich in dem autoritären Unterrichtssystem nicht zurecht; stattdessen entwickelte er sich zum Autodidakten. Er wechselte mehrfach die Schule und kam nur auf Umwegen zu einem Abschluss: In der Kantonsschule im Schweizer Aarau absolvierte er schließlich die Maturaprüfung und begann dann sein Physikstudium am Eidgenössischen Polytechnikum in Zürich. Auch hier war er schnell gelangweilt, zog sich viel zu Eigenstudien zurück und fachsimpelte in einem Intellektuellenkreis. Nach dem Diplom arbeitete er als Privatlehrer und trat dann eine Stelle als „technischer Experte dritter Klasse" beim Berner Patentamt an. Seinen bahnbrechenden Gedanken ging der Physiker in seiner Freizeit nach.

1905 hatte Einstein seinen großen Durchbruch. In einer Fachzeitschrift erschien ein Beitrag von ihm, in dem er die klassische Vorstellung von Licht in Frage stellte: Er erweiterte die Quantentheorie Max Plancks zur Hypothese der Lichtquanten und erklärte damit, dass Licht nicht nur Welle, sondern auch Teilchen ist. In einer weiteren Arbeit begründete Einstein mit einer fundamentalen Revision der Begriffe von Raum und Zeit die „Spezielle Relativitätstheorie". Er bewies, dass jede Bewegung mit konstanter Geschwindigkeit „relativ" ist und dass die Zeit für Objekte mit konstanter Bewegung zueinander unterschiedlich schnell abläuft. Daraus leitete er die Äquivalenz von Masse (m) und Energie (E) ab, die berühmte Gleichung $E = mc^2$ (c = Lichtgeschwindigkeit): Demnach kann jegliche auf Lichtgeschwindigkeit beschleunigte Materie sich in Energie umwandeln – die elementare Erkenntnis für die Nutzung der Kernenergie und Grundformel für die Atombombe.

Es dauerte, bis sich die Fachwelt der Bedeutung dieser Theorie bewusst wurde; als Erster erkannte Max Planck Einsteins geistige Schöpfung und sprach von einem neuen Kopernikus. Einstein erhielt Professuren in Zürich und Prag und wurde schließlich als Mitglied an die Preußische Akademie der Wissenschaften nach Berlin berufen, wo er auch Direktor des Kaiser-Wilhelm-Instituts für Physik wurde. 1915 veröffentlichte er seine „Allgemeine Relativitätstheorie", in der

er ein vierdimensionales Universum voraussetzte, mit der Zeit als weiterer Dimension neben Länge, Breite und Tiefe. Später gelang es Wissenschaftlern, mehrere Aussagen der „Allgemeinen Relativitätstheorie" zu beweisen, so etwa die Ablenkung von Lichtstrahlen im starken Gravitationsfeld der Sonne.

Einstein wurde berühmt als der Mann, der mit seinen neuen Theorien des Universums die Newton'sche Sicht umstürzte. Er reiste zu Vorträgen in alle Welt, erhielt 1921 den Nobelpreis für Physik und später zahlreiche Ehrendoktorwürden.

Auch politisch engagierte er sich, insbesondere als Pazifist. Für Deutschland trat er ein, indem er sich gegen die Lasten der ungeheuren Reparationszahlungen an die Sieger des Ersten Weltkriegs stark machte. Der zunehmende Rassenhass und die Nazis vertrieben ihn dann aber aus „Barbarien", wie er sein Geburtsland nannte: Von einer USA-Reise kehrte der Physiker nicht mehr zurück, sondern blieb bis zum Ende seines Lebens am „Institute for Advanced Studies" im amerikanischen Princeton. 1939 warnte er den amerikanischen Präsidenten Roosevelt in einem Brief, die Deutschen könnten die atomare Vernichtungswaffe bauen, und empfahl Amerika daher die Herstellung von Atombomben. Mit dem Atomangriff gegen Japan machte er die bitterste Erfahrung seines Lebens. Er erkannte, dass eine prinzipiell wertfreie Sache wie die Atomspaltung Schreckliches in sich birgt, sah, welche

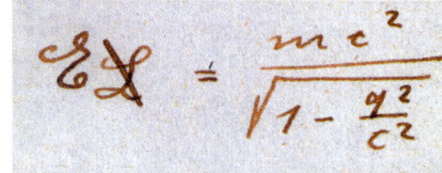

Einsteins berühmte Gleichung aus dem eigenhändigen Manuskript Über die Relativitätstheorie

politische und moralische Verantwortung er als Wissenschaftler hatte, und wurde zu einem der wichtigsten Kämpfer gegen die atomare Rüstung.

Auch für die zionistische Bewegung setzte er sich ein. Als ihm 1952 die Präsidentschaft Israels angetragen wurde, lehnte er jedoch ab.

Im Alter von 76 Jahren starb Albert Einstein, der überzeugte Weltbürger und Internationalist, der bis an sein Lebensende von vereinigten Nationen träumte und eine Weltregierung predigte.

„Er gab den Menschen nach den drei großen Kränkungen durch die Wissenschaft auch so etwas wie Trost: Kopernikus hatte die Krone der Schöpfung aus dem Zentrum ihrer Welt befördert, Darwin ihr den Glauben an eine göttliche Erschaffung genommen und Freud auch noch ihr Unbewusstes zum Herrscher über das Ich erklärt. Nun zeigte dieses triebgesteuerte, von niederem Leben abstammende, auf seinem kleinen Planeten einsam durch das Weltall irrende Wesen, wie großartig der Mensch trotz allem war. Allein durch Nachdenken war es dem Geistesmächtigen gelungen, das Universum und dessen tiefste Geheimnisse zu durchdringen."
Jürgen Neffe, Journalist

Konrad Lorenz

* 7. November 1903 in Wien
† 27. Februar 1989 in Altenberg, Niederösterreich
österreichischer Verhaltensforscher und Tiersoziologe

Verhaltensforscher Konrad Lorenz, um 1973

Literatur

- Amberg, Max, Konrad Lorenz. Verhaltensforscher, Philosoph, Naturschützer, Kilda-Verlag, Greven 1977
- Festetics, Antal, Konrad Lorenz. Aus der Welt des großen Naturforschers, Piper Verlag, München, Zürich 1983
- Kreuzer, Franz (Hg.), Nichts ist schon da gewesen. Konrad Lorenz, seine Lehre und ihre Folgen, Piper Verlag, München, Zürich, 1984

DER VATER DER GRAUGÄNSE

Seine Liebe gehörte „dem Vieh, den Vögeln und den Fischen" und ganz besonders den Graugänsen, ja, diese an und für sich unscheinbaren Tiere wurden durch Konrad Zacharias Lorenz zu einer der berühmtesten Spezies. Ihren Aufstieg zu Bekanntheit und Bedeutung verdankt diese Tierart aber insbesondere auch dem Graugansküken Martina, das der damals 29-jährige Lorenz nach dem Ausschlüpfen aus dem Ei beobachtete und das ihn sodann an Mutters statt annahm. Es wich dem jungen Verhaltensforscher nicht mehr von den Fersen und machte ihn damit auf ein grundsätzliches Phänomen im Tierreich aufmerksam: „Prägung" nannte Konrad Lorenz dieses angeborene, nicht mehr rückgängig zu machende Verhaltensprogramm, das nur in einer bestimmten, sensiblen Lebensphase möglich ist. Spötter witzelten, das anhängliche Gänsekind in seinem flauschigen Daunenröckchen habe im Gegenzug den jungen Forscher auf die Graugans geprägt. Seit jenem Erlebnis jedenfalls beobachtete Lorenz ständig und mit unermüdlicher Neugier das Verhalten dieser Tiere, lebte schnatternd wie ihresgleichen unter ihnen, schwamm als „Gänsevater" mit den grau gefiederten Familien im Gefolge durch den Teich und ließ manche der Schwimmvögel sogar bei sich unter der Bettdecke schlafen. Die Graugans war ihm eben „das liebste aller Tiere".

Dieser anhaltenden Liebe verdankt die Menschheit ein tief gehendes Verständnis des tierischen und auch des menschlichen Verhaltens. Konrad Lorenz hat die wissenschaftliche Disziplin der Ethologie, der vergleichenden Verhaltensforschung, mitbegründet. Er untersuchte angeborene Verhaltensweisen und das Wechselspiel zwischen genetisch vererbten und erlernten Verhaltensmustern. Konrad Lorenz, Arzt, Professor für Psychologie und Chef des Max-Planck-Instituts für Verhaltensphysiologie, wurde schließlich 1973 mit dem Medizin-Nobelpreis ausgezeichnet.

Seine Beobachtungen aus der Welt der Graugänse führten den Forscher zu der damals revolutionären Erkenntnis, dass nicht nur die körperlichen Merkmale einer Art, sondern auch ihre Verhaltensprogramme ein Ergebnis ihrer stammesgeschichtlichen Ent-

„Gänsevater" Konrad Lorenz mit seinen Lieblingstieren

wicklung sind. Nur wenn Körper und Verhalten optimal aufeinander abgestimmt seien, könne eine Spezies im evolutionären Konkurrenzkampf überleben. Auch viele Verhaltensweisen der Spezies Mensch hatten nach Lorenz ihren Ursprung in einer früher einmal notwendig gewordenen biologischen Anpassung an diesen Selektionsdruck. Der Mensch sei ein Zwitterwesen aus seiner biologischen Herkunft mit all ihren Beschränkungen und Fehlerquellen und der kulturellen Evolution.

Als wissenschaftlicher Autor formulierte Konrad Lorenz die Tragweite seines Forschungsfaches und vermittelte sie der Öffentlichkeit. Und da er so wunderbar einfühlsam und zugleich humorvoll über seine Beobachtungen schreiben konnte, ist das Wissen über Verhaltensforschung weit über die Fachwelt hinaus verbreitet. Noch kurz vor seinem Tod vollendete der alte Forscher sein letztes Buch (*Hier bin ich – wo bist du? Ethologie der Graugans,*1988), das wie sein erstes das Sozialverhalten seiner Lieblingstiere beschreibt – der runde Abschluss eines Lebenswerks von epochaler Bedeutung. Mit seinem Schlüsselwerk über Aggression bei Mensch und Tier, *Das so genannte Böse* (1963), und der Publikation *Über menschliches und tierisches Verhalten* (1965) fesselte und provozierte er Millionen von Lesern: „In der Hand die Wasserstoffbombe, die ihm sein Geist beschert hat, im Herzen den von Anthropoiden-Ahnen ererbten Aggressionstrieb" – so sei der Mensch zur größten Bedrohung

seiner selbst geworden. In seinem Werk *Die acht Todsünden der zivilisierten Menschheit* (1973) zeigte Lorenz, welche neuen Verhaltensweisen der Fortschritt der Zivilisation hervorbrachte. Der „Abbau des Menschlichen" lehre, basierend auf der evolutionären Erkenntnistheorie, wie ursprünglich natürliche und sinnvolle Triebfedern menschlichen Handelns heute ihren Sinn verloren hätten und gefährlich würden: Wachstum und Vermehrung, Wettbewerb, Lust am Kampf für hohe Ziele.

Konrad Lorenz trat als Mahner gegen Überschätzung von Geld und Macht und als Warner vor Gefahren für die Umwelt hervor. Vehement und erfolgreich initiierte er ein Volksbegehren gegen die Errichtung eines Kraftwerks im Landschaftsschutzgebiet der Hainburger Donau-Auen und gegen die Inbetriebnahme eines Kernkraftwerks. „Es geht nicht

nur darum, die Atomtechnik fehlerfrei zu machen, sondern die Menschen fehlerfrei für die Atomtechnik. Das aber halte ich für unmöglich." Deshalb engagierte sich der Forscher gegen die Errichtung von Kernkraftwerken. Dass er während der Nazizeit mit der Hetzsprache des Herrenmenschen aufgetreten war, haftete Konrad Lorenz zeit seines Lebens als Makel an. Er distanzierte sich später von dieser Terminologie und bedauerte seine Haltung: „Vor einer Auseinandersetzung mit den Nazis habe ich mich in sehr verächtlicher Weise gedrückt", bekannte der Forscher am Ende seines Lebens.

„Seit der Mensch den Faustkeil erfunden hat, balanciert er auf des Messers Schneide, zwischen einer gloriosen Zukunft und dem Sturz in die Hölle. Aus der Amöbe hat er sich emporentwickelt, aber schon im nächsten Jahr kann er im Atommüll enden."

Margarete Mitscherlich-Nielsen

* 17. Juli 1917 in Graasten, Dänemark
dänisch-deutsche Psychoanalytikerin, Ärztin und Autorin

Margarete Mitscherlich-Nielsen
im Jahr 2000

Literatur

- Mitscherlich, Margarete, Die friedfertige Frau. Eine psychoanalytische Untersuchung zur Aggression der Geschlechter, S. Fischer Verlag, Frankfurt/Main 1985
- Mitscherlich, Margarete, Ist Partnerschaft überhaupt möglich? Ein Gespräch mit Gladys Weigner, Piper Verlag, München 1994
- Schönborn, Felizitas von, Margarete Mitscherlich. Zwischen Psychoanalyse und Frauenbewegung, S. Fischer Taschenbuch Verlag, Frankfurt/Main 1997

ZWISCHEN DEN STÜHLEN

Sie gehört zu den Menschen, die deutsches Denken und Fühlen der Nachkriegszeit entscheidend mit geprägt haben: Margarete Mitscherlich-Nielsen, die prominenteste Psychoanalytikerin der Bundesrepublik, beobachtete und thematisierte immer wieder eine neurotische Stelle in der deutschen Psyche – die NS-Vergangenheit und das daran gekoppelte Unvermögen, sich mit diesem Trauma auseinander zu setzen. Der Titel ihres 1967 erschienenen, zusammen mit ihrem Mann, dem Psychoanalytiker Alexander Mitscherlich, geschriebenen Buches *Die Unfähigkeit zu trauern* wurde zum Synonym für die deutsche Nachkriegsmentalität, eben dieser Angst, der eigenen Geschichte zu begegnen und sie aufzuarbeiten. Das Buch wurde zum Klassiker und Mitscherlich-Nielsens größter, keineswegs aber einziger Erfolg.

Die Kraft, ihr moralisches Empfinden ernst zu nehmen, Tabus zu thematisieren und damit Konflikte zu schüren, besaß sie von Jugend an. Sie selber erklärte das mit ihrer Herkunft. Als Tochter einer Deutschen und eines Dänen wuchs sie zwischen zwei Kulturen auf. Geprägt von der Liberalität ihres Geburtslands Dänemark entwickelte sie früh eine Empfindlichkeit gegenüber deutschen Erziehungsidealen: Pünktlichkeit, Ordentlichkeit, Gehorsam und Anständigkeit. Als sie in Heidelberg studierte – erst Literatur, dann Medizin, erlebte sie die „Kristallnacht" und bekam Schwierigkeiten mit der Gestapo, weil sie wegen zaghafter Versuche von Widerstand als „politisch unzuverlässig" eingestuft wurde. Nach dem Krieg arbeitete sie in der Schweiz, traf dort Alexander Mitscherlich und entdeckte ihre Neigung zur Psychoanalyse.

In London, damals die Hochburg der Psychoanalyse, lernte sie „die wirklich aufklärenden und erhellenden Seiten der Analyse" kennen. Zurück in Deutschland, sorgte sie als Lehranalytikerin (Ausbilderin für angehende Analytiker) mit energischer Autorität dafür, dass an der Mitscherlich-Klinik in Heidelberg, später am Freud-Institut in Frankfurt/Main, die beide von ihr und ihrem Mann gegründet wurden, der hohe Londoner Standard durchgesetzt wurde. Sie gehörte zu den heftigsten Kritikern der psycho-

WISSENSCHAFT · TECHNIK

analytischen Ausbildung, die sie als verknöchert, hierarchisch und bürokratisch erlebte.

Dass sie sich für die Frauenbewegung engagierte und sich in aller Öffentlichkeit dazu bekannte, war für viele ihrer Kollegen ein Ärgernis. Die Freudianerin hatte keine Hemmungen, Sigmund Freud zu kritisieren, insbesondere sein Bild von der Frau. Für den Wiener Analytiker war die Frau im Grunde ein geheimnisvolles und mangelhaftes Wesen geblieben. Penisneid – so lautet die absonderliche Formel dafür. „Die psychische Verarbeitung des anatomischen Geschlechtsunterschiedes war nach Freud der Ursprung des Minderwertigkeitsgefühls und der Selbstverachtung der Frau", so beschrieb Mitscherlich-Nielson Freuds Lehre und es ärgerte sie, wie viele Psychoanalytiker, auch Frauen, dies selbst in der zweiten Hälfte des 20. Jahrhunderts noch unhinterfragt hinnahmen. Sie vermisste jene Offenheit, mit der Freud seine eigenen Theorien immer wieder überprüfte und berichtigte.

Nicht zuletzt aus eigener Betroffenheit setzte sich die Wissenschaftlerin Mitte der 80er Jahre mit weiblichen Aggressionshemmungen auseinander und schrieb *Die friedfertige Frau*, ihr meistverkauftes Buch als Einzelautorin im Rahmen einer beachtlichen Serie von Veröffentlichungen. „Es ist der Vorwurf gegen eine falsche Friedfertigkeit – eine Anpassungsbereitschaft, eine allzu große Neigung der Frauen, Frieden deswegen zu bewahren, weil sie den Verlust von Liebe vermeiden wollen. Im tieferen Grund ihrer

Seele sind Frauen nicht friedfertiger als Männer", kommentierte die Verfasserin ihre Abhandlung. Das Schreiben erlebte sie „als echte Befreiung, weil es ein Versuch war, die Welt zu verändern und mit der Lust am Leben zu tun hatte". Begreifen, erklären, verändern – das war und blieb das Anliegen Margarete Mitscherlichs. 1990 erschien *Über die Mühsal der Emanzipation*, ein Buch, in dem die Autorin erörtert, welche Weiblichkeitsmuster und gesellschaftlich tradierten Vorstellungen Frauen in ihrer unterdrückten Rolle festschreiben, auch „welche Auswirkungen Männlichkeits- und Weiblichkeitswahn auf unser Leben und auf die Politik hat". Kritiker warfen Margarete Mitscherlich vor, sie habe in ihrer Arbeit die dunkle Seite der Frau zu wenig gesehen, sie zu sehr als Opfer, zu wenig als Täterin ins Visier genommen. Damit stelle sie Frauen als zu arg- und harmlos dar. Manchen Feministinnen dagegen, die sich gerne auf Mitscherlich beriefen, missfiel ihr Festhalten an der Psychoanalyse und ein zu wenig offensives Eintreten für die Ziele der Frauenbewegung. Die streitbare Wissenschaftlerin hat eben ein Talent dafür, wie es Alice Schwarzer einmal ausdrückte, „sich mit Schwung zwischen die Stühle zu setzen".

Engagiert, meinungsfreudig und temperamentvoll kämpft sie auch im Alter noch für Toleranz, für Offenheit gegenüber anderen Kulturen und Mentalitäten, für einen menschlichen Umgang mit dem „Anderen", für das Aufbrechen ausbeuterischer Strukturen. Ein

Alexander Mitscherlich, Psychoanalytiker, Publizist und Mitbegründer des Sigmund-Freud-Instituts in Frankfurt

„offensiv gelebtes Leben" bescheinigten ihr Freunde zu ihrem 70. Geburtstag. Daran hat sich bis heute nichts geändert.

„Verhaltensweisen, die bisher nur Männern erlaubt waren, wie Durchsetzungsfähigkeit, Selbstbewusstsein, Freude am Erfolg, Erotik der Macht, von Frauen übernommen, könnten das Leben von Frauen wie Männern verändern und die Gesellschaft kreativ beeinflussen, sie von einer erstarrten weiblichen oder männlichen ‚Identität' befreien. Im Mythos vom androgynen Menschen bei Platon ist mit ‚androgyn' die Utopie eines dritten Geschlechts, eines ‚vollständigen' Menschen gemeint, der Männlichkeit und Weiblichkeit in sich vereint. Offenbar braucht nach Platon der Mann feminine Eigenschaften um ‚Vollständigkeit' zu erreichen, was von der Männerwelt für die Frau umgekehrt damals bis heute eher nicht gewünscht wird – oder doch?"

117

Christiaan Barnard

* 8. November 1922 in Beaufort West, Südafrika
† 2. September 2001 auf Zypern
südafrikanischer Herzchirurg

Christiaan Barnard, um 1965

Literatur

■ Barnard, Christiaan, Mein Weg als Arzt und Mensch, aufgezeichnet von Christiaan Barnard und Curtis Bill Pepper, aus dem Englischen von Evelyn Linke und Jan Holthusen, Scherz Verlag, Bern 1969

■ Barnard, Christiaan, Die Erbsünde, (Roman, in Zusammenarbeit mit Siegfried Stander), aus dem Englischen von Gisela Kirberg, Scherz Verlag, Bern, München 1976

■ Barnard, Christiaan, Südafrika, Anatomie einer Verzerrung, aus dem Englischen und bearbeitet von Dieter Kuhaupt, Econ Verlag, Düsseldorf 1978

DER MANN MIT DEN GOLDENEN HÄNDEN

Christiaan Barnard hat einen Markstein in der Geschichte der Chirurgie gesetzt: Er war der erste Arzt, der es wagte, mit der riskanten und damals sensationellen Transplantation eines Spenderherzens die bis dahin gültige Ordnung der Heilkunst zu durchbrechen. Als „Mann mit den goldenen Händen" gefeiert, wurde der südafrikanische Mediziner über Nacht zu einem der berühmtesten Ärzte der Welt. Zu Unrecht, wie er vielfach beteuerte: „Vor uns (ihm und seinem Operationsteam) hatte ein anderer Chirurg bereits eine Leber transplantiert. Ohne große Resonanz, obwohl das schwieriger ist. Aber das Herz ist nun mal ein mystisches Organ für den Menschen, der Sitz der Gefühle. Deshalb bin ich berühmt geworden. Ich war nie der beste Chirurg. Ich hatte nur das Glück, beim Herzen der erste zu sein."
In der Nacht vom 2. auf den 3. Dezember 1967 entnahm der damals 45-jährige Barnard im Kapstädter Groote-Schuur-Hospital einer jungen Frau, die infolge eines Verkehrsunfalls ums Leben gekommen war, das Herz. Dieses unversehrte Organ der gerade verstorbenen Denise

Darvell setzte der Chirurg – nach Zustimmung ihrer Eltern – in einer achtstündigen Operation seinem Patienten ein, dem 55-jährigen, schwer herzkranken Louis Washkansky. Der Transplantierte lebte nur 18 Tage mit dem fremden Herzen. Er starb an den Folgen einer Lungenentzündung. Der Kampf der Ärzte gegen die Abstoßungsreaktion des Körpers hatte die Abwehrkräfte zu sehr herabgesetzt.
Doch die chirurgische Pionierleistung machte den jungenhaften, sympathischen Südafrikaner zum Helden: Im Namen der Wissenschaft hatte er mit dem Mythos vom unberührbaren Herzen gebrochen, den „Sitz der Seele" wie ein gewöhnliches Organ behandelt und verpflanzt. Unfassbar und faszinierend war dieser Schritt. Ein psychologischer Schock. Eine Rebellion gegen den Tod.
Der ehrgeizige Spross einer protestantischen, mittellosen Missionarsfamilie, der auf dem Land aufgewachsen und sich sein Studium erkämpft hatte, flog nun um die Welt, hielt hoch dotierte Vorträge, ließ sich mit Gina Lollobrigida fotografieren, wurde vom Schah

von Persien empfangen und auf Partys herumgereicht. Er genoss den Ruhm, tauchte ein in die Welt der Reichen und Schönen und machte nicht nur als Chirurg Schlagzeilen, sondern auch als Frauenheld. Seine Frau Louwtjie, eine Krankenschwester, die dem angehenden Arzt das Studium mit finanziert hatte, konnte seinem atemberaubenden Aufstieg nicht folgen. Die Ehe zerbrach 1969 nach 21 Jahren; jüngere, attraktivere Frauen nahmen ihren Platz ein.

Barnards medizinische Großtat gab der Erforschung der körpereigenen Abwehrstoffe und Abwehrfunktionen kräftige Impulse und eröffnete zum Teil völlig neue, kaum für möglich gehaltene Heilmethoden. Bereits ein Jahr nach der ersten Herztransplantation waren in 15 Ländern fast 100 ähnliche Eingriffe vorgenommen worden. Barnard selbst setzte einen Monat nach der Washkansky-Operation dem 58-jährigen Zahnarzt Philip Blaiberg ein neues Herz ein, der damit fast 20 Monate lebte. In den folgenden Jahren führte der südafrikanische Chirurg noch etliche komplizierte Operationen durch und propagierte die Idee der Transplantation. Seine Einstellung war: „Ein Arzt muss immer nur ein Ziel im Auge haben: die Lebensqualität zu verbessern."
Seit 1983 konnte er nicht mehr operieren, seine Hände waren aufgrund einer schweren Arthritis fast steif. Zuvor hatte er noch die so genannte „Huckepack-Technik" entwickelt, bei der das kranke Herz neben dem Spenderorgan

im Körper bleiben und beide Herzen einander ergänzen sollten. Der erste Patient, an dem eine solche „Huckepack"-Transplantation vorgenommen wurde, lebte 111 Tage. Spätere Operationen nach diesem Verfahren waren erfolgreicher. Auch nach Aufgabe der Tätigkeit am OP-Tisch blieb Barnard in den Schlagzeilen – als Leiter einer Klinik auf der griechischen Insel Kos, als Wissenschaftler in Oklahoma, der sich mit der Erforschung von Alterungsproblemen befasste, als Gegner der Apartheid, der Abwanderungspläne aus Südafrika hegte, als Buchautor, als Besitzer von Feinschmeckerlokalen und Farmen, als Hummernzüchter – und nicht zuletzt durch diverse Affären.

Barnards Verdienste durch seine Pionierarbeit in der Herztransplantation sind unumstritten und sein medizinisches Wagnis machte längst Schule. Die Überlebensrate liegt dank neuer Medikamente und weiterentwickelter Technik nun bei über 80 Prozent. Auf die Frage, ob er glaubte, die Welt verändert zu haben, antwortete der Chirurg im Alter: „Nicht ich. Aber die Ärzte dieser Welt haben in den vergangenen Jahrzehnten drei entscheidende Erfahrungen

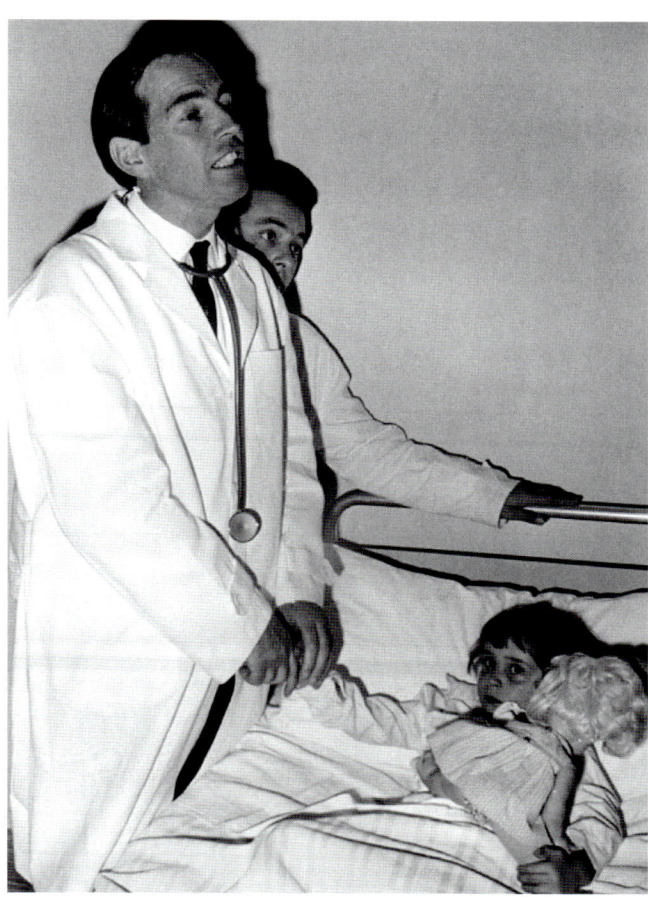

Barnard am Bett eines herzkranken Mädchens in einer römischen Klinik, 1968

gemacht. Erstens: Es gibt bei schweren Erkrankungen keine Alternative zu Transplantationen. Zweitens: Sie sind heute mit einem sehr geringen Risiko verbunden, die Sterblichkeitsrate ist sehr niedrig. Drittens: Wir haben durch Transplantationen die Lebenserwartung und Lebensqualität der Betroffenen außerordentlich gesteigert."

„Ich war ein Mann vom Land, Sohn eines Missionars. Ich war ein ganz normaler Arzt in Kapstadt und eines Morgens wachte ich auf und war berühmt. Ich hatte keinerlei Erfahrung und Training, um diese Situation zu bewältigen. Ich musste alles selber tun, bin in alles hineingestolpert."

Elisabeth Kübler-Ross

* 8. Juli 1926 in Zürich

amerikanisch-schweizerische Psychiaterin und Sterbeforscherin

Die Sterbeforscherin Elisabeth Kübler-Ross bei einem Vortrag an der Universität Zürich, 1982

Literatur

■ Gill, Derek, Elisabeth Kübler-Ross. Wie sie wurde, wer sie ist, aus dem Amerikanischen von Susanne Schaup, mit einem Nachwort von Elisabeth Kübler-Ross, Kreuz-Verlag, Stuttgart 1983

■ Kübler-Ross, Elisabeth, Leben, bis wir Abschied nehmen, mit einem Beitrag von Paul Becker, Kreuz-Verlag, Stuttgart 1979

■ Kübler-Ross, Elisabeth, Das Rad des Lebens. Autobiographie, aus dem Amerikanischen von Wolfgang Höhn, Verlag Droemer Knaur, München 1997

SCHÜLERIN DER STERBENDEN

Es war ein Tabubruch damals, Mitte der 60er Jahre, als die Psychiaterin Elisabeth Kübler-Ross vor Medizinstudenten der US-amerikanischen Universität von Colorado zum ersten Mal vom Tod und vom Sterben sprach. Erst recht, als sie am Ende der Vorlesung auch noch eine junge, an Leukämie erkrankte Frau in den Hörsaal bringen ließ, die erzählte, dass sie nicht mehr lange zu leben habe und wie sehr sie darunter leide, dass ihre Familie sie zu beschwichtigen und ihre tödliche Krankheit zu vertuschen suche. Die Studenten waren verwirrt, hilflos, aber auch beeindruckt von diesem Mut zur Ehrlichkeit.

Das Thema Sterben und Tod ließ die Medizinerin seitdem nicht mehr los. Und rasch zeigte sich, dass sie nicht nur ein Tabu verletzt, sondern ein großes Bedürfnis getroffen hatte. Denn trotz der allgemeinen Verdrängung von Tod und Trauer, trotz der Angst vor der Auseinandersetzung mit der menschlichen Endlichkeit wurde Elisabeth Kübler-Ross zu Kongressen eingeladen, um über ihre Erfahrungen mit Sterbenden zu berichten. Sie hielt Vorträge und Workshops – und die

Menschen strömten zu·ihren Veranstaltungen.

Weltweites Aufsehen erregte die Ärztin mit ihrem 1969 erschienenen Buch *Interviews mit Sterbenden*, das lange Zeit an der Spitze der Bestsellerlisten stand. Elisabeth Kübler-Ross hatte mit Todkranken über das gesprochen, was sie durchlitten und durchlebten: über ihre Ängste, ihre Trauer über das nahende Lebensende, ihre Wut, Verzweiflung, Schmerzen, Einsamkeit, Hoffnung und Resignation. Die schwer kranken und im Sterben liegenden Patienten, so betonte sie immer wieder, sah sie als ihre Lehrer („die besten, die ich je hatte") im Forschungsbereich Sterben und Tod. Ihnen hörte sie als Schülerin zu, von ihnen lernte sie. Das Buch wurde zum Lehrbuch für Menschen, die beruflich mit Todkranken zu tun haben, aber auch für alle, die über die Endlichkeit des Lebens nachdenken.

Mit ihren Methoden ist Elisabeth Kübler-Ross bei ihren Fachkolleginnen und -kollegen auf heftige Kritik gestoßen. Unsensibles Verhalten und Effekthascherei warf man ihr vor; sie missbrauche die Patienten für ihre Selbstdarstellungssucht. Doch die Sterbeforscherin ließ sich nicht beirren. In ihrer langjährigen Arbeit als Klinikärztin hatte sie beobachtet, wie unmenschlich und würdelos Patienten an ihrem Lebensende behandelt wurden, wie man sie mit ihrem Sterben allein ließ, isolierte und abschob. Die gängige Auffassung, dass Sterbende nicht auf ihren nahenden Tod angesprochen werden wollen und lieber aufmunternde Lügen hören, erkannte sie als Ausrede. Sie spürte, dass Todkranke sich im Gegenteil danach sehnten, über ihr bevorstehendes Ende zu reden, sich mit ihren Ängsten und Nöten Menschen mitteilen und zumuten zu können. Nicht aus Rücksichtnahme, so beobachtete Kübler-Ross, vermieden Ärzte, Pflegepersonal und Angehörige das Gespräch mit den Patienten, sondern aus Angst. Sie, nicht die Sterbenden, verdrängten den Tod.

Elisabeth Kübler-Ross, Drillingsmädchen einer mittelständischen Protestantenfamilie in Zürich, hatte schon als Kind den Spitznamen „Doktor Pestalozzi" – wegen ihrer missionarischen Hilfsbereitschaft. Sie wollte Kinderärztin werden. Als ihre Eltern ihr das Medizinstudium verweigerten, erarbeitete sie sich die Ausbildung auf eigene Faust: Sie war als Laborantin im Züricher Kantonsspital tätig, bereitete sich auf die Matura vor und finanzierte sich das anschließende Studium großenteils mit Laborarbeit. Nach der Promotion 1957 arbeitete sie in verschiedenen Krankenhäusern und lernte

den jungen amerikanischen Arzt Emanuel Ross kennen, mit dem sie 1958 in die USA übersiedelte. Schon damals interessierte sich die junge Schweizer Ärztin für den Tod – theoretisch. Sie las Bücher über Sterberiten in anderen Kulturen, über das Jenseits und die Wiedergeburt und tastete sich über ihre klinische Arbeit in Psychiatriestationen mehr und mehr zu ihrem Lebensthema vor, beharrlich, demonstrativ, wirkungsvoll. Das brachte ihr nicht nur Sympathien ein. Als sie 1985 auf ihrer Farm in Virginia ein Pflegeheim für HIV-infizierte Kinder errichten wollte, war die Nachbarschaft empört und versuchte, das Vorhaben zu boykottieren. Neun Jahre später brannte das Haus mit allen Aufzeichnungen bis auf die Grundmauern nieder; die Sterbeforscherin vermutete Brandstiftung. Unterkriegen ließ sie sich aber auch davon nicht. Sie setzte sich ein für die Hospiz-Bewegung, die Sterbenden ein würdiges Ende in Geborgenheit und ohne Schmerzen ermöglicht; sie gründete Begegnungsstätten, reiste von Seminar zu Seminar, suchte Sterbende auf, um Trost zu spenden und Beistand zu leisten, „Todeskandidaten beim Übergang zu helfen". Und sie schrieb zahlreiche Bücher.

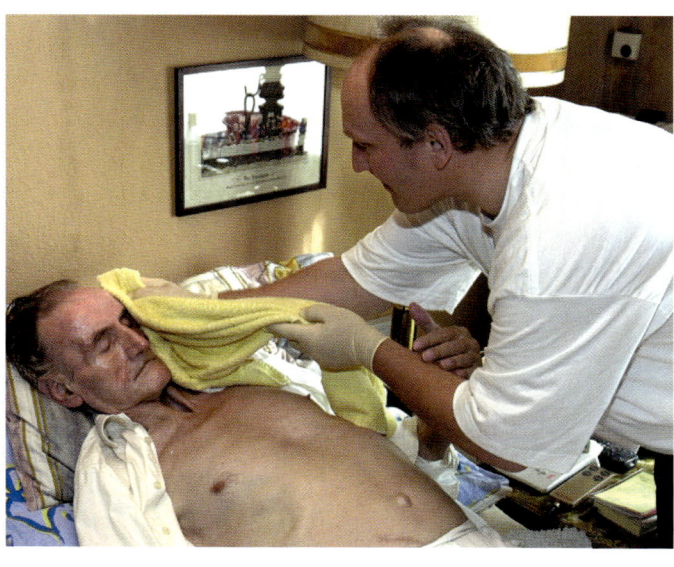

Hospizpfleger bei der Betreuung eines Todkranken

„Der Tod ist nur ein Übergang in eine andere Frequenz und ein wunderbares Erlebnis", betonte sie immer wieder. „Das Leben ist viel schwerer als der Tod. Die Angst vor dem Tod ist unbegründet." Mit dieser Auffassung, so wird ihr vorgeworfen, verkläre sie den Tod. Kübler-Ross blieb bei ihrer Haltung. In den Nahtod- und Jenseitserfahrungen ihrer Patienten, aber auch bei eigenen Erlebnissen habe sie wirkliche Zeugnisse einer Welt jenseits des Todes gesehen. Dieser „spirituellen" Seite widmet sie ihren Lebensabend. Und mit solcher Gewissheit sieht sie gelassen ihrem eigenen Ende entgegen.

„Genießt mehr das Leben, tanzt mehr, esst Schweizer Schokolade und arbeitet nicht nur. In der Schweiz wurde ich nach dem Grundsatz erzogen: arbeiten, arbeiten, arbeiten. Du bist nur ein wertvoller Mensch, wenn du viel arbeitest. Dies ist grundfalsch. Halb arbeiten, halb tanzen: Das ist die richtige Mischung! Ich selbst habe zu wenig getanzt und zu wenig gespielt."

Juri Alexejewitsch Gagarin

* 9. März 1934 in Kluschino bei Smolensk, UdSSR
† 27. März 1968 bei einem Testflug nahe Moskau
sowjetischer Kosmonaut

Juri Gagarin auf der Fahrt im Bus zum Raumschiff am 12. April 1961

Literatur

- Dichtjar, Adolf, Juri Gagarin. Aus dem Leben eines Weltraumpioniers, Verlag Neues Leben, Berlin 1977
- Gagarin, Juri, Unser Flug in den Kosmos, aus dem Russischen von Rahel Strassberg, mit einem Nachwort von Horst Körner, Urania-Verlag, Leipzig 1963
- Kowalski, Gerhard, Die Gagarin-Story. Die Wahrheit über den Flug des ersten Kosmonauten der Welt, Verlag Schwarzkopf und Schwarzkopf, Berlin 1999

DER WELTRAUMPIONIER

„Hier spricht Moskau, hier spricht Moskau! Es senden alle Rundfunkstationen der Sowjetunion. Wir senden die TASS-Mitteilung über den ersten Flug eines Menschen in den kosmischen Raum." Am 12. April 1961 um 10.02 Uhr ging die legendäre Meldung über den Äther, dass der Russe Juri Gagarin als erster Mensch mit dem Raumschiff „Wostok 1" (Osten) die Erde umkreist habe. Bei seinem Flug durch das Weltall in einer elliptischen Laufbahn auf einer Höhe von 175 bis zu 302 Kilometern erreichte der 27-jährige Fliegermajor eine Geschwindigkeit von 29 000 Stundenkilometern. 108 Minuten dauerte das Abenteuer mit Landung, 70 Minuten davon verbrachte der russische Kosmonaut im Zustand der Schwerelosigkeit. Das Zeitalter der bemannten Raumfahrt hatte begonnen, Juri Alexejewitsch Gagarin, der russische Bauernsohn aus dem Gebiet Gschatsk, wurde zu einem der berühmtesten Menschen seiner Zeit. Gagarins Pioniertat begeisterte die Welt und erschütterte das Selbstbewusstsein der Amerikaner: Für die zweite Weltmacht bedeutete der Flug des russischen Kosmonauten nach dem „Sputnik-Schock" von 1957 eine weitere Niederlage im prestigeträchtigen Weltraum-Wettlauf. US-Präsident John F. Kennedy bekannte, er sei „es leid, im Raumfahrt-Wettkampf mit der Sowjetunion an zweiter Stelle zu stehen". In einer historischen Rede kündigte er an, bis zum Ende des Jahrzehnts werde ein Amerikaner auf dem Mond landen. Er sollte Recht behalten. Doch bis die amerikanische Crew um Neil Armstrong im Juli 1969 die Mondoberfläche betrat, war Juri Gagarin der Held des Weltraums. Schon als Kind träumte er vom Fliegen und trat während seiner Ausbildung an der Industriefachschule in Saratow dem dortigen Fliegerklub bei. 1956 wurde Gagarin an der Militärfliegerschule aufgenommen, dort zum Jagdflieger ausgebildet und diente seitdem als Düsenpilot in der sowjetischen Luftwaffe.

Es war die Epoche der fieberhaften Erforschung und Entwicklung von Raketen, die Epoche der Technikbegeisterung, die viele Menschen damals erfasste. Auch Juri Gagarin. Nachdem die Sowjets ihren ersten Satelliten „Sputnik" ins Weltall geschickt hatten, bewarb er sich um eine Ausbildung zum Kosmonauten. Und als die UdSSR ihren ersten bemannten Raumflug wagte, fiel – unter Tausenden von Bewerbern – die Wahl auf ihn. Auswahlkriterien waren neben fliegerischem Können und Nervenstärke auch die soziale Herkunft. Juri Gagarin hatte als Landarbeitersohn im sozialistischen Russland gute Karten.

Vom Kosmodrom, nahe dem kasachischen Ort Baikonur, startete der Kosmonaut am 12. April 1961 mit der Raumkapsel „Wostok" ins Weltall. „Es war 9.07 Uhr Moskauer Zeit. Ich vernahm ein Pfeifen und ein anwachsendes Dröhnen und verspürte, wie die riesige Rakete zu beben begann und sich langsam, sehr langsam von der Startrampe löste. Es begann der Kampf mit der Anziehungskraft der Erde. Ich fühlte, wie eine unbezwingbare Kraft mich immer fester in den Sessel drückte." So beschrieb Gagarin den Start, der im Raumfahrtzentrum mit angespannter Stille verfolgt wurde. Als schließlich seine Stimme zu hören war: „Alles funktioniert ausgezeichnet ... Befinden gut. Stimmung optimistisch. Setze den Flug fort", brach im Kosmodrom und kurz darauf im Kreml ein Freudentaumel aus: Der erste Mensch im All war ein Bürger der Sowjetunion. „Hat denn einer daran gezweifelt, in welchem Land der Mensch den Flug in den Weltraum antreten wird", war im DDR-Rundfunk zu hören. „Wussten wir nicht alle, dass es das Land sein musste, in dem

alle Zweige der Wissenschaft und Technik gleichmäßig entwickelt werden, in dem alle schöpferischen Kräfte so ungehindert zur Entfaltung kommen, in dem das gemeinsame Denken, das gemeinsame Handeln die größten Erfolge bringt. Deshalb musste der erste Weltraumflieger ein Bürger der Sowjetunion sein."

Wie mutig Gagarins Weltraummission war, belegen die Prognosen der Experten, die nur mit 50-prozentiger Wahrscheinlichkeit damit rechneten, dass die Raumkapsel wieder sicher zur Erde zurückkehren würde. Gagarin hatte das Glück auf seiner Seite. Trotz Funktionsstörungen nach dem Bremsmanöver beim Eintritt in die Atmosphäre konnte die Pilotenkapsel noch rechtzeitig freigesprengt werden und der Weltraumpilot durch die Ausstiegsluke ins Freie gelangen. Mit seinem Fallschirm landete er auf einem Feld.

KP-Chef Chruschtschow gratulierte Gagarin: „Sie haben sich unsterblich gemacht", und ernannte ihn zum „Helden der Sowjetunion". Und die sowjetische Zeitung *Prawda* feierte den „kosmischen Kolumbus, der der Menschheit die Tür zum All aufstieß". Juri Gagarin hat nach seiner Erdumrundung keine weitere Raumfahrt mehr unternommen – der Berühmte durfte sich keinem Risiko mehr aussetzen, den Wettlauf zum Mond machte die Sowjetunion ohne ihn. Stattdessen schickte die Kremlführung Gagarin als eine Art Gütezeichen für die sowjetische Astronautik um die ganze Welt; überall, wo

Als erster Mensch umkreiste der sowjetische Fliegeroffizier Gagarin die Erde in einer Raumkapsel

der charmante und optimistische Pilot auftauchte, erwarb er sich Sympathien.

Im März 1968 kam der erst 34-jährige Gagarin bei einem Trainingsflug ums Leben. Die Maschine war vermutlich infolge eines Pilotenfehlers abgestürzt. Die Landung der Amerikaner auf dem Mond konnte der Weltraumpionier nicht mehr erleben. „Er hat uns alle in den Weltraum gerufen", sagte Neil Armstrong einmal, der erste Mann auf dem Mond.

„Die Sonnenstrahlen erleuchteten die Erdatmosphäre, der Horizont wurde orangefarben und nahm allmählich eine Regenbogenfarbe nach der anderen an, wurde schließlich hellblau, blau, violett und schwarz. Eine unbeschreibliche Palette."
Juri Gagarin über seine Eindrücke beim Flug durch das Weltall

Christiane Nüsslein-Volhard

* 20. Oktober 1942 in Magdeburg
deutsche Biologin, Medizin-Nobelpreisträgerin

Christiane Nüsslein-Volhard 1995
in Frankfurt/Main

HERRIN DER FLIEGEN

Als erste deutsche Forscherin – und als fünfte Frau in der Geschichte der Nobelpreisverleihungen erhielt die Entwicklungsbiologin Christiane Nüsslein-Volhard 1995 den Nobelpreis für Medizin, gemeinsam mit den amerikanischen Forschern Eric Wieschaus und Edward B. Lewis. Ausgezeichnet wurde sie für ihre Entdeckungen „auf dem Gebiet der genetischen Steuerung in der frühen embryonalen Entwicklung".

Die Naturwissenschaftlerin untersuchte unzählige Fruchtfliegen (Drosophila melanogaster, schwarzbäuchige Tau- oder Essigfliegen) und ist seither in der Branche als die „Herrin der Fliegen" bekannt. Wie wird aus einem Fliegenei eine Larve? Wie aus einer Larve eine Fliege? Und woher weiß die Larve, wo der Kopf, die Flügel, die Beine der späteren Fliege sitzen müssen? Diesem Geheimnis war Christiane Nüsslein-Volhard lange auf der Spur und fand schließlich heraus, dass bestimmte Gene die Entwicklung steuern und dass diese Gene wiederum von vier „Signalsubstanzen" in der Eizelle gesteuert werden. Die Signale dirigieren den „Bauplan", der exakt vorgibt, welche Gliedmaßen gebildet und wo sie im

Körper angeordnet werden. Zusammen mit ihrem Kollegen Eric Wieschaus begann Christiane Nüsslein-Volhard 1978 am Europäischen Molekularbiologischen Laboratorium in Heidelberg die genetische Pionierarbeit, in einer früheren Stufe der Embryonalentwicklung der Fruchtfliege systematisch nach Genen zu suchen. Damals, als man noch nicht am Computer saß und sekundenschnell alle erhobenen Daten auswerten konnte, war diese Forschung mühevollste Kleinarbeit. Der kurze Generationswechsel der Fruchtfliege – in nur 22 Stunden bildet sich aus dem Fliegenei die Larve, aus dieser entsteht in 13 Tagen die Fliege – und ihre leichte Züchtbarkeit machten die Forschungsarbeit möglich: 20 000 Drosophila-Mutanten (missgebildete Fruchtfliegen) untersuchten die beiden Wissenschaftler über zwei Jahre hinweg systematisch, setzten die Weibchen chemischen Substanzen aus, die Änderungen im Erbgut (Mutationen) verursachten, und kontrollierten dann deren Nachwuchs auf Missbildungen. Diese Missbildungen verglichen und katalogisierten sie und konnten schließlich bestimmte Schlüsselgene isolieren, deren „Mutation

Literatur

■ Kerner, Charlotte (Hg.), Madame Curie und ihre Schwestern. Frauen, die den Nobelpreis bekamen, Verlag Beltz & Gelberg, Weinheim, Basel 1997

■ Schwarzer, Alice, Die Nobelpreisträgerin: Interview mit Christiane Nüsslein-Volhard, in: EMMA, Heft 5/2001, Köln 2001

■ Seemann, Annette, Leben mit der Fliege. Christiane Nüsslein-Volhard, in: Frankfurter Allgemeine Zeitung, Magazin, vom 7.2.1997, Frankfurt/Main 1997

Die Träger des Medizin-Nobelpreises (v. l.) Edward B. Lewis (USA), Christiane Nüsslein-Volhard (Deutschland) und Eric Wieschaus (USA), bei der Verleihung 1995 in Stockholm

der Literatur vor allem das ganzheitliche Verständnis von Mensch und Natur. Eine große und eindeutige Neigung also, die von der Familie gefördert und von der begabten Tochter konsequent verfolgt wurde. Als eine von wenigen Frauen studierte sie Anfang der 60er Jahre Biologie, Physik und Chemie, dann Biochemie und entschied sich schließlich für die Grundlagenforschung, für sie die einzige Form, Wissenschaft zu betreiben.

In Fachkreisen gilt sie als „brillante Strategin", die zielstrebig und erfolgreich forscht. Vor dem Nobelpreis erhielt sie so gut wie jeden Preis, den es in ihrem Fach gibt, und seit 1985 ist sie Direktorin am Tübinger Max-Planck-Institut für Entwicklungsbiologie. Dass es „anstrengend" ist, „eine Ausnahme, die Erste und Einzige zu sein", verheimlicht sie nicht. „Als Frau wurde ich sicher nicht immer fair behandelt" – Erfahrungen, die sie für akademische Frauenfragen sensibilisierten. Die Institutschefin und Ausbilderin legt Wert darauf, als Doktorandinnen-Mutter „die Töchter gut ausgestattet aus dem Haus zu schicken". Noch Anfang der 90er Jahre wünschte sie sich: „Es wäre gut, wenn es in der Wissenschaft mehr Frauen als Vorbilder gäbe." Sie selbst ist sicherlich eines.

das segmentale Muster der Larve verändert". So steht es im Aufsatz von Wieschaus und Nüsslein-Volhard, der in der Zeitschrift *Nature* die Ergebnisse vorstellte. Ist eines der identifizierten Gene mutiert, so ist die normale embryonale Entwicklung gestört, die richtigen Zellen werden nicht zur rechten Zeit und am rechten Ort aktiv und dabei entstehen Missbildungen wie eine Fliege, die am Kopf anstelle der Antennen ein zusätzliches Bein hat, aber auch Insekten, die zu viele Beine oder Flügel, einen zu langen Rumpf oder Schwanz besitzen. Die systematische Vorgehensweise und ihre Entdeckungen seien von wesentlichem Einfluss auf die Entwicklungsbiologie, lobte das Nobelkomitee die Forschungsarbeit. „Die meisten der Gene, die dabei identifiziert wurden, gibt es auch bei den Menschen und anderen Wirbeltieren. Auch

hier steuern sie wichtige entwicklungsbiologische Prozesse." So ist es vielleicht eines Tages dieser ausdauernden Forscherin zu verdanken, dass Fehlbildungen an menschlichen Embryonen rechtzeitig erkannt und behandelt werden können.

Christiane Nüsslein-Volhard hat schon als Kind Blümchen gesammelt, Knospen aufgepult, um zu sehen, was sich darin verbirgt, und sich für Boden und Gras interessiert, um Käfer und Würmer zu entdecken und zu beobachten. Mit zwölf Jahren stand für sie fest, dass sie einmal Naturwissenschaftlerin werden würde. Und später, als ihre Freundinnen lieber anderen Vergnügungen nachgingen, strich sie durch den Stadtwald, um die Veilchen- und Maiglöckchen-Standorte aufzusuchen, las Konrad Lorenz und Goethe; an ihm schätzt sie bis heute neben

„Es spielt bei ihrem Werdegang eine sehr große Rolle, dass sie eine Frau ist. Ein Mann hätte an ihrer Stelle schon fünf oder sechs Jahre früher eine feste Stelle gehabt."
Herbert Jäckle, Naturwissenschaftler

Anita Lucia Roddick

* 23. Oktober 1942 in Littlehampton, England
britische Unternehmerin und Gründerin der Body-Shop-Kette

ERFOLGSREZEPT ÖKO-ETHIK

Anita Roddick, Gründerin von
„The Body Shop", 2001

Literatur

■ Deckstein, Dagmar, Körper, Seele und Profit – Anita Roddick, in: Jahrhundertfrauen, hg. von Cathrin Kahlweit, C. H. Beck'sche Verlagsbuchhandlung, München 1999

■ Hume, Marion, The Body Shop Book. Die schönsten Seiten der Körperpflege, mit einer Einführung von Anita Roddick, übersetzt und bearbeitet von Corinna Böhm, Mary Hahn Verlag, München 1996

■ Roddick, Anita, Body and Soul. Erfolgsrezept Öko-Ethik, aus dem Englischen von Joachim Pente und Rainer Schmidt, Econ Verlag, Düsseldorf 1991

In diesen Kosmetikläden duftet es nach Teebaumöl und Mangoextrakt, nach elisabethanischen Waschkugeln, Pfirsichsaft und Kokosmilchseife. Schon 1976 hatte es so geduftet, in jenem März, als Anita Roddick, damals 34 Jahre, Mutter zweier Töchter, Ex-Lehrerin, Ex-Uno-Sekretärin und Ex-Hotelbesitzerin, in einer Seitenstraße im südenglischen Brighton ein kleines Naturkosmetikgeschäft, „The Body Shop", eröffnete. Während ihr Mann aufbrach, um sich einen Kindheitstraum zu erfüllen und von Buenos Aires nach New York zu reiten, sprühte Anita Roddick in der Straße vor ihrem Shop eine Duftfährte aus Erdbeerparfüm und beträufelte die sattgrüne Ladenfront mit aromatischen Ölen, um möglichst viele Kundinnen in ihre Neueröffnung zu locken. Selbst gefertigte Naturkosmetika für Haut und Haare vom Seetang-Birken-Shampoo bis zur Kakaobutter-Creme, abgefüllt in durchsichtigen Plastikfläschchen, standen für die interessierten Käuferinnen in selbst gezimmerten, dunkelgrün gestrichenen Regalen bereit. Wegen der großen Nachfrage gingen die Fläschchen aus;

die pragmatische Ladeninhaberin schlug ihren Kundinnen vor, die leeren Gefäße wieder mitzubringen und nachfüllen zu lassen – erst später sah sie den Umweltschutzgedanken ihres Vorschlags und baute ihn aus.

Eines der Hauptmotive für ihre Shopgründung war Anita Roddicks Unmut über die herkömmliche Kosmetikindustrie, die – vollkommen überteuert – „leere Versprechen in Designertiegeln" verkaufe. „Es ist unsinnig zu glauben, dass eine Creme faltenfreie Jugend bis ins hohe Alter garantiert", empörte sie sich immer wieder. Und „unmoralisch", dass die „Schönheitsindustrie" bewusst die Ängste vor dem Altern und die falschen Hoffnungen der Frauen ausnutze und daraus Kapital schlage. Kosmetik könne die Haut reinigen, pflegen und schützen, nicht mehr und nicht weniger.

Genau das wollte die Unternehmerin ihren Kundinnen bieten: Pflegeprodukte ohne Ewige-Jugend-Versprechungen und teure Verpackungen, dafür aber aus natürlichen Produkten und zu reellen Preisen. Anregungen für ihre Kosmetik holte Roddick nicht aus Forschungslabors, sondern aus fremden Kulturen und exotischen Umgebungen. Kakaobutter zum Beispiel: Auf einer ihrer Reisen sah die Hobby-Anthropologin, dass die Frauen auf polynesischen Inseln damit Haare und Körper einrieben. Prompt machte sie das gelbliche Fett zum Hauptbestandteil einer Körperlotion. Fortan beobachtete sie auf allen Kontinenten die Hautpflegegewohnheiten der Frauen, fragte nach deren Rezepturen, brachte sie mit nach Europa. Naturkosmetik mit Öko-Ethik – Anita Roddick hatte eine gute Nase für den Zeitgeist der 80er Jahre.

Der Mut, unkonventionelle Wege zu gehen, Erfindungsreichtum, ökologische Verantwortung und Unternehmerprinzipien, in denen Werte wie Einfühlungsvermögen, Partizipation und Fürsorge eine wesentliche Rolle spielen, standen am Beginn der unvergleichlichen Karriere der Body-Shop-Kette und ihrer Gründerin. Bereits 1978 wurden die ersten Franchise-Läden eröffnet, erst in England, bald auch in Brüssel, Stockholm, Athen. 1984 ging das Unternehmen an die Börse, 2001 umfasste „Body Shop International" 1600 Läden in 48 Ländern und war längst zum Weltimperium der Öko-Kosmetik geworden.

Doch Englands erfolgreichste Unternehmerin und angeblich fünftreichste Frau des Landes wollte nicht nur kommerziellen Erfolg. Von Anfang an verschrieb sie sich dem Prinzip des „Caring Capitalism", Kapitalismus mit Herz. Diese Ideologie gibt es in den USA schon seit Jahrzehnten

Kakaobohnen (neben einer halbierten Kakaofrucht), einer der Stoffe, auf denen Anita Roddicks Naturkosmetik basiert

und etliche Unternehmen haben inzwischen erkannt, dass soziales Engagement der Gewinnmaximierung dient und sinnsuchende Mitarbeiter motiviert. Für Anita Roddick bedeutete das, ihren Profit mit der Einhaltung sozialer und ethischer Normen zu verbinden. Also achtet sie bei der Produktion der Body Shop Naturkosmetik auf Umweltverträglichkeit, verzichtet auf Tierversuche – und protestiert sehr wirksam dagegen –, investiert in Menschenrechts- und Umweltkampagnen, kritisiert das „krank machende westliche Schönheitsideal" und ruft seit 1988 so genannte „Hilfe durch Handel"-Projekte, also faire Handelsbeziehungen mit „Dritte-Welt-Ländern" ins Leben.

Diese Handelsbeziehungen funktionieren zwischen den Kontinenten Afrika, Lateinamerika und Asien mit Handelsgütern wie Kakaobohnen, brasilianischem Paranussöl, indischen Fußrollern,

nepalesischem Geschenkpapier oder chinesischer Reiskleie. Anita Roddick, Unternehmerin des Jahres 1985, Trägerin des Global-500-Umweltpreises der Vereinten Nationen und mit vielen anderen Würden ausgezeichnet, hat nie Wirtschaftwissenschaften studiert oder Managementseminare besucht. „Die treibende Kraft in meinem Leben ist die Leidenschaft", sagte sie einmal. Und: „Meine Ideale am Arbeitsplatz leben. Das ist das ganze Geheimnis des Body Shops. Keine große Angelegenheit. Aber offenbar schwer zu kopieren. Man kopiert die Läden, das Design, die Produkte, aber niemand kopiert das Bewusstsein."

„Alle sind besessen von der Idee, bloß nie die Wahrheit zu sagen. Sie verkaufen leere Versprechungen in Designer-Tiegeln. Im Grunde gehört die Kosmetikbranche zur Verpackungsindustrie – sie produziert in erster Linie Müll und Lügen."

Homer

* ca. 9. Jahrhundert v. Chr. im ionischen Kleinasien
† ca. 8. Jahrhundert v. Chr. im ionischen Kleinasien
griechischer Dichter

Homer, römische Marmorbüste, 2. Jh. v. Chr.

Literatur

- Bannert, Herbert, Homer, Rowohlt Taschenbuch Verlag, Reinbek 1979
- Fink, Gerhard, Homers Ilias und Odyssee, Piper Verlag, München 1999
- Latacz, Joachim, Homer. Eine Einführung, Zürich, München 1989

DER ERSTE DICHTER DES ABENDLANDS

„In dem Gedanken vom Zorn und dem Gedanken von der Heimkehr hat Homer am Beginn des Griechentums, der auch der Beginn unserer europäischen Kultur ist, zwei herrliche Dichtwerke errichtet und durch sie bis auf uns herab die Dichtung eigentlich gestiftet. Aber nicht lediglich Dichtung war damit gestiftet. Mit dieser Stiftung der Dichtung waren auch die Grundzüge alles Menschentums gegeben, das wir trotz manchen wesentlichen neueren Einschlägen auch heute noch als verpflichtend anerkennen." Die „zwei herrlichen Dichtwerke", die der Altphilologe und Homerexperte Wolfgang Schadewaldt rühmte, sind *Ilias* und *Odyssee*, jene weltberühmten Meisterwerke der antiken Literatur, deren Bedeutung und Faszination bis auf den heutigen Tag anhält. Die beiden großen Versepen, die die Nachwelt Homer zugeschrieben hat, sind aber nicht nur ein Höhepunkt der europäischen Literatur, sondern ihr allererster Anfangspunkt.
Sieben Städte, so will es die Legende, kämpften um die Ehre, Heimatort Homers gewesen zu sein: Smyrna, Rhodos, Kolophon, Salamis, Chios, Argos und Athen. Doch nie konnte der große griechische Dichter in einer der Städte wirklich nachgewiesen werden. Die Sage macht allerdings deutlich, dass Homer bereits in der Antike hoch geschätzt und verehrt wurde, aber schon damals gab es Zweifel hinsichtlich seiner Person. Hat dieser Mann wirklich gelebt oder ist er nur eine legendäre Figur? Und: Waren die ihm zugeschriebenen Werke tatsächlich alle aus seiner Feder? Allein die Anzahl der unter Homers Namen überlieferten Werke ebenso wie deren Unterschiedlichkeit führten früh zu der These, dass die so genannten „homerischen" Dichtungen – die *Ilias*, die *Odyssee*, Götterhymnen und andere Epen kaum alle von Homer stammen könnten.
Man stieß aber auch innerhalb der beiden großen Epen auf Ungereimtheiten und Widersprüche. Die Frage nach der Autorschaft v.a. der *Ilias* und der *Odyssee* erhielt in der jüngeren Forschungsgeschichte ihren entscheidenden Impuls durch die berühmten *Prolegomena ad Homerum* des Homer-Forschers Friedrich August Wolf im Jahre

1795. Aus den Zweifeln Wolfs entwickelte sich ein endloser, zum Teil heftig und polemisch geführter Forschungsstreit zwischen zwei grundsätzlichen Lagern: den Unitariern, die jeweils einen Autor der *Ilias* und *Odyssee* annahmen, und den Analytikern, die glaubten, jeweils verschiedene Dichter „herausanalysieren" zu können. Die so genannte „homerische Frage" wurde erst ab 1928 überwunden, als Milman Parry herausfand, dass die Dichtung Homers auf mündlicher Dichtung (Oral poetry) beruht, die hier erstmals schriftliche Form erhielt. Formelverse, Redundanzen und kulturelle Sprünge sind das Resultat einer über Generationen hinweg mündlich weitergegebenen Dichtung. Umherreisende Sänger schufen die Epen aus einem festen Arsenal an Themen und Formeln nach einer bestimmten Improvisationstechnik beim mündlichen Vortrag an den Adelshöfen gewissermaßen jedes Mal neu. Die Dichtungen unterlagen dadurch einerseits einem stetigen Wandel, bewahrten aber andererseits feste Versatzstücke, Motive und Stoffe, die zum Teil auf sehr alte Zeiten zurückweisen. Das neue Medium der Schriftlichkeit bot nun aber ganz neue, v. a. strukturelle Möglichkeiten. Und in der Tat weisen *Ilias* wie *Odyssee* eine Gesamtkomposition auf, die ohne Schriftlichkeit nicht denkbar ist. Die beiden Epen bestechen aber bereits durch eine Komplexität und Meisterhaftigkeit in der neuen Technik, die staunen lässt. Die Homer-Philologen neigen heute zu der Ansicht, dass beide

Werke aus jeweils einer, aber verschiedener Hand stammen: die *Ilias* aus der Hand Homers, die *Odyssee* aus der Hand eines deutlich jüngeren Autors, da die beiden Werke eine völlig unterschiedliche Weltsicht offenbaren. Die *Ilias* – sie spielt im vorletzten Jahr des 10-jährigen Kampfes um Troja – wird inhaltlich durch das Motiv vom Zorn des Achill bestimmt und zusammengehalten. An der Episode, die nur etwa 50 Tage dauert, werden in kunstvoller Darstellungstechnik durch Vor- und Rückblenden die Hintergründe und der Verlauf des gesamten trojanischen Krieges sichtbar. In diese Menschenhandlung greifen die Götter fördernd und hemmend ein. In ähnlich ausgefeilter Manier wird in der *Odyssee* mit vielerlei Verschränkungen die um 10 Jahre verzögerte Heimkehr des Odysseus geschildert. Im Gegensatz zur Welt der Helden und des traditionellen Männerideals in der *Ilias* vereinigt die *Odyssee* auf breiterer sozialer Grundlage – der gute König, die Adeligen, auch Hirten und Bettler – Seefahrergeschichten mit vielen märchenhaften Zügen.
Wer aber war Homer? Sein Name steht wohl weniger für ein Individuum als für ein dichterisches Werk. Über seine Person ist nichts wirklich Gesichertes bekannt. Vermutlich war er ein fahrender Sänger, der an der kleinasiatischen Küste lebte, vielleicht im Gebiet von Smyrna oder auf der Insel Chios, auf der noch Generationen später die „Homeriden" lebten, eine Schule von Dichter-Sängern, die in homerischer Art schrieben

Das Trojanische Pferd, Illustration von Bois-Reymond, 1910

und vortrugen. Homer wird wohl von Adelshof zu Adelshof gereist und bei den großen religiösen Festen jener Zeit aufgetreten sein. Die vielen Anekdoten, die man sich von seinem Leben erzählte, spiegeln eher das spätere Bild wider, das sich die Menschen von ihm machten und das auch – obwohl Homers Gesichtszüge nicht überliefert waren – in zahlreichen Porträts seinen Ausdruck fand. Die Darstellung als blinder Mann ist sicher auch nicht biographisch zu verstehen, sondern vielmehr symbolisch als Zeichen des inneren Sehens, der Weisheit. Die Wirkung der homerischen Epen auf die gesamte nachfolgende Literatur der Griechen ist beispiellos. Als maßgeblicher Gestalter ihres Götter- und Menschenbildes beeinflusste Homer Tragödie, Geschichtsschreibung und Philosophie. Beinahe jeder Epiker in der abendländischen Literatur berief sich direkt oder indirekt auf das homerische Vorbild oder setzte sich kritisch damit auseinander. Und die Geschichten um Achill und Odysseus haben bis heute nichts an Spannung eingebüßt.

Leonardo da Vinci

* 15. April 1452 in Anchiano bei Vinci, Toskana
† 2. Mai 1519 in Schloss Cloux bei Amboise
italienischer Künstler, Erfinder, Wissenschaftler

Leonardo da Vinci, Selbstbildnis im hohen Alter

Literatur

■ Alberti de Mazzeri, Silvia, Leonardo da Vinci. Eine Biographie, aus dem Italienischen von Sylvia Höfer, Claassen Verlag, Düsseldorf 1988

■ Bramly, Serge, Leonardo da Vinci. Eine Biographie, aus dem Englischen von Helmut Mennicken, Rowohlt Taschenbuch Verlag, Reinbek 1993

■ Frischauer, Paul, Leonardo da Vinci – wirf deinen Schatten, Sonne, Bertelsmann Verlag, Gütersloh o. J.

DER ZU FRÜH GEBORENE

Er war ein Kind der Renaissance, jener Epoche, die in ihrer Blüte zwischen 1450 und 1550 zu einer der aufregendsten der Kulturgeschichte wurde; eine Zeit, die – wie ein Florentiner Gelehrter damals begeistert schrieb – „so voller Hoffnungen und Verheißungen ist und sich schon jetzt einer größeren Vielfalt edler, begabter Seelen erfreut, als die Welt im vorausgegangenen Jahrtausend gesehen hat". Eine dieser begabten Seelen war Leonardo da Vinci, ja er ragte unter den Kulturgrößen der Renaissance noch heraus. Er war Maler, Architekt, Naturwissenschaftler, Ingenieur, Erfinder – ein Universalgenie, dessen Neugier und Erkenntnisdrang sein gesamtes Schaffen durchzog und dessen meiste Ideen, wenn überhaupt, erst Jahrhunderte später verwirklicht wurden, so sehr waren sie ihrer Zeit voraus.

Als Maler vollendete Leonardo den klassischen Stil; seine wenigen Malereien gelten bis heute als ideale Kunstwerke, als Beispiele höchster Vollkommenheit. Die berühmtesten Werke des Italieners gehören gleichzeitig zu den bekanntesten Gemälden der Kunstgeschichte überhaupt: *Das Abendmahl, Mona Lisa* und *Madonna in der Felsengrotte.* Durch seine charakteristische Helldunkelmalerei, jene weichen Licht- und Schattenabstufungen, wirken die Umrisse leicht verschwommen; die Bilder strahlen einen Hauch von Unbestimmtheit, von Rätselhaftigkeit aus, gleichzeitig erscheinen die Formen plastisch. „Sfumato", verschwommen, nennt man diese spezielle Technik des Künstlers, die weit über den Kreis seiner Schüler hinaus wirkte.

Malerei, das war für Leonardo die Suche nach der innersten Natur. Nicht nur abbilden sollte der Maler, sondern die sichtbare Welt im Bild wieder erschaffen. Dazu musste der Künstler die Welt ganz und gar erfassen und durchdringen: Landschaften, Lebewesen, Ausdrucksformen und Gebärden zu porträtierender Menschen, Licht und Schatten musste er beobachten, studieren, verstehen – nur so konnte er malend zum Schöpfer werden.

Leonardo sah sich vor allem als Maler, doch seine Berühmtheit beruht sicherlich genauso auf seinem zeichnerischen und bildhauerischen Schaffen sowie auf seinen naturwissenschaftlichen und technischen Studien und Entwürfen. Leonardo zählte zu jenen Künstleringenieuren, die den technischen Fortschritt im 15. und 16. Jahrhundert vorantrieben und auch nachfolgenden Generationen von Technikern und Forschern wertvolle Anregungen lieferten. Doch die Kreativität, Experimentierfreudigkeit, der Ideenreichtum Leonardos waren einzigartig. Als Naturforscher beobachtete und untersuchte er Tiere, Pflanzen, den Menschen. Kaum ein anderer Künstler beschäftigte sich so gründlich mit allen Details und Funktionen des menschlichen Körpers wie Leonardo: Er sezierte Leichen und fertigte etwa 750 anatomische Zeichnungen an, ja er plante sogar, einen Atlas der Anatomie zu erstellen, in dem er die Entwicklungsstufen des Menschen vom Embryo bis zum Leichnam aufzeichnen wollte. Der Italiener forschte nach Gesetzmäßigkeiten des Wassers, der Luft, nach mechanisch-funktionalen Urgesetzen – immer auf der Suche nach einer umfassenden Lehre – und hinterließ Tausende eng beschriebener Manuskriptseiten mit Skizzen und Betrachtungen sowie Notizbücher mit Entwürfen von Brücken, Bewässerungssystemen, Kriegsmaschinen, Schlossanlagen, Kirchen, Kanälen, mehrgeschossigen Strassen, Flugkörpern ... Damals, im 15. Jahrhundert, studierte er Vogelflügel und stellte Berechnungen an: Wie breit müssten Flügel sein, um den Menschen zu tragen? „Ein Vogel ist ein Instrument, das nach

Das Abendmahl, 1495 – 1497, Wandgemälde im Kloster S. Maria delle Grazie, Mailand

mathematischen Gesetzen arbeitet, die der Mensch nachahmen kann", notierte er in seinen Aufzeichnungen zur Flugmaschine. Und er entwarf einen Fallschirm, mit dem der Mensch wieder sicher landen könnte.
Schön soll er gewesen sein und ästhetisch in seinen Bewegungen, schrieb der frühe Leonardo-Biograph Giorgio Vasari über den unehelichen Sohn einer Bauernmagd und eines wohlhabenden Notars. In einem Dorf nahe der toskanischen Stadt Vinci kam er zur Welt, daher also sein Beiname „da Vinci". Verbundenheit mit der Natur kam nicht nur in seinen Werken, sondern auch im täglichen Leben zum Ausdruck. Schon als Junge studierte und zeichnete er Fledermäuse, Insekten, Reptilien. Später soll er auf dem Markt Vögel gekauft, sie behutsam in beiden Händen gewärmt und über seinen Kopf in die Freiheit geworfen haben. Als Jugendlicher zog Leonardo mit seinem Vater nach Florenz, dem Zentrum des kulturellen und geistigen Lebens in Italien. Und weil

er im Umgang mit Metallstift und Feder überaus talentiert war, schlug er die künstlerische Laufbahn ein. Um 1470 begann er eine Lehre in der Werkstatt des renommierten Künstlers Andrea del Verrocchio; hier erhielt er solide Grundlagen, lernte die neuesten Maltechniken, Bronzegießen, Modellieren, machte Anatomiestudien des menschlichen Körpers, beschäftigte sich mit Mechanik und Metallverarbeitung. Gleichzeitig erlebte er im Florenz der Medici die Blütezeit der Renaissancekultur. Leonardos Begabung fiel wohl schon damals auf: Einer Anekdote zufolge soll Meister Verrocchio beim Anblick einer Malarbeit seines Schülers beeindruckt gesagt haben, er werde selbst nie wieder einen Pinsel in die Hand nehmen. 20 Jahre war Leonardo alt, als er in die Malerzunft aufgenommen wurde. Er arbeitete noch einige Jahre als freischaffender Künstler in Florenz und machte sich dann, wie damals üblich, auf die Suche nach einem kunstsinnigen Mäzen in einem anderen Kulturzentrum.

Die Dame mit dem Hermelin, um 1485

Anatomiestudien: Lage des Fetus im Uterus

„Er glich einem Menschen, der in der Finsternis zu früh erwacht war, während die anderen noch alle schliefen."
Sigmund Freud, Begründer der Psychoanalyse

Er bewarb sich beim Herzog von Mailand, und weil der Geist der Epoche kriegerisch war, verwies Leonardo in seiner Bewerbung an Lodovico Sforza auf seine technischen Fähigkeiten als Ingenieur und Konstrukteur von Festungsanlagen, Schiffen, Brücken und Kriegsgeräten. Gleichzeitig, so schrieb er selbstbewusst, „werde ich bei der Bearbeitung von Marmor, Erz und Ton sowie in der Malerei wohl etwas leisten, was sich vor jedem anderen sehen lassen kann."

Mit 30 Jahren übersiedelte Leonardo nach Mailand, wo er bis zum Sturz der Sforza 17 glückliche und erfolgreiche Jahre ver-

brachte und eine eigene Schule gründete. Er genoss die Freiheit, sich mehr seinen wissenschaftlich-technischen Experimenten widmen zu können und entwarf allerlei Maschinen und Apparate. Auch einige seiner Meisterwerke entstanden in der Mailänder Zeit, darunter *Madonna in der Felsengrotte, Die Dame mit dem Hermelin* und das berühmte *Abendmahl*, ein Wandgemälde, das Leonardo Ende der 1490er Jahre für das Refektorium des Klosters Santa Maria delle Grazie in Mailand malte. Das legendäre Werk offenbart trotz seines schadhaften Zustands die Genialität des Künstlers: Jahrhundertelang hatten Maler vom Abendmahl den Augenblick der Kommunion dargestellt. Leonardo dagegen entschied sich für den dramatischen Zeitpunkt, in dem Jesus spricht: „Wahrlich, ich sage euch: Einer unter euch wird mich verraten." Die Jünger erschrecken, widersprechen aufgeregt, versichern ihre Treue. Leider ist diese Dramatik an den Gesichtern nur noch schwer zu erkennen: Leonardo trug die Farben in einer damals neuartigen Technik auf, die sich aber mit der feuchten Wand nicht vertrug, so dass sich bald Schäden zeigten. Schon 1556 war vom viel gepriesenen Werk nur noch „ein Durcheinander von Flecken" zu sehen – so Biograph Vasari. In den folgenden Jahrhunderten wurde das Wandgemälde deshalb immer wieder renoviert – und teilweise verfälscht.

Nach dem Sturz von Leonardos Mäzen begann für den Künstler eine unruhige Phase; er zog wieder nach Florenz und begann dort mehrere Arbeiten, von denen die meisten unvollendet blieben. Eine aber, das Bild einer Florentiner Dame, sollte zum idealen Porträt werden: „Die Augen hatten Glanz und Feuchtigkeit, wie wir es im Leben sehen. An der Nase waren die feinen Öffnungen rosig und zart aufs Treueste nachgebildet, der Mund hatte, wo die Lippen sich schließen und wo das Rot mit der Farbe des Gesichts sich vereint, eine Vollkommenheit, dass er nicht wie gemalt, sondern in Wahrheit wie Fleisch und Blut erschien." So beschrieb Vasari das Kunstwerk, das als *Mona Lisa* in die Geschichte einging.

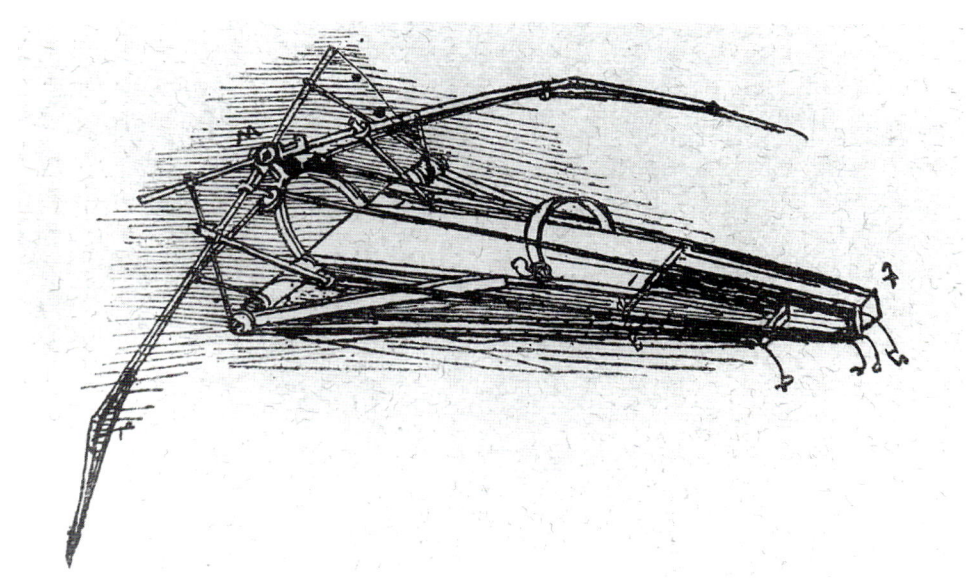

Flugmaschine, Zeichnung

Leonardo war über 50 Jahre alt, als er sein ideales Porträt vollendete. Er ging nochmals nach Mailand, das nun unter französischer Herrschaft stand, und folgte schließlich – nach einem enttäuschenden Aufenthalt im päpstlichen Rom – einer Einladung des französischen Königs Franz I. als „Meister jeder Kunst und Wissenschaft". Im Tal der Loire auf dem Schloss Cloux bei Amboise fand der Künstler seine letzte Bleibe; hier entstand sein berühmtes *Selbstbildnis im hohen Alter*. Mit seinem letzten Umzug leistete Leonardo einen entscheidenden Beitrag, die Kultur der Renaissance aus ihrem italienischen Ursprungsland in das übrige Europa zu bringen. Im Gepäck führte der Meister einige seiner berühmtesten Werke mit: die *Mona Lisa*, den *Heiligen Johannes*, dazu die zahllosen Notizbücher mit Aufzeichnungen, Entwürfen, Skizzen, Ideen – die Erträge seiner unerschöpflichen Fantasie und zugleich ein Gewirr an Gedanken und Konzepten, die

nur ein Genie zu überblicken imstande ist.

In Frankreich erhielt der alte Leonardo viel Anerkennung. Neben dem französischen König besuchten ihn regelmäßig andere Gelehrte. Bis an sein Lebensende arbeitete der große Künstler daran, die innerste Essenz dessen, was die Welt hervorbringt, zu erfassen und wiederzugeben. Darin ist ihm wohl weder vor noch nach seiner Zeit jemand gleichgekommen.

„Leonardo da Vinci besaß eine so vollkommene Fähigkeit, dass, wohin sein Geist sich wandte, er das Schwierigste mit Leichtigkeit löste. Große Kraft verband sich in ihm mit Gewandtheit; sein Mut und seine Tapferkeit waren erhaben und großartig, und der Ruf seines Namens verbreitete sich so weit, dass er nicht nur von der Mitwelt, sondern noch viel mehr von der Nachwelt gepriesen wurde."
Giorgio Vasari, italienischer Maler, Bildhauer und Kunsthistoriker

Albrecht Dürer

* 21. Mai 1471 in Nürnberg
† 6. April 1528 in Nürnberg
deutscher Maler, Graphiker

Albrecht Dürer, Selbstbildnis von 1498

Literatur

■ Lüdecke, Heinz, Albrecht Dürer, Stauffacher Verlag, Zürich 1970
■ Rebel, Ernst, Albrecht Dürer. Maler und Humanist, Orbis Verlag für Publizistik, München 1999
■ Winzinger, Franz, Albrecht Dürer, Rowohlt Taschenbuch Verlag, Reinbek 1971

ZWISCHEN GOTIK UND RENAISSANCE

Das Gemälde zeigt einen jungen Mann im Dreiviertelprofil in stolzer aufrechter Haltung, den selbstbewussten Blick schräg nach vorne gerichtet. Er ist geschmackvoll und nobel gekleidet, in hellem Gewand, dunkelbraunem Mantel und hell-dunkel gewirkter Mütze in abgestimmten harmonischen Farbtönen; die gedämpften und dezent kontrastierenden Farben der Kleidung lassen die langen gepflegten Locken des Mannes goldbraun schimmern. Eine edle, selbstsichere Erscheinung im Festtagsstaat, so steht er vor dem dunklen Hintergrund eines Zimmers, in das mildes Licht durch ein Fenster fällt; der Blick aus dem Fenster führt auf eine minutiös gemalte Gebirgslandschaft. „Das malt Ich nach meiner Gestalt. Ich war sex und zwanzig jor alt", lautet die Inschrift auf dem Gemälde. Es ist ein Selbstbildnis des Künstlers Albrecht Dürer aus dem Jahre 1498.
Der Nürnberger Maler und Graphiker war der erste deutsche Künstler, der sich selbst malte; er brachte damit das neu erwachte Persönlichkeitsbewusstsein der Renaissance zum Ausdruck. Als Kunstschaffender in jener Phase des Übergangs vom Mittelalter zur Neuzeit, von der Spätgotik zur Renaissance machte er mit diesem Selbstporträt aber auch noch einen weiteren Wandel deutlich: Zu einer Zeit, in der sich die gesellschaftliche Rangordnung in der Kleidung manifestierte, verwies Albrecht Dürer mit seiner Selbstdarstellung im Festtagsornat auf seine Überzeugung von der besonderen, gehobenen sozialen Stellung des Künstlers. Als Pionier und doch Kind seiner Zeit verstand Dürer seine künstlerische Tätigkeit und Kunstschaffen insgesamt nicht mehr nur als bloßes Handwerk, sondern zunehmend als „Schöpfung". Die Aufgabe der Kunst sah er nicht länger darin, abzubilden oder Allegorie zu sein; sie wurde für ihn zum Erkenntnismedium. Der Künstler nahm in diesem veränderten Verständnis die Rolle des Mittlers zwischen Außenwelt und Fantasie ein; und auch für den Betrachter wurde das Kunstwerk zum Medium, in dem er eine andere, höhere Realität erahnen und sich zugleich seiner eigenen Existenz vergewissern konnte.
Albrecht Dürer stammte aus einer traditionellen Handwerkerfamilie.

Adam und Eva, *Kupferstich des Nürnberger Künstlers aus dem Jahre 1504*

Das große Rasenstück, *ein Gemälde in Wasser- und Deckfarben von 1503*

Junger Feldhase, *ein populäres Werk des Renaissance-Künstlers Dürer von 1502*

Als Sohn eines Nürnberger Goldschmieds lernte er erst beim Vater und erhielt dann eine Ausbildung bei dem Maler und Holzschnittzeichner Michael Wolgemut. Seine anschließende Wanderschaft führte ihn zunächst an den Oberrhein, nach Straßburg, Colmar und Basel, weiter nach Italien, wo er sich intensiv mit der venezianischen Malerei auseinander setzte, Perspektive, Anatomie und die antiken idealen Schönheitsstandards studierte.

Nach seiner Rückkehr ließ sich Dürer in Nürnberg als Meister nieder und arbeitete hauptsächlich als Graphiker für Holzschnitt und Kupferstich. Er vollendete erste bedeutende Werke, wie die Holzschnittfolge der *Heimlichen Offenbarung Johannis* (Apokalypse) und den *Paumgartner-Altar*, der die Geburt Christi und die Stifter Stefan und Lukas Paumgartner als Heiligen Georg und Eustachius zeigt. 1504 schuf er den Kupferstich *Adam und Eva*, ein Ergebnis seiner

Beschäftigung mit der Proportionslehre. Überdies stand er in engem Austausch mit den Nürnberger Humanisten, besonders mit Willibald Pirckheimer – Begegnungen, die ihn zum intensiveren Studium der Antike anregten. 1520, als er längst etablierter Meister und weit über die Grenzen Deutschlands hinaus berühmt war, reiste der Künstler in die Niederlande, studierte die Kunst dieses Landes und erhielt neue Impulse. Während seines Aufenthalts entstanden zahlreiche Gemälde und vor allem Holzschnitt- und Kupferstichserien. Nicht nur mit seinen Selbstbildnissen markiert Albrecht Dürer eine neue Stufe der deutschen Kunst, er war auch der Erste, der in sich geschlossene Landschaftskompositionen schuf. Die Welt der Pflanzen und Tiere schilderte er in genauer Detailarbeit; berühmt sind der *Junge Feldhase*, das *Große Rasenstück*, *Die Akelei*. „Denn wahrhaftig steckt die Kunst in der Natur, wer sie he-

rausreißen kann, der hat sie." Ein viel zitierter Satz Dürers, der sein Kunstverständnis auf den Punkt bringt: im Medium der Zeichnung ein Bild von dem zu geben, was an der Natur als wahr zu erkennen ist.

Unter den weltlichen Sujets in seinem Werk überwiegen neben den Landschafts- und Tierbildern mythologische und sinnbildliche Themen. Hauptaufgabe der Kunst sah er jedoch in der Darstellung der Passion Christi, die er in drei großen graphischen Folgen und vielen Einzelblättern gestaltete. Seine formvollendete und ausdrucksstarke Graphik wurde für die nachfolgenden Künstlergenerationen in Deutschland, Frankreich und Italien zum Vorbild.

Sein letztes großes Kunstwerk, die beiden Tafeln der *Vier Apostel* (1526) hinterließ der große Nürnberger Meister seiner Vaterstadt als Vermächtnis, es sollte den „weltlichen Regenten" Mahnung und Halt in den Wirren der Zeit sein.

William Shakespeare

* 23. oder 24. April 1564 in Stratford-upon-Avon
† 23. April 1616 in Stratford-upon-Avon
englischer Dramatiker

William Shakespeare, Kreidelithographie, um 1830

„Gerade weil Shakespeare nicht einfach Zeitgenosse der Moderne ist, sondern an deren Anfang große Fragezeichen setzt, bleibt er, ob es uns passt oder nicht, in unserer Gegenwart präsent."
Alan Posener

Literatur

■ Gelfert, Hans-Dieter, Shakespeare, C.H. Beck Verlag, München 2000
■ Posener, Alan, William Shakespeare, Rowohlt Taschenbuch Verlag, Reinbek 2001
■ Schabert, Ina (Hg.), Shakespeare-Handbuch. Die Zeit. Der Mensch. Das Werk. Die Nachwelt, Alfred Kröner Verlag, Stuttgart 2000

DER ZEITLOSE POET

„Es ist aber über Shakespeare schon so viel gesagt, dass es scheinen möchte, als wäre nichts mehr zu sagen übrig; und doch ist dies die Eigenschaft des Geistes, dass er den Geist ewig anregt." Mit diesen Worten kommentierte Goethe 1813 die Entdeckung und Rezeption des englischen Dramatikers William Shakespeare in Deutschland und die Begeisterung für dessen Werk. Dichter und Wissenschaftler hatten sich seit Mitte des 18. Jahrhunderts wieder und wieder mit dem Engländer auseinander gesetzt, hatten seine Stücke studiert, übersetzt und interpretiert. Auch Goethe. Für ihn und seine Zeitgenossen war Shakespeare das Inbild des Originalgenies, das frei vom Reglement klassizistischer Normen aus einer natürlichen Begabung heraus Dramen und Gedichte schuf. Natur, Natürlichkeit, Naturhaftigkeit waren das, was die Literaturschaffenden des Sturm und Drang, der Weimarer Klassik und der Romantik in Shakespeare sahen. Da Natur ihr Ideal war, entsprach das scheinbar naturhaft Geniale im Werk des Engländers genau ihrem Inbegriff von großer Dichtung.

Heute weiß man, dass Shakespeare weniger der von poetischer Wildheit inspirierte Genius war als vielmehr ein Dramendichter, der als Berufsschauspieler die hoch entwickelte elisabethanische Theaterkultur hervorragend kannte und dessen Stücke von einer meisterhaften dramaturgischen Komposition und Kalkulation zeugen. Wie aber ist es zu erklären, dass der mehr als 400 Jahre alte Shakespeare bis heute zu den Größten der Großen gehört, dass er auch im 21. Jahrhundert modern und jahraus, jahrein auf deutschen und englischsprachigen Bühnen der meistgespielte Autor ist? Er hat nicht nur den Kanon literarischer Figuren um mehr eigene Schöpfungen bereichert als irgendein anderer Dramendichter, sondern auch die Innenwelt des Menschen tiefer ausgeleuchtet, als dies vor und lange nach ihm einer tat: Die amoralische Vitalität eines Falstaff (Figur aus dem Lustspiel *Die lustigen Weiber von Windsor*), die metaphysischen Zweifel Hamlets, die abgrundtiefe Verzweiflung König Lears erschütterten damals, am Beginn der Moderne, die Grundfesten des Menschen und machen die Stücke bis in unsere Tage erlebbar. Die Figuren mit ihren Ambivalenzen, ja Widersprüchlichkeiten ergreifen auch das Publikum unserer Zeit und ziehen es nach wie vor in ihren Bann. „In seinen Stücken", schrieb der Shakespeare-Biograph Hans-Dieter Gelfert, „sind die Menschen dem Schicksal ausgeliefert und doch für ihr Handeln verantwortlich. Jeder Wert scheint eine Schattenseite zu haben. Die Liebe ist das Glück und zugleich Verblendung, die Macht ist gottgegebene Verantwortung und zugleich Versuchung; das schiere Leben ist eine falstaffsche Lust und zugleich etwas, das durch Vernunft gezähmt und damit gelähmt werden muss. Kein anderer unter den großen Dichtern zeigt eine so durchgängige Ambivalenz wie er. Er zeigt, wie tief der Mensch fallen kann, und das macht wohl seine Modernität bis heute aus."

Dass Shakespeare diese Grundfragen menschlicher Existenz in seinen Stücken behandelte, ist einer der Gründe, warum er zum meistzitierten Dichter wurde. Ein anderer ist seine unvergleichlich ausdrucksstarke Sprache, seine temporeiche Rhetorik voller Anspielungen, Wortspiele und Vergleiche, die seine Dramen zu atemberaubenden Bühnenerlebnissen werden lassen. „Könnten wir uns einen universell gültigen Kanon vorstellen, multikulturell und multivalent, so wäre das einzige unverzichtbare Werk darin weder die Bibel noch der Koran noch irgendein religiöser Text des Ostens, sondern Shakespeare. Er wird überall gelesen und gespielt,

in jeder Sprache, unter allen Umständen", pries der Theaterexperte Harold Bloom einmal den großen Dramatiker. „Ohne Shakespeare kein Kanon. Denn ohne Shakespeare würden wir uns selbst nicht wieder erkennen, wer auch immer wir sind."

William Shakespeare, das poetische Genie, war ein Senkrechtstarter. Als Sohn eines Handschuhmachers und einer Gutsbesitzerstochter wuchs er in einer kleinen Stadt auf, die durch ihren größten Sohn weltberühmt wurde: Stratford-upon-Avon. Shakespeare besuchte dort die örtliche Lateinschule, heiratete mit 18 Jahren die acht Jahre ältere Ann Hathaway und hatte mit ihr 1585 drei Kinder. Dann verließ der Kleinstädter die Familie und ging nach London, wo er bereits 1592 als Dramatiker und Schauspieler einen guten Namen hatte. Neben seiner künstlerischen Tätigkeit war Shakespeare auch Theaterunternehmer – ein gewandter Geschäftsmann, der später als Theaterteilhaber hohe Einnahmen erzielte und sich davon Ländereien und Häuser in seiner Heimatstadt Stratford kaufte. Als Mitglied der Theatertruppe der „Chamberlain's Men" (ab 1603, nach der Thronbesteigung des Stuartkönigs Jakob, hieß die Truppe „King's Men") schrieb er bis 1598 eine Reihe erfolgreicher Dramen, darunter *Richard III., Romeo und Julia, Ein Sommernachtstraum* und *Der Kaufmann von Venedig*. Schon damals galt er als der größte Dramatiker Englands. Nachdem die Truppe an das Südufer der Themse gezogen

und dort das Globe Theatre gebaut hatte, entstanden *Heinrich V.* und *Julius Caesar*. Nach 1603 schrieb Shakespeare die großen Tragödien *Hamlet, Othello, König Lear* und *Macbeth*. 1608 kaufte Shakespeares Truppe ein Theater im Zentrum Londons. Für diese neue Bühne verfasste er unter anderem *Ein Wintermärchen*. Um 1610 zog sich der Dichter in seinen Heimatort zurück, wo er nach seinem Tod in der Trinity Church beigesetzt wurde. Mit seinen insgesamt 37 Bühnenstücken, darunter zahlreichen Komödien, außerdem über 150 Sonetten und zwei Versepen hat Shakespeare der Welt ein zeitloses Werk, einen unvergänglichen Kosmos hinterlassen.

Shakespeare-Denkmal von Otto Lessing im Park an der Ilm in Weimar

Artemisia Gentileschi

* 8. Juli 1593 (oder 1597) in Rom
† 1652 in Neapel
italienische Malerin

*Artemisia Gentileschi, Kupferstich von
Joachim von Sandrart, 17. Jh.*

Literatur

■ Banti, Anna, Artemisia, aus dem
Italienischen von Sylvia Höfer, List
Verlag, München 1992

■ Greer, Germaine, Das unterdrückte
Talent. Die Rolle der Frauen in der
Bildenden Kunst, aus dem Englischen
von Rainer Redies und Ingrid Krüger,
Ullstein Verlag, Berlin, Frankfurt/Main,
Wien 1980

■ Nicoïdski, Clarisse, Die großen
Malerinnen. Weibliche Kunst von den
Anfängen bis zur Gegenwart, aus dem
Französischen von Helga Künzel und
Liselotte Julius, Suhrkamp Taschenbuch
Verlag, Frankfurt/Main 1999

DIE RABIATE RÖMERIN

Das Bild zeigt eine grausam-schaurige Szene: Eine Frau im samtenen Kleid – eine aristokratische, sinnlich anziehende Erscheinung – mit tiefem Dekolleté und kräftigen Armen drückt mit einer Hand den Kopf eines Mannes gegen das Lager, auf dem er rücklings liegt, und hält mit der anderen das Schwert, mit dem sie ihm die Kehle durchschneidet. Neben ihr eine zweite Frau, eine Magd, die mit aller Anstrengung versucht, den sich aufbäumenden Körper festzuhalten. Blut spritzt aus der durchschnittenen Kehle, rinnt über das Lager; die Augen des Opfers sind entsetzt aufgerissen. *Judith enthauptet den Holofernes* heißt das Gemälde, ein alttestamentarisches Motiv, das Maler verschiedener Epochen immer wieder dargestellt haben. Selten aber wurde die Bluttat in dieser unumwundenen Brutalität und Erbarmungslosigkeit gezeigt, die dem Betrachter förmlich den Atem verschlägt.

Das Gemälde stammt von Artemisia Gentileschi, der wohl talentiertesten praktizierenden Künstlerin des 17. Jahrhunderts, die sich nicht zuletzt mit diesem Werk in Europa den Ruf einer außergewöhnlichen Malerin erwarb. Gentileschi, die das Handwerk bei ihrem Vater lernte, war eine Ausnahmeerscheinung in einer Profession, die damals fast ausschließlich Männern vorbehalten war.

Der Malerstochter ist es nicht nur gelungen, sich in dieser Männerdomäne zu etablieren, sie setzte zudem Normen außer Kraft, die die Tätigkeit von Malerinnen auf die niedrigsten Bildgattungen – wie das Stillleben – beschränken wollten.

Gentileschi malte bevorzugt vielfigurige Galeriebilder. Interessant ist dabei die Wahl ihrer Sujets. Zu einem Großteil stellte sie historische oder mythologische Motive dar, die starke und gewaltbereite Frauen oder weibliche Opfer zeigen: die Babylonierin Susanna, die von lüsternen alten Männern bedrängt und gequält wird und die versucht, die aufdringlichen Greise abzuwehren; Lucretia, die nach ihrer Entehrung durch Tarquinius den Dolch gegen sich selbst richtet – und immer wieder die schöne Witwe Judith, der es gelingt, den Assyrerkönig Holofernes erst zu verführen, dann zu enthaupten und durch die Zurschaustellung seines Kopfes an den Zinnen der Stadtmauer

Judith enthauptet Holofernes, *von Gentileschi, 1612/13*

die Besatzer von Bethulia in die Flucht zu schlagen.

Artemisia Gentileschi war die Tochter des Malers Orazio Gentileschi, eines erfolgreichen Künstlers, der in Rom für die führenden päpstlichen Familien arbeitete und in Paris und London königliche Auftragsarbeiten ausführte. Die Tochter wuchs sozusagen in der Werkstatt ihres Vaters im römischen Künstlerviertel nahe der Piazza del Popolo auf. Pinsel, Paletten und Farbtöpfe waren ihr von den ersten Tagen an vertraut; seit ihrer frühen Kindheit stand sie dem Vater als Engel Modell, arbeitete ihm zu und entwickelte dabei ihre Fähigkeiten. Caravaggio, einer der berühmtesten und gefragtesten Maler dieser Zeit, ging im Hause Gentileschi ein und aus; Artemisia erhielt aus seinem Werk maßgebliche Anregungen.

Als ihr Vater Orazio seinen Berufskollegen, den Lehrer Artemisias, wegen Vergewaltigung sei-ner Tochter und eines nicht eingelösten Eheversprechens anklagte, kam es zu einem Aufsehen erregenden Prozess, in dem Artemisia mutig aussagte und – was damals keine Frau wagte – die Vergewaltigung im Detail schilderte. Das monatelange Verfahren, das mit der Verurteilung des Angeklagten endete, muss für die junge Malerin traumatisch gewesen sein. Zu Recht wird angenommen, dass diese Erfahrung sich in vielen ihrer Bilder wider spiegelt.

Nach dem Prozess verließ Artemisia Rom, heiratete einen Maler und ging nach Florenz. Sie war gesellschaftlich rehabilitiert und machte alsbald als eigenständige Künstlerin eine europäische Karriere: Seit 1619 stand sie mit Großherzog Cosimo II. von Medici, dem Kommandanten Cassiano del Pozzo, dem Herzog Francesco Este in Verbindung und korrespondierte mit ihnen in der üblichen Weise von Künstler zu Mäzen. Sie gab Auskunft über den Stand ihrer Arbeiten, bekundete den Adressaten mit obligaten Höflichkeitsfloskeln ihre Ehrerbietung oder bat um materielle Unterstützung für die Weiterführung ihres Werks.

Artemisia Gentileschi war eine Kämpferin. Sie schaffte es, die Aufmerksamkeit der Mächtigen auf sich zu ziehen und zu behalten, arbeitete im Auftrag des englischen Königs Charles I., des neapolitanischen Vizekönigs und auch privater Kunstliebhaber. Sie kämpfte darum, für ihre Familie – auch Vater und Brüder – Wohlstand zu sichern. Dies alles, v. a. aber als bedeutende Malerin anerkannt zu werden, erreichte sie mit Bravour.

Nach ihrem Tod 1652 geriet sie dennoch in Vergessenheit, einige ihrer Werke wurden lange Zeit ihrem Vater zugeschrieben. Erst im 20. Jahrhundert wurde Artemisia Gentileschi wieder entdeckt. Die feministische Kunstgeschichte erklärte sie zur Symbolgestalt einer radikal weiblichen Kunst. Und für den Kunsthistoriker Roberto Longhi, der die Werke der rabiaten Römerin im Zuge der Wiederentdeckung des Caravaggismus aus der Versenkung holte, war Artemisia „die einzige Frau in Italien, die gewusst hat, was Malerei ist". Heute sind die Sinnlichkeit und Vitalität ausstrahlenden Bilder der barocken Malerin in den berühmtesten Gemäldegalerien der Welt zu sehen.

„Artemisia verrät (in dem Gemälde Judith enthauptet Holofernes) *symbolisch, und das mitten im 17. Jahrhundert, die geheime Lust einer Malerin, der es geglückt ist, den Schaffensakt mit dem Tötungsverlangen zu verschmelzen. Während das Bild die beiden Komplizinnen einer Bluttat zeigt, liegt die Stärke der Gentileschi darin, sich unumwunden, ohne Scheinmanöver, über das Vergnügen zu äußern, das sie dabei empfinden. Dieses Werk illustriert eine Episode aus dem Alten Testament nur zu dem einen Zweck, sie sich anzueignen, ihr ungeahnte Deutung zu verleihen."*
Clarisse Nicoïdski

Johann Sebastian Bach

* 21. März 1685 in Eisenach
† 28. Juli 1750 in Leipzig
deutscher Musiker und Komponist

Johann Sebastian Bach, 1746

Literatur
- Fischer, Hans Conrad, Johann Sebastian Bach. Sein Leben in Bildern und Dokumenten, Hänssler-Verlag, Neuhausen-Stuttgart 1985
- Korff, Malte, Johann Sebastian Bach, dtv, München 2000
- Rueger, Christoph, Johann Sebastian Bach. Wie im Himmel so auf Erden. Die Kunst des Lebens im Geist der Musik, Wilhelm Heyne Verlag, München 2000

DER „LIEBE GOTT" DER MUSIK

Johann Sebastian Bach entstammte einer Musiker-„Dynastie": Die Angehörigen der „Bache", wie man sie nannte, waren seit mehr als 200 Jahren in Thüringen Musikanten – Stadtpfeifer, Sänger, Organisten, Kapellmeister. Es war also nicht verwunderlich, dass Johann Sebastian Bach, jüngster Sohn des Eisenacher Stadtmusikers Ambrosius Bach, in die Fußstapfen seiner Vorfahren trat. Welch begnadeter Meister er in diesem Metier werden sollte und welch geniales Gesamtwerk er schaffen würde, war allerdings nicht vorhersehbar. Doch waren weder er selber noch seine Zeitgenossen sich seiner Außergewöhnlichkeit bewusst. Erst viele Jahre nach seinem Tod wurde Johann Sebastian Bachs Bedeutung für die Musik verstanden. Zu seinen Lebzeiten war er kaum bekannt und wurde in seinem Wirkungskreis auch nicht richtig eingeschätzt. Man bewunderte zwar seine Improvisationskunst und sein virtuoses Spiel, die schöpferische Kraft seiner Kompositionen aber fand wenig Beachtung. Bach arbeitete mit traditionellen Stilmitteln und galt somit als Vertreter einer vergangenen Epoche. Dabei übersah man jedoch, dass er alle Musik, die es vor ihm gegeben hatte und die zu seiner Zeit entstanden war, aufnahm und zusammenführte. Die Art und Weise, wie er diese unterschiedlichen Formen kombinierte und zu höchster Vollendung brachte, war das Geniale.

Heute verstehen wir seine Musik, die die alte linienmäßige Vielstimmigkeit mit dem damals modernen harmonisch ausgerichteten Konzertstil zu einer fruchtbaren Einheit verbindet, als krönenden Abschluss des musikalischen Barocks: Lebendige Stimmführung, kühne, ausdrucksstarke Harmonien, vielgestaltiger, fein differenzierter Rhythmus, hohe geistige Spannkraft bestimmen sein Werk, das als Zusammenfassung der europäischen Musik die Plattform bildete, von der aus über die Phase des Rokoko hinweg die Entwicklung zur Klassik möglich wurde.

Die Grundbegriffe der Musik und des Kirchengesangs lernte Bach schon als Kind von seinem Vater und an der Schule. Als er mit zehn Jahren Vollwaise wurde, nahm sein Bruder, der Organist Johann Christoph, der unter dem

Einfluss italienischer Meister und damit des südlichen, freien Stils spielte, ihn zu sich und unterrichtete ihn in Cembalo, Clavichord und Orgel. Mit 15 Jahren war er bereits Berufsmusiker: als bezahlter Chorsänger an der St. Michaeliskirche in Lüneburg. Dort kam er mit dem norddeutschen Orgelspiel in Berührung, aber auch mit der Eleganz der damals neuen französischen Musik am Herzogshof des benachbarten Celle. Mit 18 Jahren wurde Bach Violinist am Hof in Weimar, wenig später Organist in Arnstadt. Weitere Stationen waren 1707 Mühlhausen als Organist, 1708 wieder Weimar, 1717 eine Stelle als Hofkapellmeister des Fürsten Leopold von Anhalt-Köthen.

Zwischendrin unternahm er längere Reisen nach Hamburg und Lübeck, um die großen Orgelmeister seiner Zeit, Jan Adam Reinken und Dietrich Buxtehude, zu hören. Während seiner Jahre in Weimar schrieb Bach viele Orgelkompositionen, die uns heute gut vertraut sind – die Toccata und Fuge in c-Moll und andere Stücke im selben prunkvollen Stil. Seine eigene Musik wurde immer dichter, da er mit seinem kontrapunktischen Geschick an die raschen, großen Themen der Italiener heranging. In seinen Kantaten vereinigte er die religiöse Inbrunst der Musik von Buxtehude mit dem opernhaften Stil und den feinen Melodien der italienischen Meister.

In Köthen komponierte Bach den Großteil seiner profanen Instrumentalmusik, die Sonaten für verschiedene Instrumente, die Konzerte, u. a. die Brandenburgischen, und die vier Orchestersuiten. Viele der anspruchsvollen Stücke für Cembalo solo stammen aus dieser Zeit.

Als er mit 38 Jahren die Kantorenstelle für St. Thomas in Leipzig antrat, war er auf der Höhe seiner Schaffenskraft, die er bis zum Ende seines Lebens dafür einsetzte, dem öffentlichen Gottesdienst seiner Gemeinde eine adäquate musikalische Form zu geben. Dazu griff er oft auf die Kantate zurück, eine Stilform, bei der Orchester und Sänger gemeinsam den religiösen Text musikalisch gestalten.

1749 begann er seinen Monumentalzyklus, der zum Inbegriff musikalischer Gelehrsamkeit werden sollte: die Kunst der Fuge, eine Sammlung von Kanons und Fugen über ein zu seiner elementarsten Form reduziertes Thema. Dieses Werk bildet die Quintessenz seiner musikalischen Lebenserfahrung.

Heute, 250 Jahre nach seinem Tod, zählt Bachs Orgelmusik zum Bedeutendsten, was jemals geschrieben wurde; viele seiner Werke – von denen nur ungefähr die Hälfte erhalten ist – bilden Glanzstücke unserer Konzertprogramme.

Viele Jahre nach Bachs Tod würdigte der Komponist Carl Maria von Weber seinen großen Kollegen mit den Worten: „Von ihm ging so viel ... Vollendetes aus, dass seine Vorzeit fast in Dunkelheit verschwand, ja, sonderbar genug, sein Zeitgenosse Händel wie einer anderen Zeit angehörig betrachtet wird."

Bach-Denkmal in Leipzig

„Schauen wir auf Bach, den lieben Gott der Musik, an den die Komponisten ein Gebet richten sollten, bevor sie sich an die Arbeit setzen, auf dass er sie vor Mittelmäßigkeit bewahre: schauen wir auf sein umfangreiches Werk, in dem wir auf Schritt und Tritt Dingen begegnen, die so lebendig sind, als wären sie erst gestern entstanden, angefangen bei der kapriziösen Arabeske bis hin zu jenem religiösen Verströmen, dem wir bis jetzt nichts Besseres zur Seite stellen konnten."
Claude Debussy, Komponist

Wolfgang Amadeus Mozart

* 27. Januar 1756 in Salzburg
† 5. Dezember 1791 in Wien
österreichischer Komponist

Wolfgang Amadeus Mozart auf einem Porträt von 1819

Literatur
- Hildesheimer, Wolfgang, Mozart, Suhrkamp Verlag, Frankfurt/Main 1994
- Küster, Konrad, Mozart. Eine musikalische Biographie, Deutsche Verlags-Anstalt, Stuttgart 1990
- Publig, Maria, Mozart. Ein unbeirrbares Leben, Verlag Langen Müller, München 1991

INBEGRIFF MUSIKALISCHEN GLÜCKS

Er lebte vor mehr als 200 Jahren und ist bis heute der meistgespielte Komponist der Musikgeschichte. Die Welt feiert ihn als genialen Musiker und Komponisten, als Inbegriff nicht nur musikalischen Glücks auf Erden, als Symbolgestalt künstlerischer Vollendung, aber auch menschlicher Freiheit. Wolfgang Amadeus Mozart komponierte Musik in allen damals bekannten Gattungen und Stilen, von elementarer Gebrauchs- über galante Gesellschaftsmusik bis hin zu Werken höchster Vollkommenheit und Spiritualität. Viele seiner Kompositionen sind Auftragswerke. Ob eine Oper zur Kaiserkrönung oder ein Liedchen für eine Spieluhr – ihm war keine Bestellung zu groß oder zu klein. 30 Jahre lang komponierte er, rastlos, manisch, schöpferisch – über 600 Kompositionen, darunter 41 Sinfonien, sind das Ergebnis. Daneben gab er Konzerte, reiste und unterrichtete. Mozart schrieb für das Theater, den Konzertsaal, die Kirche ebenso wie für die „Kammer" des Adels und das bürgerliche Haus. Seine technische Perfektion und die Fülle seiner Ausdrucksmöglichkeiten machten ihn zum wahrscheinlich vielseitigsten Komponisten aller Zeiten. Er war kein wirklicher Erneuerer, sondern gilt als großer Bewahrer und Vollender, der – wie Johann Sebastian Bach – die musikalischen Ideen seiner Zeit vereinigte und zu seinem eigenen Stil verschmolz. „Wahre Wunder sind so selten, dass man davon spricht, wenn man einmal ein solches erlebt. Ein Kapellmeister aus Salzburg mit Namen Mozart ist hier kürzlich mit zwei Kindern von allerliebstem Anblick eingetroffen. Seine 11-jährige Tochter spielt hinreißend Klavier ... Ihr Bruder, der im nächsten Februar sieben Jahre alt wird, ist ein so ungewöhnliches Wunderkind, dass man kaum glauben kann, was man mit seinen Augen sieht und mit seinen Ohren hört. Es fällt diesem Kind nicht schwer, mit größter Sicherheit die schwierigsten Stücke zu spielen, mit Händen, die kaum eine Sexte greifen können; geradezu unglaublich ist es, ihn eine Stunde lang aus dem Kopf spielen und sich der Eingebung seines Genies und einer Menge entzückender Einfälle überlassen zu sehen, die er zudem geschmackvoll und geordnet aufeinander folgen zu lassen weiß." Melchior Grimm, Schriftsteller und Diplomat in französischen Diensten, hatte den kleinen Mozart 1763 auf dessen erster Konzertreise durch Europa erlebt und wurde Zeuge der außerordentlichen musikalischen Begabung des Salzburger Wunderkinds, das überall, wo es auftrat, begeisterte. Vom Vater Leopold früh durch eine sorgfältige Ausbildung gefördert, war Mozart schon als Kind prominenter Pianist und gefeiertes Genie. Der Vater war Hofmusikus beim Erzbischof von Salzburg. Für den Sohn war derselbe Weg vorgesehen; die großen Kunstreisen sollten ihn bekannt machen. 1769, mit 13 Jahren, hatte er bereits Sinfonien, Sonaten, Konzerte und zwei Opern komponiert und wurde zum Konzertmeister der erzbischöflichen Hofkapelle in Salzburg ernannt, der Dienststelle seines Vaters. Das einstige Wunderkind begann, einen eigenen Stil zu entwickeln, in den es die zahllosen Eindrücke seiner bisherigen Lehrjahre zu integrieren suchte. Drei Italienreisen (1769–1773) und das Studium der renommierten italienischen Schule halfen Mozart, seinen Dramenstil zu formen und brachten ihm einige Kompositionsaufträge. Zurück in Salzburg fühlte er sich unter dem strengen Regiment des neuen Erzbischofs zunehmend eingeengt, wohl weniger durch die musikalischen Pflichten als die höfischen Rituale. Er wollte komponieren, „welches doch meine einzige Freude und Passion" ist, und nicht behelligt werden von Autorität, Hierarchie und allem

Höfischen, das ihm zuwider war und dessen Ende er erahnte. „Mir ist so federleicht ums Herz, seitdem ich von dieser Schikane weg bin", schrieb Mozart an seinen Vater, nachdem er sich mit dem Erzbischof überworfen und die Entlassung gefordert hatte. Dann suchte er, zusammen mit seiner Mutter hoffnungsvoll durch Europa reisend, an anderen Höfen Anstellung. Doch die Reise war erfolglos und endete dramatisch: In Paris starb Mozarts Mutter. Auf Vermittlung seines Vaters fand er 1778 in Salzburg nochmals Anstellung, trennte sich jedoch 1781 endgültig von der Stadt und dem verhassten erzbischöflichen Hof. Er ging nach Wien und versprach sich vom Wechsel Freiheit und Glück. Tatsächlich war der Beginn viel versprechend, Mozart hatte Erfolg und schon bald als Konzertveranstalter, Dirigent, Pianist und Komponist einen Namen. Er verfügte über beträchtliche Einnahmen, gründete eine Familie, die entgegen der hartnäckigen Legende nicht hungerte; es war der aufwändige Lebensstil, der die Mozarts immer wieder in Bedrängnis brachte. Der Komponist arbeitete mit geradezu manischer Produktivität – fast die Hälfte des Gesamtwerks entstand in den zehn Wiener Jahren –, feierte Erfolge, wie mit dem Debüt der Oper *Die Entführung aus dem Serail* 1782, fiel mit seinen Stücken beim Wiener Publikum aber gelegentlich auch durch. Die

Notenhandschrift Mozarts aus der Zauberflöte – Auftrittslied des Papageno

Opern *Die Hochzeit des Figaro* (1786) und *Don Giovanni* (1787) brachten ihm die Ernennung zum Hofkomponisten Kaiser Josephs II., und *Die Zauberflöte* (1791) wurde ebenfalls begeistert aufgenommen. Mozart in seiner Zeit, das war Gottvertrauen und das Bewusstsein der Vergänglichkeit, Hoffnung und Schwermut, die Suche nach dem Glück und doch immer die Gewissheit, dass die Erlösung nicht im Diesseits zu finden ist. „Da der Tod – genau zu nehmen – der wahre Endzweck unseres Lebens ist, so habe ich mich seit ein paar Jahren mit diesem wahren, besten Freunde des Menschen so bekannt gemacht, dass sein Bild nicht allein nichts Schreckendes mehr für mich hat, sondern recht viel Beruhigendes und Tröstendes!" So schrieb Mozart 1787 in einem Brief an den Vater. Vier Jahre später starb er während der Arbeit an einem Requiem. Die Ursachen seines Todes sind bis heute umstritten.

Hans Christian Andersen

* 2. April 1805 in Odense, Dänemark
† 4. August 1875 in Kopenhagen
dänischer Schriftsteller und Künstler

Hans Christian Andersen, um 1866

Literatur
- Böttger, Klaus, Hans Christian Andersen. Ein gezeichnetes Porträt. Mit Tagebucheintragungen, Briefen, Texten und Scherenschnitten des Dichters, Draier Verlag und Büchergilde Gutenberg, Frankfurt/Main 1984
- Bredsdorff, Elias, Hans Christian Andersen. Eine Biographie, aus dem Englischen von Gertrud Baruch, Rowohlt Taschenbuch Verlag, Reinbek 1993
- Nielsen, Erling, Hans Christian Andersen, Rowohlt Taschenbuch Verlag, Reinbek 1958

SATIRE IM MÄRCHENKLEID

Sein Leben verlief wie das Märchen vom hässlichen Entlein, das als Küken verspottet und ausgestoßen wird und sich später in einen wunderschönen Schwan verwandelt, der alle bezaubert. Hans Christian Andersen, Sohn eines Schusters und einer einfachen Frau, die nach dem Tod ihres Mannes zur Trinkerin wurde, erlebte eine Kindheit voller Entbehrungen und wuchs scheinbar chancenlos auf. Dennoch muss er in seinen ersten Jahren bescheidenes Glück und Geborgenheit erfahren haben: Die Mutter vergötterte den Sohn, der Vater las ihm aus *1001 Nacht* vor und baute ihm ein Puppentheater. Mit 14 Jahren und 13 Reichstalern in der Tasche brach der Handwerkersohn nach Kopenhagen auf, um das Glück zu suchen. Er wollte zum Theater, berühmt werden. Durch sein selbstbewusstes Auftreten fand er Einlass in Salons der Hauptstadt, tanzte vor, deklamierte. Und obwohl seine Darbietungen wenig Anklang fanden, zeigte sich doch seine grundsätzliche künstlerische Begabung und er tat Förderer auf. Er erhielt Stipendien, um das Abitur zu machen, nach Italien zu reisen und bezog seit 1838 ein Dichtergehalt vom dänischen Staat, so dass er sich ganz aufs Schreiben und Reisen verlegen konnte. Seine Überzeugung, dass göttliche Fügung ihn zu Höherem bestimmt hatte, sein unerschütterlicher Glaube an seine Berufung zum genialen Künstler, gepaart mit schier grenzenloser Energie und unbezähmbarem Ehrgeiz, ermöglichten es dem dänischen Schustersohn, seine Talente zu entfalten und sich zu einem der meistgelesenen Autoren der Weltliteratur emporzuschreiben. „Es tut nichts, in einem Entenhofe geboren zu sein, wenn man nur in einem Schwanenei gelegen hat!" So heißt es in der Geschichte *Das hässliche Entlein*, mit der Andersen 1844 den Roman seines eigenen Lebens schrieb.

Gedichte, Parodien, Theaterstücke, Reiseberichte – das waren seine ersten schriftstellerischen Arbeiten, die Einflüsse von Heinrich Heine und E.T.A. Hoffmann zeigen. Mit seinem ersten großen Werk, dem Entwicklungsroman *Der Improvisator* (1835), machte sich Andersen auf Anhieb einen Namen. In kurzen Abständen folgten zwei weitere erfolgreiche

Romane – *OT* (1836) und *Nur ein Spielmann* (1837) –, alle drei Bücher mit stark biographischer Prägung, die vor allem in Deutschland mit großer Begeisterung aufgenommen wurden. Parallel dazu publizierte Andersen seine ersten Märchen, erzählt für Kinder, Geschichten, die sich an den Kunstmärchen der Romantiker und den Volksmärchen der Gebrüder Grimm orientierten. Die Stoffe entnahm der Autor aus solchen Volksmärchen oder Reimschwänken und schuf daraus Geschichten wie *Die Prinzessin auf der Erbse, Das Feuerzeug, Die kleine Meerjungfrau, Däumelinchen, Des Kaisers neue Kleider*. Im Laufe der Zeit entwickelte Andersen einen eigenen Stil, Märchen zu erzählen: Er ließ Fantastisches im Alltag auftauchen, Gegenstände wie den Reisekoffer oder das Tintenfass lebendig werden. Gleichzeitig griff er in die Erzählungen erklärend, mahnend, beruhigend ein und schuf dadurch eine eigenwillige, unkonventionelle Ausdrucksweise – eine Schreibart, die ihn zum Erneuerer der Sprache machte und viele Literaten inspirierte.

Allmählich löste sich Andersen vom Volksmärchen: Er übernahm keine überlieferten Geschichten mehr, sondern erfand sie selbst und benutzte seine neue Kunstgattung als Instrument für seine philosophischen und nicht selten ironischen Betrachtungen, um die gesellschaftlichen Verhältnisse zu beleuchten – und zu entlarven. *Die Nachtigall, Die Schneekönigin, Die Stopfnadel, Die Hirtin und der Schornsteinfeger*

sind nur einige dieser Schöpfungen des dänischen Dichters. Hans Christian Andersen, der Märchenerzähler aus dem Norden, war im literarischen Europa des 19. Jahrhunderts bekannt, berühmt und stand im Austausch mit so ziemlich allen, die Rang und Namen hatten: Victor Hugo, Chamisso, Richard Wagner, Charles Dickens, Henrik Ibsen und Honoré de Balzac. Er reiste viel durch die Welt und seine Touren, auf denen er in Adels- und Bürgerhäusern Lesungen hielt, waren wie Triumphzüge. Von seiner vielseitigen künstlerischen Begabung zeugen Andersens Scherenschnitte, Collagen und Zeichnungen – Blätter mit feinsinnigem, oft eindringlichem Ausdruck. Dass er von seinen Zeitgenossen oft nur als „Märchenonkel" für Kinder gesehen wurde, verdross den prominenten Dänen; er fühlte sich in seinem genialen Künstlertum verkannt. Und das zu Recht: Als Autor von hohem literarischem Rang spricht er Erwachsene oft mehr an als Kinder. Dass er nicht nur ein meisterhafter Stilist, sondern auch ein großartiger Humorist und scharfer Satiriker war, wird aus den meisten seiner Geschichten unmittelbar deutlich, ja manche Texte verschlagen dem Leser geradezu den Atem, so dramatisch abgründig oder bissig sind sie. Etwa die Geschichte *Der Schatten*, in der ein verselbständigter Schatten sich als arglistiger Sadist entpuppt, der nicht einmal vor dem Mord an seinem einstigen Besitzer zurückschreckt. Oder das Märchen *Der Gärtner und*

Motiv aus dem hässlichen Entlein, das zum schönen Schwan wurde

die Herrschaft: Ein außerordentlich fähiger und tüchtiger Gärtner wird von allerhöchster Stelle ausgezeichnet, für seine eigene selbstzufriedene und unaufmerksame Herrschaft aber bleibt er immer nur „der kleine Larsen", unerkannt und ungeachtet. Mit dieser Geschichte rächte sich Andersen an den Zeitgenossen, die seine Genialität nicht anerkannten. „Kein anderer Märchenerzähler", so schrieb einmal ein Kritiker über den großen Dänen, „war je so durchtrieben autobiographisch. Kein anderer auch scherte sich so wenig um das Happyend, kein anderer hatte ein solches Sensorium für die Randständigen, die Zukurzgekommenen, die Einsamen, die schönen Verlierer."

„Oft ist's mir, als sage jeder Zaun, jedes Blümelein zu mir: ‚Sieh mich ein bisschen an, dann wird meine Geschichte dir aufgehen', und wenn ich das nur will, dann habe ich die Geschichte."

Antoni Gaudí

* 25. Juni 1852 in Reus, Katalonien
† 7. Juni 1926 in Barcelona
katalanischer Architekt

Antoni Gaudí kurz vor seinem Unfalltod,
1926

Literatur

■ Moravansky, Akos, Antoni Gaudí, aus dem Ungarischen von Miklos Marosszeki, Henschelverlag, Berlin 1985

■ Wiedemann, Josef, Antoni Gaudí. Inspiration in Architektur und Handwerk, Callwey Verlag, München 1974

■ Zerbst, Rainer, Antoni Gaudí i Cornet. Ein Leben in der Architektur, Benedikt Taschen Verlag, Köln 1987

GEBAUTE RELIGION

Die Wurzeln seiner fantastischen Architektur reichen zurück bis in seine frühe Kindheit. Als kleiner Junge, während er mit schweren Rheuma-Anfällen daniederlag, widmete sich Antoni Gaudí intensiven Naturbetrachtungen. Er beobachtete Pflanzen, Bäume, Tiere und leitete aus ihren Formen, Farben und Bewegungen später, als Architekt, die statischen, funktionellen und ästhetischen Lösungen für seine Bauten ab. Geschwungene Formen, Rundungen, verschlungene Verstrebungen, lang gezogene Sehnen wurden zu Hauptelementen seiner fantasievollen, verspielten und bizarren Architektur. Aus der vollendeten Gestalt eines Schneckenhauses entwickelte er Treppenhausräume, die zu großartigen Gebilden wurden. Er baute Häuser mit schwellenden Ausbuchtungen und bunt geschuppten Außenfassaden, die aussehen wie Fabelwesen, wie Stein gewordene Geschöpfe. Auch Parks legte Gaudí an, gestaltete sie mit kunsthandwerklichen Objekten – mit skurrilen Schlangen und Drachen, mit bunten, glasverzierten Bänken, mit reich ornamentierten Türmchen – und kreierte dabei mystische Wunderwelten wie den *Park Güell* von Barcelona. Berühmt ist er nicht zuletzt für seine imposanten Sakralbauten: die *Sagrada Familia*, die legendäre Gaudí-Basilika in Barcelona wurde sein größtes – unvollendetes – Werk.

Antoni Gaudí y Cornet war der Sohn einer Familie von eingesessenen Kupferkesselschmieden, stammte also aus einfachen Verhältnissen und studierte erst in der Provinz, dann an der Universität von Barcelona Architektur. Religiös tief verwurzelt wuchs er auf und zeit seines Lebens blieb diese Bindung Antrieb und Inspiration für seine Arbeit: „Ich bin kein Künstler", soll Gaudí einmal gesagt haben. „Ich führe nur das Wort Gottes fort."

1878, als er sein Studium beendet hatte, machte er die Bekanntschaft mit dem Grafen Eusebi Güell, ein großer Glücksfall für den jungen Architekten. Der reiche und gebildete Textilfabrikant wurde Gaudís großer Mäzen: das Landhaus, der Stadtpalast und der Park in Barcelona, die Kirche in der Arbeiterkolonie bei Santa Coloma de Cervelló – sämtliche Projekte, die den Namen Güells tragen, dokumentieren das fruchtbare Zusammenwirken zwischen dem reichen Förderer und dem genialen Architekten.

Gaudí wird dem katalanischen Modernismus zugeordnet, der Kunstrichtung seiner Zeit, die die Handwerkskunst und ornamentale Gestaltung in die Architektur mit einbezog (Jugendstil). Er selber kümmerte sich allerdings wenig um bestimmte Richtungen, holte sich aus allen Epochen der Architekturgeschichte heraus, was seinem formsicheren Gefühl entsprach, und verschmolz es zu ganz neuen Gebilden. „Gaudís Geschick, neue wie traditionelle Materialien auch für die ungewöhnlichsten Zwecke dienstbar zu machen, sein Forscherdrang als Konstrukteur, seine kühle Rationalität als Planer, sein Gespür für Farben und Formen, seine Gestaltungskraft als Skulpteur – jede dieser Eigenschaften hätte schon genügt, aus ihm einen erfolgreichen Architekten des katalanischen Modernismus werden zu lassen", urteilte der Kunstkenner Josef Oehrlein einmal. „Doch erst der Zusammenklang aller Kunstfertigkeiten ließ die vielschichtige Einheit aus ästhetischen und funktionalen Elementen entstehen, die Gaudís Bauwerke auszeichnet."

1883, mit 31 Jahren, übernahm Gaudí die Arbeiten an der kurz zuvor begonnenen *Sagrada Familia*. Mit Akribie und Erfindungsreichtum entwarf er die Kathedrale als symbolbeladenes Gedankengebäude, das er Stein um Stein umsetzte: Wie ein archaisches Steingebirge wirkt das himmelstürmende Kunstwerk, getragen von Hunderten von Säulen, ausgeformt in Plastiken und Ornamenten – Gebet aus Stein, im Inneren zusammengehalten von komplexen mystischen Zahlenspielen und symbolischen Bezügen.

Antoni Gaudí konnte die Vollendung der Kirche nicht mehr erleben. Im Juni des Jahres 1926 wurde er von einer Straßenbahn überfahren, drei Tage später starb er im Krankenhaus an den Folgen des Unfalls. Er wurde in der Krypta der *Sagrada Familia* bestattet, im Zentrum seines Lebenswerks.

Seit Gaudís Tod wird am Sühnetempel, wie die Basilika bereits in den ersten Urkunden bezeichnet wurde, weitergebaut, gemäß der ursprünglichen Gründung ohne öffentliche Förderung: Immer dann, wenn aus Spenden und Eintrittsgeldern wieder eine nennenswerte Summe zur Verfügung steht, wird am Kirchengebäude weitergearbeitet. Anfang der 80er Jahre kamen vier Türme hinzu, dann Figuren für die Passionsfassade – Künstler aus der Region und aus aller Welt kommen, um die *Sagrada Familia* im Sinne Gaudís zu vollenden. Ob fertig gestellt oder nicht, das Kirchengebäude gilt als „Wunder der Architektur", als in Stein manifestierter Glaube.

1

2

1+2 Die Sagrada Familia, die Kathedrale der „Heiligen Familie" in Barcelona, unvollendet gebliebene Kirche des Architekten Antoni Gaudí
3 Das Casa Batllo in Barcelona, ein 1877 erbauter Appartementblock, den Gaudí von 1905 bis 1907 umgestaltete

3

Käthe Kollwitz

* 8. Juli 1867 in Königsberg
† 22. April 1945 in Moritzburg bei Dresden
deutsche Graphikerin und Bildhauerin

Käthe Kollwitz, um 1925

Literatur

■ Kleberger, Ilse, „Eine Gabe ist eine Aufgabe." Käthe Kollwitz. Eine Biographie, Erika Klopp Verlag, Berlin 1990

■ Kollwitz, Käthe, „Ich will wirken in dieser Zeit." Auswahl aus den Tagebüchern und Briefen, aus Graphik, Zeichnungen und Plastik, hg. von Hans Kollwitz, Ullstein KunstBuch Verlag, München, Berlin, Wien 1981

■ Krahmer, Catherine, Käthe Kollwitz, Rowohlt Taschenbuch Verlag, Reinbek 1981

DIE MITLEIDENDE

Klage und Anklage, Mitleid und Empörung, Mutterschaft, Krieg, Arbeiterelend, Alter und Tod – das sind die Themen, um die das Werk der Künstlerin Käthe Kollwitz kreist. Ihre Bilder in harten Schwarzweißtönen, in düsterem Grau zeigen abgehärmte, gebeugte Gestalten, hohlwangige Gesichter mit dem Ausdruck des Entsetzens, der Verzweiflung, der Trauer, der Verschlossenheit; ihre ausdrucksstarken Plastiken stellen Menschen in eindringlichen Gebärden dar: eine Mutter, die schützend ihre Zwillinge umfängt, Eltern, die gebeugt und versteinert vor Schmerz den Tod ihres Sohnes betrauern, ein Frauenkopf, der von einem klobigen Händepaar beschützt wird. Intensives, gefühlsbetontes Interesse an den Menschen, vor allem an Frauen, an Müttern, Arbeiterinnen, kennzeichnet das Schaffen der Graphikerin und Bildhauerin. Als „die große Mitleidende" wird Käthe Kollwitz immer gesehen, als Künstlerin, die sich angesprochen fühlte von Kampf, Elend und Leben der Arbeiterschicht in der Zeit der Industrialisierung. Diesem Mitleid, so erläuterte Hans Kollwitz als Herausgeber

der Tagebücher seiner Mutter, lagen stets „eigene menschliche Untergründe und Traurigkeiten" zugrunde. Sie befähigten die Künstlerin, das Leid, das sie sah, von innen her mitzuleben und eindrucksvoll zu gestalten. Als im Januar 1920 in Wien eine Hungersnot ausbrach, entwarf sie ein Plakat für eine Hilfsaktion: „Wien stirbt! Rettet seine Kinder!" Käthe Kollwitz' tiefes Mitgefühl drückt sich in ihrer Tagebucheintragung aus, die über ihr künstlerisches Selbstverständnis reflektiert: „Während ich zeichnete und die Angst der Kinder mich mitweinen machte, hatte ich so recht das Gefühl der Last, die ich trüge. Ich fühlte, dass ich mich doch nicht entziehen dürfte der Aufgabe, Anwalt zu sein. Ich soll das Leiden der Menschen, das nie ein Ende nimmt, das jetzt bergegroß ist, aussprechen. Ich hab den Auftrag, aber er ist gar nicht leicht zu erfüllen. Man sagt, dass man sich durch die Arbeit erleichtert. Aber ist das eine Erleichterung, wenn trotz meines Plakates täglich Menschen in Wien Hungers sterben? Wenn ich das weiß? Fühlte ich mich erleichtert, wenn ich die

Frau mit totem Kind, Radierung, 1903

Kriegsblätter zeichnete? Und wusste, dass der Krieg weiterraste? Sicher nicht!"

Die Königsbergerin Käthe Schmitt wuchs in einem unkonventionell und sozial eingestellten Elternhaus auf und genoss eine für die damalige Zeit sehr fortschrittliche Erziehung. Da Frauen an den meisten deutschen Kunstakademien noch nicht zugelassen waren, erhielt sie privat Zeichenunterricht und besuchte die Künstlerinnenschulen in Berlin und München. Mit ihrem Mann, dem Kassenarzt Dr. Karl Kollwitz, ließ sie sich 24-jährig im Berliner Arbeiterviertel Prenzlauer Berg nieder und kam dort mit den Patienten, dem Arbeiterproletariat, in Berührung. Die Darstellung dieser abgearbeiteten, ausgemergelten Gestalten war für sie am Anfang mehr künstlerische Herausforderung als moralischer Anspruch: „Was kümmerten mich aber die Schönheitsgesetze, wie zum Beispiel der Griechen, die nicht meine eigenen waren, von mir empfunden und nachgefühlt? Das Proletariat war für mich eben schön. Der Proletarier in seiner

typischen Erscheinung reizte mich zur Nachbildung. Erst später, als ich Not und Elend der Arbeiter durch nahe Berührung kennen lernte, verband sich damit zugleich ein Verpflichtungsgefühl, ihnen mit meiner Kunst zu dienen."

Ihr graphischer Zyklus *Ein Weberaufstand* brachte Käthe Kollwitz auf der Großen Berliner Kunstausstellung 1898 den künstlerischen Durchbruch. Der Maler Adolph Menzel, Jurymitglied, schlug sie für eine Auszeichnung vor. Kaiser Wilhelm II. beurteilte die Graphiken als „Rinnsteinkunst" und verweigerte ihr die Medaille. Dennoch verhalf dieser Zyklus der Künstlerin zu einer Berufung an die Berliner Künstlerinnenschule. Sie unterrichtete Graphik und Zeichnen, versorgte daneben ihren Haushalt und die beiden kleinen Söhne Hans und Peter. Ein Stipendium ermöglichte ihr einen Aufenthalt in Italien. Dort arbeitete sie an dem Zyklus Bauernkrieg: sieben Bilder, wieder zu den Fragen, die sie beunruhigten und fortan ihr Werk bestimmten: Unterdrückung, Elend der Ausgebeuteten.

Ein jäher Einschnitt in ihrem Leben war der Tod ihres jüngeren Sohnes, der in den ersten Kriegstagen 1914 als Freiwilliger mit 18 Jahren in Flandern fiel. Seitdem wurden Klage und Anklage zum alles beherrschenden Thema für Käthe Kollwitz, die Künstlerin wandelte sich von der Sozialrevolutionärin zur Pazifistin. Jahrelang

arbeitete sie an einem Denkmal für den Toten, 1932 stellte sie es schließlich fertig: *Die Eltern*, zwei kniende Gestalten in ihrer Anklage gegen den Krieg – ein eindringliches Mahnmal, das auf dem belgischen Soldatenfriedhof bei Dixmuiden aufgestellt wurde. 1919 wurde Käthe Kollwitz in die Akademie der Künste aufgenommen und erhielt als erste Frau in Deutschland den Professorentitel. Sie übernahm die Leitung der Meisterklasse für Graphik an der Akademie. Auch der Orden „Pour le Mérite" wurde ihr verliehen. Ihr sozialkritisches Werk setzte sie weiter fort: In den 1920er Jahren vollendete sie die Holzschnittfolgen *Krieg* und *Proletariat*, Flugblätter, Plakate gegen Gewalt und Krieg. Sie ergriff Partei, ohne einer Partei anzugehören. Nach der Machtergreifung durch die Nationalsozialisten musste sie die Akademie verlassen und erhielt indirekt Ausstellungsverbot – zermürbende, demütigende Erfahrungen. Angst, Verhaftungen von Freunden, Judenboykott, Hausdurchsuchungen, Gleichschaltung, all der Terror ließ der alternden Künstlerin das Leben immer weniger lebenswert erscheinen. Der Tod wurde zentrales Thema ihres Werkes. 1940 starb ihr Mann. Auch sie sehnte sich nach Erlösung, ohne jedoch zu klagen: „Es ist in der Ordnung, dass der Mensch auf seine Höhe kommt und dass er wieder absteigt. Da ist nichts zu murren." Von ihrer Enkelin in den letzten Monaten gepflegt, starb Käthe Kollwitz im April 1945, wenige Tage vor Kriegsende.

Hermann Hesse

* 2. Juli 1877 in Calw
† 9. August 1962 in Montagnola, Tessin
deutsch-schweizerischer Schriftsteller

Hermann Hesse, 1958

„Alle Dinge, die man gegen sein Gefühl und gegen sein inneres Wissen tut, anderen zuliebe, sind nicht gut und müssen früher oder später teuer bezahlt werden."

Literatur

- Böttger, Fritz, Hermann Hesse. Leben – Werk – Zeit, Verlag der Nationen, Berlin 1974
- Freedman, Ralph, Hermann Hesse. Autor der Krisis. Eine Biographie, aus dem Amerikanischen von Ursula Michels-Wenz, Suhrkamp Verlag, Frankfurt/Main 1982
- Michels, Volker (Hg.), Hermann Hesse in Augenzeugenberichten, Suhrkamp Verlag, Frankfurt/Main 1987

LITERARISCHE SELBSTERKUNDUNG

Der Konflikt zwischen Individuum und Gesellschaft, die innere Zerrissenheit, die Selbstanalyse und Selbstfindung des modernen Menschen – das waren die zentralen Themen in Hermann Hesses literarischem Werk. Er traf damit einen Nerv der Zeit: Bereits zu seinen Lebzeiten wurden seine Bücher in viele Sprachen übersetzt; 1946 erhielt der Autor den Literaturnobelpreis. Und wenige Jahre nach seinem Tod, Mitte der 60er Jahre, wurde Hesse zum Geheimtipp, zum Verkaufsschlager, zum Kultautor der jungen Generation, die seine literarische Suche nach einem anderen, besseren Leben aufgriff. Innerhalb weniger Jahre avancierte Hesse zum meistgelesenen, meistübersetzten europäischen Schriftsteller des 20. Jahrhunderts, seine Romane und Erzählungen wurden in millionenfacher Auflage verkauft.

„Meine Bücher", schrieb Hermann Hesse Ende der 20er Jahre, „führen den Leser, wenn er willig ist, bis dahin, wo er hinter den Idealen und Moralen unserer Zeit das Chaos sieht. Wollte ich weiter ‚führen', so müsste ich lügen. Die Ahnung der Erlösung, der Möglichkeit, das Chaos neu zu ordnen, kann heute keine ‚Lehre' sein, sie vollzieht sich im unaussprechbaren innersten Erleben Einzelner." Diese „Ahnung der Erlösung" war es, von der die Jugend – die Blumenkinder und Beatniks der 60er Jahre, die Anhänger östlicher Meditation und Zen-Kultur, die Vietnam-Gegner und Pazifisten – sich angezogen fühlte. Für sie alle waren Hesses Helden und Protagonistinnen Identifikationsfiguren, die – zwischen Intellekt und Gefühl hin- und hergeworfen – ihre Begrenzungen sprengten und mündig wurden.

Selbstanalyse und Selbstfindung waren nicht nur die Leitthemen in Hesses Büchern, sie waren auch seine eigenen. Schon seit seinem 13. Lebensjahr wusste er, dass er „entweder Dichter oder gar nichts werden wollte". Trotz dieser frühen Klarheit war der Weg zum Beruf des Schriftstellers langwierig und schwer. Er, der Sohn eines baltischen Missionars und der Tochter eines schwäbischen Indologen, sollte im evangelischen Klosterseminar in Maulbronn eine theologische Ausbildung durchlaufen. Doch schon nach wenigen Monaten brach er aus dem Kloster aus, beging einen Selbstmordversuch, bemühte sich, beruflich Fuß zu fassen: als Uhrenmechaniker, Buchhändler – quälende Versuche, sich gesellschaftlich einzufügen, gleichzeitig Zweifel, Brüche. Und Schreibversuche. 1904 erschien sein erster Roman *Peter Camenzind*, ein beachtlicher Erfolg, ein Werk, das beispielhaft war für das neuromantische Weltbild der jungen Generation und ihr Ideal des einfachen Lebens. Noch im selben Jahr ließ sich Hesse, jung verheiratet mit der Baslerin Maria Bernoulli, in Gaienhofen am Bodensee als freier Schriftsteller nieder und schrieb unter anderem die Romane *Unterm Rad* und *Gertrud*. Nach wie vor auf der Suche reiste er nach Indien, „um Distanz und Überblick zu gewinnen", und kehrte mit Impulsen, aber ohne Antworten zurück. Die Erfahrung des Ersten Weltkriegs, dessen Brutalität er als Betreuer von Gefangenen erlebte, löste bei ihm eine tiefe Krise aus; Hesse unterzog sich einer Psychotherapie. Schon bald wurde er mit neuem Leid konfrontiert: Seine Frau war an Schwindsucht erkrankt, daran zerbrach seine Ehe. Nach dem Krieg zog der Schriftsteller nach Montagnola im Tessin, heiratete noch zweimal und lebte dort bis zu seinem Tod. 1919 erschien der Roman *Demian*, der die Abwendung vom Lyrischen, Neuromantischen früherer Werke des Schriftstellers markiert, 1922 *Siddhartha*, die Suche des indischen Religionsstifters Buddha nach dem Welt-

Hermann Hesse im Jahre 1927

Der Schriftsteller in seiner Bibliothek, 1952

Ich. Die literarische Selbsterkundung gipfelte in dem Roman *Der Steppenwolf* (1927), Hesses komplexestem Werk, das begeisterte Kritiken erhielt. Es ist das Psychogramm eines seelisch vereinsamten Mannes, der hin- und hergerissen ist zwischen den Polen seiner Persönlichkeit, zwischen Verstand und Gefühl.

Eine ganz andere Stimmung entfaltet der im Mittelalter spielende Roman *Narziss und Goldmund* (1929), in dessen beiden Titelfiguren der Widerspruch von Kloster- und Wanderleben, von Askese und Erotik personifiziert ist.

Das Glasperlenspiel (1942) ist Hesses großes Alterswerk, ein Gegenentwurf zur Ära des Faschismus und zur Unverbindlichkeit des Wissenschafts- und Kunstbetriebs seiner Zeit: „Du sollst dich nicht nach einer vollkommenen Lehre sehnen, sondern nach der Vervollkommnung deiner selbst. Die Gottheit ist in

dir, nicht in den Begriffen und Büchern. Die Wahrheit wird gelebt, nicht doziert", lautet eine wesentliche Botschaft im *Glasperlenspiel*.

Die Sehnsucht nach einem geistigeren, höheren und schöneren Dasein wies Hermann Hesse den Weg zu einem literarischen Werk, das immer wieder neu die Leser bewegt und bis heute jungen, suchenden Menschen aus dem Herzen spricht.

„Ich bin zwar nicht bei der etwas kauzigen Eremitenhaltung Camenzinds geblieben, ich habe mich im Laufe meiner Entwicklung den Problemen der Zeit nicht entzogen und nie, wie meine politischen Kritiker meinen, im elfenbeinernen Turme gelebt, aber das erste und brennendste meiner Probleme war nie der Staat, die Gesellschaft oder die Kirche, sondern der einzelne Mensch, die Persönlichkeit, das einmalige Individuum."

Pablo Picasso

* 25. Oktober 1881 in Málaga
† 8. April 1973 in Mougins bei Cannes
spanischer Maler

Pablo Picasso, 1973

„Ich liebe Kunst ... Ich kann nicht leben, ohne der Kunst alle meine Zeit zu widmen."

Literatur

■ Gilot, Francoise, Lake, Carlton, Leben mit Picasso, aus dem Englischen von Anne-Ruth Strauß, Kindler Verlag, München 1965

■ Warncke, Carsten-Peter, Pablo Picasso 1881–1973, hg. von Ingo F. Walther, 2 Bände, Taschen Verlag, Köln 1991

■ Wiegand, Wilfried, Pablo Picasso, Rowohlt Taschenbuch Verlag, Reinbek 1973

ERZVATER DER MODERNE

„Picasso bewegt sich als Partisan zwischen Fiktion und Wirklichkeit. Die Grenzen zwischen Dinglichem und Organischem, Konstruktivem und Natürlichem, Erinnertem und Gegenwärtigem fließen. Er bemächtigt sich der zufälligsten Angebote und Vorstellungen, um seiner Kunst neue Möglichkeiten und Wirkungen zu erschließen. Er ist der Schausteller der modernen Kunst, ein komödiantischer Gaukler und Verwandlungskünstler. Jede Andeutung eröffnet mehrere Ansichten, jede Idee provoziert auch ihr Gegenteil, jede Fixierung ihre Umkehrung und Auflösung. Picasso wirbelt alle Begriffe und Abgrenzungen des Plastischen, Malerischen oder Linearen durcheinander ... Er tut und denkt fast immer alles gleichzeitig." Damit, so folgerte der Kritiker Eduard Beaucamp, zwinge der geniale Spanier die Betrachter seiner Kunstwerke, jedes Denken in Kategorien und Gattungen aufzugeben. „Er lenkt den Blick auf das nackte künstlerische Tun und seine unberechenbaren Mutationen." Dass Picasso mit seiner Kreativität der Kunst des 20. Jahrhunderts eine bis heute geltende Gestaltungsfreiheit verlieh, ist die große Bedeutung des „Erzvaters der Moderne".

Pablo Ruiz Picasso war ein Wunderkind, das schon mit zehn Jahren kunstvoll zeichnete. Der Vater, ein akademischer Maler, erkannte früh die große Begabung des Sohnes, unterrichtete und förderte ihn. Picasso studierte an Kunstschulen in Barcelona und Madrid, doch auf keiner von beiden konnte er noch viel lernen – er war ein nachlässiger Student, schon damals aber ein besessener und produktiver Kunstschaffender. 1900 besuchte der Spanier zum ersten Mal Paris und war fasziniert von der inspirierenden Atmosphäre in der französischen Metropole. Er lernte viele bedeutende Künstler kennen und setzte sich mit der Kunst von Toulouse-Lautrec, van Gogh, Ingres, Cézanne und Daumier auseinander. Einige Jahre pendelte Picasso zwischen Frankreich und Spanien hin und her, bis er sich schließlich ab 1904 in Paris niederließ.

„Klein, schwarz, untersetzt, ruhelos, beunruhigend, mit dunklen, tiefen, durchdringenden, seltsamen, fast starrenden Augen. Linkische Bewegungen, die

Picasso in seinem Atelier in Vallauries, 1953

Guernica, *Picassos berühmtestes, monumentales Werk von 1937*

Hände einer Frau, ärmlich gekleidet, ungepflegt. Eine dicke Haarsträhne, schwarz und glänzend, fiel über seine intelligente und trotzige Stirn." So beschrieb ihn seine Pariser Geliebte Fernande Olivier in jenen Jahren.
Picasso malte damals schwermütige Bilder: Bettler, Greise, einsame, von der Gesellschaft ausgegrenzte Menschen – Motive, die seine eigene Niedergedrücktheit spiegelten und die, weil sie überwiegend in Blautönen gemalt waren, später unter der „Blauen Periode" (1903/04) des Künstlers zusammengefasst wurden. Diese Phase ging über in die „Rosa Periode" (1905/07) – zarte Bilder von Schauspielern, Artisten, Clowns –, bis Picasso schließlich unter dem Eindruck Paul Cézannes und schwarzafrikanischer Kunst eine radikale Stilwende vollzog, die sich in dem Bild *Les Demoiselles d'Avignon* (Die Fräulein von Avignon) manifestierte. Dieses Epoche machende Werk hatte damals eine schockierende Wirkung und wurde als Angriff auf die abendländische Ästhetik gewertet: Es brach mit dem Realismus, zersplitterte die bisher gül-

tigen Formen und leitete Picassos „Kubistische Phase" ein. Mit dem Kubismus entwickelten Picasso und der Franzose Georges Braque eine neue Form der Darstellung des Räumlichen in kubisch-geometrischen Grundformen, die zur Bildsprache für eine ganze Künstlergeneration wurde.
Das Ausdrucksmittel der kubistischen Mehrfachperspektive behielt Picasso bis zu seinem Tod im Repertoire. Dabei brachte er immer weiter bildnerische Sprachen hervor, malte neoklassizistisch in schwingenden Linien und massiven Rundformen und stieß zum Surrealismus vor.
Spätestens seit den 1930er Jahren lässt sich die Kunst des Spaniers nicht mehr in Phasen einordnen: die unterschiedlichen Stile und Gattungen stehen nebeneinander und sind miteinander vermischt.
In dieser Zeit entstand auch Picassos berühmtestes Gemälde, *Guernica*, ein 3,5 m x 8 m großes Werk, das der Künstler für die Pariser Weltausstellung 1937 malte. Es ist eine Anklage gegen den Fliegerangriff der deutschen Verbündeten Francos auf die baskische Stadt Guernica im

spanischen Bürgerkrieg. Und es ist bis heute eines der bekanntesten Antikriegsbilder.
Auch später engagierte sich Picasso gegen Krieg und Gewalt. Er trat in die Kommunistische Partei ein, nahm an deren Friedenskongressen teil, malte die *Friedenstaube* (1949), die zu einem Emblem der Partei wurde. Rastlos, schöpferisch und produktiv blieb der Künstler bis ins hohe Alter. Als „fleißigster" Maler der Geschichte schuf er über 15 000 bekannte Werke: Gemälde, Zeichnungen, Plastiken, Lithographien, Collagen. Schließlich versuchte er sich auch als Schriftsteller. Als Mensch war er ebenso faszinierend wie schwierig. Besonders die Frauen an seiner Seite hatten es nicht leicht mit dem Genie und Egozentriker, der alles seiner Kunst unterordnete. „Ich nehme das Gute, das für mich Gute, wo ich es finde", sagte Picasso einmal bezogen auf seine Kunst. Er tat es in vielerlei Hinsicht und wurde zum künstlerischen Giganten, der durch seine neue Art des Sehens und Gestaltens das Bewusstsein des 20. Jahrhunderts veränderte.

Marc Chagall

* 7. Juli 1887 in Liosno bei Witebsk, Weißrussland
† 28. März 1985 in Saint-Paul-de-Vence, Südfrankreich
französisch-russischer Maler

Marc Chagall, undatiertes Foto

Literatur

■ Alexander, Sidney, Marc Chagall. Eine Biographie, aus dem Amerikanischen von Kurt Schwob, Kindler Verlag, München 1984

■ Crespelle, Jean-Paul, Marc Chagall. Liebe, Traum und Leben. Eine Biographie, aus dem Französischen von Peter Kamnitzer, Marion von Schröder Verlag, Hamburg, Düsseldorf 1970

■ Schneider, Pierre, Marc Chagall. Fast ein Jahrhundert. Mit einer Biographie des Künstlers von Meret Meyer, Daco-Verlag, Stuttgart 1951

DER MALENDE POET

„Ich heiße Marc, ich habe ein empfindsames Innenleben und kein Geld, aber man sagt, ich habe Talent." So beschrieb sich Marc Chagall als junger Mann in seinem Buch *Mein Leben* (1922) – keine Autobiographie im klassischen Sinne, eher ein Gemälde, auf dem der Maler eine vergangene und verlorene Welt wieder erstehen ließ; keine chronologische Erzählung über seine Jahre in Russland, Paris und Berlin, sondern das poetische Selbstporträt eines Künstlers, der trotz aller Offenheit und Naivität sein Innenleben nur verschlüsselt zeigte. Marc Chagall war einer der wichtigsten und einflussreichsten Maler des 20. Jahrhunderts, Schöpfer eines fremdartigen Motiv- und Bilderkosmos, einer strahlend-überschäumenden Farbenwelt: grüne Gesichter, die aus azurblauen Himmeln ragen, Liebespaare, in glühendem Rot liegend, Engel, die kopfüber durch die Lüfte stürzen, schwebende Geiger, tanzende Artistinnen, Bauern, gelbe und rote Hähne, blaue Kühe, Esel, bunte Holzhäuser – phantastische Kompositionen, märchenhaft, paradiesisch, manchmal aber auch düster.

Chagall, der Poet, Träumer und Exot, war zeit seines langen Lebens immer Außenseiter und künstlerischer Eigenbrötler. Aufgewachsen in der tief religiösen Frömmigkeit des Ostjudentums, löste er sich aus der geruhsamen, doch engen Ländlichkeit seiner Heimat, einem Leben, das sich, wie er einmal schrieb, zwischen Synagoge, Ofenbank und Krämerladen abspielte. Aus seinem kleinen Dorf bei Witebsk in Weißrussland machte er sich auf in die westlichen Kulturmetropolen und erschloss sich eine andere Welt. Als Sohn einer einfachen und armen Familie wagte er sich in die mondänen Kunstgalerien und etablierte sich in dieser Szene – ein Unangepasster und Pionier, der Welten durchmaß und Grenzen überschritt. „Ich musste einen besonderen Beruf finden, eine Beschäftigung, die mich nicht zwingen würde, mich vom Himmel und den Sternen abzuwenden, und die mir erlauben würde, meinen Sinn des Lebens zu finden. Ja, genau das suchte ich. In meiner Heimat jedoch hatte niemals jemand vor mir die Worte ‚Kunst' ‚Künstler' ausgesprochen. ‚Was ist das, ein Künstler?', fragte ich."

Chagall bei der Arbeit in seinem Atelier, 1919

Entschieden und beharrlich folgte Chagall dem Drang, seinen Weg zu finden. Das scheue und zarte Kind setzte daher durch, eine Kunstschule besuchen zu dürfen, ging nach St. Petersburg, studierte an der Kunstakademie und schließlich an der Malschule von Léon Bakst, dem berühmten Bühnenbildner der „Ballets Russes". Erste Bildverkäufe, ein Stipendium und ein sicherer Instinkt brachten den jungen Künstler 1910 nach Paris. „Die Erde, die die Wurzeln meiner Kunst genährt hatte, war Witebsk; aber meine Kunst brauchte Paris so nötig wie ein Baum das Wasser."

In Frankreichs Metropole begegnete der Künstler den allerneuesten Entwicklungen: den aufregenden Werken van Goghs, Cézannes, Manets, Monets und Renoirs, dem fauvistischen Ansturm der reinen Farbe, der brandaktuellen, flächig zerlegten Gegenständlichkeit der Kubisten. Taumelnd und neugierig sog er alles Neue in sich

auf und stürzte sich in das bunte Treiben der Boulevards und Cafés. Überwältigt von der Vitalität und Zivilisation der Großstadt, rettete er sich zu den Motiven, die er in der Erinnerung bewahrt hatte und die ihm jetzt Stoff für seine großen frühen Werke lieferten. Er fertigte eine Reihe Aufsehen erregender Bilder, die er in Berlin ausstellte.

Kurz vor Ausbruch des Kriegs kehrte er nach Witebsk zurück, heiratete Bella Rosenfeld, die große Liebe seines Lebens, die Frau in seinen Bildern. Nachdem er einige Jahre in seiner Heimat gelebt und gearbeitet hatte, ging er 1922 wieder nach Paris, wo er inzwischen ein bekannter Maler war. Es folgten Jahrzehnte fruchtbarer Arbeit, in denen er neben der Malerei Bücher illustrierte: die Fabeln von La Fontaine, die Bibel, Lyrik- und Prosawerke und seine eigenen Erinnerungen. Während des Zweiten Weltkriegs fand er in den USA Zuflucht, machte mit grandiosen Ballettausstattungen von sich reden und ließ sich nach Kriegsende in Südfrankreich nieder, wo er sich großflächigen Arbeiten zuwandte: Wandteppichen, Wandmalereien, Mosaiken und vor allem Kirchenfenstern.

Chagall sah sich als einen „unbewusst-bewussten" Künstler. Für ihn war die ganze innere Welt Realität, „vielleicht sogar realer als die sichtbare Welt. Wenn man alles, was einem unlogisch vorkommt, Fantasie oder Märchen nennt, beweist man damit nur, dass man die Natur nicht verstanden hat." Er malte, was er fühlte.

Er vertraute seiner Intuition, seinen Träumen und glaubte an die Macht der Liebe. Sein ganzes Leben lang blieb er seinem unverwechselbaren Stil, seiner malerischen Poesie treu. Kunst als Ausdruck der Liebe, als Mittlerin der Versöhnung unter den Völkern, als Integrationsmedium verschiedener Religionen. Damit verstand er es, die Menschen anzusprechen und zu begeistern. „Tief religiös und heimatverbunden", so urteilte ein Kritiker, „ist sein Werk der vielleicht eindringlichste Appell an Toleranz und Respekt vor dem Andersartigen, den die Moderne zu leisten imstande war."

Ich und das Dorf – Gouache aus dem Jahr 1912

„Wenn Chagall malt, weiß man nicht, ob er dabei schläft oder wach ist. Irgendwo in seinem Kopf muss er einen Engel haben."
Pablo Picasso

Charlie Chaplin

* 16. April 1889 in London
† 25. Dezember 1977 in Corsier sur Vevey, Schweiz
englischer Filmkünstler und Regisseur

Charles Chaplin, 1931

„Ich habe gehungert, gekämpft und mich geschlagen, bis mein Schmerz sich in Gelächter entlud. Und nun lacht alle Welt über mich als Clown."

Literatur

■ Chaplin, Charles, Die Geschichte meines Lebens, aus dem Englischen von Günther Danehl und Hans Jürgen von Koskull, S. Fischer Verlag, Frankfurt/Main 1977
■ Robinson, David, Chaplin – Sein Leben. Seine Kunst, aus dem Englischen von Brigitte Mentz und Matthias Müller, Diogenes Verlag, Zürich 1989
■ Tichy, Wolfram, Charlie Chaplin, Rowohlt Taschenbuch Verlag, Reinbek 1974

DER EWIGE TRAMP

Weltberühmt wurde Charlie Chaplin mit dem Tramp, einer der markantesten Figuren der Filmgeschichte: Ein kleiner Mann mit Schnurrbart, Melone und Spazierstock in zu großen Hosen, ausgelatschten Schuhen und einer engen Weste, der mit seinen tänzerischen, oft blitzschnellen, aber auch melancholisch-langsamen Bewegungen jahrelang durch seine Filme spazierte – Filme, die mit der Zeit immer komplexer, grotesker, sentimentaler, später aggressiver und bitterer wurden. Ein Clown mit sanftem und vieldeutigem Lächeln, dessen starre Augen sich in subtilen Nuancen vergrößern und verdunkeln konnten. Ein sensibler und zugleich brutaler Wanderer, der sich mit Tricks durchschlug, die oft nicht weniger grausam waren als die Welt, gegen die er sie anwandte. Ein Held aus dem Lumpenproletariat, der am Ende der Filme mit dem Rücken zur Kamera aus der Rundblende des Bilds hinauslief in Leere und Einsamkeit. Der Tramp, diese wandlungsfähige Figur, mit der Chaplin das Publikum zum Lachen und zum Weinen brachte, machte den Schauspieler zum Weltstar des Stummfilms.

Charles Spencer Chaplin wurde im April 1889 als zweiter Sohn eines Schauspieler- und Sängerpaares im viktorianischen London geboren. Seine Kindheit gleicht einer Erzählung von Charles Dickens: Der Vater starb mit 37 Jahren an Trunksucht, die Mutter war nervenleidend und lebte zeitweise in der Irrenanstalt. Chaplin bettelte auf der Straße, landete im Armenhaus, schlug sich mit Gelegenheitsarbeiten durch. Seine Laufbahn als Komiker begann er als Kind im Varieté und in Music Halls, wo der Absatz von Alkohol ebenso wichtig war wie die derben Scherze und Gesangskünste auf der Bühne. Bei verschiedenen Theatergruppen und auf Tingeltouren durch die Provinz lernte er von der Pike auf das Handwerk des Possenreißers und Pantomimen. Als Chaplin 1912 mit Fred Karnos Komödiantentruppe, dem führenden englischen Unterhaltungs- und Slapstickensemble seiner Zeit, von London aus seine zweite US-Tournee antrat, verfügte er bereits über jahrelange komödiantische Praxis und war doch erst Anfang 20. Hier, in den Vereinigten Staaten, wurde der Filmpionier und Gründer der Keystone Filmgesellschaft Mack Sennett auf den britischen Komiker aufmerksam und gewann ihn 1914 für das neue Medium, den Stummfilm. Allein in diesem Jahr drehte Chaplin 35 Kurzfilme, entwickelte seinen Tramp und entpuppte sich als äußerst erfindungsreicher Regisseur. Es war der Beginn einer kometenhaften Karriere. Chaplin wechselte die Filmgesellschaft, erhielt als erster Schauspieler der Filmgeschichte eine Dollar-Gage in Millionenhöhe, ließ die burlesken Situationsgags hinter sich und drehte Spielfilme wie *Hundeleben*, *Gewehr über*, *The Kid*. 1919 wurde er Mitbegründer der Film-Company „United Artists", seine legendären Streifen entstanden, unter anderem *Goldrausch* (1925) und *Lichter der Großstadt* (1931) – Filme, mit denen er auf dem Gipfel seiner Triumphe war. Chaplin galt in diesen Jahren als der genialste und berühmteste Filmstar der ganzen Welt, war Schauspieler, Komiker, Pantomime, Regisseur, Autor, Sozialkritiker und Humanist in einer Person.

Gleichzeitig aber stieß er in den USA mit seinen Werken, die dem amerikanischen Traum die Geschichte vom glücklosen kleinen Mann entgegensetzten, mehr und mehr auf Irritation. *Moderne Zeiten* (1936), die geniale Abrechnung des Tramps mit dem Maschinenzeitalter, wurde in der amerikanischen Presse gar als „kommunistisches Machwerk" angeprangert. Kritik erntete Chaplin besonders mit seiner

Szene aus dem Film Moderne Zeiten *von 1936*

Hitler-Parodie *Der große Diktator* (1940): Ein politischer Film, das war 1941 in Hollywood unerhört. Politik und Kino hatten nichts miteinander zu tun, vor allem zu einer Zeit, als die Vereinigten Staaten noch isolationistisch waren.

Anstoß erregte Chaplin auch mit seinen heillosen Ehegeschichten, Scheidungsprozessen und einer Vaterschaftsklage. Es kam zu Pressekampagnen gegen den unmoralischen Briten, der nicht amerikanischer Bürger werden wollte. Das alles – Chaplins Kampf um künstlerische Freiheit, seine provozierenden Filme, seine politische Haltung und seine Beziehungsgeschichten – führten in der Periode der Kommunistenhysterie in den USA dazu, dass ihm 1952 die Wiedereinreise in die Vereinigten Staaten verweigert wurde. Der Verbannte siedelte sich mit seiner vierten Frau Oona, der Tochter des Dramatikers

Eugene O'Neill, am Genfer See, in der Schweiz, an. Mit ihr und den acht Kindern dieser Ehe hat er, wie er in seiner Autobiographie schrieb, „erfahren, was Glück bedeutet".

Chaplin drehte weiter Filme, darunter *Ein König in New York* (1957), der die amerikanische Lebensart und die Hetze gegen angebliche Kommunisten aufs Korn nimmt, und *Die Gräfin von Hongkong* (1967), erreichte damit aber nicht die Vollendung früherer Werke. 1972 verlieh ihm Hollywood als Geste der Wiedergutmachung den Ehren-Oscar, 1975 erhob ihn die englische Königin in den Adelsstand. Zwei Jahre später, am Weihnachtstag des Jahres 1977, starb das Filmgenie, von dem der Schriftsteller und Filmemacher Herbert Achternbusch einmal sagte, er „war sich scheinbar in keiner Weise der Größe, die in ihm steckte, bewusst".

Nelly Sachs

* 10. Dezember 1891 in Berlin
† 12. Mai 1970 in Stockholm
deutsche Schriftstellerin

Die Schriftstellerin Nelly Sachs, um 1965

Literatur
- Bahr, Ehrhard, Nelly Sachs. Autorenbücher. Text und Kritik, C.H. Beck Verlag, München 1980
- Berendsohn, Walter Arthur, Nelly Sachs. Einführung in das Werk der Dichterin jüdischen Schicksals, Agora Verlag, Darmstadt 1974
- Dinesen, Ruth, Nelly Sachs, aus dem Dänischen von Gabriele Gerecke, Suhrkamp Verlag, Frankfurt/Main 1992

DICHTERIN DES HOLOCAUST

Sie war eine deutsche Jüdin, die der Vernichtung in den Konzentrationslagern durch ihre Flucht nach Stockholm in letzter Minute entkam und dann ihr Leben lang gefangen blieb im Trauma des Holocaust, des Mordes an den Millionen ihres Volkes: Nelly Sachs, die „Dichterin jüdischen Schicksals" und Nobelpreisträgerin für Literatur. „Durch die furchtbare Tragödie geliebtester Menschen bis ins Letzte erschüttert und kaum mehr lebensfähig" – alle ihre nächsten Verwandten waren in den KZs umgekommen – schrieb sie, um sich zu retten, um nicht zerstört zu werden von der Verzweiflung, von der Unfassbarkeit dessen, was in Auschwitz, Ravensbrück, Bergen-Belsen, in Dachau, in Warschau, in der Ukraine geschehen war. Bilder des Grauens quälten sie, entsetzlicher Schmerz, Schuld und Angst, ob sie denn das Recht habe, weiterzuleben, „während alle anderen im Tode versanken".

„Da kommen Gedichte plötzlich wie ein Blutsturz bis zur Vernichtung, bis an den Tod. Man bebt, man bittet, es soll aufhören, aber man muss sich fügen, man ist eine Wahlstatt." So schilderte die Lyrikerin einmal die Entstehung eines ihrer Gedichtzyklen. Sie fürchtete sich vor dem Schreiben, litt, durchlebte Todesreisen – und hatte doch keine Wahl: Nelly Sachs begriff ihr Schreiben als Auftrag, sich selbst als Instrument:
„Der Himmel übt an dir Zerbrechen,
Du bist in der Gnade."
Und an ihre treueste deutsche Freundin Gudrun Harlan schrieb sie: „Ein Dante, ein Shakespeare wäre notwendig, der Menschheit diesen Abgrund zu zeigen, aber so muss es ein schwache Frau tun."
Leonie Sachs war das einzige Kind jüdischer Eltern. Sie wuchs im vornehmen Berlin-Tiergarten auf, in kultivierter, geistig aufgeschlossener Atmosphäre – und, wie sie selbst sagte, in einer „Einsamkeitshölle". Sie wollte Tänzerin werden, hatte dann aber „zum Wort gefunden". Ein schüchternes, sensibles Mädchen, das viel las und nach der Lektüre des Romans *Gösta Berling* von Selma Lagerlöf so tief beeindruckt war, dass es an die schwedische Schriftstellerin einen begeisterten Brief schrieb; eine Korrespondenz entwickelte sich daraus, die Nelly Sachs später das Leben retten sollte.

Mit 17 Jahren erlebte sie eine hoffnungslose Liebe zu einem verheirateten Mann, der für sie nicht in Frage kam. Diese existenzielle, verstörende Erfahrung prägte ihr Leben und Schreiben grundlegend; noch in vielen ihrer späteren Gedichte betrauerte sie den „toten Bräutigam", der den „Märtyrertod" im Konzentrationslager starb. Zeit ihres Lebens verschwieg Nelly Sachs den Namen ihres Geliebten. Ihr Vater war 1930 verstorben und Hitler hatte in Deutschland die Macht übernommen, als sie in Fachkreisen als Dichterin erste Anerkennung erfuhr. Nelly Sachs und ihre Mutter erlebten in dieser Zeit die zunehmenden Misshandlungen der Juden, die Erniedrigungen und die Rechtlosigkeit. Am 16. Mai 1940, an demselben Tag, an dem der Befehl für den Abtransport eintraf, erhielten Mutter und Tochter das Visum für Schweden und entkamen mit der letzten Passagiermaschine Richtung Stockholm dem Gastod. Die Rettung verdankten die Jüdinnen der Freundin Gudrun Harlan, Selma Lagerlöf und Prinz Eugen von Schweden. „Ohne die Sprache zu verstehen oder einen Menschen zu kennen, atmeten wir die Freiheit ein." Nelly Sachs erhielt Unterstützung und übersetzte dann moderne schwedische Lyrik ins Deutsche: zum Broterwerb und aus Dankbarkeit gegenüber dem Land, das ihr Zuflucht gewährt hatte. 1946 begann sie wieder, eigene Lyrik zu schreiben – Gedichtzyklen, szenische Dichtungen, beeinflusst von altjüdischer Tradition und religiöser Mystik. 1947 erschien der

KZ-Auschwitz, Häftlinge nach der Befreiung, 1945

Gedichtband *In den Wohnungen des Todes*, der ebenso wie die folgenden Werke zum Denkmal wurde für die Grauen gegenüber ihrem Volk. Trotz ihrer umfassenden schöpferischen Leistung wurde Sachs bis Ende der 50er Jahre in der Bundesrepublik kaum wahrgenommen. Mit dem Gedichtband *Flucht und Verwandlung* (1959) schaffte sie dann den Durchbruch. Junge Autoren wie Alfred Andersch und Hans Magnus Enzensberger setzten sich für Nelly Sachs ein. 1960 bekam sie den Meersburger Droste-Preis, 1965 als erste Frau den Friedenspreis des Deutschen Buchhandels. Sie reiste nach Deutschland, um für die Ehrung zu danken und „der neuen deutschen Generation zu sagen, dass ich an sie glaube; über alles Entsetzliche hinweg, was geschah, glaube ich an sie ..." 1966 erhielt sie – gemeinsam mit dem israelischen Schriftsteller Josef Agnon – als erste und bisher einzige deutsche Dichterin den Nobelpreis für Literatur: „Für ihre hervorragenden lyrischen und dramatischen Werke, die das Schicksal Israels mit ergreifender Stärke interpre-

tieren." Doch zugleich mit der Anerkennung, die auch das Ende aller materiellen Sorgen bedeutete, kamen schwere Leiden – die Schrecken der Vergangenheit holten sie ein. Sie wurde in die Psychiatrie eingeliefert, ging durch Abgründe: „Ich habe gedacht – die Gaskammer hat wohl ungefähr 20 Minuten gedauert –, aber dieses hier seit so vielen Jahren ... Kann man mich noch retten? ... Und nun – wo Licht gekommen ist – meine Arbeiten – einigen Menschen Freude bereitet – geliebte Freunde gewonnen – nun haben sie mich so weit gebracht, dass ich mir nur noch Erlösung wünsche." Trotz ihrer Krankheit und der Qualen der Elektroschocktherapie schrieb sie weiter und schuf ihre letzten großen Gedichtzyklen *Fahrt ins Staublose, Noch feiert Tod das Leben, Die Suchende* und *Glühende Rätsel*. Ihr Gesamtwerk, schrieb die Dichterin Hilde Domin, gehöre „zum Bedeutendsten, was der deutschen Sprache abverlangt wurde: zumindest in diesem Jahrhundert"; es sei die „Dichtung eines außer sich geratenen, visionären Sprechens".

John Ronald Reuel Tolkien

* 3. Januar 1892 in Bloemfontein, Südafrika
† 2. September 1973 in Bournemouth, England
britischer Schriftsteller und Philologe

Der britische Schriftsteller J.R.R. Tolkien, undatiert

Literatur

■ Carpenter, Humphrey, J.R.R. Tolkien. Eine Biographie, aus dem Englischen von Wolfgang Krege, Klett-Cotta Verlag, Stuttgart 2000

■ Grotta, Daniel, Architekt von Mittelerde. Eine Biographie von J.R.R. Tolkien, aus dem Englischen von Sibylle Baier, Qalandar Verlag, Aalen 1979

■ Tolkien, John R.R., Briefe, hg. von Humphrey Carpenter unter Mitwirkung von Christopher Tolkien, aus dem Englischen von Wolfgang Krege, Hobbit Presse Klett-Cotta Verlag, Stuttgart 1991

DER MYTHENSCHÖPFER

„Von Anfang an war ich bekümmert über die Armut meines geliebten Landes. Es besaß keine eigene Geschichte, jedenfalls nicht in der Art, wie ich sie in den Sagen und Legenden anderer Länder suchte und fand. Es gab griechische und keltische, romanische, germanische, skandinavische und finnische Sagen, aber keine englischen, abgesehen von dem erbärmlichen Zeug, das wir in den Volksbüchern finden." Das war für den englischen Literatur- und Sprachwissenschaftler John Ronald Reuel Tolkien die Hauptmotivation, ein literarisches Werk zu beginnen und zu vollenden, in dem er eine komplette Mythologie neu erschuf, das eine neue Gattung – die Fantasy-Literatur – in die Welt setzte und das zu Klassikern unter Sciencefiction- und Fantasy-Lesern wurde: *Der kleine Hobbit* und *Der Herr der Ringe*. Dass diesem gigantischen Werk (*Der Herr der Ringe* umfasst mehr als 1700 Seiten) nicht nur eine reiche Fantasiewelt des Autors zugrunde liegt, sondern auch viele Impulse und jahrelanges ausdauerndes Schreiben, davon erzählen mehrere Anekdoten. Eine lautet, der Englisch-

professor Tolkien habe beim Korrigieren studentischer Prüfungsaufgaben plötzlich auf ein leeres Blatt folgenden Satz geschrieben: „In einem Loch im Erdboden lebte einmal ein Hobbit." Diese spontane Eingebung, so will es die Anekdote, war der Auftakt zu J.R.R. Tolkiens merkwürdiger und erfolgreicher Literaturkarriere. In einer anderen Geschichte heißt es, der Engländer mit dem Faible für Sprachen und Mythen habe seinen Kindern jahrelang Gute-Nacht-Märchen erzählt. Märchen, die so aufregend waren, dass sie eher Aufwach- als Einschlafgeschichten waren. Irgendwann, als die Geschichten des erzählenden Vaters so komplex wurden, dass es selbst für ihn schwierig wurde, sie zu behalten, begann er, sie aufzuschreiben. Und so schrieb er über Zwerge, Zauberer und Elbenkönige, über böse schwarze Reiter, Ungeheuer, magische Ringe der Macht und über kleine freundliche Wesen mit großen Füßen und großem Appetit, jene Hobbits eben.

John R.R. Tolkien wurde am 3. Januar 1892 in Südafrika geboren, wohin seine Eltern ausgewandert waren. Nach dem Tod des Vaters zog die Mutter mit ihren zwei kleinen Söhnen J.R.R. und Hilary zurück in das westliche Mittelengland, nach Sarehole, einem kleinen Dorf, in dem die Zeit stehen geblieben war. Der Ort muss den jungen Tolkien nachhaltig geprägt und inspiriert haben. „Ich erfand mehrere Sprachen, als ich erst acht oder neun war, aber ich zerstörte sie wieder, weil meine Mutter nichts davon hielt", erinnerte sich der Sprachwissenschaftler und widmete sich stattdessen dem Griechisch- und Lateinstudium, lernte auch Angelsächsisch, Walisisch und sogar Gotisch.

Dank seiner guten Noten erhielt Tolkien, inzwischen Vollwaise, ein Stipendium in Oxford. Hier erweiterte er seine Sprach- und Mythenforschungen; das Finnische und Walisische wurden später Grundlage für die Elbensprache im *Herrn der Ringe*. Insbesondere das finnische Nationalepos *Kalevala* hatte es ihm angetan, ein Konglomerat von Mythen, Zauberliedern und Heldensagen, die den Urzustand der Welt schildern, als noch Zauberkräfte das Geschehen bestimmten. „Je mehr ich davon las, desto mehr fühlte ich mich zu Hause", schilderte Tolkien sein Leseerlebnis. „Es war, wie wenn man einen Keller voll Flaschen eines sonderbaren Weines findet, wie man ihn nie zuvor gekostet hat. Ich war ganz berauscht davon." Dieser Rausch inspirierte Tolkien, auch für England ein neues, völlig in sich geschlossenes mythologisches System zu erschaf-

fen, in einer, wie er sagte, „imaginären Zeit", aber an einem „realen Ort". Und so entstanden im Laufe vieler Jahre die Geschichten von „Mittelerde", keinem erfundenen Planeten, sondern einer wirklichen Welt, die der des Autors sehr ähnlich ist. Es ist eine Welt, die sich nur der Fantasie ihres Schöpfers verdankt und die doch ein vollständiges, komplexes und in sich völlig stimmiges Ganzes bildet, mit eigener Geschichte, Geographie, Dichtung und eigenen Sprachen.

1948 war das Manuskript des *Herrn der Ringe* fertig – elf Jahre zuvor war *Der kleine Hobbit* als Kinderbuch erschienen und sogleich prämiert worden –, doch war das gigantische Werk ein verlegerischer Albtraum: zu ausladend und außerdem schwierig mit seinen imaginären Sprachen in neu kreierten Alphabeten. Glücklicherweise erkannte einer der Verleger, denen Tolkien sein Manuskript angeboten hatte, die Genialität des Werks und veröffentlichte es als Trilogie. Der erste Teilband erschien 1954 und binnen kurzem zeigte sich, dass das Buch zu einem heimlichen Renner an englischen und amerikanischen Universitäten geworden war. Waschkörbeweise trafen Briefe im Verlag ein, die auf die rasche Publikation der Fortsetzungen drängten.

Der Herr der Ringe wurde zu einem „Underground"-Klassiker unter den Sciencefiction- und Fantasy-Lesern und dann mit Erscheinen der Taschenbuchausgabe zum neuen Kultbuch der angelsächsischen Jugend. Tolkien-

Szene aus der Verfilmung von Der Herr der Ringe. *2001*

Clubs entstanden, in denen Aspekte des Hobbit-Mythos diskutiert wurden. Beide Werke, *Der Herr der Ringe* und *Der kleine Hobbit* wurden bis heute in 25 Sprachen übersetzt und über 50 Millionen Mal verkauft – ein phänomenaler Erfolg, den niemand vorhersehen konnte, am allerwenigsten J.R.R. Tolkien selbst. Die unglaubliche Resonanz bestätigte jedoch die Haltung des Autors, der die „Roheit und Hässlichkeit des modernen Lebens" ablehnte und ihr die „Flucht in die Fantasie" gegenüberstellte. Dass Tolkien mit seiner Vision ein zeitloses Grundbedürfnis des heutigen Menschen traf, beweist der große Erfolg der jüngsten Neuverfilmung des gigantischen Epos, der teuersten Produktion aller Zeiten. Auch zu Beginn des dritten Jahrtausends übt die mythische Welt des *Herrn der Ringe* mit ihrer klaren Ethik von Gut und Böse eine ungeminderte Faszination aus – vielleicht sogar eine größere denn je.

Walt Disney

* 5. Dezember 1901 in Chicago
† 15. Dezember 1966 in Burbank, Kalifornien
amerikanischer Filmproduzent

Walt Disney, um 1950

Literatur

■ Grover, Ron, Die Disney-Story. Wie Micky Mäuse macht, aus dem Amerikanischen von Klaus-Dieter Schmidt, Ullstein Verlag, Frankfurt/Main, Berlin 1992

■ Platthaus, Andreas, Von Mann und Maus. Die Welt des Walt Disney, Henschel Verlag, 2001

■ Reinberger, Reinhold, Walt Disney, Rowohlt Taschenbuch Verlag, Reinbek 1979

DER MANN MIT DER MAUS

Vom Gelegenheitsarbeiter stieg er auf zum nationalen Idol, zum vielfachen Oscar-Preisträger und Inhaber eines weltumspannenden Unterhaltungskonzerns: Kaum je, so schien es, war der amerikanische Traum auf so wunderbare Weise in Erfüllung gegangen wie im Leben des kleinen Farmersohns Walter Elias Disney. Er erdachte ein Universum von launischen Enten, dämlichen Hunden, hinterlistigen Katern, gutmütigen Elefanten, einfältigen Panzerknackern, naiven Schweinchen. Und natürlich erfand er Micky, die bekannteste Maus der Welt. Mit seinem Gespür, kreative Menschen zusammenzuführen und zu großer Leistung anzuspornen, mit seinem Unternehmergeist und Geschäftssinn und mit seiner Vision von Zeichentrickfilmen machte Disney aus einem kleinen Cartoonstudio das größte Unterhaltungsimperium der Welt. Seine Filme und Erlebnisparks vermitteln stets das eine: die Illusion von einer heilen Welt, in der das Gute gut ist und das Böse fatal und in der am Ende Moral, Gerechtigkeit und Liebe siegen. Walt Disney wusste eben, wie ein Kritiker es einmal formulierte,

dass „Unterhaltung am erfolgreichsten ist, wenn sie ebenso perfekt gemacht wie unproblematisch ist und wenn sich möglichst viele Leute mit ihr zu identifizieren vermögen".

Walter Elias Disney stammte aus einfachen Verhältnissen und hatte eine schwere Kindheit: Armut, Prügel vom Vater, harte Arbeit schon als Junge – das waren prägende Erfahrungen des Heranwachsenden, der in dieser Zeit sein Faible für die Comics in Tageszeitungen entdeckte und auch selbst zu zeichnen begann. Diese Neigung machte er als Erwachsener zu seinem Broterwerb; er arbeitete als Reklamezeichner, in einem Trickfilmstudio, experimentierte mit der Kamera, um seine Comics zu verfilmen. 1923 ging er nach Hollywood und gründete mit seinem Bruder Roy, der 300 Dollar Startkapital zuschoss, das Disney-Studio. Er produzierte zunächst wenig erfolgreiche Trickfilme und hielt sich mit Kino-Vorfilmen über Wasser, bis 1928 mit Micky Maus im ersten vertonten Zeichentrickfilm *Dampfschiff Willy* (*Steamboat Willy*) der große Durchbruch kam. Es folgten viele weitere Filme mit Goofy, Donald, Dagobert. Sympathieträger aber blieb Micky, die übrigens nicht aus der Feder von Walt Disney stammt, sondern von seinem Mitarbeiter Ub Iwerks; Disney selbst entwarf lediglich die typischen Charaktereigenschaften der Comic-Maus. Micky, die kleine Zaubermaus mit den großen Ohren, den blitzenden Augen und der Pflaumennase, konnte in die unterschiedlichsten Rollen schlüpfen, sich über alles hinwegsetzen und wurde dank ihrer ewigen Überlegenheit zum Symbol für grenzenlosen Optimismus, für Anstand und Streben nach dem kleinen Glück. Sie wurde zur Kultfigur und legte den Grundstein für das Trickfilmimperium von Walt Disney.

Rasch wuchs und florierte das Unternehmen „Disney Brothers", es produzierte einen erfolgreichen Streifen nach dem anderen, ab 1932 in Farbe. Mitte der 30er Jahre wagte Disney sich an eine weitere Dimension und produzierte unter enormem finanziellem Aufwand den ersten abendfüllenden Trickspielfilm *Schneewittchen* – ein riesiger Erfolg, der dem Filmproduzenten einen Oscar einbrachte und der Auftakt für weitere Klassiker wurde: *Pinocchio, Bambi, Alice im Wunderland, Peter Pan, Susi und Strolchi* begeisterten Millionen, Erwachsene wie Kinder.

Was Disney anfasste, wurde buchstäblich zu Gold. Technische Perfektion verband sich bei ihm mit spannend erzählten Geschichten und individuell gestalteten Charakteren. Er kommerzialisierte

Walt Disney und Dirigent Felix Mills mit Micky Maus und Donald Duck, um 1935

seine Trickfilmfiguren in den unterschiedlichsten Medien – 1933 erschien das erste Mickymaus-Magazin – und in verschiedensten Produktformen. Auch mit seinen Dokumentarfilmen, für die Kameraleute monatelang Motive in der Natur zusammentrugen, schrieb der Amerikaner Kinogeschichte. In den Studios wurden aus den Naturaufnahmen beeindruckende, teilweise kuriose Filme mit menschlich anmutenden Handlungen geschnitten. *Das Tal der Biber, Wunder der Prärie, Die Wüste lebt* – so die Titel einiger dieser Streifen, die vielfach ausgezeichnet, wegen der vermenschlichten Darstellung der Tierwelt aber auch kritisiert wurden.

1955 setzte Disney seiner Traumwelt, die er auf der Leinwand geschaffen hatte, in „Disneyland" ein Denkmal. Der gigantische, 26 Quadratkilometer große Vergnügungspark in Anaheim, nahe Los Angeles, war das letzte und ehrgeizigste Projekt, das der erfolgreiche Filmemacher und Produzent verwirklichte. Der turbulente Dauerjahrmarkt wurde zum Vorbild für viele Vergnügungsparks in aller Welt.

Walt Disney starb 1966. Die Entstehung des *Dschungelbuchs*, eines weiteren Klassikers, konnte er noch miterleben, nicht aber die Fertigstellung des Films. Der „erfolgreichste Mythenfabrikant, Mythenverpacker und Mythenlieferant aller Zeiten" *(Newsweek)* hat die Welt des Comics verändert wie kein anderer. Ihm wurde der Beruf zur Berufung, weil er davon überzeugt war, die Seele Amerikas zu verkörpern. Er brachte es nicht nur zu Reichtum, sondern auch zu vielen Auszeichnungen: über 30 Oscars, dazu Ehrendoktorhüte sowie Ehrungen und Würdigungen aus aller Welt. Und seine Wirkungsgeschichte geht über seinen Tod hinaus. Disneys Name steht für gute Unterhaltung, Disney-Filme, ob klassisch oder neu, füllen auch heute noch mühelos die Kinos. Mit Streifen wie *Pretty Woman* oder *Der König der Löwen* liefert der Konzern immer noch die großen Mythen. „Ich hoffe nur", sagte Walt Disney einmal, als sein Unternehmen schon groß war, „dass wir eines niemals aus den Augen verlieren – dass alles mit einer Maus begonnen hat."

Astrid Lindgren

* 14. November 1907 auf dem Hof Näs bei Vimmerby
† 28. Januar 2002 in Stockholm
schwedische Kinderbuchautorin

Astrid Lindgren, 1970

„Ich will nicht für Erwachsene schreiben. Ich will für Leser schreiben, die noch Wunder erfinden können. Kinder erfinden Wunder, wenn sie lesen."

Literatur

■ Schönborn, Felizitas von, Astrid Lindgren – Das Paradies der Kinder, Herder Verlag, Freiburg/Br. 1995
■ Schönfeld, Sybil Gräfin, Astrid Lindgren, Rowohlt Taschenbuch Verlag, Reinbek 1987
■ Strömstedt, Margareta, Astrid Lindgren. Ein Lebensbild, aus dem Schwedischen von Birgitta Kicherer, Oetinger Verlag, Hamburg 2001

DIE MAGIERIN DER KINDER

Astrid Lindgren ist die populärste Kinderbuchautorin der Welt. Und natürlich ist sie das vor allem als Schöpferin von *Pippi Langstrumpf*, dem starken, unabhängigen Mädchen mit den roten Zöpfen und dem drastischen Humor, das in fröhlicher Anarchie mit einem Pferd und einem kleinen Affen allein in ihrer „Villa Kunterbunt" haust und jede Vorstellung darüber, wie Kinder aufwachsen sollen, durcheinander bringt. Pippis Mutter ist im Himmel, ihr Vater lebt irgendwo auf dem Meer. Die Autorin musste 1944/45 um das Erscheinen dieses Buches kämpfen: Zu unwirklich erschien den meisten Verlegern das wilde, aufmüpfige Mädchen, das Räuber ebenso durch die Gegend schleudert wie Polizisten. Noch 20 Jahre später versuchte ein französischer Übersetzer die Geschichte zu glätten, indem er ein Pony einschleuste, weil er es für übertrieben hielt, dass Pippi ihr Pferd hochhebt. Aber ist es realistischer, wenn sie ein Pony stemmt?
Millionen von Kindern auf der ganzen Welt waren von *Pippi Langstrumpfs* (1945) fantastischer Wildheit begeistert, Millionen von Spielgefährten haben mit den *Kindern von Bullerbü* (1946) und *Saltkrokan* (1964) wunderschöne und aufregende Ferienabenteuer erlebt, haben mit dem *Meisterdetektiv Kalle Blomquist* düstere Mordfälle aufgeklärt und sich an den Streichen des *Michel aus Lönneberga* (1963) gefreut oder sich gar davon inspirieren lassen. Millionen, bis heute. Ob Pippi, Ronja, Kalle oder Stina – die Figuren der Schwedin Astrid Lindgren zeichnen sich durch fröhliche Unangepasstheit aus. Im Laufe von mehr als 50 Jahren hat die Autorin einen Erzählkosmos geschaffen, der das Leben von Kindern weder verniedlicht noch heroisiert, sondern in seinen Eigenheiten schildert – realistisch und spielerisch oder märchenhaft-fantastisch. In diesen literarischen Welten sind die kleinen Heldinnen und Helden mutig oder verträumt, rebellisch, aber auch traurig, fürchten sich und lernen: durch Erfahrung, in eigener Verantwortung. „Es gibt Dinge, die muss man einfach tun, auch wenn sie gefährlich sind. Sonst ist man kein Mensch, sondern nur ein Häuflein Dreck", erklärt Jonathan Löwenherz seinem Bruder Karl.

„Und du hast dir auch alles gemerkt, wovor du dich hüten musst?", fragen die besorgten Räubereltern Ronja vor ihrem ersten Ausflug auf eigene Faust. „O ja, sie wusste es noch. Und während der folgenden Tage tat Ronja nichts anderes, als dass sie sich vor allem Gefährlichen hütete und sich darin übte, keine Angst zu haben. In den Fluss zu plumpsen, davor sollte sie sich hüten, hatte Mattis gesagt, und darum sprang sie am Ufer kühn und keck von einem glatten Stein zum anderen, dort, wo das Wasser am wildesten toste. Schließlich konnte sie sich ja nicht im Wald davor hüten, in den Fluss zu plumpsen." Mitunter karikieren die Figuren auch die elterlichen Erziehungs-

maximen. Auf Annikas Frage, wer sie denn ins Bett schicke, da sie ja keine Eltern habe, antwortet Pippi: „Das mache ich selbst, erst sage ich es ganz freundlich, und wenn ich nicht gehorche, dann sage ich es noch mal streng, und wenn ich dann immer noch nicht hören will, dann gibt es Haue." Den Stoff für ihre Geschichten nahm Astrid Lindgren aus der eigenen Kindheit auf dem Hof Näs bei Vimmerby im südschwedischen Småland: einer unbeschwerten Kindheit mit drei Geschwistern, Nachbarskindern, Mägden und Knechten, mit Freiraum und Geborgenheit. In Näs ist Bullerbü wieder zu erkennen, in Vimmerby die kleine Stadt, in der die Villa Kunterbunt

steht. Mit 19 Jahren zog die Schwedin – unverheiratet schwanger – nach Stockholm, arbeitete als Sekretärin, heiratete, konnte ihren Sohn zu sich nehmen, den sie zuvor zu Pflegeeltern hatte geben müssen. Das Pippi-Manuskript entstand als Geburtstagsgeschenk für ihre 1934 geborene Tochter Karin. 1945 beteiligte sie sich mit diesem Manuskript an einem Mädchenbuch-Wettbewerb und gewann den ersten Preis. Das war der Beginn ihrer Karriere als Kinderbuchautorin. Kurz darauf begann Lindgren als Verlagslektorin für die Kinderbuchabteilung zu arbeiten. Ihre Bücher sind inzwischen in 80 Sprachen übersetzt, mehr als 120 Millionen Exemplare wurden verkauft. 1978 wurde ihr der Friedenspreis des Deutschen Buchhandels zuerkannt, 1994 erhielt sie den Alternativen Nobelpreis.
Astrid Lindgren, verwundert, dass sie so berühmt geworden war, stellte sich irgendwann in den 60er Jahren darauf ein und nutzte ihre Position, wo es ihr sinnvoll erschien. In einem Zeitschriftenpamphlet rechnete sie mit dem sozialdemokratischen Wohlfahrtsstaat ab, was dazu führte, dass die Partei nicht wieder gewählt wurde. Außerdem verdankt Schweden ihr scharfe Tierschutzgesetze und etliche Kampagnen gegen Gewalt gegen Kinder. Ansonsten hat sie unbeeindruckt ihr Leben weitergeführt, sich den „Zumutungen" des Ruhmes entzogen und als Märchenerzählerin, als Trostspenderin weitergeschrieben an den Büchern, die Kindern so viel bedeuten.Zitate:

Pippi Langstrumpf, dargestellt von Inger Nilsson, 1968

Marion Gräfin Dönhoff

* 2. Dezember 1909 auf Schloss Friedrichstein bei Königsberg
† 11. März 2002 in Hamburg
deutsche Journalistin, Autorin und Herausgeberin

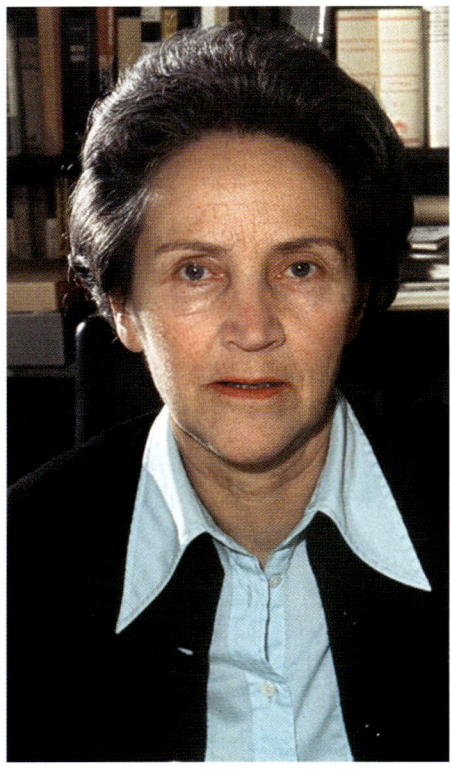

Marion Gräfin Dönhoff, 1972

Literatur

■ Dönhoff, Marion, Gräfin, Um der Ehre willen. Erinnerungen an die Freunde vom 20. Juli, Siedler Verlag, Berlin 1994

■ Kuenheim von, Haug, Marion Dönhoff, Rowohlt Taschenbuch Verlag, Reinbek 2000

■ Schwarzer, Alice, Marion Dönhoff. Ein widerständiges Leben, Verlag Kiepenheuer & Witsch, Köln 1996

ZWEI LEBEN IN ZWEI WELTEN

In der Welt der Politiker, der Intellektuellen und Journalisten galt sie als die berühmteste Frau Deutschlands: Marion Gräfin Dönhoff war nicht nur die einzige Frau, die fast ein halbes Jahrhundert an der Spitze eines deutschen Unternehmens stand, sie war obendrein eine, deren eindrucksvolle, klare Persönlichkeit ihre große publizistische Leistung noch überstrahlte. Das Unternehmen, in dem sie eine Schlüsselstellung innehatte, ist die Wochenzeitung *Die Zeit*, die sich nach ihrer Gründung 1946 zum Zentralorgan der deutschen Demokratie entwickelte. Von Anfang an dabei, hatte sich Marion Dönhoff nach den Worten ihres Kollegen, des späteren Chefredakteurs und Herausgebers der *Zeit*, Theo Sommer, schon bald „Rang und Namen erschrieben"; ihre Artikel wurden im In- und Ausland gelesen und fanden Beachtung. Ab Mitte der 50er Jahre wurde „die Gräfin", wie Befreundete und Mitarbeiter sie respektvoll nannten, zur zentralen Figur des Blattes. 1955 übernahm sie die Leitung des Politikressorts, 1968 wurde sie Chefredakteurin, 1972 Herausgeberin der Zeitung.

Niemand, so Theo Sommer, hat Die Zeit stärker geprägt als sie. „Sie machte uns vor, wie man zugleich einfühlsam und streitbar sein kann; wie man seiner Koordinaten sicher zu sein vermag und doch allem Neuen gegenüber offen bleibt; wie man streng ist und zugleich voll menschlicher Wärme; und wie man im journalistischen Gewerbe nicht stumpf wird oder zynisch, sondern engagiert bleibt und couragiert."
Als sie im Frühjahr 1946 mit dem Journalismus anfing, war sie 36 Jahre alt und hatte schon ein Leben hinter sich: Geboren am 2. Dezember 1909 auf Schloss Friedrichstein bei Königsberg, einem der schönsten Herrensitze Ostpreußens, spielte sich Marion Gräfin Dönhoffs Leben zunächst in der Adelswelt ab. Die Gutsbesitzertochter studierte Volkswirtschaft in Frankfurt und Basel, promovierte 1935 über die Ökonomie des familiären Großgrundbesitzes, bereiste Europa, Afrika und die USA und verwaltete während des Kriegs die Dönhoff'schen Familiengüter. Die Nazis waren ihr von Anfang an ein Gräuel. Während des Kriegs hielt sie engen Kontakt zum adligen Kreis

Titelseite der ersten Ausgabe von Die Zeit,
1946

Werner E. Stichnote (Mitte) überreicht Gräfin Dönhoff den Friedenspreis des Börsenvereins des
Deutschen Buchhandels, 1971

der Widerstandskämpfer, von
denen die meisten nach dem
gescheiterten Attentat vom 20.
Juli 1944 hingerichtet wurden.
Marion Dönhoff blieb unbehel-
ligt, weil ihr Name auf keiner
Liste stand; den ermordeten
Freunden setzte sie später mit
dem Buch *Um der Ehre willen*
ein beeindruckendes Denkmal.
Als sie 1945 vor den Russen von
Ostpreußen nach Westen floh,
endete ihr „erstes Leben". Auf
ihrem Fuchs Alarich ritt sie
damals im Januar 1945 sieben
Wochen lang bis nach Westfalen –
die legendäre Flucht dokumentierte sie später in ihrem Bericht
Ritt gen Westen – und landete
schließlich in Hamburg, wo vor
der Gründung der Republik ihr
neues, ganz anderes Leben
begann. „Sieben Bundeskanzler
hat sie seitdem erlebt, vier überlebt, hunderte Minister und
Abgeordnete kommen und gehen

sehen – und ist selber noch da,
mit der Hand immerhin in der
Nähe der Schalthebel", resümierte
der Journalist Herbert Riehl-
Heyse anlässlich Marion Dönhoffs 90. Geburtstags.
Wie sie ihre Welten miteinander
in Einklang brachte, das Leben im
ostpreußischen Großadel und
nach Kriegsende eine publizistische Führungsrolle in der Bundesrepublik, das Aufwachsen in der
ethischen Strenge einer altpreu-
ßisch-konservativen Elite und die
neue Welt des liberal-konservati-
ven westdeutschen Rechts- und
Verfassungsstaats, das ist ihre
eigentliche Lebensleistung. Es ist
auch das Geheimnis ihres Erfolgs
und ihres Ruhms. Im Laufe der
Jahre und Jahrzehnte avancierte
Marion Dönhoff zur Galionsfigur
des deutschen Journalismus und
zu einer moralischen Instanz der
Bundesrepublik.
Von Anfang an sah sie *Die Zeit*

als Sprachrohr ihrer preußisch-
protestantischen Grundüber-
zeugungen: „eine gesunde
Mischung aus Konservatismus
und Liberalismus mit gewissen
Idealen und Grundwerten"
(Dönhoff). Mit einem jungen,
engagierten Journalistenteam
wurde die Zeitung zum führenden Intellektuellenblatt. „Leicht
war es in der Zeit vor 1968",
erinnerte sich Marion Dönhoff.
„Da waren wir unter den jungen
Leuten Trumpf – gerade in der
Zeit." Eine rasant steigende
Auflage war Zeichen des Erfolgs.
In vielen großen politischen
Debatten gab die Gräfin den Ton
an. So beeinflusste sie entscheidend die Akzeptanz der Ostpolitik der sozialliberalen Koalition – weil kaum jemand über-
zeugender für die Aussöhnung
mit Polen und die Annäherung
an Russland hätte eintreten können als eine Ostpreußin, die nach

Alte Ansicht der Hafenpartie von Königsberg in Ostpreußen

„Sie lehrte uns, dass Journalismus nicht eitles Pfauengespreiz ist, sondern ein Metier, das man sich schwer zu machen hat; dass lesen muss, wer schreiben will; dass der Einfall nie die Arbeit ersetzt; dass Augenmaß nicht Leisetreterei bedeutet; dass Sinn für Zukunft sich verbinden muss mit Sinn für Herkunft. Festgefügte Kriterien, Geduld, Detailplackerei und Unerschrockenheit – in dieser Mischung liegt bis heute das Geheimnis ihres Wirkens und ihrer Wirkung."
Theo Sommer

schweren inneren Konflikten öffentlich bekundete, es werde nur Frieden geben, wenn man einsehe, dass die Heimat verloren sei. „Nicht alte Wunden aufreißen, sondern Brücken bauen und nach Lösungen in einer noch so fernen Zukunft suchen", das, so der Historiker Golo Mann, kennzeichnete die Ausrichtung der Hamburger Publizistin. 1971 wurde sie für ihr aktives Engagement in der deutschen Ostpolitik mit dem Friedenspreis des Börsenvereins des Deutschen Buchhandels ausgezeichnet. Eine Zusammenstellung ihrer außenpolitischen Betrachtungen legte Dönhoff in der Publikation *Deutsche Außenpolitik von Adenauer bis Brandt* (1970) vor. Gleichzeitig reichte ihr Blick immer über Deutschland hinaus: Sie sah die wichtigen Ereignisse dieser Welt, kritisierte schon früh das südafrikanische Apartheid-Regime und hatte Freunde zwischen Johannisburg und Neu-Delhi, zwischen Polen und den USA.

Was Marion Dönhoff schrieb und wie sie es formulierte, klang stets wesentlich und stimmungsvoll. Ihr lag an einer „Elite der Vernünftigen", einem „Gesinnungsadel", für den Würde und Ehre noch etwas bedeuteten. Das Kreisen „um das eigene Ich, um Selbstverwirklichung, Karriere und Lebensstandard", das die „Moral leicht ins zweite Glied rückt", stellte sie in Kommentaren der *Zeit* seit den 80er Jahren zunehmend in Frage. Der um sich greifende „Taumel der Macht und des Materiellen", so bekannte die 87-jährige Dönhoff 1996 in einem Gespräch mit jüngeren *Zeit*-Redakteuren, mache ihr Sorgen. „Ich habe das Gefühl, dass die Marktwirtschaft den Magen kuriert, aber die Seele ruiniert." Und schon in der Wende-Euphorie von 1989 fragte sie nachdenklich, ob die „Niederlage des Marxismus den Triumph des Kapitalismus bedeutet".
Seitdem trat die Publizistin mehr und mehr als „Kapitalismuskriti-

kerin" hervor, so auch bei der Verleihung des Erich-Kästner-Preises 1996 in Dresden *(Zivilisiert den Kapitalismus! Entfesselte Freiheit und Geld sind nicht genug. Plädoyer für einen neuen Bürgersinn)*: „Als Wirtschaftssystem ist die Marktwirtschaft unübertroffen. Für eine Sinngebung hingegen reicht sie wirklich nicht aus. Sie ist sehr possessiv. Die Marktwirtschaft beansprucht den Menschen ganz und duldet keine Götter neben sich. Ihr Wesen ist der Wettstreit und ihr Motor der Egoismus: Ich muss besser sein, mehr produzieren, mehr verdienen als die anderen, sonst kann ich nicht überleben. Die Konzentration auf dieses Prinzip hat dazu geführt, dass alles Geistige, Kulturelle an den Rand gedrängt wird und schließlich immer mehr in Vergessenheit gerät." Darin sah Marion Dönhoff eine Verarmung und eine Gefahr. „Heute aber gibt es noch etwas anderes, etwas Unwägbares, ganz und gar Unkonkretes, was

Auf der Flucht vor den Truppen der Roten Armee: Ostpreußische Flüchtlinge 1945

die Menschen bedrückt, oft, ohne dass sie sich darüber Rechenschaft abgeben. Alles Metaphysische, jeder transzendente Bezug ist ausgeblendet, das Interesse gilt ausschließlich dem wirtschaftlichen Bereich: Produzieren, Konsumieren, Geldverdienen. Eine Zeit lang war das ganz schön, aber dann spüren sie plötzlich: Dies kann doch nicht der Sinn des Lebens sein." Mit Moral und

Anstand, so die Essenz ihrer Aussage, hat das, was in der globalisierten, neoliberalisierten Wirtschaftswelt vor sich geht, nicht mehr viel zu tun.

Die Fähigkeit, mit zuweilen unbefangener Naivität zu sagen, was viele denken und spüren, war möglicherweise das größte Verdienst der Publizistin. Mut, gesunder Menschenverstand und Souveränität haben ihr stets die Feder geführt und sie daran gehindert, ein Blatt vor den Mund zu nehmen. Den größten Erfolg schließlich hatte die Gräfin nicht mit ihrer kritischen Publizistik, sondern als Beschreiberin einer verloren gegangenen Welt. Ihre Bücher über das alte Ostpreußen, *Namen, die keiner kennt* und *Kindheit in Ostpreußen*, wurden Bestseller. Damit hat die „letzte Preußin" ihr Schicksal und das vieler Heimatvertriebener und Flüchtlinge gewürdigt – und sie hat sich in die Herzen einer breiten Bevölkerungsschicht geschrieben.

Marion Gräfin Dönhoff und Altbundeskanzler Helmut Schmidt 1997 in Darmstadt

Jehudi Menuhin

* 22. April 1916 in New York
† 12. März 1999 in Berlin
amerikanisch-britischer Geiger, Dirigent und Musikpädagoge

Jehudi Menuhin 1989 im Berliner Schauspielhaus

Literatur

- Menuhin, Yehudi, Unvollendete Reise. Lebenserinnerungen, aus dem Englischen von Isabella Nadolny und Albrecht Roeseler, Piper Verlag, München 1979
- Menuhin, Jehudi, Ich bin fasziniert von allem Menschlichen. Gespräche mit Robert Daniels, mit einem Vorwort von Lawrence Durell, aus dem Englischen von Hans-Jürgen Baron von Koskull, Piper Verlag, München 1991
- Palmer, Tony, Yehudi Menuhin. Ein Porträt, aus dem Englischen von Cornelia C. Walter, Claassen Verlag, Hildesheim 1993

WUNDERGEIGER UND WELTGEWISSEN

Lichtgestalt, Jahrhundertgeiger, Weltgewissen, Sendbote der Humanität und Geschenk an die Menschheit hat man ihn genannt. Schon als Kind, als Jugendlicher wurde er zur Legende, bewundert, verehrt und geliebt wie ein Idol. Als reifer Mann und Künstler aber wurde er zur moralischen, kulturpolitischen Instanz, eine leuchtende, weil unbedingt glaubwürdige Galionsfigur der Humanität: der Musiker und Weltbürger Yehudi Menuhin. „Kann Kunst das Gute im Menschen wecken, Lord Menuhin?", wurde er immer wieder gefragt. Und dann, nicht müde, bei solchen Gelegenheiten die heilende, versöhnende Kraft von Musik zu erörtern, erzählte er von seinen Konzerten während des Kriegs in Lazaretten – „die Wirkung war jedes Mal beeindruckend". Und er erzählte auch, dass er „als Kind wirklich glaubte, den Weltfrieden herstellen zu können, wenn ich die *Chaconne* von Bach in der Sixtinischen Kapelle spielen würde". Dass freilich die erlösende, Grenzen durchdringende Macht der Musik keine Regel sei, sondern eine Möglichkeit, die offene Ohren und

berührbare Herzen voraussetze, und dass Musik natürlich sehr oft achtlos konsumiert, missbraucht werde, auch darauf wies er immer wieder hin. Es komme eben auf die Menschen an, die spielten und hörten. Für ihn, Yehudi Menuhin, aber war Musik „die einzige Sprache, in der man nicht lügen kann." Und so konnte er aus tiefer Überzeugung eine seiner zahlreichen Publikationen unter dem Titel *Die Kunst als Hoffnung für die Menschheit* herausgeben. Yehudi Menuhin, als Sohn russisch-jüdischer Einwanderer in New York geboren, begann bereits vierjährig mit dem Violinespielen. Mit acht Jahren gab er sein erstes öffentliches Konzert, drei Jahre später begeisterte er in der Londoner Carnegie Hall mit Beethovens Violinkonzert das Publikum. Und als er 13-jährig in Berlin unter Bruno Walter in dem Epoche machenden „Konzert der drei B" die Violinkonzerte von Bach, Beethoven und Brahms spielte, hatte sich das Wunderkind das Publikum Europas erobert. „Nun weiß ich, dass es einen Gott im Himmel gibt", soll der Physiker Albert Einstein nach dem Konzerterlebnis gerufen haben.

Der Violinvirtuose in den 50er Jahren

Menuhin selbst erinnerte sich in seinen Memoiren, er habe – so, wie ein Vogel singt – einfach seine Geige gespielt: instinktiv, leicht, selbstvergessen. Er tat es weiter, auf den berühmtesten Bühnen der Welt, und war, noch nicht 20-jährig, auf der Höhe seines frühen Ruhms. Dann kam die unvermeidliche technische Krise, Erschöpfung, Neuanfang.

Jetzt aber, und das ist das zweite Mysterium des Wundergeigers Menuhin, trat der Humanist und Weltgesandte auf den Plan. 500 Konzerte gab er vor alliierten Truppen während des Zweiten Weltkriegs, kam unmittelbar nach Kriegsende – aus derselben humanitären Gesinnung, die ihn mit der Geige zu den alliierten Truppen geführt hatte – nach Deutschland. Hier spielte er vor den Überlebenden der Konzent-

rationslager Bergen-Belsen, Dachau und Buchenwald, um „die Opfer des menschlichen Wahnsinns mit Musik zu trösten". 1947 kam er in das zerstörte Berlin, um gemeinsam mit dem eben entnazifizierten Wilhelm Furtwängler zu konzertieren – ein Akt der Versöhnung, den ihm seine jüdischen Freunde verübelten.

Diese Fähigkeit, auf alle Seiten, ohne Ansehen der Person, zuzugehen, sie zu hören, vor ihnen zu spielen, ermöglichte es ihm, Grenzen zu überwinden, zu verbinden – immer wieder. Dabei kümmerte sich Menuhin in seinem menschlichen Friedens- und Musikeinsatz nicht um Diplomatie und politische Korrektheit. So ergriff er öffentlich Partei für Solschenizyn und später für die Dissidenten in China.

Er hatte keine Berührungsängste

und probierte vieles aus. Er spielte mit dem Jazzgeiger Stéphane Grappelli und dem indischen Sitar-Spieler Ravi Shankar, dirigierte, gründete Festivals in Gstaad, Bath und Windsor, kümmerte sich leidenschaftlich um den künstlerischen Nachwuchs, richtete Musterschulen ein, beschäftigte sich mit Yoga, Psychologie und Philosophie, engagierte sich für Ökologie und Pazifismus, rief die Live-Music-Now-Bewegung ins Leben, eine Initiative, die Musik aus den Konzertsälen herausholt und sie dorthin bringt, wo sie Menschen wirklich erreicht: in Krankenhäuser, Fabriken, Gefängnisse. „Es ist nicht genug, dass man lebt. Man muss sich rechtfertigen", sagte er einmal. Und: „Wo ich bin, versuche ich, das Richtige zu tun. Und dann hoffe ich, dass es sich auf der ganzen Erde verbreitet."

Lord Jehudi Menuhin im Jahre 1998, ein Jahr vor seinem Tod

Heinrich Böll

* 21. Dezember 1917 in Köln
† 16. Juli 1985 in Langenbroich
deutscher Schriftsteller

Heinrich Böll, 1972

Literatur
■ Falkenstein, Henning, Heinrich Böll, Morgenbuch Verlag, Berlin 1996
■ Linder, Christian, Heinrich Böll. Leben und Schreiben 1917 bis 1985, Verlag Kiepenheuer & Witsch, Köln 1986
■ Schröter, Klaus, Heinrich Böll, Rowohlt Taschenbuch Verlag, Reinbek 1982

DER MORALIST

„Heinrich Böll gehört zur alten Bundesrepublik wie das Wirtschaftswunder, die Vertriebenenverbände und Adenauer. Er war nicht nur Schriftsteller, sondern auch Repräsentant der Zeitgeschichte – was unter deutschen Dichtern nicht eben häufig ist. Der Einfluss, den er ausübte, war beträchtlich, und er erstreckte sich nicht nur auf Literaturfreunde, weil er nicht nur ein literarischer war. Aber auch sein politischer Einfluss war mehr als ein solcher, weil Bölls Aufrichtigkeit und Güte auch Leute beeindruckte, die seine Ansichten nicht teilten. Er wurde für viele zum Vorbild moralischen Verhaltens." 1997 erinnerte Günter de Bruyn, ebenfalls Schriftsteller, in einer Rede an Heinrich Böll, den „Wandelstern an meinem Lesehimmel". Da war der Gewürdigte schon zwölf Jahre tot und sein Werk – in den 70er Jahren von internationaler Bedeutung – in den Hintergrund der aktuellen literarischen Diskussion gerückt. Der Ruf des großen deutschen Nachkriegsautors aber ist bis heute präsent: Es ist der eines kritischen Chronisten des zerstörten Deutschlands und der gesell-

schaftlichen und politischen Entwicklung der jungen und schließlich etablierten Bundesrepublik. Mit seinem schriftstellerischen Werk und immer auch mit seiner ganzen Person engagierte sich Böll, wo er es für notwendig hielt – *Einmischung erwünscht – Schriften zur Zeit* heißt eine Publikation, die der Autor 1977 herausgab. Denn: „Für mich ist das Engagement die Voraussetzung, es ist sozusagen die Grundierung, und was ich auf dieser Grundierung anstelle, ist das, was ich unter Kunst verstehe." Heinrich Böll, der die Hitlerzeit, den Krieg als Soldat und eine in Trümmern liegende Heimat erlebt hatte, versuchte, diese Gräuel, traumatischen Erfahrungen und tiefen Erschütterungen literarisch zu verarbeiten. Er versuchte, aus der Sprachlosigkeit herauszukommen, „auf der Suche nach einer bewohnbaren Sprache in einem bewohnbaren Land". Karg, direkt und unmittelbar erzählte er vom schrecklichen und sinnlosen Leben der Soldaten im Krieg, von gebrochenen Kriegsheimkehrern, vom Leben in den Trümmern, von verwitweten Frauen und vaterlosen Kindern, von der Not

Der schwedische Kronprinz Carl Gustav überreicht Böll den Literaturnobelpreis, 1972

„Das Gewissen einer Nation muss aus sehr vielen, einander korrigierenden Instrumenten bestehen ... Versucht man das Gewissen einer Nation zu personifizieren, so gerät man in Gefahr zu delegieren, was man selbst tun sollte."

und Hilflosigkeit der kleinen Leute im trostlosen Nachkriegsalltag. Er, der Sohn einer Kölner Handwerkerfamilie, wurde zum Anwalt der Schwachen, Leidenden und Verlierer, verehrt und geliebt von den Lesern, die dankbar waren für die Integrität des Autors. Als man ihm vorwarf, er schreibe „Trümmerliteratur", „Waschküchenliteratur", „Versehrtenliteratur", konnte ihn das nicht treffen, im Gegenteil. „Wenn Sie je in der peinlichen Lage gewesen sind, etwas, was abfällig gemeint war, als Schmeichelei zu empfinden", kommentierte er diese Urteile. Und er schrieb weiter gegen das allzu schnelle Vergessen an, zunehmend auch gegen die Restauration der 50er Jahre. Böll distanzierte sich von der katholischen Amtskirche, die im Verein mit konservativen Kräften rasch bereit war, die Schrecken der Nazis zugunsten eines blinden Antikommunismus auszublenden. Er kritisierte die

Sattheit, Selbstzufriedenheit und den damit einhergehenden Verlust an Menschlichkeit.
Entsprechend sind die Figuren seiner Romane oft Menschen, die sich dem Gewinn- und Leistungsdenken verweigern, wie Hans Schnier in *Ansichten eines Clowns* (1963) oder Leni in *Gruppenbild mit Dame* (1971). Seit Anfang der 70er Jahre war Heinrich Böll als Nobelpreisträger eine internationale literarische Größe. Seine Werke, darunter auch die frühen Romane *Wo warst du, Adam* (1951), *Und sagte kein einziges Wort* (1953), *Haus ohne Hüter* (1954), *Billard um halbzehn* (1959), erschienen in vielen Sprachen in Millionenauflagen; der Schriftsteller wurde zur moralischen Instanz, zum weltweit respektierten Anwalt der Menschlichkeit. Gleichzeitig geriet er in Deutschland unter Beschuss, denn er konfrontierte die Öffentlichkeit immer wieder mit seinen deutlichen Stellungnahmen. Er

engagierte sich für politisch verfolgte Schriftsteller, ging in den 80er Jahren für die Friedensbewegung auf die Straße, bekundete seine Sympathie für die Politik der SPD und erregte vor allem Aufsehen durch seine differenzierte Haltung zum Terrorismus. Nach seinem Magazin-Artikel *Will Ulrike Marie Meinhof Gnade oder freies Geleit?* schlugen ihm Wellen der Empörung entgegen: Beleidigungen, Angriffe – in Pressekampagnen wurde er bezichtigt, ein geistiger Urheber des Terrorismus zu sein. Der Autor reagierte darauf mit der Erzählung *Die verlorene Ehre der Katharina Blum* (1974). Denunziationen und Verleumdungen konnten die Achtung für Heinrich Böll nicht wirklich beeinträchtigen. Er blieb eine mutige Stimme, die furchtlos Tabus verletzte – zur Verteidigung von Liebe, Treue, Glauben, zur Verteidigung der menschlichen Würde.

Alexander Solschenizyn

* 11. Dezember 1918 in Kislowodsk, Nordkaukasus
russischer Schriftsteller und Dissident

Alexander Solschenizyn, 1975

Literatur

- Burg, David, Feifer, George, Solschenizyn, aus dem Englischen von Arne und Eva Eggebrecht, Kindler Verlag, München 1972
- Medwedjew, Schores, Zehn Jahre im Leben des Alexander Solschenizyn. Eine politische Biographie, aus dem Russischen von Wolfgang Kasack, Luchterhand Verlag, Darmstadt, Neuwied 1974
- Thomas, Donald M., Solschenizyn. Die Biographie, aus dem Amerikanischen von Heddy Pross-Weerth, Propyläen Verlag, Berlin 1998

DER UNBEQUEME MAHNER

Er ist einer der berühmtesten Dissidenten der Sowjetunion. Selbst Opfer des stalinistischen Regimes, forderte er unerschrocken, schonungslos und unbeugsam die Sowjetmacht heraus, allein mit seinem geschriebenen Wort: Alexander Solschenizyn, Schriftsteller und Literaturnobelpreisträger, gilt als Repräsentant seines Volkes, als Wahrheitsverkünder, unbestechlicher Mahner und Moralist. Mit seiner Literatur, ganz besonders mit der Trilogie *Archipel GULAG*, enthüllte er die Schrecken der kommunistischen Diktatur und schuf mit diesen 2500 Seiten ein Mahnmal für die Millionen Opfer des Stalinismus. Er wurde verfolgt, ausgebürgert und in den Westen abgeschoben. Nach 20 Jahren Exil kehrte Alexander Solschenizyn 1994 zurück in das postkommunistische Russland und begann hier seinen zweiten Kampf: nicht mehr gegen die Diktatur, sondern gegen die „neureiche Oligarchie" und die moralische Verderbnis in seiner Heimat.

Geboren im kaukasischen Kislowodsk wuchs Solschenizyn in Rostow am Don auf. Er träumte von einem Literaturstudium in Moskau, blieb aber dann bei seiner kranken Mutter und studierte Mathematik und Physik in Rostow. Eine gute Karriere schien ihm bevorzustehen: Er war Komsomolze, verehrte Lenin, las Marx und gehörte zur neuen Generation entschlossener Kämpfer für den Kommunismus. Dann kam der Krieg. 1941 zur Roten Armee eingezogen, äußerte er sich 1945 in einem Feldpostbrief abfällig über Stalin. Damit endete das erste Leben von Alexander Solschenizyn. Er wurde verhaftet und zu acht Jahren Straflager verurteilt – fast ein Todesurteil. Die ersten fünf Jahre verbrachte er in einem Spezialgefängnis für Wissenschaftler in der Nähe von Moskau, das er später in seinem Roman *Der erste Kreis der Hölle* porträtierte. Dann kam er wegen widerspenstigen Verhaltens in ein Speziallager in Kasachstan. Er überlebte die Lager, wurde 1953 entlassen und blieb in einem kleinen Ort in der kasachischen Steppe in der Verbannung. „Krebs in weit fortgeschrittenem Stadium", diagnostizierte ein Arzt, den Solschenizyn wegen ständiger Magenschmerzen aufsuchte. Wie durch ein Wunder überstand er die Strahlentherapie – die schrecklichen Erfahrungen während der Behandlung fanden in seinem späteren Werk *Krebsstation* Niederschlag.

1962 – Solschenizyn war mittlerweile rehabilitiert und hatte sich ganz dem Schreiben gewidmet – erschien seine Lager-Erzählung *Ein Tag im Leben des Iwan Denissowitsch*, das aus der Sicht eines Häftlings in beklemmender Eindringlichkeit die Zustände in einem Strafgefangenenlager schildert: schockierend offen und detailliert. Mit dieser Erzählung, die Chruschtschow persönlich zum Druck freigegeben hatte, wurde der Schriftsteller schlagartig berühmt. Doch nach dem Sturz Chruschtschows 1964 und dem Ende der so genannten Tauwetterperiode musste Solschenizyn sich zunehmend mit der Parteizensur herumschlagen. Wegen „antisowjetischer Haltung" wurden seine Werke kritisiert und mit Publikationsverbot belegt. Solschenizyn forderte die Aufhebung der Zensur und die Freigabe seiner Romane, mit denen er in westlichen Ländern – die Manuskripte waren auf Mikrofilmen aus der Sowjetunion geschmuggelt worden – große Resonanz erzielte. 1969 wurde er dann aus dem sowjetischen Schriftstellerverband ausgeschlossen.

1973, Solschenizyn war schon Nobelpreisträger, entdeckte der KGB eine der versteckten Abschriften des *Archipel GULAG*. Im Februar 1974 wurde der Autor verhaftet, ausgewiesen und in die Bundesrepublik abgeschoben, wo er unter großem internationalem

Medienaufgebot empfangen wurde und zunächst bei Heinrich Böll Aufnahme fand.

Während seines amerikanischen Exils schrieb Solschenizyn an seinem Zyklus *Das rote Rad* weiter, den er bereits 1970 mit *August 14* begonnen hatte. Gleichzeitig verstand er sich als Mahner, als Prophet, der den westlichen Demokratien den Spiegel vorhielt und wegen seiner kritischen Distanz und unbequemen Ansichten immer wieder auf Ablehnung stieß.

Im Zuge von Glasnost und Perestroika wurde der einstige Dissident Solschenizyn rehabilitiert. Von Gorbatschow wieder eingebürgert, kehrte er 1994 in einem Triumphzug aus dem Exil zurück. 55 Tage lang fuhr er quer durch Russland und fand ein Land vor, das am Boden lag: verrottete Fabriken, verfallene Bauten, Kriminalität, wirtschaftliche Oligarchie, kultureller und intellektueller Niedergang. In Moskau angekommen, hielt er eine Rede vor dem russischen Parlament; er führte ein persönliches Gespräch mit Präsident Jelzin und erhielt ein eigenes Fernsehmagazin. Die *Begegnungen mit Solschenizyn* wurden jedoch wie andere kritische Meinungssendungen vor den Präsidentschaftswahlen 1995 wieder abgesetzt. Auch jetzt ließ er sich nicht von irgendwelchen politischen Bündnissen vereinnahmen; der Patriarch verstand sich immer noch als Diener des Volkes. Seine Mission, die Wahrheit über die russischen Zustände aufzudecken, die Machthaber zu

Solschenizyn wurde nach seiner Ausbürgerung aus der Sowjetunion 1974 von Heinrich Böll aufgenommen

mahnen, das Volk zur Besinnung und zu einer Ethik der Bescheidenheit aufzurufen, fand Niederschlag in Schriften und Artikel, die er auch noch im hohen Alter verfasst. Ob den Menschen gefällt, was er sagt, kümmert ihn wenig. Wie ehedem sagt er, was er denkt.

> „Solschenizyn ragt von Anfang an aus der ,Lagerliteratur' heraus. Seine Sprache ist in ihrer Fähigkeit, Menschen in Momenten ihrer tiefsten Erniedrigung und Verzweiflung so zu schildern, dass die Hoffnung nie verloren geht, nur mit den größten russischen Autoren, mit Dostojewski, Tschechow oder Tolstoi zu vergleichen … Insbesondere seine politischen Ansichten und Vorurteile, sein politisch-gesellschaftlicher Negativismus, der seine Wurzeln im reaktionären Gedankengut der russischen Geistesgeschichte des 19. Jahrhunderts hat und der in krassem, unauflösbaren Widerspruch zu seiner zutiefst humanen Menschendarstellungskunst steht, legen diesen Vergleich nahe."
> Frankfurter Allgemeine Zeitung

Joseph Beuys

* 12. Mai 1921 in Krefeld
† 23. Januar 1986 in Düsseldorf
deutscher Künstler

DER MANN MIT DEM FILZHUT

Joseph Beuys mit der ersten gepflanzten Eiche seiner Aktion 7000 Eichen auf der „Documenta 7" in Kassel, 1982

Literatur

■ Beuys, Joseph, Der erweiterte Kunstbegriff, Verlag der Georg Büchner Buchhandlung, Darmstadt 1989
■ Beuys, Joseph. Natur Materie Form, hg. und mit Texten von Armin Zweite, Verlag Schirmer Mosel, München, Paris, London 1991
■ Stachelhaus, Heiner, Joseph Beuys, Claassen Verlag, Düsseldorf 1998

1974 – eine Beuys-Kunstaktion in einer New Yorker Galerie. Der Künstler hatte sich zusammen mit einem Kojoten in einem Käfig einschließen lassen und darin eine Woche lang mit dem Tier gelebt. In eine schützende Filzdecke gehüllt, hatte Beuys sich mit dem Präriewolf als der Personifikation eines besseren Amerika arrangiert, ein Experiment, bei dem sich vielerlei eigenartige Konfrontationen ergaben. *Coyote – I like America and America likes me (Kojote – ich mag Amerika und Amerika mag mich)* war nicht die erste Aktion, mit der Joseph Beuys Aufsehen erregte. Bereits seit Mitte der 60er Jahre war er mit spektakulären Auftritten und Happenings hervorgetreten. Eine der denkwürdigsten Aktionen war seine erste Vernissage in der Düsseldorfer Galerie Schmela 1965: Das Gesicht mit Honig und Goldstaub eingerieben, hielt der Künstler einen toten Hasen im Arm, mit dem er zu den einzelnen Objekten der Ausstellung ging. Die Performance mit dem Titel *Wie man einem toten Hasen die Bilder* erklärt sollte auf die Probleme der Sprache und des menschlichen und tierischen Bewusstseins verweisen; der Gegensatz zwischen dem erstarrten Denken (Kopf) und dem lebendigen, nährenden Element (Honig als organische Substanz) sollte symbolisch aufgehoben werden. Unverständnis, Empörung und Hohn erntete Joseph Beuys damals mit seiner exzentrischen Kunst, aber auch Interesse und Begeisterung. Das provokant Unschöne, Ungeformte vieler seiner Arbeiten, die kaum jemand im traditionellen Sinn als Werke bezeichnen mag, verschreckte und irritierte die meisten – und machte neugierig. Spätestens seit seinem Tod 1986 gilt er als der international bedeutendste deutsche Avantgardist nach dem Zweiten Weltkrieg. Er, dessen Arbeiten großenteils jenseits aller klassischen Kategorien anzusiedeln sind, wurde zum Klassiker, den Kunstkritiker mit Henri Matisse, Pablo Picasso, Andy Warhol auf eine Stufe stellen. Joseph Beuys, der Kaufmannssohn vom Niederrhein, studierte Naturwissenschaften, ehe er 1940 zum Kriegsdienst als Sturzkampfflieger einberufen wurde. 1943, bei einem Absturz über der Krim schwer verletzt, wurde er von

Tataren gefunden. Die Nomaden, so berichtete er später, hätten ihn geborgen, auf Fett und Filz gebettet und gepflegt. Obwohl er die meiste Zeit bewusstlos war, betrachtete er im Nachhinein die kurze Zeit bei den Nomaden als Schlüsselerlebnis, das seine späteren „Kulthandlungen" entscheidend prägte: Die Materialien Fett und Filz (der Filzhut galt als Markenzeichen des Künstlers) wurden seine wichtigsten plastischen Werkstoffe. Mit ihnen baute Beuys seine kargen Objekte und Räume – Symbole für seine Erkenntnissuche, seine Energielehre, seine Kräftespiele.

Den Weg der Kunst beschritt er gleich nach dem Krieg. Er studierte Bildhauerei und Malerei an der Kunstakademie Düsseldorf, war Meisterschüler von Ewald Matarés. 1961 wurde er dann selbst als Professor an die Akademie berufen. Er begrüßte die politische Studentenbewegung und protestierte gegen den Numerus clausus. Als er 1972 mit abgewiesenen Bewerbern das Akademiesekretariat besetzte, schickte ihm Wissenschaftsminister Johannes Rau die fristlose Kündigung. Nach einem langen Rechtsstreit durfte Beuys schließlich den Professorentitel und sein Atelier in der Akademie behalten, der Lehrauftrag aber wurde ihm entzogen.

Er gründete eine „Freie Internationale Universität", engagierte sich für die „Aktionsgemeinschaft Unabhängiger Deutscher" sowie für die Grünen und erweckte mitunter den Eindruck, er habe von der Kunst in die Politik gewech-

selt. Aber in seinen Augen gehörte beides zusammen, „weil die eigentlichen zukünftigen politischen Intentionen künstlerische sein müssen. Das heißt, sie müssen aus der menschlichen Kreativität, aus der individuellen Freiheit des Menschen stammen."

„Jeder Mensch ist ein Künstler" – dieser häufig zitierte Satz des Aktionskünstlers basiert auf seiner Vision einer totalen Kreativität. Er ist zentral für sein Werk und seine Auffassung von Sinn und Aufgabe der Kunst. Beeinflusst von der Anthroposophie Rudolf Steiners wollte Joseph Beuys auf einen „erweiterten Kunstbegriff" hinaus; er suchte nach Wegen, wie Freiheit des Geistes und menschliche Kreativität in einer veränderten humaneren Gesellschaft über materielle Zwänge triumphieren könnten, und fand dafür die Formel: „Kunst = Kreativität = menschliche Freiheit".

Mit seinen Aktionen von meist magischem oder rituellem Charakter wollte er der rational eingeengten Welt wieder das Übersinnliche erschließen, er wollte Verhärtungen auflösen, Gegensätze verbinden und außer Kraft setzen. Entsprechend wählte er seine Werkstoffe nicht nach ästhetischen, sondern nach organischen Gesichtspunkten aus: Energiereiches Fett kann sich unter Einfluss von Wärme und Kälte verändern (fettbestrichene Stühle, mit Fett verklebte Holzecken), wärmender Filz isoliert und schützt (Kruzifixe aus Filz, Filzflügel). Auch soziale oder „evolutionäre" Wärme könne nach seiner Auffassung einen plastischen

Fettstuhl. *Objekt von Beuys, 1964/65*

Prozess in Gang setzen: Wie der Bildhauer sein Material forme, so sei auch der Mensch in der Lage, die „soziale Plastik", die Gesellschaft, zu gestalten. Mit dieser Auffassung wurde Joseph Beuys einer der führenden Künstler der „Fluxus-Bewegung", einer internationalen Kunstströmung, die die Trennung zwischen Kunst und Alltag aufheben wollte.

Als Spinner, Utopist und Anarchist verspottet, als Genie gefeiert, starb Joseph Beuys mit knapp 65 Jahren an Herzversagen. „Jedes Volk hat die Künstler, die es verdient", schrieb der Kunstkritiker Wilfried Wiegand in einem Nachruf auf den Avantgardisten. „Müssen wir uns da wirklich so sehr wundern, dass nach dem diktatorisch verordneten Klassizismus der Nazizeit einer aus dem Kriege heimkehrt und sich daranmacht, eine sozusagen schmutzige Kunst herzustellen, um nur ja nicht mit der so grausam pervertierten Schönheit noch irgendwie in Berührung zu kommen. Wenn es die so oft geforderte Trauerarbeit und Aufarbeitung von Vergangenheit irgendwo im Bereich des Visuellen gegeben hat, dann bei Joseph Beuys, der sie im Alleingang leistete."

Yves Montand

* 13. Oktober 1921 in Monsummano, Toskana
† 9. November 1991 in Senlis bei Paris
französischer Schauspieler und Chansonsänger

Yves Montand, 1970

Literatur

- Denys, Jean (Hg.), Yves Montand. Den Kopf voll Sonne, aus dem Französischen von Horst Wolf, Henschelverlag, Berlin 1957
- Hamon, Herve, Rotman, Patrick, Yves Montand. Du siehst, ich habe nicht vergessen. Ein Leben in diesem Jahrhundert, aus dem Französischen von Christel Gersch u. Joachim Meinert, Verlag Rütten & Loening, Berlin 1991
- Semprun, Jorge, Yves Montand. Das Leben geht weiter, aus dem Französischen von Uli Aumüller, Insel Verlag, Frankfurt/Main 1984

DER GELIEBTE FRANZOSE

In Frankreich war er eine Institution. Ein Sänger und Entertainer, der neben Jacques Brel, Charles Aznavour, Edith Piaf und Maurice Chevalier zu den Großen des französischen Chansons gehört. Ein Mann, der mit seinem zerknittert traurigen Gesicht als Hasardeur in Clouzots Thriller *Lohn der Angst (La salaire de la peur)* zu einer Ikone des französischen Films wurde. Ein Schauspieler, der 40 Jahre lang das Inbild einer romantischen männlichen Existenz mit all ihren Brüchen und Widersprüchen verkörperte: eleganter Herr, weltläufiger, gebildeter Künstler, Zechkumpan, Lebemann, Verführer und Ehemann einer anderen Lichtgestalt des französischen Films – der bedeutenden und beliebten Schauspielerin Simone Signoret. Und er war ein Bürger, der mit seinen politischen Aktionen für seine Landsleute immer wieder eine Herausforderung darstellte und auch nach außen hin als eine Stimme Frankreichs galt. Ein Mensch, der sich nicht scheute, Politikern unbequeme Fragen zu stellen, und der zu seiner Überzeugung stand, auch wenn das manchmal seiner Karriere schadete.

Yves Montand, Sohn italienischer Arbeiter, die vor den Faschisten nach Frankreich emigrierten, wuchs in Marseille auf, wo er sich tagsüber als Laufbursche durchschlug und nachts als Stimmenimitator in Hafenbars auftrat. Schon als Halbwüchsiger zog er weiter nach Paris und traf dort auf Edith Piaf, die ihn zu einem eigenen Stil antrieb. Sie zeigte ihm, wie man sich souverän auf der Bühne bewegt, ließ Lieder für ihn schreiben und schrieb ihm selbst Chansons, die ihn rasch zum Star im „Moulin Rouge" machten – zu rasch für die große Chanteuse. Als der Kollege und Liebhaber zum Konkurrenten geworden war, trennte Piaf sich von ihm. Yves Montand lernte, ohne sie weiterzumachen, und trat bald mit einer eigenen Show auf. Mit verschmitztem Lächeln, lässigem Charme und dem Chanson *Luna Park* hielt er 1945 Einzug in das „Théâtre de l'Étoile" und sang monatelang vor ausverkauftem Haus. Von den Sängern seiner Generation sei er der erste gewesen, der das Leben besang, wie es war – so deutete ein Kritiker den Erfolg. „Ich denke, ich habe vielleicht eine gewisse Begabung, ein kleines Lied, ein kleines Chanson zu singen. Das ist alles. Die Art, wie ich singe, mag vielleicht andere ansprechen. Aber ich kann nichts dafür. Man wird damit geboren oder nicht. Das ist kein Verdienst", kommentierte der Star seine Kunst.

„Ich bin von Arbeitern erzogen worden und kenne aus bitterster Erfahrung deren harte Lebensbedingungen genau. Auch habe ich die unverhüllte Ausbeutung lange genug am eigenen Leibe verspürt. Meine ganzen Hoffnungen setze ich deshalb auf eine Revolution, die imstande sein wird, die soziale Gerechtigkeit herbeizuführen." Yves Montand stand links, doch er war nie ein dogmatischer Linker. Zur Zeit des Kalten Kriegs unternahm er Gastspielreisen in die Sowjetunion und die DDR und durfte, nachdem er 1950 den Stockholmer Appell gegen die Atombombe unterzeichnet hatte, von 1951 bis 1959 nicht in die USA einreisen. 1956, nachdem die Sowjets den Aufstand in Ungarn niedergeschlagen hatten, begann er, sich langsam und schmerzhaft von den Kommunisten abzuwenden. Den Einmarsch sowjetischer Truppen in die Tschechoslowakei verurteilte er dann ebenso deutlich wie die Ausbürgerung Wolf Biermanns aus der DDR. 1967 demonstrierte er mit Simone Signoret gegen den Vietnam-Krieg, verteidigte aber gleichzeitig die USA, wo man immerhin noch die Möglichkeit habe, etwas zu verändern. Dass die politische Realität vielschichtiger ist, als es das Schwarz-weißdenken zulassen will, das hat

Montand und Charles Vanel in dem Film Lohn der Angst. *1952*

Montand auch in seinen Filmrollen gezeigt: in Alain Resnais' *Der Krieg ist vorbei (La guerre est finie)*, in Constantin Costa-Gavras Filmen *Z, Das Geständnis (L'aveu)* und *Der unsichtbare Aufstand (État de siège)*, wo er als Agent Santore einen politischen Verbrecher verkörpert, der in seiner Verstrickung noch menschliche Züge erkennen lässt.
Darauf kam es Yves Montand an, auf der Bühne, auf der Leinwand und im Leben: Vom politischen Bewusstsein wollte er sich nicht den humanitären Blick verbauen lassen. *Luna Park*, jenes schöne Chanson, das ihn berühmt machte, handelt von einem Arbeiter, der auf den Rummelplatz geht statt zum Gewerkschaftsabend. Dieser Arbeiter könnte auch Montand sein und gerade das machte die Faszination und Glaubwürdigkeit dieses Künstlers in all seinen Funktionen aus: Yves Montand, lebensbejahend, aber ehrlich hinschauend, spielte und sang auch immer sich selbst.

Noch als 60-Jähriger tanzte und steppte er, sang er seine großen Lieder *C'est si bon, Les feuilles mortes, La vie en rose* – sehnsüchtige Liebeserklärungen, einfache Poesie, melancholisch interpretiert. Er schlüpfte in viele Rollen und seine sparsamen Bewegungen, sein lapidarer Vortrag und sein volles Timbre offenbarten einen Künstler, der um die Wirkung jeder Geste wusste, der Komik und Rührung, Trauer und Schmerz auf das Wesentliche zu reduzieren verstand. Er strahlte die Lebensfreude und Lässigkeit eines Menschen aus, dem das Leben die großen Trümpfe in die Hand gespielt hatte. Als er mit 70 Jahren plötzlich starb, trauerte ganz Frankreich um ein Symbol seiner Kultur.

„Er ist Zeuge einer Epoche, in der Menschen noch glauben, dass die Welt durch sie, durch die Taten Einzelner, zum Guten geändert werden könne."
Le Monde

Marcello Mastroianni

* 28. September 1924 in Fontana Liri bei Frosinone
† 19. Dezember 1996 in Paris
italienischer Schauspieler

Marcello Mastroianni in Die
Herbstzeitlosen, 1993

Literatur

■ DU. Die Zeitschrift der Kultur,
Mastroianni, Marcello – Jeanne Moreau.
Ein Mann und eine Frau, Heft Nummer
9/1991, Verlag Conzett und Huber,
Zürich 2001

■ Hochkofler, Mathilde, Marcello
Mastroianni. Das süße Leben, mit
einem Vorwort von Federico Fellini, aus
dem Italienischen von Monika Lustig,
Beltz Quadriga Verlag, Weinheim,
Berlin 1993

■ Tato, Francesco (Hg.), Mastroianni,
Marcello. Ja, ich erinnere mich, aus
dem Italienischen von Karin
Fleischanderl, Zsolnay Verlag,
Wien 1998

IL DIVO

Unvergessen, wie er als kleiner Reporter Marcello durch Federico Fellinis *Das süße Leben (La Dolce Vita)* taumelt, von den Frauen in Atem gehalten, von einer blonden Madonna, Anita Ekberg, betört, mit der er im Trevi-Brunnen badet. Und wie er in einem anderen weltberühmten Fellini-Film, *Die Stadt der Frauen (La Città delle Donne)*, benommen von der Wucht der Weiblichkeit in all ihren Spielarten das Klischee männlicher Überlegenheit demaskiert und ins Gegenteil verkehrt. Oder wie er in *Die zwei Gesichter einer Frau* von Dino Risi, einem weiteren seiner klassisch gewordenen Filme, den Träumer spielt, der aus dem selbstvergessenen, kindlichen Staunen nicht mehr herauskommt: Marcello Mastroianni, der große italienische Schauspieler, verkörperte den Frauenhelden und mondänen Lebemann, den charmanten, selbstironischen Künstler und den sympathischen Haudegen. Als melancholischer Schwerenöter, zärtlicher Halunke und witziger Spötter war er vielseitig wie nur je ein Mime; er prägte das italienische, das europäische Kino und blieb dabei unnachahmlich und einzigartig. „Marcello zählt zu den Symbolfiguren Italiens", sagte Sophia Loren, seine häufigste Filmpartnerin, „ein sanfter Mann, der nie mehr sein wollte, als er war." Ein Star ohne Allüren. Geboren wurde Marcello Mastroianni als Sohn eines Handwerkers in Fontana Liri bei Frosinone. „Wir akzeptierten die Armut als eine natürliche Bedingung unseres Lebens", erinnerte er sich. „Meine Mutter sagte, mein Vater sei Kunsttischler – wo er doch nur kaputte Möbel in einer Garage reparierte. Ich trug die abgelegten Kleider meines Onkels – meine Arme hingen heraus; alle nannten mich ‚Schmalpfötchen'. Mein Vater erblindete an Diabetes und hat mich nie auf der Leinwand gesehen." Als der Junge aus dem Volk dies sagte, war er schon längst „Il Divo", der Göttliche. Er arbeitete als Bauinspektor und Buchhalter bei einer Filmgesellschaft, ehe er 1948 von Luchino Visconti für das Theater entdeckt wurde. In Viscontis Truppe spielte er jahrelang Shakespeare, Tschechow, Arthur Miller. Und Visconti war es auch, der ihn für die erste große Filmrolle verpflichtete: In *Weiße Nächte* (1957) mit

Visconti und Mastroianni, 1957

Federico Fellini mit Mastroianni während der Dreharbeiten zu Stadt der Frauen, 1979

Maria Schell wandelte er durch eine graue Landschaft, dunkel, traurig – und wurde zum Star. Drei Jahre später kam mit Fellinis *Das süße Leben* (1960) der internationale Ruhm. Dann ging es Schlag auf Schlag: *Scheidung auf Italienisch* von Pietro Germi, *Die Nacht* von Michelangelo Antonioni, *Privatleben* von Louis Malle, *Der Fremde* von Visconti, *Die Liebenden* von de Sica. Bald schon drehte Marcello Mastroianni mit den berühmtesten Schauspielerinnen Europas und spielte in den Filmen der europäischen Regisseurgrößen wie Elio Petri, Ettore Scola, Dino Risi, Roman Polanski, der Brüder Taviani, Giuseppe Tornatore. Mit einem aber führte er eine Zusammenarbeit, die in der Geschichte des Films ihresgleichen sucht. Federico Fellini machte Mastroianni zu seiner Wunschfigur, zum Material, mit dem er die Fantasien seines Egos ausdrücken konnte, so oft – nämlich achtmal –, dass viele diesen Abdruck für den wahren Mastroianni hielten. „Fellini liebte es, über und durch andere zu leben,

gewissermaßen über Zwischenpersonen. Eine dieser Zwischenpersonen war ich", beschrieb der Schauspieler die Zusammenarbeit. Was dabei herauskam, zählt zu den großen Kapiteln des italienischen, ja des europäischen Films. In Mastroianni hat Fellini sich selber dargestellt, vom jungen Erfolgsregisseur in *Achteinhalb* bis zum alten, erfolglosen Entertainer in *Ginger und Fred*. Dass Marcello Mastroianni sich auf dieses Zusammenspiel einließ, gehört zu seinen großen Qualitäten als Schauspieler, der nie nur einen Typus verkörperte. „Ich habe wenig Verführerrollen gespielt", betonte Mastroianni, sondern viel häufiger „empfindsame, zerbrechliche Männer voll innerer Widersprüche, komplizierte, zwiespältige Gestalten, so wie die meisten Menschen eben."
150 Filme drehte Mastroianni in knapp fünf Jahrzehnten – atemlos, besessen spielte er sich von einer Rolle zur nächsten. „Ich will noch tausend Jahre leben, weil ich noch viele Filme machen muss", sagte er, als er schon 70 war, denn

„ich bin voller Leben, voller Neugier, ich will auf dem Mond spazieren gehen." Da hatte er allerdings nur noch zwei Jahre vor sich.
„Mastroianni war ein Inbild, wie sonst nur die Garbo eines war", schrieb ein Filmkritiker zum Tod des italienischen Schauspielers. „Er war der Mann und alle Männer zugleich. Wenn Greta Garbo die Idee der Schönheit verkörpert, dann ist Mastroianni die Verkörperung des Mannes, der diese Schönheit schaut. Die Filmregisseure, die mit ihm arbeiteten, wussten genau, warum sie ihn mit den begehrtesten Frauen ihrer Zeit zusammenbrachten. Sein Auge, in dem sich die Geliebte spiegelte, brachte sie erst wirklich zum Leuchten, und bis heute zehrt die Liebe im Kino vom Glanz dieses Blicks."

„Alle meine Rollen stellen einen verwirrten oder eigensinnigen Mann dar – aber sie zeigen auch, warum er so ist."

Mikis Theodorakis

* 29. Juli 1925 auf Chios, Griechenland
griechischer Komponist, Dirigent, Sänger und Politiker

Mikis Theodorakis, um 1985

Literatur

■ Theodorakis, Mikis, Mein Leben für die Freiheit, aus dem Griechischen von Asteris Kutulos, Scherz Verlag, Bern, München, Wien 1972

■ Theodorakis, Mikis, Die Wege des Erzengels. Autobiographie 1925–1949, hg. und aus dem Griechischen übersetzt von Asteris Kutulos, Insel Verlag, Frankfurt/Main, Leipzig 1995

■ Wagner, Guy, Mikis Theodorakis. Eine Biographie, editions phi, Echternach 1983

MUSIKER DER FREIHEIT

„Ich hatte drei Leben – das eine nahm der Sturm, das andere der Regen, und mein drittes Leben, eingeschlossen in zwei Blicke, das ertrank in Tränen." Dieses wunderschön melancholische Lied des griechischen Komponisten und Sängers Mikis Theodorakis ist Metapher für sein eigenes Leben. Hat er doch viele Male seinen Kopf hingehalten und sich in Gefahr begeben, um seine Unabhängigkeit zu bewahren: als Widerstandskämpfer gegen die deutsche Besatzung, als kommunistischer Partisan und Häftling im griechischen Bürgerkrieg, als überzeugter Linker, dessen Lieder von den Konservativen in den 60er Jahren wegen „kommunistischer Tendenzen" auf den Index gesetzt wurden, als engagierter Gegner der Obristen, die ihn foltern ließen, ihn in ein Straflager steckten und in einem Schauprozess zum Tode verurteilen wollten. Immer wieder wagte der Künstler politische und musikalische Brüche: Er wechselte vom linken ins konservative Lager, wandte sich ab von der klassischen Musik, widmete sich den Wurzeln der griechischen Volksmusik und wurde mit seinen ursprünglich anmutenden Melodien, mit den Bouzouki-Klängen weltberühmt.

„Die Botschaft der Kunst ist die Botschaft der Freiheit", pflegte Theodorakis oftmals zu sagen, wenn man ihn auf seine politischen Aktivitäten ansprach. Und die Freiheit ist für den griechischen Musiker ein Lebensthema. Als Sohn liberal gesinnter Eltern lernte er schon von Kindheit an, was es bedeutet, politisch auf der „richtigen" oder „falschen" Seite zu stehen. Als Anfang der 30er Jahre in Griechenland die Konservativen und Royalisten an der Macht waren, wurde sein Vater, ein Beamter, von einem Provinznest ins nächste versetzt. Es war eine Odyssee für die Familie, die sich für Mikis Theodorakis während des Zweiten Weltkriegs verschärfte und noch jahrelang fortsetzte, denn Griechenland war auch nach 1945 weit von einer parlamentarischen Demokratie entfernt: Bis 1949 tobte der Bürgerkrieg, dann regierte die Rechte bis Anfang der 60er Jahre; es folgte ein vierjähriges liberales Zwischenspiel, bis 1967 die Obristen eine Militärdiktatur errichteten und sieben Jahre an der Macht blieben.
Seine jungen Jahre verbrachte

Der griechische Dirigent, Komponist und Sänger in den 80er Jahren

Theodorakis im Untergrund, in KZs, Umerziehungslagern, Gefängnishospitälern. Parallel zu diesem Leben im Widerstand aber machte er eine umfassende musikalische Entwicklung durch – oder, wie ein Kritiker es einmal formulierte: „Seine Kompositionen waren Fortsetzung der Politik mit musikalischen Mitteln." Seine Lebenssituation zwang ihn oft zum Selbststudium, bedingte aber auch einen ungebrochenen Kontakt zur griechischen Volksmusiktradition. Später konnte er doch noch ein Studium am Athener Konservatorium aufnehmen und ging anschließend nach Paris, um dort ein Zusatzstudium zu absolvieren.

Seinen Durchbruch hatte Theodorakis als Komponist klassischer Musik und als Filmkomponist, wie mit der Musik zu *Alexis Sorbas*. Dieser Film wurde durch den Sirtaki tanzenden Anthony Quinn 1964 zum Welterfolg und zum Kultfilm einer neuen Sehnsucht nach Ursprünglichkeit. Schon bald war Theodorakis' prägnante Filmmusik von den Bildern losgelöst und wurde, wie seine Kampflieder, zum Symbol für politischen Widerstand und Freiheit. Großen Anteil daran hatten die Obristen der griechischen Militärjunta, als sie 1967 die Werke des Musikers und Kommunisten verbieten ließen. Denn Volksmusik lässt sich nicht ausschalten, im Gegenteil: Gerade auf dem Index entwickelte sie sich zur breitenwirksamen Kraft gegen Diktatur und jede Gewalt. „Ich glaube nicht an Normen und Dogmen. Ich bin der Verfechter eines nationalen Konsenses."

Noch heute stiftet Theodorakis' Musik für viele Griechen nationale Identität und Konsens. Während der Militärdiktatur hielt sich Theodorakis – nach seiner Abschiebung – erneut in Paris auf und schrieb dort einige seiner bedeutendsten Kompositionen, darunter *Axion Esti* und den *Canto General*. Seine Konzerte waren politische Kundgebungen gegen die Diktatur und für den Sozialismus. Legendär sind sein Auftritt in Havanna, als Fidel Castro erstmals nach der Revolution zum *Canto General* die Kathedrale wieder aufschloss, und jener in Barcelona an dem Tag, als Franco starb: Die Konzerte waren Manifeste, Demonstrationen für die Freiheit.

Theodorakis schob alle Grenzen zwischen klassischer und Unterhaltungsmusik beiseite und schuf eine bunte Vielfalt von Werken: Sinfonien, Konzerte, Bühnen- und Filmmusiken, Zyklen nach Gedichten bedeutender Autoren und unzählige, wunderbare Lieder, die heute jedes griechische Kind kennt.

Dass sein schillerndes Leben und seine kantige Persönlichkeit mit allen Widersprüchen und Wendungen nicht auf einen Nenner zu bringen sind, macht das Profil des Künstlers und Politikers Theodorakis aus. Wer die Stilvermischungen zwischen pathetischen Vokalausbrüchen und gemäßigt modernen Klangstrukturen der Sinfonien und Oratorien nicht mag, ist dennoch fasziniert von den melancholisch-altmodischen Liedern, wie Theodorakis sie auch im Alter noch schreibt.

„Der lebendige Kontakt mit dem Publikum ist für mich das schönste Gefühl überhaupt. Wenn ich dirigiere, dann erlebe ich die besten Momente meines Lebens."

Franca Magnani

* 31. Juli 1925 in Rom
† 28. Oktober 1996 in Rom
italienische Journalistin und Autorin

Franca Magnani, 1984

Literatur

■ Gottschalk, Maren, Der geschärfte Blick. Sieben Journalistinnen und ihre Lebensgeschichten, Verlag Beltz & Gelberg, Weinheim 2000

■ Magnani, Franca, Eine italienische Familie. Autobiographie, aus dem Italienischen von Peter O. Chotjewitz, Verlag Kiepenheuer & Witsch, Köln 1990

■ Magnani, Franca, Mein Italien, hg. von Sabina Magnani von Petersdorff & Marco Magnani, Verlag Kiepenheuer & Witsch, Köln 1997

DIE AUFRECHTE RÖMERIN

Mehr als 20 Jahre lang war sie beim deutschen Fernsehpublikum eine bekannte und beliebte Bildschirmfigur: Franca Magnani, die „damenhafte Reporterin mit dem römischen Profil", wurde in der Öffentlichkeit und von Kollegen als intelligente, meinungsstarke und witzige Journalistin geschätzt. Als Auslandskorrespondentin lieferte sie den Nachrichtenredaktionen regelmäßig Reportagen und Berichte aus Italien, scharf beobachtet, sachkundig, kritisch und menschlich einfühlsam. So, wie sie es verstand, den deutschen Fernsehzuschauern die politischen Probleme im krisengeschüttelten Staat jenseits der Alpen nahe zu bringen, weckte sie auch Anteilnahme an den Nöten der kleinen Leute und nicht selten schmunzelnde Anerkennung für die typisch italienische Lebenskunst, sich zu „arrangieren". An Themen interessierte sie alles, von der Mafia bis zum Erdbeben, vor allem aber menschliche Schicksale. Seit Mitte der 60er Jahre galt Franca Magnani in der deutschen Medienwelt als „die Stimme Italiens". Ihre interessanten Beiträge waren Markenzeichen – mutig wahr-

heitssuchend, unverwechselbar und erfrischend natürlich vorgetragen mit einem sympathischen singenden Tonfall und dem klassischen rollenden „R" ihrer italienischen Vorfahren.

„Den Beruf der Journalistin habe ich mir nicht ausgesucht, ich wurde hineingeboren." Franca Magnani war die Tochter des republikanischen Politikers und Publizisten Fernando Schiavetti, der mit seiner Familie vor Mussolini nach Frankreich floh und später in die Schweiz, nach Zürich, umsiedelte. Franca wuchs in den unruhigen und zerrissenen Verhältnissen der Emigration auf: Während ihr Großvater als Polizeipräsident für das faschistische Regime arbeitete, war das Elternhaus eine Anlaufstelle des Widerstands. Viele politische Flüchtlinge gingen im Hause Schiavetti ein und aus, darunter der Schriftsteller Ignazio Silone und der Intellektuelle und Politiker Sandro Pertini, der in den 80er Jahren italienischer Staatspräsident wurde. „Es geschah immer etwas, ein Attentat oder jemand kam aus dem Gefängnis."

Den Journalismus lernte Franca Magnani, wie sie einmal sagte,

Mussolini beim Marsch auf Rom, 1922

von ihrem Vater und ihrem ersten Mann, dem Schweizer Arnold Künzli. Mit ihm ging sie nach dem Krieg nach London und später nach Bonn: „Ich kam gerade rechtzeitig, um den Beginn jener Epoche mitzuerleben, in der viele Deutsche die Einführung der Demokratie als Bestrafung für ihre Untaten und die Wiederbewaffnung als Belohnung für zukünftige Dienste ansahen."

Erst Anfang der 50er Jahre zog Franca Magnani in ihre „Heimatstadt" Rom, die ihr fremd und doch vertraut war. Sie heiratete dort den Politiker und kommunistischen Intellektuellen Valdo Magnani, die Liebe ihres Lebens. Als Vollblutjournalistin, die couragiert den Dingen auf den Grund ging, erschrieb sie sich schon bald einen Namen und begann nach und nach für alle wichtigen Fernseh- und Printmedien in Deutschland und der Schweiz zu arbeiten. Mit großem Erfolg – war sie doch in den jeweiligen Kulturen zu Hause und konnte so die Ereignisse aus diesen Ländern in ihrer Typik erfassen, treffsicher beurteilen und originell interpretieren. „Es macht mir Spaß, den Leuten Dinge verständlich zu machen", so ihr Kommentar. Legendär wurde ihre unerschrockene und doch charmante Art zu konfrontieren. In einer Talkshow fragte sie einen Politiker, der ihrer Meinung nach „alles und nichts gesagt" hatte: „Was heißt ‚nach vorne schauen'? Was meinen Sie damit?"

1990 veröffentlichte sie die Erinnerungen an ihre Kindheit und Jugend, *Eine italienische Familie*, die die Zeit von Mussolinis Verwandlung vom Jungsozialisten zum faschistischen Diktator und die Kämpfe der italienischen Antifaschisten dokumentieren. Das Buch, nach Kritikermeinung „eine episodenreiche Chronik, die sich spannender als viele Entwicklungsromane liest und von einer durchgängigen Heiterkeit erfüllt" ist, wurde auch in Deutschland ein Bestseller.

Das Schreiben ihrer Erinnerungen, sagte die Autorin, habe ihr Freude gemacht und Erfüllung gegeben: „Wer sich erinnert, lebt zweimal."

Für ihren mutigen und unabhängigen Journalismus wurde Franca Magnani mehrfach ausgezeichnet: 1983 erhielt sie den Fritz-Sänger-Preis als Anerkennung für ihre Courage, über Themen ihrer Wahl und ihrer Überzeugung geschrieben zu haben, obwohl sie damit ihren Posten gefährdete und schließlich gekündigt wurde. 1992 erhielt die „aufrechte Römerin" aus der Hand des damaligen Bundespräsidenten Richard von Weizsäcker das Bundesverdienstkreuz.

Ihre journalistische Arbeit, so die Begründung, habe entscheidend zum Italienbild in Deutschland und zum Deutschlandbild in Italien beigetragen. Ihr Ziel, besseres gegenseitiges Verständnis und vorurteilsfreies Aufeinanderzugehen zu schaffen, habe Brücken gebaut.

Hildegard Knef

* 28. Dezember 1925 in Ulm
† 1. Februar 2002 in Berlin
deutsche Schauspielerin, Chansonsängerin, Autorin

Hildegard Knef, 1975

Literatur

■ Knef, Hildegard, Der geschenkte Gaul. Bericht aus einem Leben, Fritz Molden Verlag, Wien, München 1970

■ Knef, Hildegard, Das Urteil oder der Gegenmensch, Fritz Molden Verlag, München 1975

■ Lahann, Birgit, Hausbesuche. Zu Gast bei Künstlern, Stars und Literaten. Porträts und Gespräche von und mit Hildegard Knef u.a., Engelhorn Verlag, Stuttgart 1985

DIE NACHKRIEGSDIVA

„Mit sechzehn sagte ich still: Ich will! Will groß sein, will siegen, will froh sein, nie lügen. Mit sechzehn sagte ich still: Ich will! Will alles – oder nichts!", sang Hildegard Knef mit rauchig-brüchiger Stimme in ihrem berühmtesten Song *Für mich soll's rote Rosen regnen*. Das war 1968. Da hatte sie schon eine deutsche Theater- und Filmkarriere hinter sich, hatte in Hollywood an der Seite von Gregory Peck in *Schnee am Kilimandscharo* (1952) gedreht, war mit Cole Porters *Silk Stockings (Seidenstrümpfe)* als singender und tanzender Musicalstar zwei Jahre eine Broadway-Sensation gewesen und avancierte – zurück in Deutschland – nach diversen Filmen zur ersten deutschen Liedermacherin ohne Politanspruch, doch mit Format. Sie verkaufte Millionen von Schallplatten und füllte mit selbst getexteten Chansons 1969 mehrere Abende lang die riesige Berliner Philharmonie. Für Ella Fitzgerald war sie „die größte Sängerin der Welt ohne Stimme", Meisterin des lasziven Sprechgesangs, ihre intelligenten Lieder wurden Evergreens – eine sagenhafte Karriere als Chanteuse.

Doch es ging weiter, noch eine Überraschung, noch eine Erfolgsgeschichte: die der Schriftstellerin Hildegard Knef. 1970 erschien ihr Roman *Der geschenkte Gaul* – die Geschichte ihres Lebens: Nazizeit, Nachkriegsjahre, Wirtschaftswunder und Hollywood. Das Buch erntete viel Lob, verkaufte sich millionenfach. Eine „Erzählerin von Rang, die Scharen von Dichterlingen lächelnd hinter sich lässt", so wurde sie gelobt. Aber eben nicht nur eine Erzählerin. Die Knef war eine vielseitige, eine breit angelegte Begabung, ihre großartige, hart erarbeitete Karriere ein „Nachkriegsgesamtkunstwerk" (Presse-Nachruf). 1925 in Ulm geboren, wuchs sie in Berlin-Schöneberg auf, lernte Trickfilme zeichnen, wurde Filmschülerin in Babelsberg, verbrachte die Jugend im Krieg. Bombennächte. In den letzten Kriegstagen verkleidete sie sich als Soldat, aus Angst vor den Vergewaltigungen. Sie floh vor der Roten Armee, wurde gefangen genommen und saß Tage in Einzelhaft. Nach Filmen wie *Die Mörder sind unter uns* (1946, erster deutscher Nachkriegsfilm) war es vor allem der Willi-Forster-Streifen

Die Sünderin (1950), mit dem sich für Hildegard Knef alles änderte – ein mittelmäßiger Film, in dem sie ein gefallenes Mädchen spielte und sekundenkurz nackt zu sehen war, harmlos, aber damals ein Skandal. Von diesem Zeitpunkt an war sie eine Berühmtheit, angefeindet von Empörten und Moralaposteln, aber berühmt. Die herbe Schönheit, intelligent, wach und selbstbewusst, entsprach nicht im Geringsten dem fröhlich deutschen „Frolleinwunder" oder dem langweiligen Frauenbild der Adenauer-Jahre. Mit ihrem neuen Ruhm pendelte Hildegard Knef zwischen Europa und Amerika, arbeitete mit Claude Chabrol und Billy Wilder, überstrahlte mit ihrer provozierend klugen, sinnlichen Aura viele ihrer Rollen. Zeitweise galt sie als der zweite weibliche deutsche Weltstar, als Nachfolgerin von Marlene Dietrich – eine Weltläufige, die Deutschland in der Seele nicht los wurde. „Ich gehöre dazu", sagte sie später einmal. „Das bedeutet nicht, dass man alles liebt." „Der Mensch an sich ist eigen und schämt sich für sein Gefühl, dass es nur keiner zeige, weil die Moral es so will." Lapidare, treffende Zeilen aus ihrem Chanson *Eins und eins, das macht zwei.* Auf sie selber aber trafen sie nicht zu. Hildegard Knef zeigte sich, legte ihre Krankheiten, ihre Wunden offen: den Krebs, die 60 Operationen, das Ringen darum, Mutter zu werden, die Schwangerschaft mit 42 und die komplizierte Frühgeburt; die Abgründe, gescheiterten Lieben und finan-

Die kühle blonde Schönheit in jungen Jahren

ziellen Pleiten. Sie tat es unsentimental, schnodderig frech, quälend ehrlich, manchmal melancholisch, aber immer mit Würde. Sie artikulierte es als literarische Bekenntnisse in den Romanen *Der geschenkte Gaul* oder *Das Urteil* (eine minutiöse Auseinandersetzung mit ihrer Brustkrebserkrankung und Todesangst), in ihren Liedern, die von Ehebruch, Trauer, Melancholie, Einsamkeit und dem Wiederhochrappeln erzählen, aber auch in Interviews und Fernsehsendungen. Mit diesen freizügigen Berichten über sich, ihre Körper- und Seelenzustände, in einer Zeit, in der das noch nicht üblich war, schuf sie sich nicht nur Freunde, trug aber sicherlich dazu bei, gesellschaftliche Tabus zu lockern. Sie hat gezeigt, dass sich die persönliche Lebensgeschichte durchaus offensiv angehen lässt und unangenehme Aspekte der Vergangenheit nicht unter Verschluss gehalten

werden müssen. Als sie nach einer Gesichtsoperation geliftet im Fernsehen auftrat, machte sie ihre Angst vor dem Altern ebenso öffentlich, wie sie zuvor dazu beigetragen hatte, dass über Krebspatienten nicht mehr nur hinter vorgehaltener Hand gesprochen wurde.

„Nein, ich gebe niemals auf" war der Titel eines Fernsehporträts über Hildegard Knef zu ihrem 60. Geburtstag – es war ihre Lebensdevise. „Egal, ob man es mag, doch es kommt der Tag, wo einer fragen wird, was den Menschen an Dir lag. Stell Dich seinem Blick, versuche keinen Trick, Du lügst Dir keinen Fluchtweg frei ins Grab", sang sie 15 Jahre später in einem ihrer letzten Lieder. Da war sie längst schon eine Legende geworden.

Hildegard Knef an ihrem 70. Geburtstag

Pina Bausch

* 27. Juli 1940 in Solingen
deutsche Tänzerin, Ballettdirektorin und Choreographin

Pina Bausch, 2000

Literatur

■ Bausch, Pina, Hoghe, Raimund, Tanztheatergeschichten, Suhrkamp Verlag, Frankfurt/Main 1986
■ Erler, Detlef, Pina Bausch, Edition Stemmle, Kilchberg 1994
■ Schmidt, Jochen, Tanzen gegen die Angst – Pina Bausch, Econ & List Taschenbuch Verlag, Düsseldorf, München 1998

DIE FEE AUS WUPPERTAL

„Mich interessiert nicht, wie die Menschen sich bewegen, sondern was sie bewegt!" Ein tausendfach zitierter Satz der Tänzerin Pina Bausch aus ihrer frühen Zeit, ganz zu Beginn ihrer Karriere als Tanzschöpferin; und zu Recht tausendfach wiederholt, denn er bringt Arbeitsweise, Form und Inhalt ihrer Stücke auf einen Nenner. Das gilt auch für den Ausspruch, dass Zärtlichkeit ein zentraler Begriff ihrer Arbeit sei, ihrer Arbeit, die – und das lässt sich ohne Pathos sagen – ihr Leben ist. „Alles, was ich mache, mache ich als Tänzerin, alles, alles! Es fing ja damit an, dass ich gerne tanzen wollte. Für mich ist das die Form, mit der ich fühle, dass ich mich am richtigsten ausdrücken kann; es ist die ‚Sprache‘, die mir am nächsten ist."
Als Pina Bausch 1973 Ballettdirektorin in Wuppertal wurde, war noch nicht abzusehen, dass sie die Tanz- und Theaterwelt aus den Angeln heben und das Genre völlig neu definieren würde. Sie ließ ihr Ensemble nicht nur tanzen, sondern auch Geschichten erzählen, spielen, singen, ließ ihre Tänzerinnen und Tänzer stolpern,

heulen, schreien, schlagen und andere beunruhigende Dinge tun, die man bis dahin noch nie auf einer Bühne gesehen hatte: Kunst, die das Publikum irritierte und große Theaterskandale auslöste. Doch bald schon kamen die Fans von weither angereist, um sie zu erleben, die „ungewöhnlichste Tanztheaterkompanie der Bundesrepublik, die von der Kreativität und Fantasie jedes einzelnen Mitglieds lebt" (Zeitungskritik). Anfang der 80er Jahre galt Pina Bausch unumstritten als eine der wichtigsten Choreographinnen des 20. Jahrhunderts. Sie ist es bis heute, ihre schöpferische Kraft ist ungebrochen. Ihr Ensemble spielt daheim und auf Tourneen durch die ganze Welt umjubelte Vorstellungen vor ausverkauften Häusern. Jedes Jahr schafft die ungemein produktive Kompanie ein neues Stück voller Poesie und Schönheit, voller Schmerz, Trauer, Humor und Fantasie.
Philippine Bausch, die Gastwirtstochter aus Solingen, erhielt bereits im Vorschulalter Ballettunterricht. Mit 15 wurde sie Meisterschülerin von Kurt Jooss, dem legendären „Vater des

Pina Bausch beim Festival d'Avignon im Sommer 1995

Tanztheaters" an der Essener Folkwang-Schule. Dann studierte sie an der renommierten Juilliard School of Music in New York und kehrte nach Engagements im New Yorker American Ballett und an der Met nach Deutschland zurück. Sie tanzte im Folkwang-Ballett, gewann 1969 den Kölner Choreographen-Wettbewerb und wurde von dem Intendanten Arno Wüstenhöfer 1973 an die Wuppertaler Bühnen geholt. Hier taufte sie zuerst ihr Ensemble in „Tanztheater Wuppertal" um und schuf so nicht nur das Etikett für ihr eigenes Produkt, sondern eine neue Gattung: das Tanztheater.

Als Pina Bausch in Wuppertal mit ihrem Programm begann, löste sie erst einmal Ablehnung aus, das Publikum war aufgebracht, die Kritik machte sie nieder. Ihr Stück *Fritz* beurteilte ein Rezensent als eine „halbstündige Eklig-keit, die Asozialenmilieu und

Irrenhaus als Erlebniswelt eines Kindes beschreibt." Ein anderer erkannte in ihrer Kunst „Bezüge zum Schizoiden". Erst nach einigen weiteren Produktionen fühlte die Kritik sich genötigt, der Tanztheater-Chefin ihre genialen Zugriffe auf die Themen zu bestä-tigen. Das Wuppertaler Publikum aber pfiff sie noch 1979 bei ihrer ersten *Arien*-Inszenierung aus, buhte und schlug um sich, weil es sein klassisches Ballett wiederha-ben wollte und nicht Verzweif-lung, Abgründe, Nilpferde, nackte weibliche Brüste und hinterher Albträume. So viel pure Intensität erschreckte, erschütterte, schmerz-te. Dazu eine Bühne, die unter Wasser stand, Männer in Frauen-kleidern, Frauen ohne Kleider. Das war zu viel.

„Schauplätze des Geschlechter-kriegs", war die neue Formel, auf die man die beunruhigenden Tanztheater-Ereignisse in Wup-

pertal brachte. Da stolperten sie nun und kreischten, heulten, lachten, küssten und schlugen sich, die kaputten Frauen und abgehalfterten Männer; meist begleitet von alten, schellackkrat-zigen Tangos, Schlagern, Walzern; in einem Ambiente aus Pflaster-steinen, spritzendem Torf, Wasserpfützen, einem Nelkenfeld, neben einem Schiff oder über erstarrter Lava.

Mit solchen Ausdrucksformen, so formulierte es der Pina-Bausch-Biograph Jochen Schmidt, wird eine grauenhaft komische Tragik vorgeführt: „der Versuch von Frauen und Männern, zueinander zu finden, die Unmöglichkeit, wirklich zueinander zu kommen – auch die Ersatzhandlungen, die Konventionen, die entleerten Rituale des Umgangs: Zärtlich-keit, in Brutalität umschlagend, Liebe, von Zwang, Gewalt und Unterdrückung begleitet, wilde Kopulationen, scheue Suche, Angst vor der Einsamkeit wie vor allzu großer Nähe und Intimität." „Was ich tu: Ich gucke", sagt Pina Bausch. Und setzt das, was sie an Alltagsritualen, menschlichen Befindlichkeiten und Verhaltens-weisen beobachtet, mit ihrem Ensemble um. Sie zeigt sensibel und genau wahrgenommene Geschichten von Menschen, vom Leben. Und weil sie mit den tra-ditionellen Ausdrucks- und Seh-gewohnheiten bricht, ist die Wirkung eindringlich und unbe-dingt. 1982, in *Nelken*, hackt einer der Darsteller einen ganzen Tisch voller Zwiebeln, und alle Männer des Ensembles pilgern zu dem Zwiebelberg und drücken

Ballett von Pina Bausch, 1985

ihr Gesicht hinein – eine Chiffre für den Macho, der so endlich weinen darf. In *Café Müller*, einem Stück aus dem Jahr 1978, tritt eine Tänzerin auf, die fortwährend mit geschlossenen Augen über Tische und Stühle fällt, dazu ein Mann, der diese Hindernisse immer wieder aus dem Weg zu räumen versucht, und es ist ein Paar auf der Bühne, das so oft an einer liebenden Umarmung gehindert wird, bis es nicht mehr weiß, wie das geht, einander nahe zu kommen, sich hinzugeben. In *Herzog Blaubarts Burg* zwängt Blaubart seine Judith in die Kleider all der zuvor aufgetretenen Tänzerinnen und die Aussage, die das Bild transportiert, ist verstörend – da wird eine Frau, ihre Identität und ihre Integrität, in wenigen Minuten zerstört. Davon bleibt niemand unberührt. Das ist es auch, was Bauschs Stücke ausmacht: Sie erreichen die Zuschauer in tiefen Regionen ihres Inneren, weil sie von Dingen handeln, die alle angehen. Man schaut im Grunde immer den Tänzern, den Tänzerinnen und sich selber zu, erfährt von Besessenheit, von Projektionen, an die man sich klammert, von denen man weggestoßen wird, denen man wieder hinterherjagt, um dem nächsten Irrtum zu erliegen. „Pina Bausch", schrieb die Dramatikerin und Tänzerin Elfriede Müller einmal, „hat das Persönliche bühnenfähig gemacht. Einen Weg gefunden, wie man ohne den Schutz einer Rolle mit Wünschen, Hoffnungen, Ängsten, Sehnsucht, Obsessionen, Verschüttgegangenem spielen kann.

Oder einfach mal was Verrücktes machen, was man immer schon mal gerne gemacht hätte, im wirklichen Leben aber nie unterbringen konnte ... Sie macht den Menschen wichtig und doch innerhalb der Weltgeschichte zu einer kleinen Sternschnuppe, die glüht und verschwindet."
„Wenn ich wirklich fühle", glaubt Pina Bausch, „dann sind es Gefühle, die wir alle haben, oder zumindest die meisten von uns, oder wie wir sie kennen. Sie sind einfach in einer bestimmten Situation entstanden, wo wir Ängste und Nöte haben, und was da rauskommt, hat damit zu tun." Es geht ihr um das, was mit dem Sprechen nicht zu fassen ist, was aber auf der Bühne Gestalt gewinnen kann, sagt sie. Wenn sie, auch heute noch, tanzt, die Arme gotisch gewinkelt, den Kopf geneigt, dann erscheint sie wie eine Jenseitige, ätherisch, durchsichtig, eindringlich, von geballter Ausdruckskraft, die den Atem stocken lässt.
Ihre Stücke, auch wenn sie schon 20 Jahre alt sind, wirken immer noch frisch, ergreifend. Durch harte, oft auch grausame Arbeit, an sich, an der Kunst, an ihren Tänzerinnen und Tänzern, bringt Pina Bausch das zustande. Für ihre Truppe sucht sie Menschen aus, „die viel geben möchten ... Leute, die sich sehr stark ausdrücken wollen und die Hemmungen haben ... Ich finde es wichtig, dass ein Gefühl etwas Besonderes bleibt, was immer es ist. Ich glaube, meine Tänzer haben alle irgendwo eine Traurigkeit, aber alle haben Humor. Sie

Wenn sie tanzt, erscheint sie wie eine Jenseitige: Pina Bausch auf der Bühne in ihrem Stück Café Müller

haben vielleicht auch die Möglichkeit, in abstrakten Bildern zu sprechen, ohne dass man Worte sagen muss, und man versteht trotzdem ganz genau. Wir spielen ja nicht wie Schauspieler eine Rolle in einem vorgegebenen Stück, sondern wir spielen uns selber, wir sind das Stück." Bei den nicht enden wollenden Proben arbeitet Pina Bausch mit Schlüsselwörtern und stellt ihren Tänzerinnen und Tänzern unablässig Fragen, damit sie die persönlichste Antwort auf die jeweilige Situation finden: Was bedeutet es, Angst zu haben und sie nicht zu zeigen? Zu lächeln, wenn alles zerstört ist? Rache zu üben und zu verzeihen? Jemandem eine Falle zu stellen? Verletzt zu sein und nur noch um sich zu schlagen? Abschied zu nehmen und Fröhlichkeit vorzugeben? – Jede Frage ist eine Aufgabe, die zu einer Aussage führen soll, damit hinter der Phrase die wahre Gestalt der Dinge zum Vorschein kommt, die formbare, in Bewegung und Gestik übertragbare

Wirklichkeit der einzigartigen Erfahrungen. So zerrt die Choreographin immer wieder Neues, Unverwechselbares aus ihren Leuten heraus und so wahrt ihr Tanztheater immer den Zusammenhang mit der Zeit und dem Ort, an dem es entsteht, zu den Menschen, die es machen. Seit den frühen 80er Jahren ist Pina Bausch mit ihrer Kompanie in der ganzen Welt unterwegs, ist für *Nouvel Observateur* in Paris „La Fée de Wuppertal", wurde zum wichtigsten kulturellen „Exportartikel" ernannt, was sie als unpassend empfand: „Ich hoffe doch, dass unsere Arbeit mehr als eine Ware ist." Vom Bundesverdienstkreuz über den Orden Pour le Mérite bis zum Europäischen Theaterpreis wurde sie mit allen Preisen ausgezeichnet, die eine Choreographin erhalten kann. Sie versteht die Ehrungen für ihr Lebenswerk von fast 40 Choreographien als „Bestätigung unserer gemeinsamen Arbeit um das menschliche Verstehen-Lernen und die internationale Verständigung". Seit vielen Jahren produziert Pina Bausch ihre Stücke mit einem jeweils anderen Land, das sie mit ihrer Truppe für eine Weile bereist und wo sie sich inspirieren lässt. Die indische Tänzerin und Choreographin Chandralekha, der sie auf diese Weise begegnet ist, hat die wohl schönste Umschreibung für die Arbeit der Wuppertaler Tanzmeisterin gefunden. Pina Bausch, so sagte sie, spende Trost, weil sie die Gewalt mit ihrer Zärtlichkeit umarmen könne.

John Lennon

* 9. Oktober 1940 in Liverpool
† 8. Dezember 1980 in New York
englischer Popmusiker, Komponist und Texter

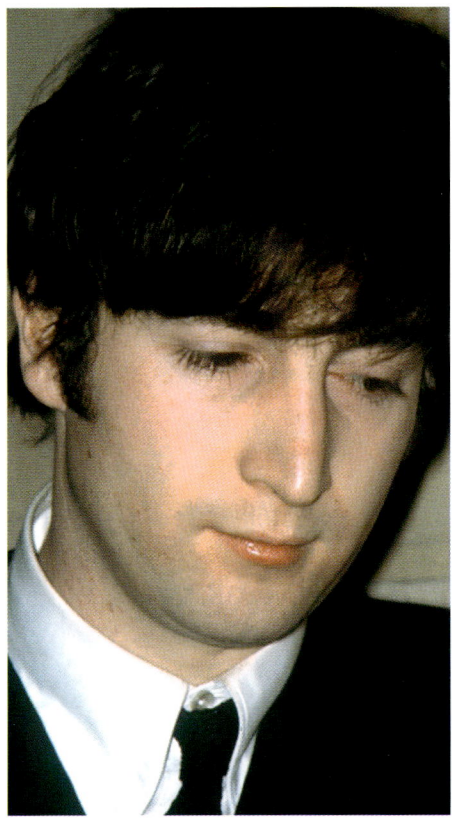

„Beatles"-Musiker John Lennon in den 60er Jahren

Literatur

- Coleman, Ray, John W. Lennon. Eine Biographie, aus dem Englischen von Uschi Gnade, Verlag Droemer Knaur, München 1985
- Goldman, Albert, John Lennon, aus dem Amerikanischen von Jürgen Abel u. a., Rowohlt Taschenbuch Verlag, Reinbek 1989
- Woodall, James, John Lennon und Yoko Ono. Zwei Rebellen – eine Poplegende, aus dem Englischen von Charlotte Breuer, Rowohlt Verlag, Berlin 1997

POP-IKONE DES JAHRHUNDERTS

Als John Lennon seine erste Band gründete, war er gerade mal 16 Jahre alt. Er hörte Elvis Presley und Little Richard – das war damals revolutionär. Sein erklärtes Ziel war, reicher und berühmter zu werden als der King of Rock'n'Roll. Er tat Paul McCartney auf, spielte mit ihm in verschiedenen Gruppen unter rasch wechselnden Namen in den Kneipen von Liverpool, London und Hamburg. Das war der Beginn der kongenialen Zusammenarbeit der beiden Musiker, die in den folgenden Jahren einander ständig anspornten und inspirierten. Später holte Lennon George Harrison und 1962 Ringo Starr dazu. Die Gruppe, dirigiert von ihrem intellektuellen Kopf Lennon, machte ihre Musik, neu, laut, hatte einige mittelmäßige Jahre und schaffte 1963 ihre erste Nummer 1 in England mit *Please Please Me*. Von da an war sie keine normale Band mehr. Die vier Musiker, gemanagt von Brian Epstein, wurden zu den Pilzköpfen in schwarzen Anzügen. Die „Beatlemania" ergriff Großbritannien, Europa und dann die ganze Welt.
Es war der Beginn der Popkultur.

Die Teens entdeckten sich selbst, ergriffen das Wort, protestierten und rebellierten gegen Traditionen und Autoritäten, schufen neue Werte, eine eigene Kultur – in der Kleidung, in der Musik, im Leben. Und die Beatles standen mittendrin, kanalisierten die Strömungen der Jugendrebellion und wurden stilbildend für Millionen von jungen Menschen. Leonard Bernstein nannte sie die „größten Komponisten seit Beethoven". Und John Lennon war der Chef, komponierte neben Paul McCartney die meisten Songs. „Wir sind jetzt populärer als Jesus", triumphierte er flapsig provozierend Mitte der 60er Jahre. Kurz darauf verbrannten empörte Fans in einem US-amerikanischen Bibelstaat Beatles-Platten.

Geboren wurde John Winston Lennon 1940, in einer Nacht, in der die deutsche Luftwaffe Liverpool bombardierte. Seine Eltern trennten sich wenige Monate nach der Geburt und Lennon wuchs behütet bei seiner Tante auf. Er lernte Gitarre, Klavier, Orgel und Harmonika und hielt sich – wie viele Kinder – für genial. Als er in den 60er

Die Beatles im Filmstudio, 1964

John Lennon, 1971

Jahren vor kreischenden Teenagern auf der Bühne stand, genoss er den Ruhm, ging aber doch nie ganz in der Popmusik auf. Schon 1964 erschien sein Buch *In His Own Write (In seiner eigenen Schreibe)*, eine Sammlung von Nonsens-Gedichten und skurrilen Geschichten. Ein Jahr später brachte er einen zweiten Band heraus: *A Spaniard in The Works (Ein Spaniard macht noch keinen Sommer)*. Außer in den Filmen, die er mit den Beatles drehte, trat er unter anderem in dem Spielfilm *How I won the War (Wie ich den Krieg gewann, 1967)* auf. Ende der 60er Jahre, als nach Brian Epsteins Tod die Konkurrenz zwischen Lennon und McCartney stärker an die Oberfläche trat, begannen die Beatles, sich aufzulösen. Den Anfang machte Lennon, der zusammen mit seiner späteren, zweiten Frau, der extravaganten japanischen Concept-Artistin Yoko Ono, 1968 die „Plastic Ono Band" gegründet hatte. Die Musik der beiden kam jedoch beim Publikum wenig an. Lennon suchte sich aus seiner

Beatles-Identität zu lösen und machte sich – ganz Kind seiner Zeit – auf die Suche nach sich selbst: mit transzendentaler Meditation und Urschrei-Therapie bei dem Psychotherapeuten Arthur Janov. Er lebte seine Liebe zu Yoko Ono öffentlich. Das Paar zeigte sich nackt den Journalisten und der Welt, weil „Nacktsein nichts Obszönes ist. Wir selbst zu sein, das ist das Entscheidende." Auf dem Höhepunkt des Vietnamkriegs nutzten die beiden ihre Popularität, um ihre Friedensbotschaft zu verbreiten: In Hotels in Amsterdam und Montreal hielten sie vor Hunderten von Journalisten „Bed-Ins for Peace" (im Bett für den Frieden) ab – Aktionen voller Witz und Fantasie mit revolutionärem Anspruch; ihre Vision war ein in Liebe, Freiheit und Frieden geführtes Leben. Politisches Engagement, Kunst, Privates – alles gehörte zusammen und wurde gezeigt. *Give Peace a Chance (Gib dem Frieden eine Chance)* und *Woman ist The Nigger of the World (Die Frau ist

der Neger der Welt)* waren Songs, mit denen der Ex-Beatle und Ono Aufsehen erregten. Lennon, 1971 nach New York übergesiedelt, wurde vom FBI beobachtet, war wegen unerlaubten Marihuana-Besitzes von der Ausweisung bedroht und zog sich seit 1975 fast ganz aus der Öffentlichkeit zurück. In seinem New Yorker Luxusappartement am Rande des Centralparks lebte er mit Frau und Kind von seinem gigantischen Vermögen aus der Beatles-Ära, das zuletzt auf rund 30 bis 40 Millionen US-Dollar geschätzt wurde. Sein Comeback deutete sich Ende 1980 an, als er zusammen mit Yoko Ono das *Album Double Fantasy (Doppelte Fantasie)*, eine Sammlung sehr privater Songs, herausbrachte. Wenige Wochen später, am 8. Dezember 1980, wurde Lennon vor seiner New Yorker Wohnung von dem offenbar geistig verwirrten Exzentriker und ehemaligen Rockmusiker Mark David Chapman erschossen, dem er noch wenige Stunden zuvor ein Autogramm gegeben hatte.

Bob Dylan

* 24. Mai 1941 in Duluth, Minnesota
amerikanischer Sänger, Songwriter, Gitarrist, Schauspieler und Autor

Bob Dylan, um 1975

Literatur

■ Amendt, Günter, Back to the sixties. Bob Dylan zum Sechzigsten, Konkret Verlag, Hamburg 2001

■ Blumenstein, Gottfried, Mr. Tambourine Man. Leben und Musik von Bob Dylan, Henschel Verlag, Berlin 1995

■ Winkler, Willi, Bob Dylan – Ein Leben, Fest Verlag, Berlin 2001

DER REBELL

„Ich bin eben nur ein Typ, der tut, was er tut. Ich versuche, so durchzukommen und den Leuten nicht allzu sehr auf die Nerven zu fallen. Das ist alles." So beantwortete der amerikanische Folkrock-Star Bob Dylan Mitte der 60er Jahre die Frage eines Journalisten, ob er sich als Führer der Jugend sehe. Gegen die Zumutung, fortwährend in die Rolle des Sprechers seiner Generation und eines Propheten gedrängt zu werden, hatte sich der Künstler von Anfang an gewehrt. Meist reagierte er distanziert, kalt oder arrogant auf die Idealisierungen und Stilisierungen seiner Person, manchmal messerscharf beleidigend. Er war es leid, dass alles, was er sang, sagte und tat, als weltbewegende Botschaft gedeutet wurde. „Die Welt braucht mich nicht, ich bin nur 1,75 groß", herrschte Dylan einmal einen Fragenden an, der von ihm wissen wollte, was denn seine Philosophie für die Welt wäre. Immer deutlicher formulierte er, dass er nur noch für sich selbst schreiben und nicht mehr für andere Leute sprechen wolle. *Im Subterranean Homesick Blues* sang er 1965 davon, man solle keinen Führern folgen, sondern lieber darauf achten, dass die Parkuhr nicht abläuft. Und im März 1966 setzte er in einem Interview noch eins drauf, als er sagte, dass Songs mit einer Botschaft Schwachsinn seien.

Robert Allen Zimmermann wurde als Sohn einer jüdischen Kaufmannsfamilie in Duluth, Minnesota geboren. Als Junge brachte er sich das Gitarrespielen bei, lernte Klavier, Harmonika und andere Instrumente und ging nach drei Semestern Kunststudium an der Universität Minnesota nach New York. Er nannte sich Bob Dylan, nach dem walisischen Schriftsteller Dylan Thomas, trieb sich in der Folkszene in New Yorks Greenwich Village herum und hatte im Frühjahr 1961 in einem Musikclub seinen ersten großen Auftritt. Kurze Zeit später war er ein berühmter Mann, entdeckt vom *New York Times*-Kritiker Robert Shelton.

Wie kein Zweiter verkörperte der junge Star mit der rauen, unvergleichlichen Stimme in den 60er Jahren die Strömungen der Gegenkultur und die politisch-liberale Aufbruchstimmung der Kennedy-Jahre. In gemeinsamen

Auftritten mit der populären Sängerin Joan Baez, mit der er zu dieser Zeit liiert war, wurde er einem breiten Publikum bekannt, eine Zeit lang waren die beiden das Stargespann der Folkmusik. Zum Propheten wurde Dylan stilisiert, weil er, der Dichter und Musiker, Worte fand für die Stimmungen und Ängste der Zeit, wie in dem Atomangst-Klassiker *A Hard Rain's A-Gonna Fall.* Mit *Blowin' in the Wind* schuf er der Bürgerrechtsbewegung eine Hymne. Er sang von Rassismus, Krieg und Bigotterie in bewegenden Balladen und Liedern, die erst Hits und dann Klassiker wurden. Er forderte in seinen Songs das Establishment mit ironischer Höflichkeit auf, abzutreten und nicht länger die Türen zu verstopfen, erzählte den Eltern, was mit ihren Kindern los war, für die die religiösen, politischen und sexuellen Maßstäbe der weißen Mittelschicht an Bedeutung verloren. Schon bald war der Künstler mit der charismatischen Ausstrahlung und der elektrisierenden Stimme „the real voice of America" (die wahre Stimme Amerikas). Im Juli 1965 beim Newport Folk Festival spielte Dylan drei Lieder statt mit akustischer Gitarre und Mundharmonika mit elektrischer Gitarre und ließ sich von einer Rockband begleiten. Das war für Puristen des Folk ein Sakrileg und löste eine monatelange Entrüstung aus. „Judas", beschimpfte ihn ein Zwischenrufer in einem späteren Konzert, er sprach für viele, die Dylan zuvor angebetet hatten und ihn nun wegen seines musikalischen „Verrats" hassten.

Foto von dem dreitägigen legendären Musikfestival in Woodstock, USA, im. August 1969

Nach einem schweren Motorradunfall 1966 zog der Musiker sich zurück, lebte auf dem Land bei Woodstock, kümmerte sich um seine Familie und tauchte erst 1968 wieder auf.

Er fand allmählich zu seiner alten Form zurück, nicht mit Folk-Rock, sondern mit Country-Rock, erreichte aber nicht wieder die Popularität, den kommerziellen Erfolg und den kulturellen Einfluss seiner Anfangsjahre. Abstürze und Höhenflüge bestimmten seine Karriere. Als eines seiner besten Alben brachte er 1975 *Blood On The Tracks* heraus. 1978 begann Dylan mit seiner zweiten Welttournee, dem in Japan mitgeschnittenen Live-Doppelalbum *At Budokan* sowie dem Studioalbum *Street Legal* eine neue, ungebrochene Serie von Konzerten und Plattenveröffentlichungen. Er spielte wieder seine größten Hits – radikale Neuinterpretationen der alten Songs – und konfrontierte seine

Fans mit einem weiteren Wendehaken: Zur christlichen Wiedergeborenenkirche „The Vineyard Fellowship" konvertiert, hatten seine Platten nun einen missionarischen, konservativ-theologischen Predigerton. Eine Überraschung war dann 1989 sein Album *Oh Mercy*, ein Höhepunkt seiner Karriere, in dem er deutlich machte, „wie auch ein Rockmusiker in Würde älter werden kann." (Zeitungskritik).

Bob Dylan, der Rebell, dessen Songs immer wieder nachgesungen und -gespielt werden, ist längst ein Klassiker: Und immer noch unterwegs, „meist auf kleineren Bühnen als früher, aber produktiver und lebendiger als alle, die ihn totgesagt haben", schrieb der Schriftsteller Gerhard Henschel in einem Porträt über den Künstler. „Und es gehört kein Hellsehertum dazu, ihm beständigeren Nachruhm vorherzusagen als den von Jahr zu Jahr wechselnden Tonangebern."

Anne-Sophie Mutter

* 29. Juni 1963 in Rheinfelden, Baden
deutsche Geigerin

Anne-Sophie Mutter, 1995

Literatur
- Munzinger-Archiv, Internationales biographisches Archiv, Ravensburg 1999
- Roeseler, Albrecht, Große Geiger unseres Jahrhunderts, Piper Verlag, München 1996
- Wieser, Harald, „Ich entblöße mich, wenn ich spiele." Interview mit Anne-Sophie Mutter, in: Magazin *Stern* vom 10. Dezember 1998, Hamburg 1998

DIE VIRTUOSIN

Sie war 13 Jahre alt und der Ruf einer „Jahrhundertbegabung" eilte ihr voraus, als der Dirigent Herbert von Karajan auf sie aufmerksam wurde und sie zum Vorspielen einlud. „Ich habe gerade eine Geigerin entdeckt, die ein Wunder ist." So erlebte der Meister das Spiel der jungen Anne-Sophie Mutter. „Sie ist immer besser und sicherer geworden. Man kann sie nicht als Talent bezeichnen – sie ist einfach ein Genie auf der Geige." Tief beeindruckt verpflichtete Herbert von Karajan die Musikerin sogleich mit Mozarts Violinkonzert in G-Dur für einen Auftritt mit den Berliner Philharmonikern bei den Salzburger Festspielen. Damit begann der kometenhafte Aufstieg der Geigerin Anne-Sophie Mutter, eine Weltkarriere, die nur mit der des jungen Yehudi Menuhin zu vergleichen ist. Der einflussreiche Karajan wurde ihr Mentor und Förderer. Er ließ ihr Zeit zur Entfaltung, achtete darauf, dass sie ihr Repertoire behutsam erweiterte und dass ihre Auftritte in den folgenden Jahren dosiert blieben. Mit 14 debütierte die Wundergeigerin mit Daniel Barenboim und dem English Chamber Orchestra in London, mit 16 in den USA, schließlich in Madrid, Paris, Tokio und innerhalb weniger Jahre arrivierte sie zum internationalen Star.

Schon damals wirkte Anne-Sophie Mutter auf dem Podium souverän, in sich versunken, wenn sie ihren Bogen über die Saiten tanzen ließ, vital und doch kontrolliert – schon damals verkörperte sie jenes Inbild von Talent, Virtuosität, Musikalität, Disziplin und Tugendhaftigkeit. Wer sie als 15-Jährige spielen hörte, hatte bereits das Gefühl, etwas ganz Vollendetes zu erleben. „Vollendung", so erklärte sie Jahre später, „hat nicht unbedingt etwas mit Alter zu tun. Die Kunst beweist immer wieder, dass junge Musiker über eine ungeheure Reife der Empfindung verfügen. Sie kommen mit einem Päckchen gelebten Lebens auf die Welt, mit einem Gefühl auch für tragische Momente. Das ist ein Geschenk Gottes, dem das Leben später noch einiges hinzufügt." Das Leben fügte noch einiges hinzu. Anne-Sophie Mutter, das Wunderkind, das jugendliche Genie, war zunächst ganz und gar auf das klassisch-romantische Repertoire eingestimmt, spielte die Violinkonzerte von Mozart, Beethoven, Brahms, Tschaikowsky, Mendelssohn, Sibelius, fand dann aber, seit Mitte der 80er Jahre, auch zur modernen und zeitgenössischen Musik. Angeregt wurde dieses Interesse bei ihr durch den Schweizer Dirigenten und Mäzen Paul Sacher, einen „unentbehrlichen Freund". So interpretierte sie unter anderem Werke der großen Gegenwartskomponisten Witold Lutoslawski und Krzysztof Penderecki – teilweise Uraufführungen, ihr auf den Leib geschrieben. Auch andere Tonkünstler wie Norbert Moret, Wolfgang Rihm und Sebastian Currier haben ihr Werke gewidmet.

Neben ihrem Engagement für moderne Avantgardemusik wandte sich die Geigerin auch der Kammermusik zu. Mit ihrem langjährigen Klavierpartner Lambert Orkis ging sie mehrfach auf Konzerttournee, 1997 mit einem reinen Brahmskonzert, 1998 mit Beethovens Violinsonaten. Dieser umjubelte „Kammermusik-Marathon" führte Anne-Sophie Mutter auf alle großen Musikpodien der Welt, von Europa über Asien bis Amerika. „Die Konzertsäle leuchten wie von innen, wenn der Zauber ihrer Violine beginnt", schwärmte ein Musikkritiker im *Time Magazine*, als die deutsche Künstlerin in New York auftrat. Auch als Pädagogin machte Mutter sich einen Namen. 1985 betreute sie als Gastdozentin an der Royal Academy of Music in London in Meisterkursen den künstlerischen Nachwuchs, ehe sie 1986 als Professorin den ersten Lehrstuhl für Solovioline übernahm. 1991, nach der Geburt des

Mutter bei einer Konzertprobe. 1985

ersten ihrer beiden Kinder, räumte sie ihren Stuhl „für Kollegen, die mehr Zeit haben".

Dass Anne-Sophie Mutter, das einstige Wunderkind, in weiten Kreisen populär ist, weiß sie für Zwecke, die ihr wichtig sind, zu nutzen. Etwa für ihre weit gestreuten Wohltätigkeiten – für ein Waisenhaus in Rumänien, für die deutsche Mukoviszidose-Stiftung, die Aids-Hilfe, für SOS-Kinderdörfer, die Pinakothek der Moderne in München, für ihren Freundeskreis, der hoch begabten jungen Musikern zu geeigneten Instrumenten verhelfen will, für das Bonner Beethoven-Haus oder den von ihr ins Leben gerufenen Carl-Flesch-Violin-Wettbewerb (nach dem ungarischen Geiger, dessen Schülerin Aida Stucki, Mutters Lehrerin, war). „Ich möchte Spuren hinterlassen, etwas tun, was die Welt zu einem sinnvolleren Platz macht, als sie es ohne das Engagement von Einzelnen wäre." Dass ihr Einsatz seriös

ist und von Herzen kommt, dafür bürgt Anne-Sophie Mutter sozusagen mit ihrem guten Namen. Im Übrigen, so sagt sie, „teile ich die idealistische Vorstellung, man könne mit Musik die Welt verändern. Man könne eine höhere Form der Wahrnehmung und Kommunikation schaffen, die uns weghebt von den alltäglichen, oft sehr überflüssigen Spielchen wie Machtstreben und das Überbewerten von unwichtigen Äußerlichkeiten. Das war für mich von Anfang an die Motivation, Musikerin zu werden."

Was es für sie bedeutet, ein Weltstar zu sein? „Ich glaube, es ist ganz wichtig, dass man glaubhaft und als Musiker in den Herzen der Menschen bleibt. Das ist wichtiger als Ruhm oder irgendein Titel, einfach deshalb, weil man dann mit dem Zuhörer ein Stück weiter gehen kann als nur bis Beethoven und Brahms. Ein Stück in die gemeinsame Zukunft der Musik."

Sokrates

* um 470/469 v. Chr. in Athen
† 399 v. Chr. in Athen
griechischer Philosoph

DER UNWISSENDE WEISE

Sokrates, Marmorbüste, antike Kopie nach einer Büste des 4. Jh. v. Chr., Lysipp zugeschrieben

Literatur

- Böhme, Gernot, Der Typ Sokrates, Suhrkamp Verlag, Frankfurt/Main 1988
- Irmscher, Johannes, Sokrates. Versuch einer Biographie, Reclam Verlag, Leipzig 1985
- Pleger, Wolfgang H., Sokrates. Der Beginn des philosophischen Dialogs, Rowohlt Taschenbuch Verlag, Reinbek 1998

Mit Sokrates begann das, was man heute allgemein unter Philosophie versteht: der Versuch, durch vernünftiges Nachdenken den Fragen der Welt und des Lebens auf den Grund zu gehen. „Ich weiß, dass ich nichts weiß" – in dieser Einsicht lag die große Weisheit des Sokrates. „Der Mensch vermag eigentlich gar nichts zu wissen, er bildet sich nur viel ein." Diese Einbildung aufzudecken und dahinter die Wahrheit zu suchen, darum bemühte sich der griechische Philosoph. Das tat er jedoch nicht in einer Akademie vor der gebildeten Jugend Athens, sondern unter freiem Himmel: Sokrates war der Philosoph auf dem Markt. Tag für Tag trieb er sich auf der Agora herum, dem Marktplatz im antiken Athen, wo gehandelt wurde, wo aber ebenso Meinungsaustausch und politische Diskurse stattfanden. Er, der Handwerkersohn, der Mann aus dem Volk, sprach mit dem Volk, und zwar mit allen: mit Männern, Frauen, Handwerkern, aber auch mit Sklaven oder mit Politikern und hochrangigen Militärs. Unablässig verwickelte er sein Gegenüber in Gespräche über Gott und die Welt. „Er unterhielt sich stets über die menschlichen Dinge", schrieb Xenophon, Geschichtsschreiber und Feldherr, „und untersuchte, was fromm sei und was gottlos, was schön und was schimpflich, was gerecht und was ungerecht, was Besonnenheit und was Wahnsinn, was Tapferkeit und was Feigheit, was ein Staat und was ein Staatsmann, was Herrschaft über Menschen und was ein Herrscher über Menschen; er fragte auch nach allem anderen, wovon er glaubte, dass diejenigen, die es wissen, recht und gut seien." Hatten sich seine Gesprächspartner einmal auf eine Unterhaltung mit Sokrates eingelassen, waren sie schnell verloren. Denn dann wies der Philosoph ihnen mit der für ihn typischen Ironie nach, dass sie im Grunde nichts von dem verstanden hatten, worüber sie so selbstsicher sprachen, dass sie ihre vermeintlichen Wahrheiten nicht begründen konnten – und dass sie am wenigsten sich selber begriffen. Dabei ging es Sokrates nicht um das Wortgefecht und auch nicht darum, am Ende die richtigen Argumente zu haben. Anliegen seines hartnäckigen und sturen Nachfragens war es, die Menschen dahin zu bringen, dass sie verstanden, wie sie sich verhalten müss-

Sokrates und seine Schüler: Ausschnitt aus Das Gastmahl des Platon, *Fresko von Gustav Adolph Spangenberg, 1883–1888*

Sokrates, neuzeitliche Marmorskulptur in Athen

ten, um in Wahrheit Mensch zu sein. „Ich sage euch, dass … ein Leben ohne Selbsterforschung gar nicht verdient, gelebt zu werden." Selbsterkenntnis war ein Schlüsselwort seiner Philosophie. „Denn wer sich selbst kennt, der weiß, was für ihn nützlich ist, und vermag zu unterscheiden, was er kann und was nicht. Wer das betreibt, was er versteht, der erwirbt sich, was er benötigt, und es geht ihm gut; andererseits hält er sich von dem fern, was er nicht versteht, und so begeht er keine Fehler und bleibt vor Unheil bewahrt." Rechtes Denken also, davon war Sokrates überzeugt, würde zum rechten Handeln führen, zum „guten Leben", verstanden als sittlichem Leben.

Bei seiner dialogischen Methode der Wahrheitsfindung verhielt sich Sokrates nicht als Wissender, sondern als einer, der durch Fragen Denkprozesse anregte und dadurch seinen Gesprächspartnern zu neuen Erkenntnissen verhalf.

Er war der Sohn eines Steinmetzen und einer Hebamme und sah sich auch in der Tradition seiner Eltern: Seine Arbeit verglich er mit der Hebammenkunst (Maieutik), indem er Geburtshilfe für Einsichten leistete, und mit der Tätigkeit des Bildhauers, nämlich den Menschen eine Form zu geben.

Sokrates führte ein Leben im Gespräch und hinterließ nichts Schriftliches. Was man über ihn weiß, stammt aus zweiter Hand: aus der Überlieferung derer, die ihm begegneten und von ihm lernten. Entsprechend kritisch wurde die Zuverlässigkeit der Quellen immer wieder in Frage gestellt. Die beiden maßgeblichen Quellen, aus denen die Person des Sokrates und seine Philosophie erschlossen wurde, sind die *Platonischen Dialoge*, Schriften des Philosophen und Sokratesschülers Platon, in denen Sokrates eine Hauptrolle spielt, und die *Erinnerungen* des Historio-

graphen Xenophon. Der Sokrates, der in der abendländischen Kultur seit beinahe 2500 Jahren als Ur- und Vorbild allen philosophischen Fragens und Denkens gilt und dessen dialogische Gespräche bis heute praktiziert werden, dieser Philosoph ist also eine literarische Rekonstruktion.

Sokrates war verheiratet mit Xanthippe, deren Ruf einer zänkischen Ehefrau sprichwörtlich ist, aber – glaubt man den zeitgenössischen Quellen – wohl nicht der Wahrheit entspricht. Das Paar hatte drei Söhne, von denen der jüngste beim Tode seines Vaters 399 v. Chr. noch ein kleines Kind war. Die Zeit, in der Sokrates lebte, war eine Phase des Umbruchs: Athen war nach einem Krieg mit den Persern zur Weltmacht aufgestiegen und führte dann einen zermürbenden 30-jährigen Krieg mit Sparta, den es schließlich verlor. Die Stadt erlebte eine kulturelle Blüte, aber auch eine Zeit der Orientierungslosig-

„Solange ich noch atme und dazu imstande bin, werde ich nicht aufhören zu philosophieren, euch ermahnend und entlarvend, wem immer unter euch ich begegne, und ich werde reden, wie ich es gewohnt bin."

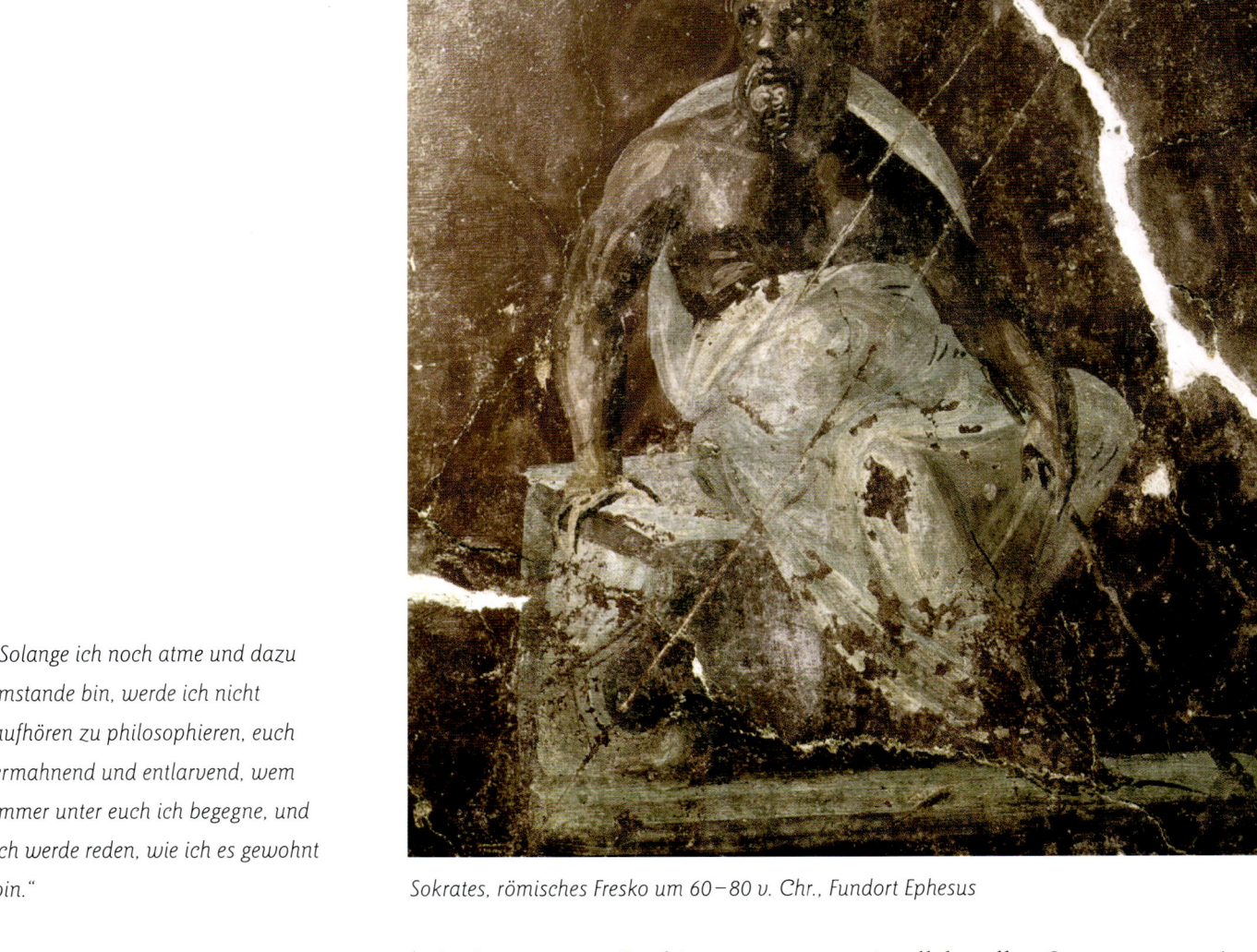

Sokrates, römisches Fresko um 60–80 v. Chr., Fundort Ephesus

keit. So genannte Sophisten, professionelle Weisheitslehrer, wurden angelockt von der weltoffenen Atmosphäre und stellten mit aufklärerischem Geist und kritischer Schärfe alte Werte und Traditionen in Frage. Radikal und kompromisslos war ihre Religionskritik. Nicht mehr die Gesetze der Götter sollten gelten, der Mensch, so der bekannte Satz des Sophisten Protagoras, sei nun das Maß aller Dinge.

Trotz fehlender Bildung war Sokrates mit den Gedanken und intellektuellen Strömungen seiner Zeit in Berührung gekommen, setzte sich mit der Umbruchstimmung und Ratlosigkeit seiner Kultur auseinander und tauschte sich mit seinen Schülern und Freunden über den Modernitätsschock aus. „Unser Staat wurde nicht mehr gemäß den Sitten und Einrichtungen der Väter verwaltet", schrieb Platon unter dem Eindruck des Sokrates in einem seiner Briefe. „Alle jetzigen Staaten insgesamt werden schlecht regiert; denn der Bereich der Gesetze befindet sich in ihnen in einem fast unheilbaren Zustand." Diesem Zustand des geistigen, sittlichen und politischen Niedergangs wollte Sokrates entgegenwirken – und zwar nicht konservativ mit Berufung auf Götter und Traditionen, sondern mit den Mitteln der Vernunft. Mit seiner unkonventionellen Methode des Fragens machte er sich auf die Suche nach den wahren Erfordernissen des Menschseins, nach dem Guten, dem Gerechten und dem rechten Handeln. In Auseinandersetzungen mit den Sophisten verwickelte er diese in die Widersprüchlichkeit ihrer Thesen, um dann zu zeigen, wie haltlos und hohl ihre Argumente seien. Sokrates begeisterte die Jugend, obwohl er nie eine Antwort gab auf die Fragen, die sie bewegten und die er in ihnen aufwühlte. Im Gegenteil: Kaum hatte er sie in das Gewirr der Probleme hineingelotst, brach er den Dialog ab und ließ sie stehen. So wenig wie seine Gesprächspartner konnte auch er selbst beantworten, was es denn wirklich auf sich habe mit dem, wonach sie fragten. Gerade seine offen eingestandene, bewusste Unwissenheit war das Geheimnis der Faszination, die von Sokrates ausging.

Bei seinen Gegnern erregte er damit Anstoß. Woher nahm dieser Mensch das Recht, penetrant ihre Unwissenheit zu entlarven, um schließlich einzuräumen, er wisse selber nichts? War das nicht frecher Humbug? Und entwertete er nicht Traditionen, indem er alles Überkommene in Frage stellte, auf dem doch die Stabilität des Staates

Der Tod des Sokrates, *Gemälde von Jacques Louis David aus dem Jahre 1787, Metropolitan Museum of Art, New York*

basierte? Brachte er mit seinen Fragen nicht die schon bedrohte Religion zu Fall?

Die Athener wollten Sokrates loswerden und machten ihm den Prozess. Im Jahre 399 v. Chr. wurde er angeklagt: Er frevle, indem er die Jugend verderbe und die Götter, welche der Staat annimmt, nicht annehme, sondern anderes, neues „Daimonisches" (nach dem Wortgebrauch der damaligen Zeit: nicht fassbare göttliche Kräfte) einführe.

Als man Sokrates während der Verhandlungen seine anstößige Fragerei vorwarf, entschuldigte er sich nicht, sondern entgegnete selbstbewusst, er lebe im Auftrage des Gottes Apollon. „Ich glaube, dass eurer Stadt kein größeres Gut zuteil geworden ist als mein Dienst an dem Gotte. Denn was ich tue, ist nichts anderes, als dass ich umhergehe und die Jüngeren wie die Älteren unter euch ermahne, sich weder um den Leib noch um

Geld eher zu sorgen als um die Seele, dass sie nämlich so gut wie möglich werde … Wenn ihr mich tötet, werdet ihr nicht leicht einen anderen von dieser Art finden … So, scheint mir, hat mich der Gott der Stadt beigegeben als einen, der nicht aufhört, jeden Einzelnen unter euch aufzuwecken, zu überreden und zu schelten." Daraufhin war das Gremium derart empört, dass ihn die Mehrheit der Geschworenen zum Tode verurteilte. Obwohl seine Freunde ihn aus dem Gefängnis befreien wollten, zog Sokrates es vor, für seine Ideale zu sterben, als davor wegzulaufen, und fügte sich dem Todesurteil. In der Zuversicht, sein Schicksal in die Hände der Gottheit zu legen, nahm er den Giftbecher: „Nun ist es Zeit wegzugehen: für mich, um zu sterben, für euch, um zu leben. Wer von uns dem besseren Zustand entgegengeht, ist jedem verborgen, außer dem Gott."

Aristoteles

* 384 v. Chr. in Stageira auf der Halbinsel Chalkidike
† 322 v. Chr. in Chalkis auf Euboia
griechischer Philosoph

Aristoteles, römische Marmorkopie
nach griechischem Original

Literatur
- Ganter, Martin, Mittel und Ziel in der praktischen Philosophie des Aristoteles, Karl Alber Verlag, Freiburg, München 1974
- Höffe, Otfried, Aristoteles, C.H. Beck'sche Verlagsbuchhandlung, München 1999
- Müller, Anselm Winfried, Praktisches Folgern und Selbstgestaltung nach Aristoteles, Karl Alber Verlag, Freiburg, München 1982

DAS UNIVERSALGENIE

Aristoteles ist einer der größten griechischen Philosophen und hatte maßgeblichen Einfluss auf die Geistesgeschichte des Abendlands. Dabei hätte er eigentlich Arzt werden und die Praxis seines Vaters übernehmen sollen, der der Leibarzt des makedonischen Königs war. Doch der junge Grieche aus der Provinz irgendwo in Thrakien wollte nach Athen. Die Familie ließ ihn ziehen, nachdem zuvor das Orakel befragt worden war und geantwortet hatte, Aristoteles würde sich in Athen der Philosophie widmen. Nicht vorstellbar, was das für das europäische Denken bedeutet hätte, wäre die göttliche Antwort eine andere gewesen.

In Athen suchte der 17-jährige Aristoteles Platon, den größten Philosophen seiner Zeit, auf und trat in dessen Schule, die platonische Akademie, ein, wo er 20 Jahre lang Schüler und anschließend Lehrer war. Weil der hoch begabte Zögling im Laufe der Zeit eigene Gedanken entwickelte und der Ideenlehre des Meisters widersprach, erkor Platon nicht Aristoteles, sondern einen anderen, Unbedeutenderen zu seinem Nachfolger. Verstimmt

verließ Aristoteles daraufhin Athen und ging schließlich an den makedonischen Hof – als Erzieher des Prinzen, des künftigen Welteroberers Alexanders des Großen. Nach dessen Herrschaftsantritt kehrte der Philosoph nach Athen zurück und gründete eine eigene Schule, das Lykeion, benannt nach dem Heiligtum des Apollo Lykeios. Weil die Denker um Aristoteles in einer Säulenhalle wandelnd diskutierten (griechisch: peripatein = spazieren gehen, wandeln), hießen sie „die Peripatetiker", die Herumwandler. 12 Jahre lang wirkte, forschte und philosophierte der Gelehrte in diesem Kreis. Mit dem Tod Alexanders des Großen änderten sich die politischen Machtverhältnisse in Athen, die Stimmung wurde antimakedonisch; Aristoteles geriet aufgrund seiner einstigen Nähe zum makedonischen Hof in die Schusslinie, wurde der Gottlosigkeit beschuldigt und ging auf die Insel Euboia ins Exil, wo er wenige Monate später 63-jährig starb.

Aristoteles war ein Universalgelehrter: ein Naturwissenschaftler und Philosoph, der sich sein Leben lang der Forschung und vor allem der Systematisierung seiner Ergebnisse widmete. Er befasste sich mit den Gestirnen, den Tieren, den Staatsverfassungen und den theoretischen Grundlagen der Dichtkunst sowie der Rhetorik. Vor allem beschäftigte er sich mit dem Menschen, mit seinem Denken und Tun und was seine Aufgabe, sein Auftrag sei. Er versuchte dem Wesen allen Lebens, aller Dinge und allen Geschehens auf den Grund zu gehen, den Ursprung und die Ziele alles Wirklichen zu erkennen. Aristoteles schuf und hinterließ ein umfangreiches Werk, z.T. nur in Form von schwer verständlichen, knappen Vorlesungsnotizen, das jedoch zum Fundament der abendländischen Wissenschaften wurde.

Jedes Lebewesen, so die Idee des Aristoteles, trägt Zweck und Ziel in sich selbst und strebt danach, sich in all seinen Möglichkeiten zu verwirklichen, ja die ganze Welt drängt zu ihrer eigenen Vollendung. Diese formende, zielgerichtete Kraft, diese universale Selbstverwirklichung und Selbstvervollkommnung, die aller Lebendigkeit und Schönheit zugrunde liegt, nannte Aristoteles Entelechie. Sie ist zentraler Grundgedanke im Weltbild des Philosophen.

Diese Kraft wohne nun auch dem Menschen inne, auch er müsse zur Vollendung bringen, was seine Bestimmung sei. „Werde, was du bist" – dieser Leitfaden des Humanismus taucht schon bei Aristoteles auf. Und weil der Mensch gegenüber allen anderen Lebewesen mit Geist und Ver-

nunft – dem Logos – begabt ist, sah der Philosoph den Sinn des menschlichen Daseins darin, dieses Potenzial der Vernunft auszubilden, um zum wahrhaft vernünftigen Lebewesen zu werden. Der Logos ist für Aristoteles die Fähigkeit, Dinge zu erkennen, also ist es die Aufgabe des Menschen, die Welt zu erkennen, Einsichten zu erlangen und dadurch im rechten Maß, der „goldenen Mitte" zwischen den Extremen, zu leben. Doch kommt der Mensch nicht als Einzelwesen zur Verwirklichung seiner selbst, denn er „ist von Natur aus ein Gemeinschaftswesen" („Zoon politikon") – und zwar weit mehr als jedes Herdentier, denn als einziges Geschöpf ist er auf geistige Verständigung mit seinesgleichen angelegt: „Wer aber nicht in Gemeinschaft leben kann oder ihrer, weil er sich selbst genug ist, gar nicht bedarf, ist kein Glied des Staates und demnach entweder ein Tier oder ein Gott", schrieb Aristoteles.

Worin aber, so fragte der Gelehrte weiter, haben Welt und Mensch ihren Urgrund und was ist die ursprüngliche Bewegung, von der alle Bewegung ihren Ausgang nimmt? Aristoteles kam zu dem Schluss, das müsse die Gottheit sein: „Alles, was von Natur ist, trägt etwas Göttliches in sich." Für den nüchternen Forscher also war der letzte Urgrund nicht die Welt, sondern Gott, der ewig wirkende „unbewegte Beweger". Zwar ist damit nicht der christliche Schöpfergott gemeint, der die Welt erschuf, sondern die Gottheit als das der Welt innewohnende, ultimative Ziel ihres Strebens.

Aristoteles, Gemälde von Justus van Gent, um 1476

Doch verwundert es nicht, dass er in der christlichen Philosophie des Mittelalters, die ihn v. a. aus arabischen Quellen kennen lernte, eine zentrale Rolle spielte. „Gott ist Geist oder noch über den Geist hinaus." So schlussfolgerte Aristoteles, denn das Höchste in der Welt, Logos, Vernunft, das musste die Gottheit in Vollkommenheit sein. Und das Wesen dieser Gottheit sah er als das Erkennen ihrer selbst. „Das beste, ewige Wesen nennen wir Gott, so dass Gott Leben hat und ewige Dauer. Das nämlich ist Gott."

Sein System wirkte so schlüssig und überzeugend, dass in philosophischen Disputen Sätze aus seinen Werken nicht nur wie Richtwerte zitiert wurden, sondern wie unangreifbare Wahrheiten. „Der Philosoph sagt …", lautete die Formel, mit der Denker sich auf ihn beriefen. Diese Autorität des Aristoteles überdauerte die Jahrhunderte und wirkte in verschiedenen Religionen nach.

Epikur

* 341 v. Chr. auf Samos
† 270 v. Chr. in Athen
griechischer Philosoph

Bildnis des Epikur aus einer Doppelherme,
hellenistische Marmorskulptur

Literatur

■ Geyer, Carl-Friedrich, Epikur zur
Einführung, Junius Verlag, Hamburg
2000

■ Hossenfelder, Malte, Epikur, C. H. Beck
Verlag, München 1991

■ Mewaldt, Johannes (Hg.), Epikur.
Philosophie der Freude. Eine Auswahl
aus seinen Schriften, übersetzt, erläutert
und eingeleitet von Johannes Mewaldt,
Alfred Kröner Verlag, Stuttgart 1973

PHILOSOPH DER FREUDE

Der Mensch strebt nach Glück, nach dem guten Leben – darin waren sich die Philosophen der Antike einig. Wie aber dieses Streben auszusehen hat, darüber gingen die Meinungen der einzelnen philosophischen Schulen auseinander. Eine der bis heute populärsten Lehren vom Glück hat der griechische Philosoph Epikur entworfen: „Die Lust ist Ursprung und Ziel glücklichen Lebens", schrieb er in seinem Brief an Menoikeus, einem so genannten Lehrbrief, der das Wesentliche seiner Ethik im Kern enthält: „Alles Wählen und Streben geht doch auf das Wohl des Leibes und die Ruhe der Seele, denn das ist das Ziel eines glücklichen Lebens. Und was wir tun, tun wir, um der Unlust zu entgehen und die Ruhe der Seele zu finden."

Mit dieser Ausdeutung vom guten Leben wurde Epikur zum Schöpfer des ersten großen hedonistischen Systems – einer Lehre also, die das Streben nach Lust (griechisch: Hedone) zum obersten ethischen Prinzip erhob. Seine Glücksvorstellung machte ihn zum bekanntesten und zugleich verkanntesten, missverstandensten Philosophen der Lebenskunst. Schon zeitgenössische Gegner kritisierten und diffamierten ihn, vor allem solche aus dem Lager der Stoa, der philosophischen Schule, die in der Tugend das höchste und erstrebenswerteste Ziel sah. Die Stoiker dichteten Epikur alles Mögliche an: Er erbreche sich mehrmals täglich, um weiteressen zu können, er erschöpfe seine Geisteskraft in nächtlichen Orgien, er habe seinen Bruder zur Prostitution verleitet. Die Liste der üblen Nachreden war endlos und zeichnete ein Zerrbild Epikurs und seiner Lehre, das sich bis in unsere Zeit hartnäckig hielt.

Solche Schmähungen und falschen Auslegungen hat Epikur selbst ganz klar widerlegt: „Wenn wir also sagen, dass die Lust das Lebensziel sei, so meinen wir nicht die Lüste der Wüstlinge und das bloße Genießen, wie einige aus Unkenntnis und weil sie nicht mit uns übereinstimmen oder weil sie uns missverstehen, meinen, sondern wir verstehen darunter, weder Schmerz im Körper noch Beunruhigung in der Seele zu empfinden. Denn nicht Trinkgelage und ununterbrochenes

Schwärmen und nicht Genuss von Knaben und Frauen und von Fischen und allem anderen, was ein reich besetzter Tisch bietet, erzeugt das lustvolle Leben, sondern die nüchterne Überlegung, die die Ursachen für alles Wählen und Meiden erforscht und die leeren Meinungen austreibt, aus denen die schlimmste Verwirrung der Seele entsteht."

Unter Lust verstand Epikur also nicht Sinnesrausch und hemmungslosen Genuss, sondern Vermeidung von Unlust, frei zu sein von Schmerz und seelischen Erschütterungen. Die wahre Lust und das reine Glück sah er in letzter Instanz in einem inneren Gleichmut, der Seelenruhe (Ataraxia), wie Epikur diese Gemütsverfassung nannte. Um sie zu erreichen, bedürfe es der Selbstgenügsamkeit, nicht um der Askese willen, sondern um sich nicht von schwer erreichbaren Dingen abhängig zu machen. „Wir halten die Selbstgenügsamkeit für ein großes Gut", so sprach Epikur, „nicht als ob wir ohne weiteres mit dem Dürftigen zufrieden wären, sondern weil wir, wenn wir nicht vieles haben können, uns mit dem wenigen begnügen, überzeugt, dass der den Reichtum am glücklichsten genießt, der seiner am wenigsten bedarf." Mit diesem Streben war er faktisch von den Stoikern nicht sehr weit entfernt. Anders mit seiner politischen Haltung: Während die Stoa aktive Teilnahme an der Politik forderte, war der Wahlspruch des aus Samos stammenden Philosophen: „Lebe im Verborgenen". Zu einer Zeit, in der die Diadochenreiche nach

dem Tod Alexanders des Großen längst über die griechischen Poleis triumphiert hatten und das Griechentum in der Krise war, pflegte Epikur den Rückzug von der Politik ins Private, in den Freundeskreis. 306 v. Chr. kaufte er in Athen einen Garten, wo er sich mit Schülern und Freunden versammelte, seine philosophische Schule betrieb und die Freundschaft kultivierte. „Die aus dem Garten" hießen seitdem die Epikureer. „Unter allem, was die Weisheit zum Glück des Lebens beiträgt, ist nichts größer, nichts fruchtbarer, nichts freudvoller als die Freundschaft", schrieb er. „Man wählt die Freunde um der Lust willen, aber für seine Freunde nimmt man die größten Schmerzen auf sich." „Nicht durch Mitklagen, sondern durch mitsorgende Hilfe beweist man dem Freund seine Teilnahme."

Epikurs Lehre war weniger exakte theoretische Philosophie als vielmehr praktische Lebensweisheit. Sie sollte den Menschen vom üblichen Gottesglauben – der Angst vor göttlichen Strafen – und Todesfurcht befreien. Von den Göttern entwarf Epikur deshalb ein freundliches Bild. Er zeichnete sie als heitere Wesen, die unsterblich sind, frei aller Sorgen und sich daher auch nicht um den Weltenlauf kümmern. Der Todesfurcht begegnete er mit einer Besinnung auf das Wesen des Todes und argumentierte, dass dieser nicht zu fürchten sei: Was man nicht mit den Sinnen wahrnehme, habe keine Wirklichkeit. „Das schauerlichste Übel also, der Tod, geht uns nichts an. Denn solange wir

Die Philosophen Zeno, Gründer der Stoa, und Epikur auf einem Kupferstich von Johann Ernst Mansfeld, um 1780

existieren, ist der Tod nicht da, und wenn der Tod da ist, existieren wir nicht mehr. Er geht also weder die Lebenden an noch die Toten. Denn die einen geht er nicht an und die anderen existieren nicht mehr."

Epikur starb 71-jährig an einem Nierenstein, der ihm die Harnröhre versperrte. Die ungeheuren Schmerzen trug er, getreu den Zielen seiner Lehre, mit Gelassenheit.

„Wer jung ist, soll nicht zögern zu philosophieren, und wer alt ist, soll nicht müde werden im Philosophieren. Denn für keinen ist es zu früh und für keinen zu spät, sich um die Gesundheit der Seele zu kümmern."

Marc Aurel

* 26. April 121 in Rom
† 17. März 180 bei Wien
römischer Kaiser und Philosoph

DER PHILOSOPH
AUF DEM KAISERTHRON

Marc Aurel, Marmorbüste, Louvre, Paris

Literatur
- Görlitz, Walter, Marc Aurel. Kaiser und Philosoph, Kohlhammer Verlag, Stuttgart 1954
- Rosen, Klaus, Marc Aurel, Rowohlt Taschenbuch Verlag, Reinbek 1997
- Schall, Ute, Marc Aurel. Der Philosoph auf dem Cäsarenthron, Bechtle Verlag, Esslingen, München 1991

Er gilt als einer der bedeutendsten Kaiser Roms. Berühmt aber wurde Marc Aurel v. a. durch seine *Selbstbetrachtungen*, eine Sammlung von Aphorismen und Tagebuchblättern, die er teilweise im Krieg als Feldherr geschrieben hatte und mit denen er sich als letzter großer Vertreter der stoischen Philosophie ausweist.

„Es gibt für den Menschen keine geräuschlosere und ungestörtere Zufluchtsstätte als seine eigene Seele, zumal wenn er in sich selbst solche Eigenschaften hat, bei deren Betrachtung er sogleich vollkommene Ruhe genießt, und diese Ruhe ist meiner Meinung nach nichts anderes als ein gutes Gewissen", heißt es da in seinen „Ermahnungen" an sich selbst. „Halte recht oft solche stille Einkehr und erneuere so dich selbst. Da mögen dir dann jene kurzen und einfachen Grundsätze gegenwärtig sein, die genügen werden, deine Seele heiter zu stimmen und dich instand zu setzen, mit Ergebenheit die Welt zu ertragen, wohin du zurückkehrst. Denn worüber solltest du auch unwillig sein? Über die Schlechtigkeit der Menschen? Aber sei doch des Grundsatzes eingedenk, dass die vernünftigen Wesen füreinander geboren sind, dass Verträglichkeit ein Teil der Gerechtigkeit ist, dass die Menschen unvorsätzlich sündigen, und dann, dass es so vielen Leuten nichts genützt hat, in Feindschaft, Argwohn, Zank und Hass gelebt zu haben; sie sind gestorben und zu Asche geworden."

Die Dinge ohne Werturteil so zu sehen, wie sie sind, tugendhaft zu leben und die Vernunft walten zu lassen über leidenschaftliche Gefühle, damit der Geist frei bleibt von Gier, Hass und Verblendung – das ist die stoische Lehre der Souveränität über die Leidenschaften, des Handelns im Dienste der Menschen und des klaren Urteils. Und das war auch die Philosophie des Marc Aurel – im Leben und im Regieren.

Der Spross einer vornehmen römischen Senatorenfamilie verlor früh seinen Vater und wuchs in der Obhut seines Großvaters auf. Er erhielt eine ausgezeichnete Erziehung, die in ihm die Neigung zur Philosophie weckte. Rom herrschte damals von Britannien bis Afrika, von Portugal bis Armenien und die Stadt war glanzvolle, aber auch verruchte

Metropole des Reichs. Im Alter von 18 Jahren wurde Marc Aurel vom damaligen Kaiser Antoninus Pius adoptiert und lebte fortan als designierter Thronfolger am Hof. Er durchlief die politische Ämterlaufbahn bis hin zum Konsulat und fand dabei noch ausreichend Zeit, sich seinen philosophischen Studien und Betrachtungen zu widmen, nicht im Sinne einer grüblerischen Wissenschaft, sondern einer philosophischen Lebensführung. Wahrheits- und Gerechtigkeitsliebe im persönlichen Umfeld ebenso wie im politischen Bereich – damit beschäftigte sich Marc Aurel. Er philosophierte darüber, „was zu einem freien Staate gehört, wo vollkommene Rechtsgleichheit für alle ohne Unterschied herrscht und nichts höher geachtet wird als die Freiheit der Bürger".

Als er nach dem Tod seines Adoptivvaters mit 40 Jahren Kaiser wurde, versuchte Marc Aurel weiterhin das Leben eines Denkers zu führen und im Sinne seiner Philosophie den Staat zu reformieren. Er schaffte ein gerechteres Steuersystem, erweiterte die Rechte der Sklaven, richtete einen Fonds für die Waisenversorgung ein und schränkte die Brutalität der Gladiatorenkämpfe ein. Überaus moralisch und verantwortlich, wie er war, wurde er jedoch den Zeitgenossen als Lehrmeister manchmal so lästig, dass sie ihn als Heuchler abwehrten.

Marc Aurels Regierungszeit war gekennzeichnet durch viele Kriege an den Grenzen des Reichs. Entgegen seines philosophischen Credos, „dass alle vernünftigen Wesen miteinander verwandt sind und dass es in der menschlichen Natur liegt, alle Menschen zu lieben", musste ausgerechnet dieser Kaiser sehr häufig die Rolle des Feldherrn übernehmen. Die Germanen griffen vor Rimini an, die Jazygen vor Athen, die Markomannen, Spanier, Syrer, Armenier zwangen Marc Aurel, das Reich an verschiedenen Stellen zu verteidigen. „Früh morgens", sagt der von den Sorgen um das Imperium beladene Stoiker zu sich selbst, „wenn du mühsam erwachst, sollst du dir vorhalten: Um als Mensch zu wirken, wache ich auf. Und da will ich noch verdrießlich sein, wenn ich darangehe, das zu tun, weswegen ich geworden und um dessentwillen ich in die Welt gerufen bin? … Siehst du nicht, wie die Pflanzen, die Sperlinge, die Ameisen, die Spinnen, die Bienen ihr bestimmtes Werk tun und für ihr Teil ein Stück Weltordnung schaffen? Und willst du nicht dein Menschenwerk tun?" So rief der Kaiser sich zur Pflicht und schrieb inmitten aller Aufstände und Wirren sein einziges Buch, die in griechischer Sprache verfassten *Selbstbetrachtungen*, die bis heute wegen ihres Vorbildcharakters gelesen werden. In forschenden, fragenden Sätzen wandte Marc Aurel sich immer wieder an sich selbst. Er prüfte seine Schwächen und Stärken, rechtete mit sich und spornte sich an. „Du musst sein wie ein Fels, an dem alle Wogen sich brechen. Er steht, die Brandung aber wird müde." Dass sich der Verfasser losriss

Der Triumphzug des Kaisers –
aus einer Serie von drei Reliefs von einem
Ehrendenkmal des Mark Aurel, Rom,
Konservatorenpalast

von Politik und Krieg, von Erfolg und Niederlage, von Eitelkeit und Ängstlichkeit und sich auf sich selbst besann – darin liegt die Faszination der *Selbstbetrachtungen* bis heute. Diese Urfunktion der Philosophie verstand Marc Aurel zugleich als Inbegriff der Menschenfreundlichkeit: Nur der Mensch, der sich selbst betrachtet, kann in sich auch den anderen wieder finden und sich selbst im anderen, auch im Fremden und im Feind. „Ergib dich nicht der Stimmung dessen, der dich beleidigt, und folge nicht dem Weg, auf den er dich schleppen möchte", war seine Auffassung.

„Im Schreiben und Lesen kannst du
nicht unterrichten, bevor du es nicht
selber gelernt hast; in der Lebenskunst
noch viel weniger."

Augustinus

* 13. November 354 in Thagaste, Algerien
† 28. August 430 in Hippo Regius, Algerien
römischer Kirchenvater

Heiliger Augustinus,
von Justus van Gent, 15. Jh.

Literatur

■ Geerlings, Wilhelm, Augustinus,
Herder Verlag, Freiburg 1999
■ Horn, Christoph, Augustinus,
C.H. Beck Verlag, München 1985
■ Kranz, Gisbert, Augustinus. Dienst
an der Welt. Ein Lebensbild, Verlag
Winfried-Werk, Augsburg 1967

DER LEHRER DES ABENDLANDES

„Geh nicht aus dir hinaus; in dich selber kehre ein; denn im inneren Menschen wohnt die Wahrheit." So schrieb der spätantike Philosoph Augustinus um die Wende vom 4. zum 5. Jahrhundert. Er war davon überzeugt – und wusste es aus eigener Erfahrung –, dass der Mensch nur im Blick auf sich selbst zur Wahrheit gelangt. Damit wurde Augustinus zum großen Entdecker der Innerlichkeit des Individuums und zum Initiator eines neuen Weltbilds. Anders als die griechischen Philosophen, die den Menschen als Glied im Kosmos sahen, ging es ihm um den einzelnen Menschen, wie er sich in der Selbsterfahrung und in seiner Beziehung zu Gott zeigt. „Gott und die Seele will ich erkennen. Sonst nichts? Nein, gar nichts." Das also war das Hauptanliegen des Augustinus. Und die Art und Weise, wie er sich damit auseinander setzte, wie er die menschliche Seele zu ergründen suchte – leidenschaftlich, ehrlich, um Verstehen ringend –, zeugt von differenzierter psychologischer Wahrnehmung, von großer Menschenkenntnis und von außerordentlicher denkerischer Intensität. Die Frage nach dem Menschen und die Frage nach Gott waren es also, die ihn zum Philosophieren trieben und zum größten christlichen Philosophen der westlichen Welt werden ließen.

Aurelius Augustinus wurde 354 in der nordafrikanischen Kleinstadt Thagaste, am Rand des untergehenden Römerreichs, geboren. Obwohl er aus einfachen Verhältnissen stammte, erhielt er eine hervorragende Erziehung. Er studierte Rhetorik in Karthago, der mondänen Metropole des römischen Afrika, wo er bald auch unterrichtete – ein begabter, gewandter und erfolgreicher Intellektueller. Und ein Lebemann mit ausgeprägtem Hang zu Freizügigkeit und Genuss. Mit 29 Jahren übersiedelte er nach Rom, ein Jahr später erhielt er einen Ruf als Redelehrer an den kaiserlichen Regierungssitz in Mailand und war auf dem besten Wege, eine Erfolg versprechende Karriere zu machen. Zur Philosophie war Augustinus während seiner Studienjahre in Karthago über die Lektüre Ciceros gekommen. Er schloss sich eine Zeit lang dem Manichäismus an, einer dualistischen Lehre, die die Welt in ein Lichtreich und eine Schattenzone aufteilte und in allem den Kampf eines guten Urprinzips mit einem bösen sah. In Mailand nun wandte er sich, angeregt durch die Predigten des dortigen Bischofs Ambrosius, zunächst dem Neuplatonismus zu, der mit seinem Grundgedanken einer jenseitigen, wahren Welt Augustinus sehr entsprach. Diese Philosophie war für den Gelehrten schließlich die Brücke zum Christentum: Denn wie die Christen sahen auch die Neuplatoniker den Menschen völlig in der Beziehung zur Gottheit.

Durch seine Zuwendung zum Christentum erlebte Augustinus einen fundamentalen inneren Wandel, den er in seinen *Bekenntnissen*, einer der ersten individualistischen Autobiographien der Weltliteratur, zu der berühmten Gartenszene stilisierte. Grübelnd im Garten seines Freundes, so schreibt Augustinus, hörte er plötzlich den monotonen Singsang eines Kindes: „Nimm und lies, nimm und lies ..." Daraufhin holte er sich einen Band mit den Paulusbriefen und stieß beim Aufschlagen auf die Stelle: „Schluss mit Fress- und Saufgelagen! Schluss mit Unzucht und Ausschweifung! Schluss mit Streit und Eifersucht! Legt den Herrn Jesus Christus an und sorgt nicht so für euren Leib, dass die Begierden erwachen."
Zu Ostern 387 ließ Augustinus sich taufen. Dann gab er seine angesehene Stellung auf und kehrte nach Nordafrika zurück, wo er ein Laienkloster gründete und einige Jahre dort lebte. 391 wurde er zum Priester geweiht, von 396

Der Teufel hält dem heiligen Augustinus das Buch der Laster vor,
Michael Pacher, 1483

bis zu seinem Tod war er in Hippo Regius Bischof.
Neben seinen geistlichen Pflichten und der Verwaltung der Kirchengüter verfasste er eine Fülle theologischer und philosophischer Schriften und engagierte sich mit Leidenschaft in den geistigen und religiösen Auseinandersetzungen seiner Zeit. Dabei setzte er die Sündhaftigkeit des Menschen voraus, d. h., dass die Kraft der Erbsünde ein unentrinnbares Verhängnis sei.
Ausgehend von der Allmacht Gottes vertrat Augustinus die Lehre von der Prädestination, wonach der Mensch zur Seligkeit oder zur Verdammnis von Gott vorherbestimmt sei. Und im Unterschied zur zyklischen antiken Geschichtsauffassung, die der Ansicht war, dass alles wiederkehrt, sah er die Weltgeschichte als eine auf das göttliche Endgericht zielende Auseinandersetzung des

Gottesreiches, der Civitas Dei, mit dem irdischen Reich.
Bei alldem war Augustinus ein Mensch, der offen blieb, zweifelte, sich hinterfragte. Wer glaube, das Licht der Wahrheit besitzen zu können, formulierte er einmal, der verstehe weder, was er suche, noch wer er sei. Zu suchen und zu hoffen sei uns aufgegeben – nicht zu besitzen. Er kämpfte mit der Macht der Gewohnheit, mit unausrottbaren „Fantasien des Fleisches" und dem unersättlichen Bedürfnis nach Anerkennung und Bewunderung. „Du, Herr, hast meine Bekehrung begonnen", betete er zwölf Jahre nach seiner Taufe. „Du lässt nie ab von dem, was du begonnen; führe, was an mir noch unvollendet ist, zur Vollendung!"
Am 28. August des Jahres 430 starb Augustinus in Hippo Regius, während die Stadt von den Vandalen belagert wurde. Neben seinen *Bekenntnissen (Confessiones)* und seinem bedeutendsten und wirkungsmächtigsten Buch *Vom Gottesstaat (De civitate dei)* hinterließ er ein riesiges Werk – über 100 Bücher, Briefe, leidenschaftliche Predigten –, mit dem er die abendländische Philosophie und Theologie geprägt hat wie kaum ein anderer.

Hildegard von Bingen

* 1098 in Bermersheim bei Alzey
† 17. September 1179 in Bingen
deutsche Mystikerin

Hildegardis Prophetissa –
Hildegard von Bingen, Bildpostkarte

„Im Jahr 1141 nach der Mensch-
werdung Jesu Christi, des Gottes-
sohnes, als ich 42 Jahre und sieben
Monate alt war, kam ein feuriges
Licht mit Blitzesleuchten vom offenen
Himmel hernieder."

Literatur

- Feldmann, Christian, Hildegard von Bingen. Nonne und Genie, Herder Verlag, Freiburg i. Br. 1995
- Forster, Edeltraud, Der Konvent der Benediktinerinnenabtei St. Hildegard (Hgg.), Hildegard von Bingen. Prophetin durch die Zeiten. Zum 900. Geburtstag, Herder Verlag, Freiburg i. Br. 1997
- Kastinger Riley, Helene M., Hildegard von Bingen, Rowohlt Taschenbuch Verlag, Reinbek 1997

DIE „RHEINISCHE SIBYLLE"

Verehrt und bewundert wurde sie schon von Zeitgenossen. Lange vergessen, erlebte sie 800 Jahre nach ihrem Tod eine unglaubliche Renaissance. Hildegard von Bingen, die Visionärin und „rheinische Sibylle", war eine der mächtigsten Äbtissinnen im Mittelalter, ein Genie und eine außerordentlich gebildete und tatkräftige Frau. Bekannt ist sie heute vor allem als kräuter- und heilkundige Nonne. Damit ist aber nur ein beschränkter Teil ihrer Wirkungsfelder angesprochen. Denn Hildegard von Bingen übte mehr als eine Hand voll Berufe aus: Sie war Theologin, Dichterin, Ärztin, Apothekerin, Komponistin und wird als die erste deutsche Naturwissenschaftlerin geführt. Dazu leitete sie zwei Abteien gleichzeitig und führte einen der umfangreichsten Briefwechsel des Mittelalters. Und: Die visionären und prophetischen Vorstellungen ihres Werks brachten ihr bereits zu Lebzeiten die kirchliche Anerkennung als Seherin.

1098 als zehntes Kind adeliger Eltern im Rheingau geboren, wurde sie bereits mit acht Jahren der Gräfin von Sponheim anvertraut, einer entfernten Verwandten, die sich in der Frauenklause des Benediktinerklosters auf dem Disibodenberg angesiedelt hatte. Die Adelstochter wurde hier in das Klosterleben eingeführt und vom gelehrten Mönch Volmar von Disibodenberg, ihrem späteren Sekretär, unterrichtet. 35 Jahre lang lebte Hildegard in der Abgeschiedenheit ihrer Klause, pflegte ihre Talente und eignete sich ein unglaubliches Wissen auf verschiedensten Gebieten an. Nach dem Tod der Klausnerin Jutta trat sie deren Nachfolge an und wurde Leiterin der Frauengemeinschaft, die sich mittlerweile zu einem kleinen Kloster entwickelt hatte.

Sie war 42 Jahre alt, als sie begann – einem inneren Befehl gehorchend – ihre Visionen aufzuschreiben: In zehn Jahren Arbeit entstand ihr erstes großes Werk *Wisse die Wege* (*Scivias*, 1141–1151). Von da an machte Hildegard von Bingen mit ihren mystischen Erlebnissen von sich reden. Ihre Offenbarungen wurden von einer theologischen Kommission, darunter Bernhard von Clairvaux, begutachtet und kirchlich approbiert, Papst Eugen III. ermunterte die Seherin

Illustrierte Buchseite aus Hildegard von Bingens Scivias, Wisse die Wege

Hildegard, ihre Eingebungen zu verbreiten.

Über ihre Visionen schrieb sie noch zwei weitere Werke: *Das Buch der Lebensverdienste (Liber vitae meritorum,* 1158–1161) und das *Buch der göttlichen Werke (Liber divinorum operum,* 1163–1174) – Schriften von großer poetischer Kraft, mit stark visionären und prophetischen Zügen und mit ehrgeizigem Anspruch: Sie umfassten den Ursprung der Welt, das Gefüge, in dem die Menschen ihren Platz hatten, und ihre Vorstellungen vom Jenseits. Mit ihrem Sendungsbewusstsein wollte Hildegard die Menschen ihrer Zeit aufrütteln und zur Umkehr bewegen. Sie verstand sich als Anwältin, Sprachrohr und Instrument Gottes, verfocht dabei keineswegs nur weltlose Innerlichkeit, sondern ein konsequent geführtes christliches Leben: „Der Mensch sollte beides haben", schrieb sie, „die Sehnsucht nach dem Himmel und die Sorge um die Notdurft des Fleisches …"
Es scheint nicht leicht gewesen zu sein, sich als Frau in die Theologie vorzuwagen, darauf weisen ihre häufigen Demutsformeln hin.

So bezeichnete sie sich in einem Brief an Bernhard von Clairvaux als „ungelehrte" Frau, die weder literarisch besonders bewandert sei noch gut Latein könne.
Gleichzeitig hatte sie ein starkes Erwählungsbewusstsein. „Im Innern meiner Seele", sagte sie, „bin ich weise." Vermutlich hat Hildegard, wie viele spätere Mystikerinnen, unter Berufung auf einen unmittelbar von Gott eingegebenen Auftrag das Lehrverbot für Frauen umgangen, um so als prophetisch-mystische Visionärin in anderem Stil in die theologische Diskussion der Zeit eingreifen zu können. Neben ihren visionären Werken verfasste Hildegard aber auch direkt Schriften zu theologischen Fragen und zwei große naturkundliche und medizinische Werke. Ihre musikalische Begabung beweisen ihre Kompositionen: Für ihre Nonnen textete und komponierte sie eigenwillige geistliche Gesänge und Singspiele.

Sie wusste sich durchzusetzen – gegen den Willen der Mönche auf dem Disibodenberg gründete sie auf dem Rupertsberg bei Bingen ihr Frauenkloster, später ein weiteres Kloster in Eibingen –, unternahm trotz ihrer gebrechlichen Konstitution zahlreiche Predigtreisen in verschiedene Städte und korrespondierte mit einfachen und mächtigen Menschen ihrer Zeit, unter ihnen Bernhard von Clairvaux und Friedrich Barbarossa, dem sie ins Gewissen redete. 1179 starb Hildegard im Alter von 81 Jahren. Während sie, so die zeitgenössischen Berichterstatter, „in einem seligen Sterben hinüberging zu ihrem himmlischen Bräutigam", sollen sich über ihrem Kloster zwei riesige farbige Bögen von Norden nach Süden und von Osten nach Westen gespannt haben. Ein Licht in der Kreuzung der Bögen „leuchtete weithin und schien die nächtliche Finsternis vom Sterbehaus zu vertreiben".

Illustration aus Scivias

Franz von Assisi

* 1181 oder 1182 in Assisi
† 3. Oktober 1226 in Assisi
italienischer Kaufmann und Heiliger

Der heilige Franz von Assisi,
Gemälde von Berlinghieri, 1250

Literatur

- Dieterich, Veit-Jakobus, Franz von Assisi, Rowohlt Taschenbuch Verlag, Reinbek 1995
- Holl, Adolf, Der letzte Christ, Deutsche Verlags-Anstalt, Stuttgart 1979
- Sabatier, Paul, Leben des Heiligen Franz von Assisi, Rascher Verlag, Zürich 1953

DER AUSSTEIGER

Er gilt als der Heilige schlechthin: der Poet und „Bruder Immerfroh", der ekstatische Troubadour Gottes, der sich um Institutionen wenig, um die innere Verbundenheit mit dem Höchsten, mit der Natur und den Menschen aber umso mehr kümmerte. Diese sentimentale Interpretation des Franziskus von Assisi ist bis heute wirksam, sie zeichnet jedoch kein historisch getreues Bild des Heiligen, sondern spiegelt bestenfalls einige Aspekte seiner Person wider. Wer aber war dieser Franz von Assisi, der Menschen bis in unsere Zeit interessiert und fasziniert, wirklich?

1182 (vielleicht auch schon 1181) in eine der reichsten Familien von Assisi hineingeboren, führte Giovanni, der wegen der französischen Abstammung seiner Mutter Francesco (kleiner Franzose) genannt wurde, ein angenehmes, genussreiches Leben. Er erhielt eine für seinen Stand überdurchschnittliche Bildung, wurde wie sein Vater Tuchhändler und entwickelte sich zu einem fähigen Unternehmer. Gleichzeitig, so lässt sich den Überlieferungen entnehmen, war er ein temperamentvoller junger Mann, der die

Frauen liebte, sich als Spielmann und Sänger versuchte und schließlich mit 20 Jahren als draufgängerischer Ritter im Städtekrieg zwischen Perugia und Assisi kämpfte. Die Niederlage Assisis und eine einjährige Gefangenschaft lösten bei Franz eine tiefe Krise aus. In einem mehrjährigen Prozess vollzog sich im Leben des jungen, renommierten Kaufmanns eine grundlegende Wende: Ein Schlüsselerlebnis war für ihn wohl die Begegnung mit Aussätzigen, die er zuvor immer gemieden, vor denen er sich geekelt hatte: Der Legende nach soll er eines Tages den Kontakt mit einem Aussätzigen gesucht, ihm die Hand geküsst und erkannt haben, dass das Leid der Welt an „Süßigkeit" gewann, als er nicht mehr vor ihm floh. Der einst ehrgeizige Spross einer aufstrebenden Schicht liebte nun mehr und mehr die Einsamkeit, spendete Geld für Arme und Kirchenrenovierungen, nahm Abschied von seiner gesicherten, großbürgerlichen Existenz, suchte etwas Neues, Eigenständiges und fand es in der Nachfolge Jesu, der seine Jünger aufgefordert hatte, Familie, Haus und Besitz aufzugeben und arm loszuziehen, um Liebe zu leben. Er tauschte seine Kleidung gegen die raue Kutte, begann die Armut vorzuziehen, nannte sie seine „Herrin" und beschränkte sich auf das Notwendigste – das war das Herzstück der Frömmigkeit des Franz von Assisi. Seine zentralen Fragen waren die nach Gerechtigkeit, nach Frieden und – das war einzigartig – nach dem Verhältnis des Menschen zur Natur. „Der selige Franziskus war versunken in die Liebe Gottes und sah … in jedem Geschöpf die Güte Gottes in ihrer Vollkommenheit; darum hing er mit besonderer und inniger Liebe an allen Geschöpfen", heißt es in einer Legende. Die Szenen, in denen er den Vögeln predigte, Wölfe besänftigte, zu Fischen sprach, sind bekannt. Diese seine Beziehung zur Natur und ihren Geschöpfen wirkt in den Legenden sentimental, zeugt jedoch von einem Naturverständnis, das Verwandtschaft und nicht Herrschaft ausdrückt.

Das Charisma des Franz von Assisi wirkte wie ein Magnet. Sein großes Selbst- und Sendungsbewusstsein machte ihn zur Führerfigur. Bald schon scharte sich eine Bruderschaft um ihn: Aus allen Schichten, aber in der Gemeinschaft ohne Standesunterschiede führte die Gruppe der Minderbrüder, wie sie sich nannten, ein Leben des Gebets, der Meditation, der Askese und der Pflege Aussätziger. Franziskus, der zwar ein radikaler Armer, aber ein loyales Kirchenmitglied war, erreichte 1209 für seine Ordensregel die päpstliche Anerkennung,

Franz von Assisi, Berlinghieri, 1235

für sich selbst die Erlaubnis zu predigen und die kleine Tonsur als Zeichen seines Laiendienstes als Diakon zu tragen. Es entstanden zwei weitere Orden, die auf Franziskus zurückgehen: die Klarissinnen (nach Klara von Assisi) und die Tertiaren für Weltleute.

Die päpstliche Anerkennung war aber gleichzeitig der Beginn eines Prozesses, den Franz und seine Bewegung gerade nicht gewollt hatten: Die Institutionalisierung der stark angewachsenen Bruderschaft mündete in eine feste Hierarchie, die Armutsforderungen wurden mehr und mehr aufgeweicht. Es kam zu einer Spaltung zwischen den schlichten

Brüdern der frühen Zeit und den papsttreuen Bruderschaftsmitgliedern, und Franziskus kämpfte darum, seinem höchsten Ideal nachzuleben und sich zugleich mit der irdischen Realität, der mächtigen Institution der mittelalterlichen Kirche zu arrangieren. Er zog sich häufig, inzwischen schwer krank und leidend, in die Einsamkeit zurück, schrieb sein bekanntes Werk, den *Sonnengesang* – höchste Poesie, in der das besondere Natur- und Gottesverhältnis des Heiligen seinen gelungensten Ausdruck fand. Am 3. Oktober 1226 kam „Bruder Tod", den Franz in seiner letzten Zeit häufig besungen hatte.

Elisabeth von Thüringen

* 1207 auf der Burg Saros Patak, Ungarn
† 17. November 1231 in Marburg
deutsche Heilige, thüringische Landgräfin

Heilige Elisabeth, Chorgestühl in
St. Godehard, Hildesheim

Literatur

■ Hoppe, Günther, Elisabeth, Landgräfin
von Thüringen, Schriften der Wartburg-
Stiftung, Eisenach 1984
■ Nigg, Walter u. a., Elisabeth von
Thüringen. Die Mutter der Armen,
Herder Verlag, Freiburg 1981
■ Schneider, Reinhold, Elisabeth von
Thüringen, Insel Verlag, Frankfurt/Main
1997

MUTTER DER ARMEN UND KRANKEN

Als große Heilige ist sie in die
christliche Religionsgeschichte
eingegangen – Elisabeth von
Thüringen, demütige und für-
sorgliche Landgräfin, Anwältin
der gesellschaftlichen Rand-
gruppen, deren kurzes Leben
reich mit Mythen und Legenden
ausgeschmückt wurde. So reich,
dass es nicht leicht ist, ein historisch verbürgtes Bild ihrer Biographie zu zeichnen.
Elisabeth war die Tochter Königs
Andreas II. von Ungarn und der
Gertrud von Andechs-Meran.
Gerade ein Jahr alt, wurde der
Königsspross 1208 mit Ludwig,
dem Sohn des thüringischen
Landgrafen, verlobt und drei Jahre
später nach Eisenach gebracht, um
gemeinsam mit ihrem künftigen
Gemahl eine höfische Erziehung
am kultivierten, landgräflichen
Hof zu erhalten. Dort hatte einige
Jahre zuvor der Minnesänger
Walther von der Vogelweide
gewirkt. Als Elisabeth 14 Jahre
alt war, fand die Hochzeit statt.
Das Paar, zusammen aufgewach-
sen und einander vertraut, führte
eine liebevolle und harmonische
Ehe, aus der drei Kinder hervorgingen.
Es war die Zeit der Frömmig-

keitsbewegung. Die Menschen,
insbesondere die Frauen, suchten
nach einem lebendigeren Christentum jenseits der gängigen
Angebote und etablierten kirch-
lichen Einrichtungen. Ohne in
einen Orden eintreten zu wollen,
bemühten sie sich, durch Gebet,
Fasten und Dienst an den Kranken in der Nachfolge Christi zu
leben. Auch Elisabeth gab sich
nicht damit zufrieden, nur standesgemäß und traditionell wohl-
tätig zu sein. Sie wollte wirklich
etwas tun, den Armen und
Kranken begegnen, sie eigen-
händig pflegen, betreuen und
ihnen so nicht nur körperlich
und materiell helfen, sondern
ihnen ihre Würde wiedergeben.
Ihr unhöfischer Lebensstil aber
empörte die landgräfliche Familie
und den Adel: Sie benehme sich
wie eine Nonne oder eine Dienst-
magd, aber nicht wie eine deutsche Fürstin. Als Elisabeth während eines Hungerjahrs Mittel
aus der Staatskasse nahm, um
die notleidende Bevölkerung zu
unterstützen – unter anderem
gründete sie in Eisenach nahe
der Wartburg ein Hospital, wo
sie auch selber Kranke betreute –,
wurde sie als Verschwenderin

Die heilige Elisabeth beschenkt einen Armen – Szene aus der Vita der Landgräfin von Thüringen, kolorierter Holzschnitt von Michael Wolgemut (1434–1519)

Heilige Elisabeth, Glasfenster in der Elisabethkirche in Marburg

angegriffen. Rückendeckung erhielt sie allerdings immer von ihrem Mann Ludwig. Er war einverstanden mit ihrem Engagement – „solange sie mir nur die Wartburg nicht verschenkt". 1225 knüpfte sie erste Kontakte zu den Franziskanern, die sich nahe der landgräflichen Burg ansiedelten. Sie prägten Elisabeths Arbeit entscheidend. Bestärkt – und vermutlich sogar gedrängt – in ihrer Hingabe an Religion und Armenfürsorge wurde die Landgräfin von ihrem Beichtvater, dem Predigermönch und späteren Inquisitor Konrad von Marburg. Seine Rolle in Elisabeths Leben wird unterschiedlich beurteilt. Er soll ihr jeglichen Eigenwillen genommen, sie durch mehrere feierliche Gelübde an sich gebunden und sie drakonisch zu einem asketischen, sich selbst aufopfernden Leben getrieben haben. Andere behaupten, dass Elisabeth sich gegen ihn durchgesetzt und

nach ihren eigenen Entscheidungen gehandelt habe.
Elisabeths Mann Ludwig trat dem Deutschen Orden bei und nahm am fünften Kreuzzug teil, erkrankte dabei aber im italienischen Otranto und starb 1227 an einer Seuche, ohne das Heilige Land erreicht zu haben.
Die Witwe, 20 Jahre jung, musste die Wartburg verlassen und ging nach Marburg, wo sich auch ihr Beichtvater Konrad befand. Dort gründete sie aus den Mitteln einer Abfindung ein Hospital, benannte es nach Franz von Assisi und sagte sich schließlich ganz von der Welt los. Sie trat in den Terziarenorden für Laien, den Dritten Orden des heiligen Franziskus, ein und widmete ihr ganzes Leben der Armen- und Krankenpflege.
Die adelig und reich Geborene wählte Verzicht, Demut und Gehorsam, wählte die Armut zu ihrem Lebensinhalt. Wie Franz von Assisi wollte sie Christus

nachfolgen. Wie er entschloss sie sich für ein Leben zwischen Kloster und Welt, zwischen Ordensfrau und Laienstand.
Sie hatte allerdings nur noch kurze Zeit zu leben: Die eigenen Bedürfnisse hatte sie vollkommen vernachlässigt und so starb sie ausgezehrt nur 24-jährig im November 1231.
Bereits vier Jahre später wurde Elisabeth heilig gesprochen und im Laufe der Jahrhunderte zur deutschen Nationalheldin, zur Landespatronin von Thüringen, zur Mutter der Armen und Kranken.

„Deutschlands Ruhm, Perle der Tugenden, Quelle der Wahrheit, Schmuck der Kirche, Blüte des Glaubens, Mutter der Bedürftigen, Medizin für die Kranken und Hoffnung der Sünder."
Inschrift auf dem Fries des Mausoleums der Elisabeth von Thüringen

Meister Eckhart

* um 1260 in Hochheim bei Gotha
† um 1327 in Köln
deutscher Theologe, Prediger und Mystiker

Singende Mönche *aus einem Psalter,*
Buchmalerei, Frankreich, 13. Jh.

„Vom Wissen soll man kommen in ein
Unwissen und dann wird unser
Unwissen mit dem übernatürlichen
Wissen geadelt und geziert."

Literatur

■ Gnädinger, Louise (Hg.), Meister
Eckhart. Deutsche Predigten, Manesse
Verlag, Zürich 1999
■ Largier, Niklaus (Hg.), Meister Eckhart.
Werke. Zwei Bände, Deutscher Klassiker
Verlag, Frankfurt/Main 1993
■ Sturlese, Loris, Meister Eckhart.
Ein Porträt, Friedrich Pustet Verlag,
Regensburg 1993

DER KETZER

„Ein großer Meister lehrt, sein Durchbrechen sei edler als sein Ausfließen, und das ist wahr. Als ich aus Gott herausfloss, da sagten alle Dinge: Gott ist. Aber das kann mich nicht selig machen, denn hierbei erkenne ich mich als Geschöpf. Hingegen beim Durchbrechen – da stehe ich losgelöst von meinem eigenen Willen und dem Willen Gottes, von allen seinen Werken und von Gott selbst; da stehe ich oberhalb von allen Geschöpfen …, denn dieser Durchbruch bewirkt, dass ich und Gott eins sind. Dort bin ich, was ich war. Dort erhalte ich weder etwas hinzu noch verliere ich etwas. Denn da bin ich das unveränderliche Wesen, das alles verändert. Hier findet Gott keine Stätte im Menschen, denn der Mensch erhält aufgrund dieser Armut, was er ewig gewesen ist und immerdar bleiben wird. Hier ist Gott eins mit dem Intellekt und das ist die nächste (vollkommenste) Armut, die man finden kann." Diese Textpassage stammt aus Meister Eckharts Predigt über die Armut an Geist. „Selig, die arm sind an Geist, denn ihnen gehört das Himmelreich" – in der Auslegung des spätscholastischen Denkers

wurde diese Bibelstelle zur Aufhebung allen Ich-Bewusstseins. Arm ist erst, wer nicht nur dem eigenen Willen entsagt, sondern nicht einmal mehr den Willen Gottes hat: wer den Unterschied zwischen Gott und Geschöpf und folglich auch zwischen Gott und Ich nicht mehr erlebt; wer also Selbstgenügsamkeit jenseits von Geburt und Tod erlangt. Solche Armut ist größter Reichtum.

Meister Eckharts Predigt über die Armut an Geist zählt zu den radikalsten philosophischen Texten des europäischen Denkens. Scheinbar losgelöst von allen geschichtlichen Zusammenhängen beschritt der Spätscholastiker neue Gedankenwege, neue geistige Erfahrungswege: Was er auslegte, veränderte er und reformierte so das Christentum.

Eckhart von Hochheim entstammte einem ritterlichen Geschlecht. Er trat früh in das Dominikanerkloster in Erfurt ein, studierte Theologie und Philosophie in Straßburg und Köln und wurde Prior seines Heimatklosters. Ein Lehrauftrag brachte ihn nach Paris, dort wurde er 1302 Magister – daher die Bezeichnung „Meister" Eckhart. Anschließend leitete er die neu errichtete Ordensprovinz Sachsen, lehrte wieder in Paris, Straßburg, Köln, wo er vermutlich 1327 starb. Er hinterließ ein umfangreiches Werk: gelehrte lateinische Schriften, deutsche Traktate, Predigten.

Meister Eckhart gilt gemeinhin als deutscher Mystiker. Dieses Bild entstand, weil lange nur seine Predigten bekannt waren; die isoliert stehenden Texte ließen sich historisch kaum deuten und wurden der Mystik zugeordnet. Erst als seine lateinischen Schriften entdeckt wurden, zeigte sich, dass er ebenso ein rationaler, intellektuell brillanter Philosoph war, ein Gelehrter, der lateinisch schrieb und – zu jener Zeit revolutionär – deutsch predigte. Impulse für sein Denken und Wirken erhielt er in Paris, der damaligen Hauptstadt der Philosophie.

Eckhart, der hochrangige Ordensführer, bemühte sich um eine neue Philosophie des Christentums und erschloss das intellektuelle und geistige Leben auch für Menschen, die des Lateinischen nicht mächtig waren. Im festen Glauben, sich im Rahmen der offiziellen Kirche zu bewegen, arbeitete er an einer Emanzipation des Menschen, indem er den Gottesbegriff neu überdachte. Sein Gott war nicht mehr „der Herr", demgegenüber die Menschen Knechte waren, sondern für ihn waren sie Vertraute, mit denen Gott alles teilte, was er war und wusste.

Weil er Hierarchien ignorierte, revolutionierte Meister Eckhart

Inquisitionsszenario, Holzstich nach R. de Moraine, 1500

auch die Ordnung des sozialen Lebens: Gott, so predigte er, habe die Frau nicht aus Adams Körper erschaffen; er wollte, dass sie ihm ebenbürtig sei. Ebenso sei die gerechte Seele Gott gleich, nicht darunter, nicht darüber. Sofern Menschen sich in der Wahrheit und Gerechtigkeit bewegten, seien sie Gott gleich, eins mit Gott, in Gott. „Die Nähe Gottes und der Seele, die hat in Wahrheit keinen Unterschied", pries Eckhart das völlige Einswerden des Seelengrundes mit Gott.

Dass solche Aussagen die offizielle Kirche auf den Plan riefen, verwundert nicht: Gegen Eckhart, einen führenden Kopf des Dominikanerordens, wurde wegen Verbreitung ketzerischer Lehren ein Inquisitionsgericht eingesetzt. Der Angeklagte wurde zunächst freigesprochen; sein Orden war energisch für ihn eingetreten und er selber hatte feierlich erklärt, niemals häretische Ansichten vertreten zu haben. Kurz nach Eckharts Tod aber erließ der Papst

– nach langer, fachmännischer Beratung – eine Bulle, in der 28 Sätze des Meisters teilweise als häretisch, teilweise als strittig verdammt wurden. Unter anderem wurde Eckhart beschuldigt, er habe mehr wissen wollen, als ihm gebührte, und er habe seine Ideen auch einfachen Menschen in ihrer Sprache nahe gebracht. Beide Delikte wurden gleichermaßen verurteilt. Der Papst klagte den Gelehrten an, er habe den Glauben in Wissen umdeuten wollen und er habe seine aufrührerischen Thesen dem Volk, sogar Frauen gepredigt. Eine derartige „Verbreitung glaubensgefährdender Lehren unter dem Volke" duldete die Kirche nicht und verurteilte Meister Eckhart als Ketzer. Seine Gedanken aber ließen sich nicht zensieren. Sie wurden in weiten Volkskreisen aufgenommen und lebten weiter, wirkten weiter, wurden weiter entwickelt. So wurde Eckart tatsächlich, was er werden wollte: ein Lehrmeister des Volkes.

Teresa von Ávila

* 28. März 1515 in Ávila
† 4. Oktober 1582 in Alba de Tormes
spanische Mystikerin und Dichterin

Teresa von Ávila im Alter von 61 Jahren,
Gemälde von Bruder Juan de Misería, 1576

Literatur

■ Horst, Eberhard, Die spanische Trilogie. Isabella – Johanna – Teresa, Claassen Verlag, Düsseldorf 1989

■ Sackville-West, Vita, Adler und Taube. Eine Studie in Gegensätzen. Die Heilige Teresa von Avila. Die Heilige Therese von Lisieux, aus dem Englischen von Adolf Halfeld, Ullstein Taschenbuch Verlag, Frankfurt/Main, Berlin, Wien 1982

■ Teresa von Avila, „Ich bin ein Weib – und obendrein kein gutes." Ein Porträt der Heiligen in ihren Texten, ausgewählt, übersetzt und eingeleitet von Erika Lorenz, Herder Verlag, Freiburg i. Br. 1982

REFORMERIN IM DIENSTE GOTTES

Mystische Versenkungen, heftige Ekstasen und Visionen waren die Quelle für ihren inbrünstigen Glauben, der Teresa von Ávila als große Mystikerin in die Geschichte eingehen ließ. Hinzu kam ihre leidenschaftliche Radikalität: „Kein Maß zu haben im Dienste Gottes", danach verlangte sie und wollte „entweder sterben oder leiden". Gleichzeitig war die spanische Heilige aber auch eine lebenspraktische, weltzugewandte und fröhliche Frau, eine tatkräftige Nonne, Reformatorin, Klostergründerin und unermüdliche Schriftstellerin, die ihre mystische Gotteserfahrung und ihre Reflexionen auch aufzeichnete.

Teresa von Ávila, geboren als Teresa Sánchez de Cepeda y Ahumada, war der Spross eines wohlhabenden kastilischen Adelsclans – eine vielseitig begabte, schöne, charmante und schlagfertige Spanierin. Ihrer jüdischen Herkunft väterlicherseits verdankte sie „die Gleichgültigkeit gegenüber der Abstammung, die Vorliebe für die Beschäftigung mit dem Glauben, den Sinn für praktische Initiative und die fehlenden sozialen Vorurteile". Sie wuchs in einer kinderreichen, zum Christentum konvertierten Familie auf, die vom Geist der Zeit geprägt war: Spanischer Nationalstolz und missionarische Welteroberung führten sieben ihrer Brüder als Konquistadoren in die „Neue Welt". Der Drang zum Abenteuer steckte allen Geschwistern im Blut. Auch Teresa.

Als Siebenjährige zog das fantasiebegabte Mädchen zusammen mit ihrem Bruder Rodrigo von zu Hause los, um die Mauren zu christianisieren und als Märtyrerin zu sterben. Mit 13 Jahren verlor Teresa ihre Mutter, der sie wohl in vieler Hinsicht sehr ähnlich war und mit der sie die Neigung für Ritterromane und romantische Versepen teilte. Wenig später kam sie zur Erziehung in ein Augustinerinnen-Kloster, betonte aber, dass sie „tiefe Ablehnung gegen das Dasein einer Nonne" empfand. Wegen einer schweren Krankheit musste sie das Internat nach kurzem Aufenthalt wieder verlassen.

Bereits zu dieser Zeit spürte sie eine innere Zerrissenheit: einerseits die Freude am angenehmen weltlichen Leben, andererseits Furcht vor den Bedrängnissen des Teufels und vor der ewigen Hölle.

1535 trat sie gegen den Willen ihres Vaters dann doch ins Kloster ein, in den Karmeliterorden der Menschwerdung (Carmelitas de la Encarnación) in Ávila. Die Motivation zu diesem Schritt lag in ihren Ängsten und Schuldgefühlen, aber auch in dem Wunsch, nicht heiraten zu müssen. Denn die Ehe schreckte sie, bedeutete sie doch, wie sie leidvoll erfuhr, oft den Tod der Frau: Ihre Mutter, die schon als junge Frau wie eine „ältere Dame gekleidet war", war mit 33 Jahren verstorben, nachdem sie in 18 Jahren zehn Kinder zur Welt gebracht hatte. Und auch die zweite Frau des Vaters starb nach der Geburt eines Kindes.

Im Kloster führte Teresa fast 20 Jahre lang ein ruhiges Nonnenleben, immer wieder aufgewühlt durch tiefe religiöse Erfahrungen und geschwächt durch lange, schwere Krankheiten. Sie suchte Zerstreuung im gesellschaftlichen Leben ihres Ordens, das – ohne Klausur, mit Bediensteten und zahlreichen Gästen – die Annehmlichkeiten eines luxuriösen Damenstifts bot. „Ich führte ein höchst qualvolles Leben", schrieb die Karmeliterin später über ihren inneren Zwiespalt, „auf der einen Seite rief mich Gott, auf der andern folgte ich der Welt". Schließlich, mit 40 Jahren, erlebte Teresa eine innere Umkehr und begab sich auf den *Weg der Vollkommenheit*, wie ihr gleichnamiges Buch belegt. „Das Leben, das ich bisher gelebt habe, war mein Leben. Das, was jetzt für mich im Gebet begann, ist das Leben Gottes in mir", schrieb sie.

Ausführlich schilderte sie ihre Visionen, ihre Erlebnisse und Vereinigungen mit Christus: „Einmal erschien mir die Menschheit des Herrn …, dass die Seele sich in ihm wie vernichtet fühlte und an seiner Gegenwart nicht zweifeln konnte. Dann wurde sie, obgleich der Herr sich freundlich erwies, doch vom Gefühl ihrer Sündhaftigkeit überwältigt und trauerte aufs Schmerzlichste …" Dieser Schmerz war nach den Worten Teresas so gewaltig, „dass es mir das Herz zu zerreißen schien. Aufgelöst in Tränen warf ich mich vor ihm nieder und bat ihn, mir für immer Kraft zu geben …" Sie beschloss, nach dem Vorbild der Klarissinnen in Armut, Askese und Gebet zu leben, und begann 1562 den Karmeliterorden zu reformieren. Gegen heftige Widerstände und Anfeindungen aus den eigenen Reihen forderte sie Demut und Gleichheit aller Seelen: Nicht Besitz und Herkunft zählten bei der Aufnahme von Mitschwestern, sondern allein die geistliche Berufung. Mit Hilfe ihres Beichtvaters, Petrus von Alcantara, gründete sie am Rande Ávilas San José, das erste Kloster der Reform der Unbeschuhten Karmeliterinnen. Unterstützt von dem Karmeliter Johannes vom Kreuz, mit Rückendeckung des Papstes und König Philipps II., eröffnete oder erneuerte sie im Laufe der folgenden zwei Jahrzehnte landesweit 32 weitere Reformklöster (andere Quellen sprechen von 17). Gleichzeitig schrieb sie ihr umfangreiches Werk, Briefe, Gedichte, didaktische Texte – stets unter der Aufsicht verschiedener Beichtväter

und ständig bedroht von der Inquisition, der sie geschickt entging. Auf der Rückreise von ihrer letzten Klostergründung in Burgos starb Teresa von Ávila in völliger Erschöpfung. „Am Ende bin ich immer noch eine Tochter der Kirche", waren ihre letzten Worte. Als Landstreicherin beschimpft und vom Klerus immer wieder in die ideologische Zange genommen, wurde sie 1622 heilig gesprochen und 1970 durch Papst Paul VI. als erste Frau zur Kirchenlehrerin erhoben.

Die Verzückung der Heiligen Teresa, *Skulptur von Giovanni Lorenzo Bernini, 1644–1647, Rom, S. Maria della Vittoria*

„Sie ist ein unruhiges Frauenzimmer, herumstreunend, ungehorsam und verstockt; unter dem Schein der Frömmigkeit denkt sie falsche Lehren aus; … ferner doziert sie wie ein Theologieprofessor, obgleich der heilige Paulus sagt, dass die Frauen nicht lehren dürfen." Philipp Sega, päpstlicher Nuntius

Sor Juana Inés de la Cruz

* 12. November 1651 (oder 1648) in San Miguel Nepantla, Mexiko
† 17. April 1695 in Mexiko City
mexikanische Nonne und Dichterin

Sor Juana Inés de la Cruz.
Gemälde, anonym, 17. Jh.

Literatur

- Cruz, Sor Juana de la, Der Traum, hg. von Adam Perez-Mador und Stephan Nowotnick, Verlag Neue Kritik, Frankfurt/Main 1992
- Merkl, Heinrich, Sor Juana Inés de la Cruz. Ein Bericht zur Forschung 1951–1981, Studia Romanica, 65. Heft, Carl Winter Universitätsverlag, Heidelberg 1986
- Paz, Octavio, Sor Juana Inés de la Cruz oder die Fallstricke des Glaubens, aus dem Spanischen von Maria Bamberg, Versübertragungen von Fritz Vogelgsang, Suhrkamp Taschenbuch Verlag, Frankfurt/Main 1991

DIE ZEHNTE MUSE MEXIKOS

„Es gibt keine größere Freiheit
Als die des menschlichen
Verstands.
Denn wenn Gott ihn nicht in
Ketten legt –
Warum sollte ich ihm dann
Fesseln anlegen?"
Diese Verse der mexikanischen
Barock-Dichterin Sor Juana Inés
de la Cruz waren Programm im
Leben der intelligenten, hoch
gebildeten und selbstbewussten
Frau, die immer wieder um ihr
Recht auf Wissen kämpfte. Juana
de Asbaje y Ramírez, uneheliche
Tochter einer Kreolin und eines
spanischen Edelmanns, war schon
als Kind außerordentlich wissbe-
gierig und willensstark. Inspiriert
von der Bibliothek ihres Großvaters, bei dem sie sich oft aufhielt,
konnte sie bereits als kleines
Mädchen lesen und schreiben.
Als 8-Jährige bestürmte sie ihre
Mutter, sie wie einen Jungen
zu kleiden, damit sie an der
Universität studieren könne.
Sie wurde stattdessen von Haus-
lehrern in Latein, Portugiesisch
und der Aztekensprache Náhuatl
unterrichtet und begann, Gedichte
zu schreiben. Die Kunde von dem
intellektuellen Wunderkind, das
sich mit Büchern einschloss, Vergil

zitierte und Auftragsgedichte verfasste, drang auch an den königlichen Hof von Mexiko: Die musi-
sche Vizekönigin, die die schöne,
begabte Juana bewunderte, holte
die 13-Jährige als Hofdame zu
sich und förderte sie. Juana schrieb
zahlreiche Gedichte und Stücke,
fantasievolle, geistreiche und
scharfsinnige Texte, die ihr
mühelos aus der Feder flossen.
Auf Anregung des Vizekönigs
unterzog sich Juana einer wissenschaftlichen Prüfung: Vor „vierzig
weisen Männern" aller Fakultäten
der Universität von Mexiko
demonstrierte sie ihr profundes
Wissen und ihre rhetorische
Brillanz. „Einer Frau ist es gelungen, / All den Weisen von
Ägypten / Zu beweisen, dass
Erkenntniskraft / Nicht bedingt
ist durchs Geschlecht. / Triumph,
Triumph! / Ein Wunder, ja ein
Mirakel. / Aber nicht, dass sie
obsiegte / War das Wunder,
sondern dass / Die Männer sich
vor ihr beugten." So schrieb die
Dichterin nach ihrem inoffiziellen
Examen mit Genugtuung.
Von diesem Tag an kannte jeder
in Mexikos Oberschicht ihren
Namen. Der Auftritt vor den
Gelehrten verschaffte Juana aber

nicht nur Bewunderer, sondern auch Feinde und Neider. Und weil sie sich als Intellektuelle und Unverheiratete – eine standesgemäße Heirat war wegen ihrer unehelichen Geburt und fehlender Mitgift ausgeschlossen und von ihr auch nicht gewollt – nicht länger am Hof halten konnte, entschied sie sich, ins Kloster zu gehen. Bereits als 16-Jährige hatte sie einen Versuch unternommen, war aber nach drei Monaten wieder zurückgekehrt an den königlichen Hof. 1669 legte sie im Hieronymitenkloster von Mexiko City das Gelübde ab und nannte sich seitdem Sor Juana Inés de la Cruz. Ihre neue Bleibe machte die Nonne zur privaten Universität: Sie studierte nun auch Naturwissenschaften, Musik, Astronomie und ägyptische Mythologie, residierte wie eine Fürstin in ihrer großzügigen Wohnung mit umfangreicher Privatbibliothek, hatte Dienerinnen und empfing nach Belieben Gäste. Statt ein asketisches Klosterleben zu führen, schrieb Juana – längst als „Zehnte Muse von Mexiko" und als „Phönix von Mexiko" gefeiert – Auftragswerke für Hof und Kirche: Hymnen, Lustspiele, Lyrik, philosophische Abhandlungen, Glossen und Prosaschriften. Der Vizekönigin, mit der sie innig befreundet war, widmete sie leidenschaftliche Gedichte, pflegte den Kontakt mit dem Hof und konnte sich dank der Protektion des Vizekönigspaares der Mahnung des Klerus, sie solle sich nur noch mit religiöser Literatur beschäftigen, widersetzen.

1685 vollendete sie ihr großes Poem *Erster Traum (Primero Sueño)*, ein monumentales philosophisches Werk in 975 Versen, aus „purem Vergnügen" geschrieben, das ihre Genialität und ihre umfassende Bildung dokumentiert. Es handelt sich um eine intellektuelle Seelenwanderung auf der Suche nach Erkenntnis, die heute zur stilreinsten Dichtung der spanischen Sprache zählt. Zunehmend bedrängt von den Kirchenoberen und bedroht von der Inquisition, verteidigte sie in Briefen an ihren Beichtvater und an den Bischof von Puebla das Recht der Frauen auf Wissen und Ausbildung. Sie berief sich auf eine Reihe von weisen Frauen, die in Religion und Philosophie eine herausragende Rolle gespielt hatten, angefangen bei der alttestamentarischen Prophetin Deborah über die heilige Katharina von Alexandria bis zu Teresa von Ávila. Vergeblich fragte sie, warum Männer – sie zitierte den Mönch und Schriftsteller Lope de Vega – ganz selbstverständlich das durften, was ihr untersagt wurde: Sollte sie auf ihren Verstand verzichten, nur weil sie eine Frau war? Wie sollte sie eine Sehnsucht unterdrücken, die Gott selbst in sie eingepflanzt habe? Schließlich gab Sor Juana erschöpft und körperlich zerrüttet von endlosen Bußwerken auf, lieferte ihre kostbare, 4000 Bände umfassende Bibliothek dem Bischof aus und unterzeichnete 1694 mit ihrem eigenen Blut ein Sündenbekenntnis sowie das Gelöbnis, nur noch für Gott zu leben.

Lope de Vega, spanischer Mönch und Dichter

Nach diesem Akt der Demütigung und Unterdrückung hatte Sor Juana nur noch kurze Zeit zu leben. Bei der Pflege ihrer pestkranken Mitschwestern im Kloster steckte sie sich an und starb 1695 an der tödlichen Seuche.

> „Ich trat ins Kloster ein, obwohl mir bewusst war, dass zum Nonnenleben Dinge gehören (ich meine beiläufige, nicht die eigentlichen), Dinge, die meiner Wesensart vielfach zuwider sind. Ich tat es trotzdem, da der geistliche Stand sich am ehesten mit meiner totalen Abneigung gegen die Ehe verträgt und der angemessenste Ausweg war, den ich wählen konnte im Blick auf die von mir ersehnte Gewissheit meiner Erlösung."

Jean-Jacques Rousseau

* 28. Juni 1712 in Genf
† 2. Juli 1778 in Ermenonville bei Paris
französischer Schriftsteller und Philosoph

Jean-Jacques Rousseau, Gemälde von
Maurice Quentin de Latour, 1753

Literatur
- Holmsten, Georg, Jean-Jacques
  Rousseau, Rowohlt Taschenbuch Verlag,
  Reinbek 1976
- Seeberger, Kurt, Jean Jacques Rousseau
  oder Die Rückkehr ins Paradies.
  Biographie, Nymphenburger
  Verlagsbuchhandlung 1978
- Starobinski, Jean, Rousseau.
  Eine Welt von Widerständen, aus
  dem Französischen von Ulrich Raulff,
  Carl Hanser Verlag, München 1988

DER GEFÜHLSDENKER

Er war einer der Größten der französischen Aufklärung und zugleich ihr entscheidender Überwinder: Jean-Jacques Rousseau, einflussreicher, radikaler, widersprüchlicher Geist des 18. Jahrhunderts – Philosoph, Schriftsteller und Pädagoge am Vorabend der Französischen Revolution. Seine geistes- und philosophiegeschichtliche Bedeutung liegt darin, dass er als erster Denker das Zeitalter der Vernunft hinterfragte und dadurch die Ideale und Grundwerte der Aufklärung erschütterte: Verstand und Rationales beurteilte er als leblos und unfruchtbar, die Idee des Fortschritts als Illusion. Die Werte also, die sich die Aufklärung auf ihre Fahnen geschrieben hatte, erschienen ihm fragwürdig; sie ruinierten seiner Überzeugung nach jede eigenständige Individualität. „In unseren Sitten wie im Denken herrscht eine niedrige und betrügerische Gleichförmigkeit. Alle Geister scheinen in die gleiche Form gepresst. Ohne Unterlass fordert die Höflichkeit, befiehlt der Anstand bestimmte Dinge; immer folgt man dem Usus, nie dem eigenen Genius. Man wagt nicht mehr zu scheinen, was man ist; und in diesem ständigen Zwang tun die Menschen, die jene Herde bilden, die man Gesellschaft nennt, unter gleichen Umständen alle das Gleiche." Dass dabei alles Ursprüngliche und Natürliche unterging, beurteilte Rousseau als den großen Irrtum der Aufklärung, ja der Zivilisation. Nicht im Verstand, sondern im Gefühl sah er die Wahrheit; denn nur das Herz gebe dem Menschen die wahre Eingebung seiner ursprünglichen Natur. „Allmächtiger Gott, erlöse uns von den Kenntnissen und den unheilvollen Künsten unserer Väter und gib uns die Ungewissheit, die Unschuld und die Armut zurück!" Denn der Mensch, so Rousseaus zentrale These, ist von Natur aus gut, erst die Gesellschaft verdirbt ihn.

Jean-Jacques Rousseau, der Uhrmachersohn aus Genf, hatte bereits ein bewegtes Leben hinter sich, als er 30-jährig nach Paris kam. Als Schreiber, Sekretär, Handwerker, Lehrer, Erzieher, Musikant hatte er gearbeitet, sich als Priesterschüler versucht und glänzte mit einem Wissen, das die Intellektuellen der französischen Hauptstadt beeindruckte und ihm Zutritt zu den Salons der großen adeligen Häuser verschaffte. Mit einem Singspiel und zwei erfolgreichen Opern begann er zunächst eine Karriere als Musiker. Nachdem er eine Schrift über die moralische Wirkung von Wissenschaft und Kunst auf die Gesellschaft verfasst und damit einen Preis gewonnen hatte, wurde er als Philosoph und Gesellschaftskritiker bekannt, ja berühmt und berüchtigt. Die Thesen durchzogen die Pariser Salons, alle wollten diesen Mann kennen lernen, der es gewagt hatte, die gesamte Kunst und Wissenschaft, allen Fortschritt, die Philosophie des Glücks und die Hoffnung der Aufklärer auf den kommenden Triumph der politischen Freiheit als Nichts abzutun, mehr noch, als Ausdruck reinen Lasters zu ächten. Es hagelte Gegenschriften, Widerlegungen. Die Anhänger der Vernunft zogen gegen diesen gefühlsbeladenen Rousseau und dessen Bildungsfeindlichkeit ins Feld. Der aber blieb bei seiner These von der Schädlichkeit der Zivilisation und vom Ideal des Naturzustands, in dem sich die Welt befand, ehe die Geschichte begann.

Seine Kulturfeindlichkeit bildet eine der großen Grundlinien seiner politischen Ideologie, die er in späteren Werken weiter ausführte: *Julie* oder *Die neue Heloise*, (Briefroman, 1761), *Émile oder über die Erziehung*, (Erziehungsroman, 1762), *Vom Gesellschaftsvertrag*, (*Contrat social*, 1762) – so lauten die Titel der Abhandlungen, die eine ungeheure Wirkung erzielten und in denen der Philosoph sich mit der Frage auseinander setzte, wie sich das ursprüngliche Wesen des Menschen mit der Existenz in Gesellschaft und Staat vereinbaren ließe. Wegen umstürzlerischer Tendenz und Unchristlichkeit seiner Schriften wurde ein Haftbefehl gegen Rousseau erlassen; seine Bücher wurden sogar öffentlich verbrannt.

Die These Rousseaus vom glücklichen naturhaften Urzustand der Menschheit verkürzten seine Zeitgenossen auf jene Formel, die der Gesellschaftskritiker selbst nie benutzte, mit der er aber identifiziert wurde: „Zurück zur Natur." Jean-Jacques Rousseau wusste natürlich, dass man die Zeit nicht zurückdrehen und die Zivilisation nicht in einen paradiesischen Urzustand zurückversetzen konnte. Vielmehr wollte er an die originären Werte – Freiheit, Gleichheit, Unschuld – erinnern; er wollte aus der Idee eines ursprünglichen Gutseins einen allgemeinen Appell an den Menschen ableiten. Rousseau hielt seiner Zeit ein Ideal wie einen Spiegel vor, und zwar als Gegenbild zu deren Verfallenheit. „Wer vom Naturzustand spricht, der spricht von einem Zustand, der nicht mehr existiert, der vielleicht niemals existiert hat und wahrscheinlich nie existieren wird und der gleichwohl gedacht werden muss, damit man die Gegenwart richtig begreifen kann."

Seine demokratietheoretischen Gedanken und Schriften wirkten zündend in der Französischen Revolution. In seinem *Gesellschaftsvertrag* propagierte Rousseau statt des von ihm einst gepriesenen freien Naturmenschen nun

Kupferstich aus Jean-Jacques Rousseaus Werk Emile. *Ausgabe von 1822*

den politisch mündigen Bürger, der durch bewusstes Aufgeben seiner Naturfreiheit an einen Kollektivwillen den idealen Staat schafft. Seine Erziehungstheorie führte zur Herausbildung tolererterer und psychologisch orientierter Methoden der Kindererziehung und beeinflusste den Pädagogen Johann Heinrich Pestalozzi und andere Pioniere der modernen Erziehung. Sein emotionalsubjektiver Ansatz, der in seinen Werken *Die neue Heloise* und *Bekenntnisse* (postum 1781) zum Ausdruck kommt, wirkte auf die Literatur der Romantik ebenso wie den Sturm und Drang. Und kaum einer der Großen der folgenden Zeit, weder Herder noch Goethe, weder Kant noch die Philosophen des Idealismus, weder Nietzsche noch Tolstoi hätten ohne Rousseaus Impulse das geschaffen, was wir heute haben.

Immanuel Kant

* 22. April 1724 in Königsberg
† 12. Februar 1804 in Königsberg
deutscher Philosoph

DER MANN DES KATEGORISCHEN IMPERATIVS

Bildnis im Alter von 44 Jahren –
der Königsberger Philosoph Immanuel Kant

Literatur

■ Höffe, Otfried, Immanuel Kant,
C. H. Beck Verlag, München 2000
■ Kopper, Joachim, Malter, Rudolf (Hgg.),
Immanuel Kant zu Ehren, Suhrkamp
Taschenbuch Verlag, Frankfurt/Main
1974
■ Schultz, Uwe, Immanuel Kant, Rowohlt
Taschenbuch Verlag, Reinbek 1995

„Ich habe mir die Bahn schon vorgezeichnet, die ich halten will. Ich werde meinen Lauf antreten und nichts soll mich hindern, ihn fortzusetzen." Visionäre und entschlossene Worte, die Immanuel Kant als junger, noch nicht 25-jähriger Mann niederschrieb und die er auf geradezu geniale Weise erfüllte. Immerhin stellte er die abendländische Philosophie auf eine völlig neue Grundlage, die bis heute unser Denken prägt: Es geht um den Stellenwert der Vernunft beim Erkennen der Welt.

In seinem Hauptwerk, der *Kritik der reinen Vernunft*, aus dem Jahre 1781 behandelte Immanuel Kant die zentralen Fragen der Philosophie und erörterte, wie überhaupt Metaphysik als Wissenschaft möglich sei. Er lotete in seiner Abhandlung die Grenzen der menschlichen Erkenntnis und Vernunft aus und kam zu der damals bahnbrechenden Schlussfolgerung, dass der Mensch nicht imstande sei, „Dinge an sich" zu erfassen, sondern nur Erscheinungen, die der Verstand an sie heranträgt. Im Versuch, hinter die sichtbare Wirklichkeit zu gehen, das Unbedingte zu erkennen und die sinnliche Erkenntnis zu über-

steigen, so Kant, verwickelt die menschliche Vernunft sich in Widersprüche, da keine Wahrheitskriterien mehr vorhanden sind. Das zeigte sich für ihn an der Frage nach der Freiheit: Es ließen sich ebenso triftige Gründe dafür anführen, dass der Mensch frei ist, wie dafür, dass er nicht frei ist. Ähnlich verhalte es sich mit den Fragen nach der Unsterblichkeit der Seele oder dem Dasein Gottes. Auch sie ließen sich mit Hilfe der theoretischen Vernunft nicht beantworten. Die menschlichen Versuche, in metaphysischen Fragen Gewissheit zu erlangen, sah Kant als „bloßes Herumtappen"; er verglich sie mit einer Seefahrt auf einem „weiten und stürmischen Ozeane …, wo manche Nebelbank und manches bald wegschmelzende Eis neue Länder lügt, und indem es den auf Entdeckungen herumschwärmenden Seefahrer unaufhörlich mit leeren Hoffnungen täuscht, ihn in Abenteuer verflechtet, von denen er niemals ablassen und sie doch auch niemals zu Ende bringen kann". Der Mensch also verirrt sich, gerade da, wo es um die wesentlichen Interessen seines Geistes geht: um die essenziellen

Fragen nach Gott, Freiheit und Unsterblichkeit.

Allerdings war Kant davon überzeugt, dass „das wahre und dauerhafte Wohl des menschlichen Geschlechtes" auf der Metaphysik beruht. Der Mensch hat vom Grunde seines Wesens her das Bedürfnis, nach dem Unbedingten zu fragen. Täte er das nicht, wäre er nicht mehr Mensch; er würde verrohen und im Chaos versinken. Die Antwort und den Weg sah der Philosoph in einer „neuen Geburt" der Metaphysik, die sich jedoch nur aus einer Selbstbesinnung der menschlichen Vernunft entfalten könne, und zwar nicht auf der Basis theoretischer Ideen, sondern auf dem Wege praktischen Handelns. Das Unbedingte, das der Reflexion verschlossen bleibt, so argumentierte Kant, kann sich entwickeln, wenn der Mensch entsprechend den Gesetzen der Vernunft verfährt. Dann wird er auf ein unbedingtes Gebot treffen, einen kategorischen Imperativ, der ihn davon abhält, nach Willkür und Stimmung zu handeln, und er weiß: So und nicht anders musst du dich verhalten. „Handle so, dass die Maxime deines Willens jederzeit zugleich als Prinzip einer allgemeinen Gesetzgebung gelten könnte." Mitten im bedingten Leben des Menschen offenbart sich auf diese Weise ein Unbedingtes: die Unbedingtheit des „du sollst".

Nun also war Kant im Bereich des Unbedingten und konnte auch den im Denken ungelösten Fragen nach Gott, Freiheit und Unsterblichkeit begegnen. Tritt

Altersporträt im Pofil,
Stahlstich von Immanuel Kant, um 1840

Kants Hauptwerk Kritik der reinen Vernunft,
Titelseite der Erstausgabe mit Vignette, 1781

dem Menschen ein unbedingtes Gebot entgegen, so muss er sich entscheiden. Das kann er jedoch nur, wenn er frei ist. So wird sich also der Mensch, in der Situation, in der er das Gebot hört, seiner Freiheit bewusst: Er erfährt, dass er bei aller Endlichkeit Teil einer anderen, metaphysischen Ordnung ist und dass ihm dies seine ureigene Würde verleiht. Diese moralphilosophischen Gedanken führte Kant in einem weiteren Werk, der *Kritik der praktischen Vernunft*, von 1788 aus.

Immanuel Kant, der Philosoph mit dem großen geistigen Weitblick, war als Mensch keineswegs flexibel und weltoffen, sondern berühmt für seine pedantische Lebensführung. Seine Heimatstadt Königsberg hat er kaum je verlassen. Und doch: „In einer Zeit der Verzweiflung an der Metaphysik", so schrieb der Philosoph Wilhelm Weischedel, wagte der Königsberger Gelehrte „einen neuen Durchbruch: einen neuen Versuch, den Ring der Endlichkeit zu durchstoßen und zum Absoluten zu gelangen". Mit seinen erkenntnistheoretischen Überlegungen leitete Immanuel Kant einen Wendepunkt in der philosophischen Geistesgeschichte ein und begründete seinen Ruhm als einer der größten Denker der Neuzeit. Der Kant-Forscher Kurt Rossmann fasst es in die Worte: „Kant hat die für die heutige Menschheit entscheidende Grundfragen aufgeworfen: Die Fragen nach dem Recht, dem Sinn und den Grenzen von Wissenschaft; und die Fragen nach dem Recht und der Verwirklichung menschlicher Freiheit im Blick auf eine tätige, unablässige Friedensstiftung."

„Dass der Geist des Menschen metaphysische Untersuchungen einmal gänzlich aufgeben werde, ist ebenso wenig zu erwarten, als dass wir, um nicht immer unreine Luft zu schöpfen, das Atemholen einmal lieber ganz und gar einstellen würden."

225

Karl Marx

* 5. Mai 1818 in Trier
† 14. März 1883 in London
deutscher Sozialrevolutionär

Karl Marx.
Philosoph und Nationalökonom, um 1880

Literatur

■ Blumenberg, Werner, Karl Marx, Rowohlt Taschenbuch Verlag, Reinbek 1970

■ Gemkow Heinrich, Unser Leben. Eine Biographie über Karl Marx und Friedrich Engels, Dietz Verlag, Berlin 1988

■ Raddatz, Fritz J., Karl Marx. Eine politische Biographie, Hoffmann und Campe Verlag, Hamburg 1975

OCHSENKOPF VON IDEEN

Mit seinen Vorstellungen und Theorien hat er die Welt beeinflusst wie kaum ein anderer Denker der Neuzeit. Seine Geschichtsphilosophie behauptet, dass nicht Ideen das gesellschaftliche Dasein bestimmen, sondern ökonomische Bedingungen die geistige Verfassung des Menschen und der Gesellschaft prägen. „Es ist nicht das Bewusstsein der Menschen, das ihr Sein, sondern umgekehrt ihr gesellschaftliches Sein, das ihr Bewusstsein bestimmt", lautet der viel zitierte und viel diskutierte Satz des Mannes, der mit seinen wirtschafts- und sozialkritischen Lehren ein Programm in die Welt setzte, das nach ihm benannt wurde: den Marxismus.

Der Sozialrevolutionär Karl Marx fiel seinen Freunden schon als Student auf als „ein Magazin von Gedanken", ein „Ochsenkopf von Ideen", der quasi nebenbei „ein neues metaphysisches Grundsystem" verfasste. Die reaktionäre preußische Regierung veranlasste ihn, die beabsichtigte Universitätslaufbahn aufzugeben. So arbeitete der promovierte Philosoph als Redakteur bei der in Köln erscheinenden, liberal gesinnten *Rhei-*

nischen Zeitung, setzte sich hier mit konkreten ökonomischen und auch politischen Problemen auseinander und redigierte das Blatt in einem mutig freiheitlichen Geiste. Auf polizeilichen Druck hin gab er auch diese Tätigkeit auf, ging nach Paris, wurde aber von dort auf Verlangen der preußischen Regierung ausgewiesen. Es folgten Aufenthalte in Brüssel, London, wieder Frankreich und Deutschland. Als er nach Gründung der *Neuen Rheinischen Zeitung* erneut vertrieben wurde, landete er 1849 wieder in London, dem damaligen Tummelplatz aller europäischen Emigranten. Hier lebte Karl Marx bis an sein Lebensende – unterbrochen von kurzen Reisen –, oft in wirklicher Not. Er konnte sich größtenteils nur durch die finanzielle Hilfe seines Freundes Friedrich Engels über Wasser halten. Dennoch arbeitete Marx beharrlich an seinem Hauptwerk, dem *Kapital*. Wieso bestimmte das Denken dieses Mannes die folgende Zeit so intensiv? Marx beschränkte sich nicht auf die reine Gedankenwelt, er zielte auf einen Wandel der Wirklichkeit. „Die Philosophen haben die Welt nur verschieden interpretiert; es kommt darauf an, sie zu verändern." Mit dieser Absicht machte sich Marx an eine scharfe Analyse und Kritik seiner Zeit. Dabei erkannte er die Produktionsweise materieller Güter als Grundlage des gesellschaftlichen Lebens. Rohstoffe, Maschinen, Arbeiter – Marx nannte sie die Produktivkräfte – sah er als Basisfaktoren der Produktion.

Wer diese Produktivkräfte beherrsche, habe auch die Macht in der Gesellschaft. Da die Produktionsweise als Ganzes ständig im Wandel sei, komme es zu Veränderungen der Produktionsverhältnisse. Blieben diese aus, ergäben sich zwangsläufig Krisen. Alle Geschichte war nach Marx eine Geschichte von Klassenkämpfen. Einer herrschenden Klasse stehe stets eine von ihr abhängige Klasse gegenüber; in der bürgerlichen Gesellschaft beherrsche die Bourgeoisie die Besitzlosen. Den Lösungsweg sah Marx im Kommunismus, der zur klassenlosen Gesellschaft hinführe, in der es Besitzunterschiede nicht mehr gebe.

Ringsum in seiner Gegenwart beobachtete Marx, „dass ein Mensch dem anderen, wie jeder von ihnen dem menschlichen Wesen, entfremdet ist". Die Selbstentfremdung des Menschen habe ihre Wurzel in einer Entfremdung des Arbeitenden von dem Produkt seiner Arbeit, das nicht ihm, sondern dem Arbeitgeber gehöre. Das zu erzwungener Arbeit, also Zwangsarbeit, gedrängte Proletariat erleide den „völligen Verlust des Menschen", für Marx der Gipfel der Entfremdung. Eine klassenlose Gesellschaft werde auch diese Selbstentfremdung überwinden: Durch die Zusammenführung von Produkt und Produktschöpfer finde der Mensch wieder zu Selbstverwirklichung.

Gemäß marxistischer Wirtschaftstheorie stehen sich Kapitalist und Proletarier gegenüber. Der Kapitalist, im Besitz der Produktionsmittel, beutet den Proletarier aus, da er ihm nur einen Teil dessen auszahlt, was das vom Arbeiter Produzierte wert ist. Den Rest, den „Mehrwert", nimmt der Kapitalist als Profit ein. Durch Akkumulation des Mehrwerts kann der Kapitalist expandieren, die Löhne drücken, Arbeitskräfte entlassen. Das führt zu einer Zusammenballung des Kapitals in den Händen weniger, zu einer wachsenden Verelendung der Massen und zu einer zunehmenden Arbeitslosigkeit. Das aber wird dem Kapitalismus zum Verhängnis, denn nun müssen nach Marx mit geschichtlicher, wissenschaftlich erkennbarer Notwendigkeit, nach „unfehlbaren Gesetzen", Umsturz und Revolution folgen: Das Proletariat übernimmt die kapitalistischen Betriebe und wird in einer Übergangsphase herrschen. Endzustand aber ist die klassenlose Gesellschaft.

Mit seiner Geschichts- und Gesellschaftstheorie hat Marx Millionen von Menschen fasziniert und er hat sie dazu angeregt, seine Lehre in die Wirklichkeit umzusetzen: Der Marxismus wurde zum Instrument, um die kapitalistische Gesellschafts- und Wirtschaftsordnung zu analysieren und zu kritisieren. Offiziell vertreten durch die Arbeiterbewegung wurde der Marxismus zur Grundlage des Sozialismus und schließlich des Kommunismus – zum ideologischen und konkreten Gegenkonzept des Kapitalismus. Dabei haben sich im Laufe der Zeit verschiedene marxistische Schulen entwickelt, die unterschiedliche Schwerpunkte setzten. Am stärksten wirkte der Marxismus in den kommunistischen Ländern und Parteien fort: in der UdSSR wie insgesamt in den osteuropäischen sozialistischen Ländern und bis heute in Kuba und in China, wenngleich man sich auch hier mehr und mehr dem Markt öffnet.

Mehr als 100 Jahre nach Marx' Tod wenden zahlreiche Kritiker gegen ihn ein, dass viele seiner „Gesetze" nicht eingetreten seien, dass Marx von der Geschichte widerlegt wurde. Weder trafen seine Revolutionsprognosen ein noch brach der Kapitalismus zusammen. Besonders bedeutsam aber erscheint das Argument, dass die Ökonomie nur *eine* Konstante ist, die das menschliche Verhalten in der Gesellschaft bestimmt. Psychologische Faktoren wie Macht- und Gewinnstreben hat Marx zu sehr vernachlässigt und damit eine zu vereinfachte historische Prognose aufgestellt. Viele der Schwierigkeiten, die sozialen Theorien von Marx zu verwirklichen und die Lebensumstände der breiten Bevölkerung zu verbessern, liegen wohl darin begründet.

Friedrich Nietzsche

* 15. Oktober 1844 in Röcken, Provinz Sachsen
† 25. August 1900 in Weimar
deutscher Philosoph

Friedrich Nietzsche,
Porträtaufnahme um 1880

Literatur

- Frenzel, Ivo, Nietzsche, Rowohlt Taschenbuch Verlag, Reinbek 1971
- Janz, Friedrich, Paul, Curt, Friedrich Nietzsche. Biographie, 3 Bände, Hanser Verlag, München, Wien 1978/79
- Kaufmann, Walter, Nietzsche. Philosoph – Psychologe – Antichrist, Wissenschaftliche Buchgesellschaft, Darmstadt 1982

GEISTIGES DYNAMIT

„Ich kenne mein Los. Es wird sich einmal an meinen Namen die Erinnerung an etwas Ungeheuerliches knüpfen, an eine Krisis, wie es auf Erden keine gab, an die tiefste Gewissenskollision, an eine Entscheidung, heraufbeschworen gegen alles, was bis dahin geglaubt, gefordert, geheiligt worden war. Ich bin kein Mensch, ich bin Dynamit … Ich widerspreche, wie nie widersprochen worden ist … Mit alledem bin ich notwendig auch der Mensch des Verhängnisses. Denn wenn die Wahrheit mit der Lüge von Jahrtausenden in Kampf tritt, werden wir Erschütterungen haben, einen Krampf von Erdbeben, eine Versetzung von Berg und Tal, wie dergleichen nie geträumt worden ist. Der Begriff Politik ist dann gänzlich in einen Geisterkrieg aufgegangen, alle Machtgebilde der alten Gesellschaft sind in die Luft gesprengt – sie ruhen allesamt auf der Lüge: Es wird Krieg geben, wie es noch keinen auf Erden gegeben hat. Erst von mir an gibt es auf Erden große Politik." Diese berühmt-berüchtigten Sätze Friedrich Nietzsches, die sich in *Ecce Homo*, dem letzten Werk des Philosophen finden, haben bei Lesern immer wieder heftige Reaktionen ausgelöst. Waren das schon Vorboten des Wahnsinns, dem Nietzsche bald darauf verfiel? War es kolossale Selbstüberschätzung? Oder war dieses apokalyptische Erschütterungsszenario nicht nur ernst gemeint? War es – wie der Philosoph Hans-Georg Gadamer es formulierte – das „parodistische Element Nietzsche", das hier mit zum Ausdruck kommt?

Friedrich Nietzsche war ein radikaler Denker, leidenschaftlich, gefühls- und sprachgewaltig, schonungslos. Einer, der sein Leben als Experiment des Erkennenden verstand und die Grundlehren seiner Philosophie selbst durchlebte. „Ich habe meine Schriften jederzeit mit meinem ganzen Leib und Leben geschrieben." Das war sein Anspruch und seine Lebenswirklichkeit.

Nietzsche gilt als der große Kulturphilosoph des 19. Jahrhunderts; ein hochbegabter, hochsensibler Mann, der mit seinen Betrachtungen und Schriften das europäische Denken erschütterte. Bereits in seiner frühen Schaffensperiode brachte er seine kulturkritische Haltung zum Ausdruck. In den *Unzeitgemäßen Betrachtungen*

(1873–1876) griff er die selbstzufriedene Haltung der Bildungsphilister an. Er stand damals unter dem Einfluss der Philosophie Schopenhauers und sah ihn sowie den Komponisten Richard Wagner als Künder einer neuen Kultur. Doch nach dem Bruch mit Wagner verlor Nietzsche seine Hoffnung auf eine kulturelle Entwicklung und bot stattdessen Analysen des heraufkommenden europäischen Nihilismus. „Unsere ganze europäische Kultur bewegt sich seit langem schon mit einer Tortur der Spannung, die von Jahrzehnt zu Jahrzehnt wächst, auf die Katastrophe los", konstatierte er und rechnete ab mit Tradition und bürgerlicher Moral, mit dem Christentum, der Metaphysik, der falsch verstandenen, überbewerteten Wissenschaft – mit der ganzen abendländischen Kultur, die er als verlogen und lebensfeindlich empfand. „Gott ist tot", sagte Nietzsche und formulierte damit die Religionskritik seiner Zeit; er sah weder Wahrheit noch verbindliche Werte – alle Sicherheiten und Begründungen einer restriktiven Moral, so seine Prophezeiung, würden in sich zusammenfallen; zwangsläufig würde die Kultur des Abendlandes im Nihilismus enden. Der Mensch, nun ohne einengende Werte, stehe dann vor der Möglichkeit, sich selber als Wesen des Nihilismus zu transformieren, sich mittels einer „Umwertung aller Werte" zum Übermenschen zu entwickeln. Dieser Begriff des Übermenschen, einer der am meisten missverstandenen Begriffe Nietzsches, meint einen „freien Geist", der über

Tradition und Zwängen stehe: der Übermensch als souveräner Herr seiner selbst, nicht als Herrscher über andere; als kraftvolles Individuum, nicht als „Führer". Diese Philosophie, die den Niedergang seiner Zeit beleuchtet, die „Sklavenmoral des Christentums" anprangert und die Bejahung des Diesseits sowie die Verwirklichung des „Übermenschen" postuliert, legte der Denker in poetischer Form in seinem Hauptwerk *Also sprach Zarathustra* (1883–1885) dar, aber auch in *Jenseits von Gut und Böse* (1886) und in seinem unvollendeten Werk *Wille zur Macht* (postum 1906).

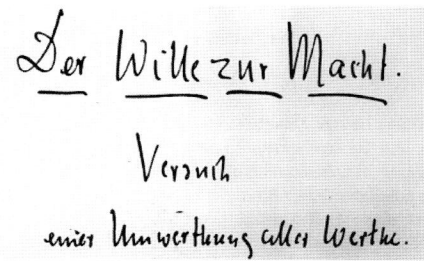

Titelblatt des handschriftlichen Entwurfs zu Der Wille zur Macht

Nietzsche, der von Jugend an nicht nur an seiner Zeit, sondern auch an vielen körperlichen und seelischen Krankheiten litt und aus diesem Grund 1879 sein Lehramt an der Universität Basel aufgab, hatte 1889, mit 45 Jahren, seinen endgültigen Zusammenbruch. Nach einem Aufenthalt in einer Nervenklinik verbrachte er die letzten 11 Jahre seines Lebens unter der Pflege seiner Mutter und seiner Schwester geistig umnachtet in Naumburg und Weimar. Wenige Jahre nach seinem Tod wurde Nietzsche als der Prophet des europäischen

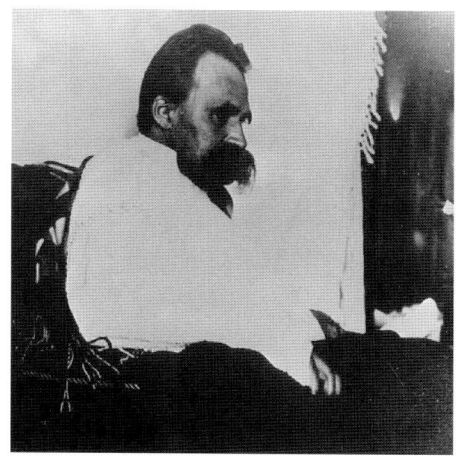

Nietzsche auf dem Krankenlager, 1899

Nihilismus berühmt. Sein Werk beeinflusste die Literatur und Philosophie des 20. Jahrhunderts. Von den Nationalsozialisten fehlinterpretiert und missbraucht, gilt er heute als Prototyp der Suche des modernen Menschen nach einem neuen Selbstverständnis. „Eigentlich hat alles, was meine Generation diskutierte, innerlich sich auseinander dachte, man kann sagen: erlitt, man kann auch sagen: breittrat – alles das hatte sich bereits bei Nietzsche ausgesprochen und erschöpft, definitive Formulierung gefunden, alles Weitere war Exegese", so würdigte der Dichter Gottfried Benn den Philosophen anlässlich dessen 50. Todestags. „Seine gefährliche, stürmische, blitzende Art, seine ruhelose Diktion, sein Sichversagen jeden Idylls und jeden allgemeinen Grundes, seine Aufstellung der Triebpsychologie, des Konstitutionellen als Motiv, der Physiologie als Dialektik – ‚Erkenntnis als Affekt', die ganze Psychoanalyse, der ganze Existentialismus, alles dies seine Tat. Er ist, wie sich immer deutlicher zeigt, der weit reichende Gigant der nachgoetheschen Epoche."

Papst Johannes XXIII.

* 25. November 1881 in Sotto il Monte bei Bergamo
† 3. Juni 1963 in Rom
italienischer Papst

Johannes XXIII. im Jahr seiner Papstwahl,
1958

Literatur

■ Klinger, Kurt, Ein Papst lacht. Die gesammelten Anekdoten um Johannes XXIII., Scheffler Verlag, Frankfurt/Main 1966

■ Mertens, Heinrich A. (Hg.), Ich bin Joseph, euer Bruder. Chronik, Dokumente, Perspektiven zum Leben und Wirken Papst Johannes XXIII., Paulus-Verlag, Recklinghausen 1969

■ Pepper, Curtis Bill, Freundschaft mit dem Papst. Nach den persönlichen Erinnerungen von Giacomo Manzù an Johannes XXIII., aus dem Amerikanischen von Erde Erdmann, Ullstein Verlag, Berlin, Frankfurt, Wien 1969

Il Papa buono

Er war bereits ein alter Mann, als er zum Papst gewählt wurde. Ein freundlicher, liebenswürdiger Herr von beträchtlicher Leibesfülle, mit rundem Kopf und großen Ohren, mehr Großvater als Vater der katholischen Christenheit. Ein Nachfolger Petri, dem der Ruf eines schlichten und naiven Klerikers vorauseilte. Ein Kompromisskandidat: Die Kardinäle, so hieß es, hätten sich beim Konklave (Papstwahl) 1958 lange nicht einigen können. Konservative und Fortschrittliche sollen sich gegenseitig blockiert und schließlich den 77-jährigen Angelo Guiseppe Roncalli – damals Patriarch des Bistums Venedig – gewählt haben. Als „Papa di passagio", Übergangspapst, wurde Johannes XXIII. gehandelt. Das sollte er dann tatsächlich werden, anders allerdings, als seine Wähler sich das gedacht hatten. Bald schon zeigte sich, dass dieser Verlegenheitskandidat innerhalb der katholischen Kirche eine Revolution anstieß und eine der kühnsten Perioden in der neueren Geschichte des Papsttums einleitete; dass er die Kirche, die sich jahrhundertelang als Bastion einer selbstzufriedenen, doch engen Glaubensgewissheit abgekapselt hatte, bis in ihre Grundfesten aufrüttelte und veränderte; dass er, wie der Brüsseler Kardinal Leon Suenens einmal sagte, „für die Kirche ein neues Zeitalter eröffnete und für den Übergang vom 20. zum 21. Jahrhundert die Grenzpfähle absteckte".

Schon drei Monate nach seiner Wahl bereitete Johannes XXIII. das Zweite Vatikanische Konzil vor, das die Kirche den Denkströmungen der Zeit öffnen, den Dialog der Religionen fördern und das Verantwortungsbewusstsein für den Weltfrieden schärfen sollte. Mit dieser weltoffenen und weltinteressierten Haltung, mit deutlichen Stellungnahmen gegen atomare Aufrüstung oder Rassendiskriminierung verschaffte sich der Roncalli-Papst Gehör in der internationalen Politik. Vor allem aber gewann die katholische Kirche in den nur viereinhalb Jahren seiner Amtszeit ein menschlicheres Gesicht, geprägt von der bezaubernden Persönlichkeit des Papstes, von seiner Wärme, Güte und Liebenswürdigkeit. Und von seinem Humor.

St. Peter, die Papstkirche in Rom, Radierung, 1775, von Giovanni Battista Piranesi

In seiner kurzen Amtszeit gab er der katholischen Kirche ein menschlicheres Gesicht: Papst Johannes XXIII., 1962

„Il Papa buono", der gütige Papst, den die Schriftstellerin Marie Luise Kaschnitz einen „als Papst verkleideten Menschen" nannte, sprach und handelte ohne Phrasen, tief aus dem Herzen, und alle Menschen fühlten mit. Legendär sind seine Leutseligkeit, seine unkomplizierte und unkonventionelle Umgangsart. Ohne Begleitung spazierte er durch den Vatikan, unterhielt sich mit den Arbeitern und verfügte Lohnerhöhungen, nachdem er erfahren hatte, wie schlecht sie bezahlt wurden. Angelo Roncalli, Bauernsohn einer kinderreichen und armen Familie aus einem Dorf bei Bergamo, hatte zeit seines Lebens die Erinnerung an seine einfache Herkunft mit Stolz bewahrt. „Papst kann jeder werden", sagte der katholische Oberhirt einmal. „Der beste Beweis dafür bin ich selbst." Die letzte seiner acht Enzykliken *Friede auf Erden* mit ihrem Eintreten für Gerechtigkeit und Frieden, religiöse Freiheit, Menschenrechte und Brüderlichkeit richtete er nicht nur an die Katholiken, sondern „an alle

Menschen guten Willens". Ausdrücklich verzichtete er beim Verfassen dieses Lehrschreibens auf eine Verurteilung des Kommunismus: „Ich kann nicht der einen oder anderen Seite bösen Willen zuschreiben. Wenn ich es tue, dann wird es keinen Dialog geben und alle Türen schließen sich." Wegen seiner klugen, versöhnlichen Haltung wurde Johannes XXIII. „Friedenspapst" genannt. Und bereits ein Jahr zuvor hatten ihn die Amerikaner „zum Mann des Jahres 1962" erklärt, weil „er der Welt das Gefühl gab, eine menschliche Familie zu sein".

Als erster Papst seit Jahrhunderten empfing Johannes XXIII. Andersgläubige, Protestanten, Anglikaner, Orthodoxe, Juden, Repräsentanten anderer Kirchen, und lud sie zum Konzil. „Ich bin Joseph, euer Bruder", sagte er zu einer Gruppe von Rabbinern, stieg von seinem Thron herunter und setzte sich zu ihnen. Er entfernte diskriminierende Texte über die Juden aus der Liturgie, öffnete die katholische Kirche zum Judentum und sensibilisierte sie für die Anliegen

des Islam. Schließlich bemühte er sich um einen Dialog mit den Weltreligionen indischen und chinesischen Ursprungs – er nahm der katholischen Kirche die Angst vor der Begegnung mit Nichtkatholiken, Nichtchristen, Atheisten. Immer wieder appellierte er an Andersgläubige, Andersdenkende und die Menschen in seiner Kirche: „Wir wollen keine Gerichtsverhandlungen aufziehen und wir werden nicht untersuchen, wer Recht und wer Unrecht hatte. Wir sagen vielmehr ganz einfach: Versammeln wir uns und hören wir mit den Streitigkeiten auf!"

Mit Johannes XXIII. begann eine neue Epoche der Kirchengeschichte, eine Epoche neuer Lebendigkeit, neuer Freiheit und neuer Hoffnung. Dieser Papst war eine Integrationsfigur der Menschheit, und als er am 3. Juni 1963 einem Magenkrebsleiden erlag, trauerte die Welt.

Die Deutsche Bibliothek – CIP-Einheitsaufnahme
Ein Titelsatz für diese Publikation ist bei Der Deutschen Bibliothek erhältlich

Bildnachweis

Bilder dpa: Seite 28–30, 32–35, 37, 42–51, 76–79, 83, 117, 121, 124–127,
146, 160, 161, 166, 167 re, 169 u, 192, 193 re
Alle übrigen Bilder: Archiv für Kunst und Geschichte (AKG), Berlin

Gedruckt auf chlorfrei gebleichtem Papier.

© 2002 Pattloch Verlag GmbH & Co. KG, München
Umschlag: Daniela Meyer, Pattloch Verlag, München
Satz und Gestaltung: Daniela Meyer, Pattloch Verlag, München
Reproduktion: Repro Ludwig, A-Zell am See
Druck und Bindung: Offizin Andersen Nexö Leipzig – ein Betrieb
der INTERDRUCK Graphischer Großbetrieb GmbH
Printed in Germany

ISBN 3-629-01646-4